*In Liebe meiner Frau Dominique und
meinen Kindern Timo und Leonie gewidmet,
die mich für dieses Buch so manche Stunde
freigegeben haben*

Inhaltsverzeichnis

Vorwort

„Stell dir vor, unser Pastor hat mich gebeten zu predigen. Er hat mir sogar schon einen Termin genannt und einen Text gegeben", sagte mein Vater. Dann schaute er etwas hilflos zum Boden. „Aber er hat mir nicht verraten, wie man es macht." Das war der Einstieg in eine langjährige Arbeit als Laienprediger und Prädikant in Evangelischer Kirche und landeskirchlicher Gemeinschaft. Wenn Sie diese Zeilen lesen, sind Sie schon deutlich besser dran als mein Vater. Vielleicht hat Ihnen Ihr Pastor nicht nur Termin und Text genannt, sondern Sie auch auf dieses Buch aufmerksam gemacht. Oder Sie haben sich selber auf die Suche nach einer praxisgerechten Einführung in den Predigtdienst begeben und sind mit diesem Titel fündig geworden. Jawohl, predigen muss man nicht einfach so können; man kann es auch lernen. Und ich nehme Sie gerne an die Hand und führe Sie Schritt für Schritt durch alle wichtigen Themen, die Sie dazu kennenlernen müssen.

Dass dieses Buch nun in einer sechsten überarbeiteten und erweiterten Auflage erscheinen kann, freut mich sehr. Ich habe den gesamten Textbestand gründlich durchgesehen, sprachlich und inhaltlich überarbeitet und aktualisiert. Ganze Abschnitte wurden neu verfasst und das Buch um wichtige Themen erweitert. Auch die Übungsaufgaben habe ich didaktisch neu gestaltet und noch stärker auf das Ergebnis einer fertigen Predigt hin formuliert. Ich denke, dass Sie von dieser Arbeit profitieren werden und noch verständlicher und praxisnäher an die Verkündigungsarbeit herangeführt werden. Eine Reihe von theologischen Ausbildungsstätten setzt die vorliegende Predigtlehre als Lehrbuch für den Fachbereich Homiletik ein. Für das Vertrauen, das meine Kollegen an anderen Schulen mir dadurch entgegenbringen, möchte ich mich herzlich bedanken. Inzwischen sind sogar Übersetzungen im Niederländischen und im Ukrainischen erschienen. Das alles ist mehr, als ich bei der Erstabfassung 1995 jemals erhoffen konnte.

Was erwartet Sie nun auf den vielen Seiten, die Sie sich als Lektüre vorgenommen haben? Im ersten Kapitel möchte ich Ihnen Wesen und Aufgabenstellung biblischer Verkündigung vorstellen. Danach geht es um die Frage, wie Sie zum „richtigen" Bibeltext für Ihre Predigt finden. Im Mittelpunkt des Buchs stehen die Kapitel 3 bis 6. Dort beschreibe ich zunächst, wie Sie einen Bibeltext auslegen und exegetisch durchdringen. Wie Sie Ihre Hörer richtig verstehen und konkrete Predigtziele formulieren, schauen wir uns in Kapitel 4 an. In Kapitel 5 werde ich Ihnen alle wichtigen Bausteine der Predigt vorstellen und Ihnen zeigen, wie aus diesen vielen Einzelteilen eine abgerundete Botschaft wird. Richtig ernst wird es, wenn Sie dann auf der Kanzel stehen und Ihre guten Gedanken präsentieren müssen. Die dazugehörigen rhetorischen Grundlagen bekommen Sie in Kapitel 6. Zum Schluss bespreche ich Sonderformen der Verkündigung und kreative Predigtzugänge, damit Sie beispielsweise für eine gute Themenpredigt gerüstet sind oder Ihre Gemeinde durch unerwartete Verkündigungsformen aus dem stumpfen Kanzeltrott herausholen können. Übungsaufgaben sollen Sie dazu verführen, sich selber auszuprobieren und vom Leser zum Täter zu werden. Wenn Sie also möchten, gehen wir gemeinsam den gesamten Weg „Vom Text zur Predigt".

Natürlich bin ich mir auch der Grenzen dieses Buchs bewusst. Ich verstehe meinen Beitrag nicht als einen neuen homiletischen Wurf und schon gar nicht als eine wissenschaftliche Auseinandersetzung mit unterschiedlichen Ansätzen und Konzepten. Ich bin vielmehr an der gemeindlichen Praxis interessiert und möchte gerade auch engagierten Nichttheologen brauchbares Werkzeug für den „Dienst am Wort" an die Hand geben. Außerdem will Methodik gründlich geübt sein. Wenn Sie dieses Buch durchstudiert haben, bleibt es Ihnen überlassen, die Inhalte mit eigenen Erfahrungen Fleisch und Blut werden zu lassen. Und dann ist die Verkündigung immer noch ein geistliches Geschehen, das sich mit der besten Methodik nicht erfassen lässt und zu dem man auch nicht durch rhetorisches Geschick berufen wird. Der Geist sucht sich Methoden. Aber umgekehrt garantiert die Methode nicht den Geist. Der Weg der Verkündigung ist der Weg von oben nach unten und nicht der Weg von unten nach oben. Das sollte uns stets bewusst sein.

Nun hoffe ich, dass Sie neugierig geworden sind. Ein gutes Stück Arbeit liegt vor uns. Packen wir es also gemeinsam an!

Bergneustadt, den 3. Juni 2008

Wolfgang Klippert

Kapitel 1

Die Aufgabe der Predigt

Wenn ich auf der Kanzel stehe, schießen mir gelegentlich ganz sonderbare Gedanken durch den Kopf. Sie klingen etwa so: „Was machst du eigentlich hier oben? Woher nimmst du dir das Recht, von der Kanzel her in das Leben anderer Leute eingreifen zu wollen? Warum predigst du überhaupt? Was gehen dich die vielen Leute an?" Natürlich fange ich mich genauso schnell, wie mich diese Gedanken überfallen haben. Was würde die Gemeinde denken, wenn ich mich plötzlich in Schweigen hüllen und die Kanzel still verlassen würde. Außerdem sind diese verunsichernden Fragen schnell beantwortet. Was mache ich hier oben? Ich predige. Wer gibt mir das Recht zu predigen? Nun, ich fühle mich in die Verkündigungsaufgabe gerufen und weiß mich von ungeistlichen Motiven frei – zumindest fast frei, wie ich mir ehrlicherweise eingestehen muss. Und warum predige ich? Weil die Predigt einen wesentlichen Bestandteil des gemeindlichen Lebens ausmacht und fest in der Heiligen Schrift verankert ist. Außerdem hat man mich eingeladen zu predigen. Ich tue nur, was man von mir erwartet. Kurze Fragen – schnelle Antworten. Vielleicht zu schnell? Wir müssen schon ein wenig genauer darüber nachdenken, was Predigt ist. Nur wer weiß, was er tut, tut das, was er tut, richtig. Was tun wir also, wenn wir predigen?

A. Wir erfüllen einen göttlichen Auftrag

Die Verkündigung des Evangeliums in aller Welt und die Predigt in der Gemeinde sind keine Sonderpfründlein redefreudiger und mitteilsamer Mitchristen, die sich gerne im Vordergrund sehen und die Verbesserung der Welt betreiben wollen. Sie ist vielmehr der spezielle Auftrag Gottes an seine Gemeinde. Der Missionsauftrag Jesu fordert zur Evangelisation auf.[1] Die Praxis der Jünger zeigt, dass sie die Verkündigung als wesentliches Mittel zur Erfüllung dieses Auftrags verstanden haben. Denn der Glaube kommt aus der Predigt, wie Paulus sagt.[2] Auch die Weiterführung der zum

---

[1] Matthäus 28,19-20
[2] Römer 10,17

Glauben Gekommenen ist im Missionsbefehl Jesu mit der Verkündigungsaufgabe verknüpft: „Lehrt sie, alles zu bewahren, was ich euch
gesagt habe."[3] Die Predigt spielte deshalb in der Evangelisation, im Ge-
meindeaufbau und in der Gemeindepflege der ersten Christen eine
wichtige Rolle. Sie nahm diesen Stellenwert nicht nur deshalb ein, weil sie
aus pragmatischen Gründen sinnvoll und notwendig erschien, sondern
weil sie als Auftrag Gottes verstanden wurde. Wenn wir predigen, erfüllen
wir deshalb einen göttlichen Auftrag. Damit erhält die Verkündigung eine
andere Bewertung und Würde, als wenn wir sie bloß als geistliche Rede
von religiös Interessierten an religiös Interessierte verstehen würden.

Auch wenn jeder Christ aufgerufen ist, seinen Glauben zu bezeugen
und ihn anderen mitzuteilen, ist der Auftrag der Verkündigung nicht jedem Einzelnen in der Gemeinde anvertraut. Jeder darf und soll sich äußern. Die Gottesdienste der ersten Gemeinde lebten geradezu von diesem
Grundsatz. „Wenn ihr zusammenkommt, so hat jeder einen Psalm, hat
eine Lehre, hat eine Sprachenrede, hat eine Offenbarung, hat eine Auslegung, alles geschehe zur Erbauung."[4] Trotzdem gibt es die besondere
Gabe und Aufgabe der Dienstes am Wort. Sie zeigt sich bei Evangelisten,
bei Lehrern oder bei Hirten, die ebenfalls fähig zur Lehre sein sollen.[5] Der
spezielle Auftrag zur Verkündigung liegt dort vor, wo Gabe und Berufung
zueinanderfinden. Heute ist es weithin üblich geworden, ausschließlich
gabenorientiert zu denken. Wer die Gaben zur Verkündigung hat, der soll
auch predigen dürfen. Dabei wird der Aspekt der Berufung oft viel zu sehr
vernachlässigt. Das Recht zum Predigtdienst lässt sich nicht aus
attestierter Beredsamkeit ableiten oder mit dem Nachweis einer irgendwie
gearteten homiletischen Ausbildung begründen. Für eine Bevoll-
mächtigung zum Dienst reicht das nicht aus. Jeder, der auf der Kanzel
steht, sollte wissen, dass er im Namen Gottes dort steht.

Ob eine Berufung zum Verkündigungsdienst vorliegt, ist nicht immer
leicht zu erkennen. Vier hilfreiche Kriterien nennt Charles H. Spurgeon.[6]
Er führt auf: den starken Wunsch zur Verkündigung, die vorhandenen
Gaben zur Verkündigung, die göttliche Bestätigung durch bereits ent-
standene Frucht und die menschliche Bestätigung durch die Gemeinde.

---

[3]   Matthäus 28,20
[4]   1. Korinther 14,26
[5]   Epheser 4,11; 1. Timotheus 3,2 u.a.
[6]   Charles H. Spurgeon, *Ratschläge für Prediger*, R. Brockhaus Verlag, Wuppertal,
       1979, S.22-27.

Wenn diese vier zusammenkommen, können wir sicherlich von einer göttlichen Berufung sprechen. Die vollzieht sich übrigens immer innerhalb des Rahmens, den die Heilige Schrift selbst steckt. So erwarten wir beispielsweise keine Berufung für einen Menschen, der nicht selbst eine Lebenserneuerung durch Christus erfahren hat und der in diesem Sinne nicht Zeuge Jesu sein kann. Wenn Sie predigen, müssen Sie also zwei Dinge wissen: Sie müssen wissen, dass Gott Sie berufen und dass er Ihnen die notwendigen Gaben gegeben hat. Die Einsicht zu beidem kann reifen und führt Sie in einen spannenden Prozess, in dem Sie zu sich selbst und zu Ihrer Aufgabe finden.

B. Wir verkündigen eine frohe Botschaft

Predigen ist eine der schönsten Aufgaben, die es gibt. Das sage ich nicht, weil ich die Last der Verantwortung, das Ringen um die Gemeinde oder die Mühen der Vorbereitung nicht kennen würde. Aber wer in der Verkündigungsarbeit steht, nimmt Teil an der Ausbreitung der frohen Botschaft von der Rettungstat Gottes. Er ist ein Botschafter an Christi statt und ruft den Menschen zu: „Lasst euch versöhnen mit Gott."[7] Der froh machende Grundzug des Evangeliums kommt nicht nur in der evangelistischen Verkündigung, sondern auch in der Gemeindepredigt zum Ausdruck. So versteht sich Paulus beispielsweise den Korinthern gegenüber als „Gehilfe zur Freude".[8] Selbst seine ermahnenden Worte sind ein wesentlicher Bestandteil seiner liebevollen Fürsorge für die Gemeinde. Dass Paulus trotz aller Auseinandersetzungen und Anfeindungen das Wort Gottes freudig verkündigt hat, hören wir als Grundton in allen seinen Briefen heraus.

Die Predigt der Frohen Botschaft erfordert deshalb frohe Prediger. Ich kann jeden verstehen, der unter der Verantwortung des Predigtdienstes manchmal schwer zu tragen hat. Aber wenn er den Verkündigungsauftrag vorwiegend und beständig als Mühe und Belastung empfindet, ist irgendetwas schiefgelaufen. Wer predigt, muss wissen, dass er es mit der besten Botschaft der Welt zu tun hat. Er muss wissen, dass er den Menschen die Liebe Gottes vor Augen malen darf. Er muss, wenn er Sünde, Schuld und Gericht beim Namen nennt, den Blick schon auf die angebotene Gnade

---

[7]   2. Korinther 5,20
[8]   2. Korinther 1,24 ✓

gelenk haben. Er mu22 zutiefst davon überzeugt sein, dass Gott jeden Menschen zurechtbringen kann und dass der Geist Gottes in der Lage ist, die verworrensten Verhältnisse zu ordnen und innere Heilung zu bewirken. Kurz: Er muss das innere Wesen des Evangeliums verstanden haben und zutiefst von seiner Richtigkeit und Wirksamkeit überzeugt sein! Wenn Sie predigen, bringen Sie den Menschen diese fantastische Nachricht. Die Gemeinde spürt es Ihnen ab, ob Sie auf der Kanzel freudlos Ihre Pflicht erfüllen oder aus der Mitte dieses Evangeliums schöpfen.

C. Wir predigen, was wir in gründlicher Exegese erarbeitet haben

Ausgangspunkt unserer Verkündigung ist die Heilige Schrift. Sie ist Gottes bleibendes Wort an seine Gemeinde im Wandel der Zeiten. Unsere persönlichen Ansichten zu Gott und der Welt werden unwillkürlich in unsere Predigt einfließen. Aber sie sind sekundär. Sie müssen sich am Maßstab der Bibel messen lassen und sind nie selbst Grundlage unserer Predigt. Wir sind auch keine biblischen Apostel und Propheten, die das Wort Gottes direkt vom Himmel her empfangen. Wir halten es bereits in unseren Händen. Wir bitten darum, dass Gottes Geist in unserer Predigt kräftig zu Worte kommt. Aber dieser Geist, der die Bibel durchdringt, ersetzt sie nicht, geht nicht über sie hinaus oder an ihr vorbei. Predigt ist deshalb im Kern immer Auslegungspredigt. Sie arbeitet an der Schrift, versucht, sie in ihrem Selbstverständnis zu erfassen und dann der Gemeinde zu entfalten und als Anrede Gottes nahezubringen. Die Predigt ist deshalb das Ergebnis einer intensiven Bemühung um das, was Gott bereits gesagt hat. Daher ist eine gründliche Exegese die Basis aller Verkündigung!

Ich gehe einmal davon aus, dass Sie diesen thesenhaften Aussagen grundsätzlich zustimmen. Die Umsetzung in die Praxis fällt uns aber schwer. Viele Predigten gehen oberflächlich über den Bibeltext hinweg. Sie sind kaum in das Wort eingetaucht. Alles ist auf schnelle und griffige Anwendungen ausgelegt. Der Verkündiger will möglichst auf direktem Weg „zum Eigentlichen" kommen – zu „seiner" Botschaft. Wenn uns die Bibel so wichtig ist, wie wir sagen, dürfen wir sie in der Praxis nicht stiefmütterlich behandeln. Auf drei Fallen möchte ich Sie aufmerksam machen, in die wir im Blick auf die Exegese immer wieder gerne hineintappen:

1. Die Bekanntheitsfalle

Der erste Feind für eine gründliche Exegese ist unsere vermeintliche Kenntnis des Texts. Wer viel mit dem Wort Gottes umgeht, erarbeitet sich auf die Dauer einen großen Schatz an Bibelwissen und theologischen Einsichten. Diese Vorkenntnisse schwirren wie Fertigbauteile in unseren Köpfen herum, wenn wir an einen neuen und vielleicht doch so vertrauten Predigttext herangehen. Wer macht schon zu Joh 3,16 eine ausführliche Exegese? Diese zentralen Aussagen über die Liebe Gottes, der seinen einzigen Sohn für uns gegeben hat, sind uns so vertraut, dass wir gleich zur Anwendung übergehen können – so glauben wir. Aber genau damit verpassen wir die Chance, dem Bibelwort neu zu begegnen, es tiefer zu verstehen und unsere bisherigen Ansichten zu schärfen und korrigieren zu lassen. Auf die Dauer führt das zu der skurrilen Situation, dass wir am gedeckt Tisch verhungern. Und die Gemeinde hungert mit. Ein junger Pastor klagte nach fünfjähriger Dienstzeit, dass er der Gemeinde nichts mehr zu sagen hat. Er hatte sein ganzes angelerntes Wissen in seiner Verkündigung erschöpft. An bekannten Texten wieder gründlich zu arbeiten wäre ein möglicher Weg, um aus dieser Sackgasse herauszufinden.

2. Die Zeitfalle

Ein anderes Problem ist der Zeitmangel, der jeden engagierten Menschen heute plagt. Eine Predigt halten ist eine Sache; sich gründlich vorbereiten eine andere. Deshalb tappen wir in die nächste Falle und greifen zu Instant-Verfahren, die schnelle Ergebnisse garantieren. Der Kommentar im Bücherregal beantwortet alle exegetischen Fragen und liefert sogar fertige Lösungen für die Übertragung ins Leben. Der schnelle Klick im Internet eröffnet ungeahnte Möglichkeiten: bereits ausgearbeitete Predigten herunterzuladen und fremde Gedanken durch Kopieren/Einfügen in eigene zu konvertieren. Wir leben in der Zeit des „Leicht-gemacht". „Kochen leicht gemacht", „Englisch in nur 7 Tagen" – da fügt sich die „Exegese im Handumdrehen" gut ein. Wer die zeitliche Belastung im Gemeindedienst kennt und um die starke Beanspruchung im beruflichen Leben weiß, wird die Problematik nicht unterschätzen. Für die meisten muss die Predigtvorbereitung noch irgendwie in den engen Zeitplan hinein. Aber geistliche Arbeit braucht auch Freiräume, um selbstständig zu denken und Erkenntnisse reifen zu lassen. Andernfalls wird unsere Predigt zum „Schnellschuss", der vielleicht sogar einmal gelingen mag – aber nicht vom Prinzip her, sondern als unverdiente Gnade!

3. Die Anwendungsfalle

In unseren Köpfen hat sich weithin die Vorstellung festgesetzt, dass wir ganz schnell zur Umsetzung des Bibelwortes ins Alltagsleben gelangen müssten. Das ist ein Stück pietistisches Erbe, das an sich einen guten Sinn macht: „Was hat die Bibel mir konkret zu sagen?", lautet die Frage, die wir uns stellen sollen. Aber wir stellen uns diese Frage oft zu früh. Wir haben den Text gerade einmal durchgelesen, und schon beginnen wir, uns mit seiner Bedeutung für die Gemeinde zu beschäftigen. Der gesunde Drang zur Anwendung wird zum ungesunden Zwang, der uns den Blick für eine gründliche Exegese verstellt. Sie kennen das? Sie drängen zum zweiten Schritt und haben den ersten noch nicht richtig getan? Befreien Sie sich aus der Zwangsjacke der schnellen und unmittelbaren Anwendung, damit Sie das Wort tief genug bedenken. Zunächst geht es um die Frage: „Was sagt der Text *an sich*?"; danach erst fragen wir: „Was sagt der Text *für mich*?"

D. Wir führen in die Heilige Schrift hinein

Paulus ermutigt seinen jungen Mitarbeiter Timotheus dazu, *das Wort zu predigen*.[9] Aktuelles Tagesgeschehen, Kultur und Politik und das ganze Umfeld unseres Lebens müssen natürlich in der Verkündigung vorkommen. Aber wir betrachten sie vom Wort Gottes her und stellen sie „unter das Wort". Obwohl wir dieses gute Anliegen haben, können wir die Gemeinde trotzdem messerscharf an der Bibel vorbeiführen. Es gibt viele unterschiedliche Spielarten einer solchen subtilen Verführung. Die drei häufigsten müssen Sie auf alle Fälle kennen.

1. Die „schöngeistige" Predigt

Der Verkündiger möchte seine Zuhörer in eine meditative Atmosphäre versetzen und sie mit ruhiger Stimme und getragenem Ton auf eine innere Reise mitnehmen. Die Gedanken kreisen um das Bibelwort, ohne allzu konkret zu werden. Wunderschöne nachdenkliche Formulierungen und Anspielungen sollen Bilder und Vorstellungen wecken, die den Hörer aus dem Alltagstrubel herausführen und ihn zu sich selbst finden lassen. Ein

---

[9] 2. Timotheus 4,2

gedanklicher Fortschritt und ein Aufbau der Ansprache sind nur schwer zu erkennen. Die ganze Rede wirkt ästhetisch schön und vermittelt den Eindruck eines Kunstwerks, das man still betrachten und auf sich wirken lassen kann.

Ich will nicht leugnen, dass es nicht auch Anlässe geben kann, bei denen eine stille Betrachtung mit meditativem Charakter goldrichtig ist. Aber die Predigt darf nicht zur schöngeistigen Rede oder zum ästhetischen Kunstobjekt verkommen. Damit wird die Gemeinde nicht in die Schrift hineingeführt, sondern oberflächlich an ihr vorbei.

2. Die „Geschichtchen-Predigt"

Jede Predigt lebt von lebendigen Illustrationen und Anwendungen. In der „Geschichtchen-Predigt" treten diese allerdings so stark in den Vordergrund, dass sie die Aussage des biblischen Texts in den Hintergrund drängen. Eine Anekdote reiht sich an die andere. Ein Geschichtchen jagt das andere. Es wurde zwar am Anfang ein Bibelwort verlesen, und das erste Beispiel hatte auch noch einen inhaltlichen Zusammenhang damit. Der ist aber mittlerweile schon lange verloren gegangen. Weil solche Predigten meist aus dem prallen Leben schöpfen und konkrete Glaubenserfahrungen anschaulich schildern, werden sie als sehr lebendig und ermutigend empfunden. Der Mangel an biblischer Substanz fällt vielen nicht auf – nicht einmal dem Prediger selbst. Geschichten sind gute Diener, aber wehe, wenn sie zu Herren werden und dem Wort den Garaus machen!

3. Die „Sprungbrett-Predigt"[10]

Eine dritte Predigt-Unart ist weitverbreitet und nur schwer zu erkennen. Der Prediger geht zwar scheinbar von einem biblischen Text aus, benutzt ihn aber lediglich als Aufhänger für andersartige Gedanken, die im Text selbst nicht vorkommen. Der verlesene Bibelabschnitt wird als eine Art Wäscheleine missverstanden, an der man gute und irgendwo in der Bibel fußende Aussagen lose aufhängen kann. Er wird zum Sprungbrett für eigene, dem Text aber meist wie Kuckuckseier unterschobene Inhalte. Diese „Sprungbrett-Predigt" gibt es in zwei Varianten. Entweder sucht sich der Verkündiger ein Stichwort innerhalb des Textabschnittes, mit

---

[10] Der Begriff „Sprungbrett-Predigt" wurde von Helge Stadelmann in *Schriftgemäß predigen*, R. Brockhaus Verlag, Wuppertal, 1990, S. 46 eingeführt.

dem er für die gesamte Predigtdauer abhebt. Oder er sucht sich von Vers
zu Vers je ein neues kleines Sprungbrett und hangelt sich auf diese Weise
durch den Predigttext hindurch. So wird die Gemeinde vom Garten Eden
bis zum himmlischen Jerusalem einmal quer durch die ganze Heilige
Schrift gejagt; was ihr aber der konkrete Predigttext zu sagen hat, weiß
keiner so ganz genau.

Natürlich kann sich der Heilige Geist auch mit allen oben genannten
Fehlformen der Predigt verbinden und Frucht wirken! Das möchte ich auf
keinen Fall bestreiten! Es ist auch erlaubt, Linien quer durch die ganze
Schrift zu ziehen oder thematisch zu predigen. Aber wir werden der mit
der Predigt gestellten Aufgabe nicht gerecht, wenn wir die Selbstaussage
des Bibelwortes nicht mit einer gründlichen Exegese entfalten und die
Gemeinde oberflächlich darüber hinwegführen. Eine in der Schrift ver-
ankerte Predigt führt in den Text und die darin enthaltene Selbstaussage
hinein.

E. Wir richten das Wort als Anspruch und Zuspruch aus

Obwohl die Predigt den biblischen Text gründlich erläutert und entfaltet,
darf sie sich nicht in einem biblisch-theologischen Vortrag erschöpfen.
Der hat natürlich auch seinen Platz, genauso wie eine stärker auf Lehr-
vermittlung ausgerichtete Predigt.[11] Aber das eigentliche Anliegen der
Verkündigung ist es, den Menschen den Anspruch und den Zuspruch
Gottes, wie er in seinem Wort zum Ausdruck kommt, vor Augen zu hal-
ten. Der Prediger bietet das Evangelium nicht wie eine Ware mit unver-
bindlicher Preisempfehlung feil, die sein Kunde je nach Belieben einpackt
oder im großen Angebot der weltanschaulichen Vielfalt liegen lässt. Der
Prediger tritt vielmehr als Herold Gottes auf, der die Menschen vor die
Autorität des lebendigen Gottes stellt und seine Worte als verbindliche
Weisung übermittelt. Selbst die evangelistische Botschaft, die um den
Menschen wirbt, ruft in Stellvertretung Christi zur Versöhnung auf und
erwartet vom Menschen den „Gehorsam des Glaubens".[12] Predigen heißt,
Autorität ausüben und im Namen Gottes den Anspruch und den Zuspruch
der Bibel als verbindlicher Willensäußerung Gottes verkündigen.

---

[11] Vgl. dazu Theo Sorg, *Grundlinien biblischer Verkündigung*, Brunnen Verlag, Gießen,
      1984.
[12] Vgl. 2. Korinther 5,20 und Römer 1,5.

Wer predigt, muss sich deshalb seiner hohen geistlichen Verantwortung bewusst sein. Er darf niemals seinen eigenen „Willen zur Macht" mit dem vom Herrn gegebenen Auftrag verwechseln. Er darf keine Autorität aus sich selbst heraus beanspruchen, sondern sie immer nur als von Gott abgeleitet und autorisiert verstehen. Er muss darum ringen, dass er seine eigene Sicht der Dinge nicht mit der Sicht des göttlichen Wortes vermischt und die Menschen unter seinen eigenen Anspruch stellt. Gleichzeitig muss er wissen, dass er im Namen des Herrn auf der Kanzel steht und dass er und die Gemeinde sich diesem Wort zu stellen haben. Martin Lloyd-Jones, einer der bedeutendsten Verkündiger Englands im 20. Jahrhundert, soll den Kern der Predigt einmal so beschrieben haben: „Predigen heißt, gesunde Theologie aufs Feuer setzen."[13] Gesund muss die Theologie sein, sonst verliert sie ihre innere Legitimation. Aber sie muss auch aufs Feuer gesetzt werden, wenn die Hörer keinen dünnen Predigtaufguss aus allerlei Lieblichkeiten und Unverbindlichkeiten vorgesetzt bekommen sollen.

F. Wir ermutigen zur Umsetzung der göttlichen Weisungen

Es gehört zum Wesen des Evangeliums, Menschen zu verändern und erneuernd in ihr Leben einzugreifen. Die frohe Botschaft der Errettung durch Christus aus Gottes Gnade heraus befreit von Schuld, Bindungen und Zwängen. Ein neues Leben wird möglich, das durch die Kraft des Geistes Gottes von innen heraus getragen wird. Neue Werte und Maßstäbe prägen dieses Leben. Das Wort Gottes informiert uns deshalb nicht bloß über geistliche Zusammenhänge, es richtet auch nicht nur den Anspruch der Verbindlichkeit an uns, es will vor allem motivieren und in Bewegung setzen.

Wenn Sie in der Predigt mit diesem Evangelium umgehen, müssen Sie diese innere Zielrichtung des Wortes Gottes ganz fest ins Auge gefasst haben. Sie dürfen nicht einfach nur informieren wollen, Sie müssen auch motivieren, neue Sichtweisen und geistliche Ziele vermitteln. Wo eine Predigt nur „richtig" ist, sie aber nicht auf Motivation und Transformation hin angelegt wird, verfehlt sie ihr Ziel! Ich sehe, dass meine Predigtziele

---

[13] Grundsätzlich zur Aufgabe der Verkündigung spricht Martin Lloyd-Jones in seinem Buch *Die Predigt und der Prediger – Vortragsreihe über Predigtvorbereitung*, 3L-Verlag, Friedberg, 2005.

oft zu oberflächlich bedacht sind. Ich bin zufrieden, wenn ich meinen „Dienst getan" habe. Mir reicht es, wenn ich die Wahrheiten des Predigttexts theologisch sauber und richtig darstellen konnte. Ich freue mich über eine wache Zuhörerschaft und eine nette Atmosphäre. Alles schön und gut. Aber wohin wollte der Bibeltext uns eigentlich bewegen? An welchen Stellen drängt er in die Praxis des geistlichen Lebens? Konnte ich dazu eine Sicht gewinnen? Und ist es mir gelungen, diese innere Zielsetzung des Wortes als Motivation an die Hörer heranzubringen? Das scheint mir die entscheidende Frage! Predigen heißt motivieren, den Hörern ein Motiv geben, sich mit ihrem ganzen Leben auf das Evangelium einzulassen. Das Ziel Gottes sind veränderte Menschen, die ihren Gott verherrlichen. Dafür predigen Sie!

G. Wir führen die Gemeinde

Die Verkündigung zielt nicht nur auf die Veränderung des Einzelnen. Sie ist auch ein wesentliches Mittel, um die Gemeinde als Ganze zu leiten und zu führen. Es wäre deshalb kurzsichtig, eine Predigt lediglich als ein Einzelereignis zu verstehen, das mit dem Amen sein Ende gefunden hat. Jede Predigt ist integraler Bestandteil der Gesamtverkündigung der Gemeinde und damit ein wichtiger Beitrag zum Anstoß und zur Begleitung von Entwicklungsprozessen, die für ein gemeinsames Weiterkommen wichtig sind. Als Verkündiger fragen Sie also nicht nur danach, was der Text sagt und wie Sie ihn motivierend in das Leben Ihrer Zuhörer hineinsprechen können. Sie müssen Ihre Botschaft auch als konkreten Beitrag werten, um die Gemeinde als solche nach vorne zu bringen und zu führen. Natürlich muss nicht jeder, der auf der Kanzel steht, ein offizielles Leitungsamt in der Gemeinde innehaben. Aber jeder, der leitet, sollte dies auch durch die Verkündigung tun. Fällt es nicht auf, dass Paulus als Qualifikation für einen Ältestendienst unter anderem die Fähigkeit nennt, biblische Lehre kommunizieren zu können?[14] Die fundamentalen Dienste, die wesentlich zur Entwicklung der Gemeinde beitragen, sind ebenfalls vorwiegend wortorientiert. Paulus führt Apostel, Propheten, Evangelisten, Hirten und Lehrer auf.[15] Er selbst hat in den von ihm gegründeten Gemeinden offensicht-

---

[14] 1. Timotheus 3,2
[15] Epheser 4,11

lich systematisch gepredigt. Nur so war es ihm möglich, „den ganzen Ratschluss Gottes zu verkündigen"[16] und den neu hinzugekommenen Glaubensgeschwistern die nötigen Fundamente des Glaubens zu vermitteln.

Verkündigung ist also immer Führung der Gemeinde. Wer Gemeinde leitet, wird dies deshalb gezielt von der Kanzel aus tun. Johannes Reimer spricht in diesem Zusammenhang von „kerygmatischer Leitung" und beschreibt eine entsprechende Führungspersönlichkeit als jemanden, „der die Vision dessen, was die Gemeinde und ihre einzelnen Mitglieder sein sollen, im Blick behält", dies von Gottes Wort her sorgfältig entwickelt und von der Kanzel her verständlich und praktikabel vermittelt.[17] Nicht jeder, der auf der Kanzel steht, muss die Gabe und Aufgabe eines solchen kerygmatischen Leiters haben. Aber jeder sollte sich dessen bewusst sein, dass er mehr als eine Einzelpredigt abliefert. Er hat Anteil an der Gesamtentwicklung der Gemeinde und denkt deshalb vom großen Ganzen her.

H. Wir verkündigen im Vertrauen auf den Heiligen Geist

Bei allem Ringen um eine autoritative und motivierende Predigt gehört es zu den ernüchternden Erfahrungen eines Verkündigers, dass er geistliche Frucht durch keine noch so schönen und gewaltigen Worte herbeireden kann. Dass man Ihnen gerne zuhört, dass Sie eine schöne Atmosphäre verbreiten, dass Sie die Leute emotional mitnehmen und ihnen vollmächtig etwas sagen können – das alles ist wunderbar, aber noch nicht unbedingt Zeichen geistlicher Frucht. Andere Predigten sind geist- und kraftlos, obwohl sie gut ausgearbeitet und geschliffen vorgetragen wurden. Den Korinthern macht Paulus diesen Zusammenhang bewusst und stellt klar: „Meine Rede und meine Predigt (bestand) nicht in überredenden Worten der Weisheit, sondern in der Erweisung des Geistes und der Kraft."[18] Geistliche Frucht kann nur durch die Wirksamkeit des Geistes entstehen, durch nichts sonst. Der Geist Gottes aber bleibt souverän. „Der Wind weht, wo er will",[19] sagt Jesus im Blick auf dessen Wirksamkeit.

---

[16] Apostelgeschichte 20,27
[17] Vgl. Johannes Reimer, *Leiten durch Verkündigung – Eine unentdeckte Dimension*, Brunnen Verlag, Edition AcF, Gießen, 2004, S. 48f.
[18] 1. Korinther 2,4
[19] Johannes 3,8

Wir können ihn weder durch eine gute Methodik ersetzen noch ihn herbei-
zwingen. Er kann einen Menschen durch das einfache Hören auf die Textlesung verändern, weil er sich mit seinem Wort ganz grundsätzlich verbunden hat.[20] Wir glauben oft, dass die eigentliche geistliche Kraft in
unserer Predigt liegt. „Soweit das Wort, liebe Gemeinde, und nun zu
meiner Predigt!" Diese viel gebrauchte Wendung wirkt nicht nur ungeschickt, sondern verrät vielleicht auch etwas über unsere innere
Haltung. Gottes Geist kann durch unsere Predigt wirken. Er handelt aber
auch ohne unsere Predigt und vielleicht manchmal sogar trotz unserer
Predigt. Das macht uns demütig und hält uns abhängig von Gott.

Einen bedenklichen Trend sehe ich darin, den Segen Gottes und die
von ihm gewirkte Frucht quantifizieren zu wollen. „Ich bete und predige
dafür, dass am Ende der evangelistischen Botschaft zehn Personen zum
Glauben kommen." „Wir erbitten vom Herrn eine Verdoppelung unserer
Mitgliederzahlen in drei Jahren. Auf diese Zielsetzung hin verkündigen
wir. Bei Gott ist kein Ding unmöglich. Und außerdem sollen wir ganz viel
Frucht bringen." Richtig ist, dass wir Ziele brauchen; deshalb werde ich
Ihnen später zeigen, wie wir konkrete Predigtziele formulieren (S. 115).
Richtig ist, dass bei Gott kein Ding unmöglich ist und dass Gott „mehren"
möchte und „nicht mindern".[21] Falsch ist, dass wir von Gott gegebene
Aufträge und Verheißungen eigenwillig und ohne biblische Begründung
in messbare Zahlen und Termine fassen und sie ihm anschließend zur
gefälligen Erledigung vorlegen. Wer so verfährt, beweist nicht etwa hohen
Glaubensmut. Er ist ganz einfach moderner Wachstumsideologie und dem
Glauben an die Machbarkeit aller Dinge aufgesessen. Gott ist Gott. Er hat
sich ohne Abstriche an seine eigenen Verheißungen gebunden und ermutigt uns, ihn beim Wort zu nehmen. Aber er lässt sich aus seinen Zu-
sagen keinen Strick drehen und mit zeitgemäßen Optimierungs- und
Maximierungsmethoden an die Leine legen.

Wenn ich die Souveränität des Geistes so stark betone, möchte ich Sie
nicht entmutigen oder verunsichern. Im Gegenteil: Es ist nicht gleichgültig, ob Sie predigen oder nicht. Es ist auch nicht gleichgültig, ob Sie
das im Glauben tun oder aus nagendem innerem Zweifel. Sie dürfen und
sollen sich Ziele stecken und auf der Kanzel beherzt angehen. Entscheidend aber ist die Haltung, in der Sie predigen, die Tatsache, dass Sie

---

20 Vgl. 2. Timotheus 3,14-17 und Hebräer 4,12.
21 Jeremia 30,19

wirklich Gottes Wort verkündigen, und dass Sie auf die Kraft seines Geistes setzen und nicht auf Ihre Möglichkeiten. Bereiten Sie sich vor, als ob alles an Ihnen läge, aber predigen Sie in dem Bewusstsein, dass alle geistliche Frucht Gabe Gottes ist und zu seiner Zeit und an seinem Ort allein von ihm gewirkt wird. Das treibt Sie ins Gebet und hält Sie in einer gesunden Abhängigkeit von Ihrem Herrn. Sie sind nur Botschafter, nicht der Herr selbst. Frucht ist Gottes Sache!

Diese kurzen Überlegungen zum Wesen der Verkündigung haben Ihnen auf der einen Seite Inhalt und Größe der Aufgabe und Ihre Verantwortung als Prediger bewusst gemacht. Auf der anderen Seite waren sie hoffentlich auch eine Ermutigung. Vom Herrn in den „Dienst am Wort" gerufen zu sein ist eine wunderbare Sache. Ich predige gerne; und ich hoffe, dass Sie das auch tun werden. Mit dieser großen Aufgabe und dieser positiven Grundeinstellung gehen wir jetzt gemeinsam ans Werk.

Ich stelle Ihnen alle Arbeitsschritte vor, die Sie zu einer ansprechenden und in der Schrift verankerten Predigt führen. Als Beispieltext arbeiten wir an einer sehr schönen Passage aus dem Kolosserbrief: Kol 1,21-23. Dieser Abschnitt ist ein Kerntext unseres Glaubens, weil er von der Versöhnung durch Jesus Christus spricht. Er ist kurz und prägnant und eignet sich ausgezeichnet für unser gemeinsames Vorhaben. In jeweils abgeschlossenen Kapiteln zeige ich Ihnen, worum es geht und worauf es ankommt. Anhand von Übungsaufgaben können Sie die einzelnen Arbeitsschritte selbst ausprobieren und Ihre eigenen Erfahrungen machen. Im Anhang finden Sie meine Lösungsvorschläge. Sie dienen zur Selbstkontrolle und geben Ihnen eine Vorstellung davon, wie das fertige Ergebnis aussehen könnte. Vielleicht sind Sie in Sachen Predigt schon lange kein Anfänger mehr. Dann können Sie die Aufgaben einfach übergehen. Sie selbst entscheiden, auf welche Übung Sie sich einlassen möchten, und Sie selbst wissen, was Sie schon können und was Sie noch vertiefen wollen.

Kapitel 2

Die Suche nach dem richtigen Text

Wer hätte nicht schon ausgiebig über seiner Bibel gesessen und sie verzweifelt von vorne nach hinten, kreuz und quer durchgeblättert, um auf
das „richtige" Wort zu stoßen!? Da hat man tausend Seiten Bibel vor sich,
findet aber die passenden zehn Verse nicht. Die oft mühsamste Aufgabe in
der Vorbereitung einer Predigt ist deshalb die Suche nach dem geeigneten
Text. Es soll ja nicht irgendein Wort sein, sondern eines, das den Nerv der
Gemeinde trifft. Folgende Überlegungen helfen mir bei der Textsuche in
der Regel weiter.

A. Den richtigen Text finden

1. Schon gebetet?

Meistens fällt es mir zu spät ein, dabei gehört es an den Anfang: das Gebet um das richtige Wort. Verkündigung ist ein geistliches Geschehen.
Deshalb müssen wir es auch geistlich angehen. Im Gebet öffnen wir uns
für Gottes Gedanken und stellen unsere eigenen Vorstellungen zunächst
einmal in den Hintergrund. Manchmal glauben wir sehr schnell zu wissen,
was dran ist. Vor Gott zur Ruhe gekommen, können sich neue Sichten
ergeben. Vielleicht haben wir aber umgekehrt keinen blassen Schimmer,
worüber wir predigen sollten. Im Gebet kann Gott Gedanken in unser
Blickfeld rücken, die uns vorher völlig entgangen waren. „Wenn aber
jemand von euch Weisheit mangelt, der bitte Gott", ermutigt Jakobus.[22]
Diese Zusage gilt auch für die Suche nach dem richtigen Text.

2. Welches Bibelwort liegt mir am Herzen?

Was einen selbst bewegt, kann man meist motivierend weitersagen. Es
kommt von Herzen und geht zu Herzen. Das ist die beste Voraussetzung
für eine motivierende Verkündigung. Sie müssen allerdings selbstkritisch
darauf achten, nicht ständig Ihre Lieblingstexte und -themen abzuhandeln.
Die sind der Gemeinde schnell bekannt und wirken auf die Dauer abgestanden. Bevor Sie auch nur den Mund aufgemacht haben, erahnen

---

[22]   Jakobus 1,5

schon alle, um was es gehen wird: „Pass auf, er predigt heute bestimmt wieder über sein Lieblingsthema, die Endzeit. Darüber spricht er immer, wenn der dran ist. Ich bin nur gespannt, von welcher Seite er es heute aufzieht." Predigen Sie über Texte und Themen, die Sie selbst bewegt haben; aber bleiben Sie dabei selbstkritisch und durchbrechen Sie eingeschliffene Gewohnheiten. Die Gemeinde wird positiv überrascht sein!

3. Was braucht die Gemeinde?

Es wird nur wenige Situationen geben, in denen Sie auf ein ganz spezifisches Bedürfnis der Gemeinde eingehen müssen: ein besonderer Anlass wie Taufe oder Abendmahl oder ein wichtiges Ereignis im Gemeindeleben. In der Regel ist es aber wichtig zu wissen, welche geistlichen Defizite und Probleme grundsätzlich vorhanden sind. Braucht die Gemeinde einen Blick für Mission, für Mitarbeit und Einsatz von Gaben oder für Gebet? Zu jedem der Themen sind viele einzelne Texte möglich. Wenn Sie die inhaltliche grobe Richtung der Predigt festlegen, grenzen Sie die Zahl möglicher Texte ein und erleichtern sich damit die Auswahl.

4. Welche Thematik legt der Kalender nahe?

Besondere Zeiten geben besondere Themen vor, egal ob man das wahrhaben möchte oder nicht. Nicht umsonst fallen die „traurigen" Feiertage wie Totensonntag und Buß- und Bettag ausgerechnet in den trüben Herbst. Wenn wir uns auch nicht durch das Kirchenjahr einengen und festlegen lassen wollen, macht es doch wenig Sinn, die großen Feste außer Acht zu lassen. Wer überlegt und ausgewogen auf die großen Themen des Kirchenjahrs eingeht, kann den Blick der Gemeinde gezielt auf die zentralen Wahrheiten des Glaubens lenken. Es gibt viele biblische Texte oder Themen, die für die Gemeinde eine gute geistliche Motivation und Herausforderung an solchen feststehenden Feiertagen sind. Ein Blick in die Herrnhuter Losung benennt die Sonntage des Kirchenjahrs und verweist auf passende Lehr- und Predigttexte.

5. Gibt es einen vorgeschriebenen Text?

Eine wesentliche Erleichterung ist es natürlich, wenn in Ihrer Gemeinde über fortlaufende Texte gesprochen wird oder wenn man einen speziellen Text- oder Themenwunsch an Sie richtet. Das Freudige an dieser Sache ist, dass damit die Qual der Wahl völlig entfallen ist! Erkauft ist diese

Freude eventuell durch den Schrecken, mit einem Text umgehen zu müssen, den man sich selbst nie ausgesucht hätte. Ich habe mich in solchen Fällen entschieden, mich einfach mutig auf die Vorgaben einzulassen. Meistens war ich überrascht, wie sehr ich wider Erwarten selbst davon profitiert habe.

6. Einen alten Hirsch zum frischen Wasser führen?

Vielleicht findet sich trotz intensiver Suche einfach kein Bibelwort, zu dem Sie Zugang finden. Dann können Sie natürlich auch eine bereits gehaltene Predigt ausgraben und mit neuem Leben erfüllen. Meistens ist aber Zeitdruck die Ursache dafür, dass jemand einen „alten Hirsch zum frischen Wasser" führt. Besonders das wandernde Predigervolk ist gefährdet, mit ein und derselben Predigt jahrelang auf Reisen zu gehen. Trotzdem denke ich, dass sich eine bewährte Predigt durchaus wiederholen lässt. Spurgeon sagte einmal sinngemäß: „Eine Predigt, die es nicht wert ist, ein zweites Mal gehalten zu werden, war es auch nicht wert, das erste Mal gehalten worden zu sein." Recht hat er. Sie muss allerdings neu durchdacht und auf die Zuhörerschaft zugeschnitten werden. Was noch entscheidender ist: Sie muss im Prediger selbst neu lebendig werden. Wenn Sie merken, dass die „alte" Botschaft Sie nicht mehr packt, wird sie abgestanden wirken und nichts von „frischem Wasser" an sich tragen.

7. Spare in der Zeit, dann hast du in der Not!

Gute Anregungen für Predigten bekomme ich oft während der Stillen Zeit, bei der Lektüre guter Bücher oder auch im Gottesdienst, wenn ich anderen zuhöre. „Das ist ein toller Gedanke. Dem könnte ich einmal in einer Predigt nachgehen." Wenn es Ihnen ähnlich geht, können Sie sich diese Anregungen kurz notieren und sich später von ihnen inspirieren lassen. Deshalb: „Spare in der Zeit, so hast du in der Not."

Wenn Sie sich Ihres Predigttexts endgültig sicher geworden sind, sollten Sie bei dem gewählten Bibelwort bleiben und Ihre Wahl nicht neu infrage stellen. So mancher Nugget dürfte wieder im Fluss gelandet sein, weil der Goldwäscher zwischen Schlamm und Kieselsteinen nichts Wertvolles entdecken konnte. Schätze müssen gesucht und gefunden werden. Sie werden deshalb erstaunt sein, was sich hinter einem vermeintlich spröden Text so alles verbirgt. Berauben Sie sich nicht dieser Entdeckerfreude und vergeuden Sie keine wertvolle Vorbereitungszeit, weil Sie ständig nach einem noch größeren Goldschatz suchen.

B. Die Textgrenzen festlegen

Nehmen wir an, Sie haben auf die eine oder andere Weise einen geeigneten Text gefunden. Dann sollten Sie jetzt noch überprüfen, ob er eine in sich geschlossene thematische Einheit bildet. Sind die Textgrenzen also richtig gewählt?

Es macht wenig Sinn, aus einem abgerundeten Textganzen einige wenige Verse herauszugreifen, wenn sie nicht in sich selbst eine gedankliche Einheit bilden. Viele predigen gerne über einen oder zwei Verse. Natürlich ist das erlaubt. Aber die Gefahr, dass dieser kurze Abschnitt nicht kontextstimmig ausgelegt und als Sprungbrett für dem Text fremde Gedanken missbraucht wird, ist groß. In diesem Fall wären die Textgrenzen zu eng gesteckt gewesen. Auf der anderen Seite können die Textgrenzen auch zu weit gefasst sein. Der Inhalt der Perikope ist so komplex und die Anzahl der Verse so groß, dass Sie den Abschnitt in der zur Verfügung stehenden Zeit nicht angemessen auslegen können. Die Auswahl der Aussagen, die Sie aus dem überlangen Text notgedrungen herausgreifen, wirkt auf die Zuhörer willkürlich. Ebenso willkürlich wirken Ihre Auslassungen. Die Hörer fühlen sich betrogen, weil die Auslegung weit hinter den durch die Textlesung geweckten Erwartungen zurückbleibt.

Wie lassen sich die Textgrenzen nun sinnvoll bestimmen? Bei erzählenden Texten ist das relativ leicht. Dort werden sie vom Handlungsverlauf bestimmt, der von einem erkennbaren Anfang und einem ebenso klar festzulegenden Endpunkt markiert wird. In vielen Fällen können die Überschriften der jeweiligen Bibelausgaben eine gute Orientierungshilfe sein. Bei lehrmäßigen Texten müssen Sie den Gedankengang bzw. die Argumentation des Autors gründlich verstanden haben, um sinnvolle Textgrenzen ziehen zu können. Dabei muss es nicht immer zu eindeutigen Ergebnissen kommen.

Ein Beispiel: Zu Beginn seines ersten Briefs lobt Petrus Gott, weil er uns zu einer lebendigen Hoffnung wiedergeboren hat (1. Petrus 1,3-5). Allein schon diese Verse können Basis einer motivierenden Predigt werden. Es wäre aber auch denkbar, Vers 6-8 mit hinzuzunehmen. Dort spricht Petrus davon, dass wir diese lebendige Hoffnung im Leiden bewähren müssen. Die Predigt hätte dann zwei gedankliche Schwerpunkte: (1.) „Die Wiedergeburt zu einer lebendigen Hoffnung" und (2.) „Die Bewährung der lebendigen Hoffnung im Leiden". Wenn wir V. 9-12 nun auch noch mit einbeziehen würden, käme noch ein dritter Aspekt hinzu: (3.) „Die Gründung der lebendigen Hoffnung im prophetischen Wort".

Wo Sie die Textgrenzen nun tatsächlich setzen, hängt von der Zeit ab, die Ihnen zur Verfügung steht, und von der Zielsetzung, die Sie sich für die konkrete Predigtsituation gesteckt haben. Sie könnten einen der drei Hauptgedanken entfalten. Sie könnten aber auch die ganze Argumentation des Petrus in drei Schritten nachvollziehen. Sie also müssen entscheiden, wo Sie die Textgrenzen setzen wollen.

C. Den ganzen Ratschluss Gottes verkündigen

Für eine Gemeinde ist die ausgewogene Auswahl der Predigttexte und Themen über einen längeren Zeitraum wichtig. Sie braucht eine gesunde geistliche Ernährung, die alle Bereiche des Glaubens und Lebens abdeckt. Wir müssen also den „ganzen Ratschluss Gottes" verkündigen.[23] Wenn wir wichtige Texte und Themen dauerhaft vernachlässigen, schaffen wir geistliche Defizite. Geistliche Defizite aber führen auf Dauer zu handfesten Problemen. Wir müssen die Gemeinde deshalb systematisch in das Wort hineinführen. Paulus hatte bei den Korinthern den Eindruck, dass er ihnen zunächst einmal „Milch" zu trinken geben musste, weil sie „feste Speise" noch nicht vertrugen.[24] Das heißt aber umgekehrt, dass er eine ausgewogene und dem geistlichen Stand der Gemeinde angemessene Ernährung in der Verkündigung als eigentliches Ziel ansah. Eine Gemeinde darf nicht mit „Milch" unterfordert werden, sie darf aber mit „fester Speise" auch nicht überfordert werden. Die Leitung der Gemeinde und alle, die am Wort dienen, müssen sich ihrer Verantwortung für eine Verkündigung des ganzen Ratschlusses Gottes bewusst sein.

Ein wichtiger Weg, die geistlich gesunde Ernährung der Gemeinde in der Verkündigung sicherzustellen, besteht darin, eine solide Predigtplanung durchzuführen. Viele haben bei diesem Vorgehen die Sorge, dass die individuelle Führung durch den Heiligen Geist verloren gehen könnte. Aber warum sollten die für die Verkündigung Verantwortlichen nicht auch in ihren Überlegungen zu Text- und Themenreihen Geistesleitung erfahren dürfen? In den meisten Fällen werden wohl eher Unsicherheit und mangelnde Einsicht in die Notwendigkeit für die Ablehnung geplanter Verkündigung Pate stehen. So zu verfahren ist mehr als eine verschenkte Gelegenheit; es gefährdet eine gezielte Entwicklung der Gemeinde.

---

[23]   Vgl. Apostelgeschichte 20,27.
[24]   1. Korinther 3,2

Feste Perikopenreihen verwenden beispielsweise die großen Landeskirchen. In einem Zeitraum von drei oder vier Jahren führen sie durch alle zentralen Texte der Schrift. Allerdings klammern sie dabei auch viele Texte aus, wirken durch den sonntäglichen Themenwechsel sprunghaft und zusammenhangslos und verhindern eine gewisse notwendige Flexibilität, um auf aktuelle Fragestellungen angemessen eingehen zu können. Der Nutzen einer geplanten und systematischen Verkündigung wird dadurch aber nicht grundsätzlich infrage gestellt. Predigtreihen sollten meines Erachtens nicht über mehr als acht oder zehn Sonntage hinausreichen. Der Vorteil dieser Vorgehensweise liegt darin, dass (1.) ein Thema ausreichend gründlich entfaltet werden kann, dass (2.) im Laufe eines Jahres Platz für mehrere Reihen vorhanden ist, dass sich (3.) bei der Gemeinde keine Ermüdung einstellt und dass (4.) zwischen den Reihen genügend Freiraum für besondere Verkündigungsanlässe und persönliche Predigtanliegen besteht. Ein solcher Mix verbindet die Vorteile einer festen Perikopenreihe mit denen einer freien Textwahl und lässt sich ohne allzu große Mühe in gemeindliche Praxis umsetzen.

„Das will ich probieren!" – Übungsaufgabe

Haben Sie sich schon einmal darüber Gedanken gemacht, welche Texte und Themen Sie bevorzugen – in Ihrer Bibellese oder in Ihrer Verkündigung? Welche Bereiche der Heiligen Schrift kommen eventuell zu kurz? Warum? Was könnten Sie tun, um das Spektrum Ihrer Predigttexte und Predigtthemen zu erweitern?

Kapitel 3

Die Exegese – das methodische Studium des Texts

Nachdem wir uns einige grundsätzliche Gedanken über das Wesen der Verkündigung gemacht haben, können wir nun mit der Ausarbeitung der Predigt beginnen. Wir haben dabei drei wesentliche Arbeitsabschnitte vor uns: die *Exegese* (Auslegung des Bibeltexts), die *Meditation* (Nachdenken über die Tragweite des Texts für den Verkündiger und die Gemeinde) und die *Konzeption* (Ausarbeitung der vortragsreifen Predigt). Zunächst beschäftigen wir uns mit der Exegese, denn allem Fragen nach der Tragweite des Texts für uns heute geht zunächst die Frage nach der Bedeutung des Texts in seinem ursprünglichen Umfeld voraus.

Auch die Ausarbeitung der Exegese können wir in drei Einzelschritte unterteilen: Wir verschaffen uns zuerst einen Überblick über den Text und sein Umfeld, vertiefen die Auslegung dann in einzelnen Detailbetrachtungen und fassen die Ergebnisse schließlich in einem Textthema und einer Textgliederung zusammen. Wer gar nichts von seiner Arbeit verloren gehen lassen möchte, kann zusätzlich noch seinen eigenen kurzen Kommentar verfassen. Hier eine Übersicht der einzelnen Arbeitsschritte.

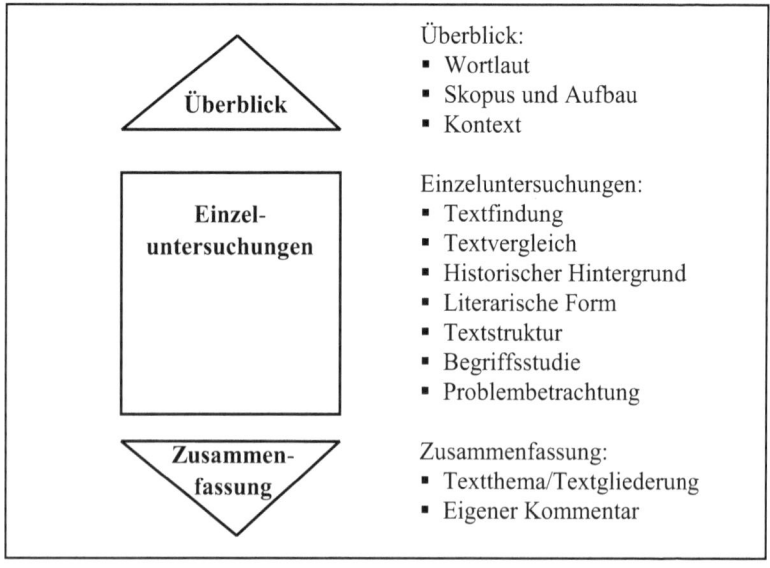

A. Der Überblick

Wer sich zu schnell in Einzelheiten verliert, läuft Gefahr, den Gesamt-
zusammenhang des Textes zu verpassen. Schöne, aber vielleicht neben-
sächliche Gedanken rücken in den Vordergrund und verdrängen die
zentrale Aussage des Abschnitts. Eine „Sprungbrett-Predigt" ist damit
schon fast vorprogrammiert. Beim Überblick geht es darum, sich schnell
und zuverlässig im Gelände zu orientieren und einen Gesamteindruck zu
gewinnen. Das könnten wir natürlich einfach und schnell, indem wir
gleich zu einem guten Kommentar greifen und uns in die Geheimnisse des
Texts einführen lassen. Dieser „breite Weg", wie ich ihn nenne, hat
zweifelsohne den Vorteil, dass wir zu schnellen Ergebnissen kommen und
uns nicht in abseitige Überlegungen verstricken. Der „schmale Weg", den
ich hier mit Ihnen gehen möchte, nähert sich dem Text ohne Kommentare
und andere Hilfsmittel. Wir bemühen uns um eine möglichst unvorein-
genommene eigene Einschätzung und gönnen uns das Glück der Entdeckerfreude.

1. Den Wortlaut des Texts auf sich wirken lassen

Alle Auslegung beginnt mit dem Beobachten. Ihr größter Feind ist dabei
die vermeintliche Kenntnis des Texts. Sie verhindert, dass Sie genau hinsehen und neue Details und Zusammenhänge entdecken. Dem begegnen
Sie am besten dadurch, dass Sie den Abschnitt mehrmals langsam lesen
und überdenken. Betrügen Sie sich ruhig ein wenig selbst und tun Sie so,
als ob Sie ihn zum ersten Mal in Ihren Händen halten. Das hilft, über
Bekanntes neu zu staunen, auf Einzelheiten zu achten und neue Entdeckungen zu machen. Manche empfinden es als Hilfe, den Abschnitt
mehrmals laut zu lesen. Der akustische Eindruck intensiviert das bewusste
Hinhören. Ich kenne jemanden, der einen Predigttext mit überschaubarer
Länge abschreibt. Bis das mit den Augen Aufgenommene durch eine
geführte Feder wieder zu Papier gebracht wird, hat sich in unserem Gehirn
ein Akt der Bewusstwerdung und der Reflexion vollzogen. Vielleicht
probieren Sie es einmal aus. Auf alle Fälle aber sollten Sie den Bibelabschnitt in einer zusätzlichen Übersetzung lesen. Allein schon der
andersartige Wortlaut gibt Ihnen einen neuen Zugang zum Text. In einem
späteren Arbeitsgang vergleichen wir verschiedene Übersetzungen.[25] Es

---

25 Zu Bibelübersetzungen siehe S. 47.

genügt deshalb an dieser Stelle, wenn Sie nur eine einzige zusätzliche zurate ziehen. Sie wollen ja noch nicht in Details eintauchen, sondern zunächst nur einen Überblick gewinnen.

„Das will ich probieren!" – Übungsaufgabe

Lesen Sie Kolosser 1,21-23 mehrmals langsam und gründlich durch. Achten Sie dabei auf jedes einzelne Wort und jede Wendung. Entdecken Sie Gedanken, die Ihnen bisher noch nicht so vertraut waren und die Ihnen neu und interessant vorkommen? Lesen Sie den Abschnitt noch einmal in einer anderen Übersetzung und lassen Sie ihn erneut auf sich wirken.

---

2. Textskopus und gedanklichen roten Faden entdecken

Um eine kurzschlüssige Exegese und später eine „Sprungbrett-Predigt" zu vermeiden, müssen wir den Text in seiner Selbstaussage verstanden haben. Deshalb machen wir uns ganz schnell und direkt auf die Suche nach dem Hauptgedanken, dem Skopus des Texts. In ihm liegt die gedankliche Mitte, von der sich alle anderen Aussagen verstehen. Wenn wir untergeordnete Gedanken in den Status von Hauptgedanken erheben, kommt die ganze Auslegung in bedrohliche Schieflage. Die Frage, die wir uns stellen, lautet daher: „Was ist die zentrale Aussage des Bibeltexts? Worum geht es im Kern? Unter welchem Leitgedanken lassen sich die vielen Einzelaussagen der Verse zusammenfassen?"

Damit wir diesen Textskopus sauber beschreiben können, machen wir uns zuerst auf die Suche nach dem argumentativen roten Faden und den logischen Verknüpfungen der Einzelaussagen. Wie bauen die einzelnen Gedanken aufeinander auf und wie bedingt eine Aussage die andere? Wichtige Hinweise geben uns dabei die Relativpronomina (Verhältnisworte: der, die, welcher, welches ...) und Konjunktionen (Bindeworte: und, denn, weil ...). Sie beschreiben die innere Logik eines Texts. In erzählenden Abschnitten können Sie den Aufbau besonders gut erkennen, wenn Sie auf Personen, Orte und Zeiten achten, die im Text vorkommen; diese gliedern in Handlungs- und Sinneinheiten. Diese hier kurz beschriebene Methodik werden wir später noch präzisieren und differenzierter anwenden lernen.[26]

Wenn Sie den roten Faden im Text gefunden haben und wissen, was die Mitte des Texts ist, sollten Sie den Skopus in einem Satz zusammenfassen. Dadurch bringen Sie die Sache auf den Punkt. Stellen Sie sich vor, Sie müssten einer eiligen Person mit wenigen Worten sagen, worum es in diesem Textabschnitt geht. Wenn Sie sich diese komprimierte Aussage notieren und sich bei der weiteren Arbeit vor Augen halten, können Sie den Text schon gar nicht mehr verfehlen. Es kann natürlich sein, dass Sie Ihre Formulierung später noch präzisieren müssen. Zurzeit ist sie nur ein Arbeitstitel, der Ihnen die grobe Richtung zeigt. Die Versuchung, sich auf Nebengleise einzulassen und sich in dritt- oder viertklassige Untergedanken zu verlieren, ist aber weitgehend gebannt. Auch für die Exegese gilt die altbekannte Weisheit: „Die Hauptsache ist, dass die Hauptsache die Hauptsache bleibt."

Vielleicht stellen Sie bei dieser Gelegenheit auch fest, dass der gewählte Abschnitt zu viele Einzelgedanken enthält und dass er sich in einer einzigen Predigt gar nicht gründlich auslegen lässt. Dann haben Sie jetzt noch Gelegenheit, die Textgrenzen neu zu definieren. Weniger ist oftmals mehr!

„Das will ich probieren!" – Übungsaufgabe [27]

Begeben Sie sich in Kolosser 1,21-23 auf die Suche nach dem argumentativen roten Faden, den Paulus in diesen Versen spinnt. Welche Textaussagen sind zentral, welche sind untergeordnet? Versuchen Sie, den Kerngedanken des Abschnitts in einen prägnanten Satz zu gießen. Wenn Sie gefragt werden, um was es in diesem Textabschnitt geht – was würden Sie antworten?

---

[26] Vgl. dazu „Die Textstruktur", S. 73ff.
[27] Die Lösung der Aufgabe finden Sie in Anhang 1 auf S. 299.

3. Den Kontext erfassen

Jedes Bibelwort steht in einem inneren Zusammenhang mit seinem Umfeld, dem Kontext. Es ist beispielsweise Teil eines historischen Berichts oder eines prophetischen Buchs oder eines neutestamentlichen Briefs. Wo immer es auch steht, es gehört zu einer größeren Einheit. Die Bibel ist keine Sammlung von Predigttexten, die sich zusammenhanglos aneinanderreihen. Ihre Schriften bauen aufeinander auf und bedingen sich gegenseitig. Deshalb führt es leicht zu Missverständnissen, wenn Aussagen aus ihrem Zusammenhang gerissen werden. Bibelworte können inhaltlich sogar derart entstellt werden, dass Sonderlehren und ausgewachsene Irrlehren daraus entstehen. Satan selbst versuchte, Jesus mit kontextgelösten Gottesworten zu verführen, als dieser vierzig Tage in der Wüste fastete.[28] Eine Untersuchung des Textzusammenhangs hilft uns gleich in mehrfacher Hinsicht:

- Der Kontext hilft, die eigentliche Intention eines Texts zu verstehen.
- Der Kontext hilft, die Richtung der Auslegung festzulegen.
- Der Kontext hilft, falsche Auslegungen zu vermeiden.
- Der Kontext hilft, den Text lebendig werden zu lassen.
- Der Kontext hilft, eine „Sprungbrett-Predigt" zu vermeiden.

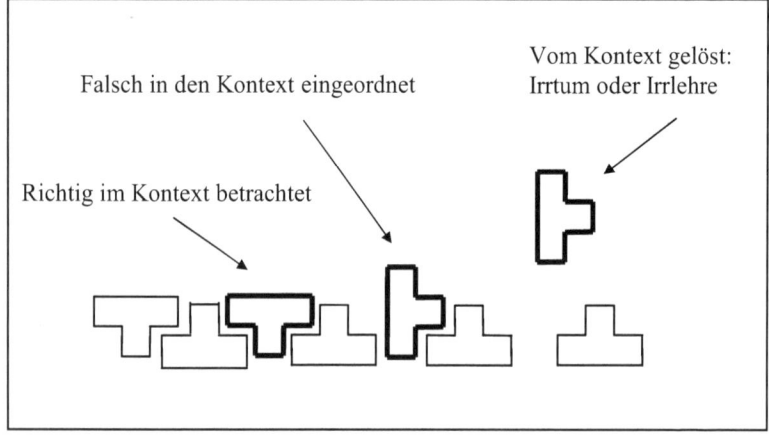

---

[28]   Lukas 4,9f; vgl. auch 1. Mose 3,4f.

Methodisch unterscheiden wir zwischen dem engeren und dem weiteren Kontext. Der engere Kontext umfasst die Verse unmittelbar vor und nach dem zu behandelnden Abschnitt. Wenn wir ihn untersuchen, fragen wir danach, wie er das Bibelwort, um das es geht, erklärt und erläutert. Manchmal finden wir eine direkte Überleitung zu den vorausgegangenen Versen: „... Deshalb nun, liebe Brüder ..." Manchmal erklären die nachfolgenden Verse die Bedeutung des Predigttexts: „... Das schreibe ich, damit ihr wisst ..." Auch die Evangelienberichte sind keine zusammenhanglose Aneinanderreihung von Einzelgeschichten aus dem Leben Jesu. Der Kontext gibt einer Perikope in vielen Fällen erst ihre besondere Bedeutung, die Sie dann in der Auslegung berücksichtigen müssen. Wenn Jesus beispielsweise über die Leidensnachfolge spricht (Mk 8,31-38), ist das eine unmittelbare Antwort auf das gerade abgelegte Christusbekenntnis des Petrus (Mk 8,27-30). Wenn sich die Jünger um die besten Plätze im Reich Gottes streiten (Mt 20,20-28), wirkt dies umso befremdlicher, als Jesus gerade seinen Tod angekündigt hatte (Mt 20,17-19).

Der weitere Kontext führt gleichsam in konzentrischen Kreisen über die zu betrachtenden Verse hinaus in das entsprechende biblische Buch. Dabei stellt sich die Frage, an welcher Stelle der Text dort steht und welche Funktion er für das Ganze hat. Das oben erwähnte Christusbekenntnis des Petrus (Mk 9,27-30) beispielsweise ist Höhepunkt und Scheitelpunkt des ganzen Markusevangeliums. Die Reden und vor allen Dingen die Taten Jesu haben die Jünger zur klaren Erkenntnis geführt, dass Jesus der erwartete Messias ist (Mk 1-8). Aber von diesem Moment an geht Jesus im Markusevangelium schnurstracks auf das Kreuz zu (Kapitel 9-16): „Und er fing an sie zu lehren, dass der Sohn des Menschen vieles leiden und verworfen werden müsse" (Mk 8,31). Wenn Sie über diese Texte predigen, sollten Sie wissen, an welcher entscheidenden Wegmarke Sie sich im Evangelium des Markus und im Leben Jesu befinden.

Um den engeren Kontext zu bestimmen, lesen wir die Verse unmittelbar vor und nach dem Predigttext. Wir stellen dabei immer die Frage, in welchem inneren Zusammenhang die Aussagen zu ihm stehen. Setzt er einen Gedanken fort? Wenn ja, wie ist die Argumentation? Beginnt ein neues Thema? Wird der Textgedanke im nächsten Abschnitt weitergeführt? Wenn ja, wie?

Den weiteren Kontext erarbeiten Sie sich dadurch, dass Sie zunächst die Überschriften lesen, die in den meisten Bibelausgaben über die Textpassagen gestellt werden. Mit ihnen verschaffen Sie sich einen schnellen Überblick. Denken Sie aber daran, dass sie Deutung und nicht inspiriertes

Gotteswort sind. Wenn Sie genügend Zeit haben, können Sie natürlich auch das ganze biblische Buch oder großzügig um den Text herumlesen. Für den Kolosserbrief beispielsweise brauchen Sie kaum mehr als 15–20 Minuten! Für den Propheten Jesaja kann ich Ihnen diese Methode nur bedingt empfehlen. Dort helfen Ihnen sogenannte Einleitungen[29], Bücher zur Bibelkunde, ein Bibellexikon oder auch der einführende Teil eines Kommentars weiter. Die geben einen guten Überblick über den Inhalt eines Buchs und helfen, Ihren Abschnitt richtig einzuordnen.

„Das will ich probieren!" – Übungsaufgabe [30]

(1.) Bestimmen Sie den engeren Kontext von Kolosser 1,21-23 und lesen Sie dazu die Verse unmittelbar davor (1,9-20) und danach (1,24-29). In welchem inneren Zusammenhang stehen diese zum Text?
(2.) Erarbeiten Sie sich den weiteren Kontext. Überfliegen Sie dazu die Überschriften des ganzen Kolosserbriefs oder lesen Sie den einführenden Abschnitt zum Kolosserbrief in Ihrer Studienbibel oder schlagen Sie in einem Bibellexikon oder Kommentar nach.
(3.) Inwiefern verstehen Sie unseren Bibeltext nun besser als davor? Halten Sie das Ergebnis in einigen Sätzen schriftlich fest.

---

4. Probleme benennen, kreative Gedanken sichern

Während Sie sich den Überblick erarbeiten, stolpern Sie wahrscheinlich schon über die eine oder andere schwer verständliche Textaussage. Das kann eine sprachliche Wendung sein oder ein komplizierter Gedankengang oder auch eine inhaltliche Spannung zu anderen biblischen Texten. Legen Sie sich eine kleine Liste an, in der Sie diese Probleme als Fragen festhalten. Nehmen wir den Beispieltext aus dem Kolosserbrief: (1.) Warum formuliert Paulus so umständlich „in dem Leib seines Fleisches durch

---

[29] Sogenannte „Einleitungen" beschreiben die Entstehung biblischer Bücher anhand der „W"-Fragen: wer, wann, wo, wem, warum, wie, wozu?
[30] Die Lösung der Aufgabe finden Sie in Anhang 1 auf S. 299.

den Tod"? Warum sagt er nicht einfach: „durch den Tod"? (2.) Ist V. 23 mit der Formulierung „insofern ihr ... bleibt" eine Bedingung für die Erlösung oder eine Folge der Erlösung? Nachdem Sie diese und andere Stolpersteine aufgelistet haben, sollten Sie nicht kopflos nach Antworten suchen. Viele Probleme lösen sich, wenn Sie zu den Einzeluntersuchungen kommen. Am Ende werden nur noch wenige Fragen übrig geblieben sein, für die Sie noch nach Antworten suchen müssen.

Vielleicht sind Ihnen während des Überblicks auch schon Gedanken zur Predigt selbst eingefallen (Anwendungen, Beispiele, Predigtaufbau usw.). Sie müssen die nicht einfach unterdrücken, weil sie methodisch erst später an der Reihe sind. Unser spontanes Bauchgefühl und erste schnelle Eindrücke erweisen sich oftmals als goldrichtig. Damit Ihre guten Ideen nicht in Vergessenheit geraten, notieren Sie sich, was Ihnen zwischendurch so in den Sinn gekommen ist. Wenn Sie dann später an Ihrem Predigtmanuskript arbeiten, bringen Sie das alles ein.

B. Einzeluntersuchungen

Nun reicht eine überblicksmäßige Betrachtung des Textes als Grundlage einer Predigt natürlich nicht aus. Zu einer gründlichen Exegese gehören viele verschiedene Einzeluntersuchungen, die den Text unter einem jeweils anderen Gesichtspunkt durchleuchten. Diese Begrenzung der Fragestellung auf Einzelaspekte ist wichtig. Wir verlieren uns sonst in viele unterschiedliche Details, die schwer in einen systematischen Zusammenhang zu bringen sind. Auf den ersten Blick kann es deshalb so aussehen, als würden Sie dem Ziel einer fertigen Predigt kaum näherkommen. Manche Arbeitsschritte mögen Ihnen sogar als Zeitverschwendung erscheinen, wenn Sie an den Druck denken, unter dem Sie vielleicht bei Ihrer Vorbereitung stehen. Aber machen Sie sich bewusst: Erst die Einzelbetrachtungen und deren Zusammenschau ergeben das geschlossene Bild über den Text, von dem eine im Wort gegründete Botschaft lebt.

Auf den folgenden Seiten stelle ich Ihnen die einzelnen Schritte der Exegese vor. Auch wenn der versierte Theologe noch das eine oder andere zusätzliche Instrument aus seiner exegetischen Werkzeugkiste herauszuholen weiß, gebe ich Ihnen alles an die Hand, was Sie für eine gründliche Arbeit am Text tatsächlich brauchen.[31]

---

[31] Hilfreiche Literatur zur exegetischen Arbeit finden Sie im Anhang 3 auf S. 314.

1. Die Textfindung

Mit diesem Stichwort ist nicht etwa die Textsuche gemeint, die weiter vorne besprochen wurde.[32] Es geht vielmehr um die Frage, auf welcher Textgrundlage wir die zu erarbeitende Botschaft aufbauen. Jeder, der sich mit dem Studium der Heiligen Schrift schon etwas näher befasst hat, wird die unterschiedlichen Lesarten entdeckt haben, die sich in verschiedenen Bibelübersetzungen zu ein und derselben Stelle finden. Man stolpert dann beispielsweise über so kleine Unterschiede wie „Er hat *uns* fähig gemacht zum Anteil am Erbe der Heiligen im Licht" oder „Er hat *euch* fähig gemacht ...".[33] Schließt sich der Verfasser, in diesem Fall Paulus, mit ein oder nicht? Je nach Bibelübersetzung finden Sie die eine oder die andere Variante. An manchen Stellen ergeben sich aber auch gravierendere Unterschiede, sodass der Text einen anderen Sinn erhält. In der Neuen Elberfelder Übersetzung wird Psalm 122,3 wie folgt wiedergegeben: „Jerusalem, die du aufgebaut bist als eine fest in sich geschlossene Stadt." Luther hingegen übersetzt: „Jerusalem ist gebaut als eine Stadt, in der man zusammenkommen soll." Welche der beiden Varianten ist eigentlich die solidere Textbasis? Andere Unterschiede wiederum haben offensichtlich mit dem sprachlichen Empfinden des Übersetzers zu tun: So ermahnt Paulus in Römer 12,1 die Geschwister je nach Übersetzung entweder „durch die Erbarmungen Gottes" oder „durch die Barmherzigkeit Gottes" oder „Kraft der Barmherzigkeit Gottes". Man kann zwar deutlich erkennen, dass alle drei Lesarten dieselbe Aussage haben, aber dennoch gibt jede Übersetzung dem Text eine eigene Note.

Wenn Sie ein Bibelwort gründlich verstehen und auslegen wollen, müssen Sie diese Unterschiede erkennen und nach geeigneten Erklärungen dafür suchen. Genau darum geht es in der Textfindung. Unter Textfindung verstehen wir den Arbeitsschritt der Exegese, in dem durch Vergleich von Übersetzungen und Auswertung der gefundenen Unterschiede die textliche Grundlage für die weitere Auslegung festgestellt wird.

a. Ursachen für unterschiedliche Textgestalt

Zunächst ist es wichtig, die Gründe für die unterschiedliche Textgestalt besser kennenzulernen. Diese lassen sich auf zwei Ursachen zurückführen:

---

[32] Siehe S. 32.
[33] Kolosser 1,12

1) Varianten in den Handschriften des Alten und Neuen Testaments

Kein Buch der Bibel besitzen wir im Original. Über die Jahrtausende sind sie verloren gegangen. Die Heilige Schrift wurde durch stetiges Abschreiben von vorhandenen Vorlagen überliefert. Besonders im Judentum wurden die heiligen Schriften des Alten Testaments mit äußerster Sorgfalt kopiert. Trotzdem konnten versehentliche oder gelegentlich beabsichtigte Veränderungen in Details nicht ausbleiben: Verdrehungen, Auslassungen, Doppelschreibungen, vermeintliche „Verbesserungen" des Texts und vieles mehr. Diese Fehler haben sich von Handschrift zu Handschrift „vererbt", sodass wir von Textfamilien sprechen, die ähnliche Merkmale aufweisen und offensichtlich voneinander abhängig sind.

Mittlerweile haben wir Tausende von Handschriften, die die ganze Bibel, Teile der Bibel, einzelne Bücher oder nur Kapitel und Verse enthalten. Wir haben antike Übersetzungen der Heiligen Schrift, aus denen Rückschlüsse auf den Originaltext gezogen werden können. Allein für das Neue Testament liegen an die 5000 Manuskripte vor! Kein Buch der Weltgeschichte ist derart sicher überliefert wie die Heilige Schrift. Ein ganzer Zweig der theologischen Wissenschaft, die sogenannte „Textkritik" (sie hat nichts mit Bibelkritik zu tun!), untersucht die Fülle der Handschriften und stellt wissenschaftliche Ausgaben des hebräischen Alten Testaments und des griechischen Neuen Testaments zur Verfügung. Diese Textausgaben enthalten in Fußnoten die verschiedenen textlichen Varianten. Jede Bibelübersetzung stützt sich auf die Arbeit dieser Forschung, wertet aber die Bedeutung einzelner Varianten gelegentlich unterschiedlich. Darin liegt die erste Ursache für verschiedene Lesarten in unseren Bibelübersetzungen.[34] Das oben genannte Beispiel mit „euch" und „uns" „fähig gemacht ..." ist ein typisches Beispiel für Varianten in verschiedenen griechischen Manuskripten des Kolosserbriefs.

2) Unterschiedliche Übersetzungskonzepte

Die andere mögliche Ursache für Unterschiede in der Textgestalt liegt in den verschiedenen Konzeptionen der Bibelausgaben. Soll sie so wörtlich wie möglich gehalten werden? Dann müsste beispielsweise jedes griechische Wort des Neuen Testaments möglichst an allen Stellen mit einem

---

[34] Zur Überlieferung biblischer Texte vgl. Willem J.J. Glashouwer, *So entstand die Bibel*, Stuttgart-Neuhausen, 1979, Telos Nr. 2121.

entsprechenden deutschen Wort wiedergegeben werden. Auch Satzstellung und Satzlänge sollten dem Original recht nahekommen. Solche
wortgetreuen Übersetzungen eignen sich gut zum Bibelstudium. Sie halten
sich eng an den originalen Wortlaut und füllen Interpretationsspielräume,
die der Text selbst zugesteht, nicht mit „eindeutigen und völlig klaren"
Formulierungen. So verkürzt beispielsweise die Bibelausgabe „Hoffnung
für alle" die oben schon angesprochene komplexe Wendung „in dem Leib
seines Fleisches durch den Tod" (Kol 1,22) durch die viel verständlichere,
aber auch deutlich verkürzte Formulierung „durch seinen Tod". Der Preis
einer wortgetreuen Übersetzungsphilosophie ist in vielen Fällen ein weniger verständliches und zeitgemäßes Deutsch. Außerdem lässt sich Sprache
nicht wie mathematische Zahlen exakt umrechnen. Dieses Argument wiegt
gerade bei poetischen Texten schwer. Auch wortgetreue Übersetzungen
können durchaus zu falschen Schlüssen verleiten.[35]

Andere streben eine möglichst sinngemäße Übersetzung an. Der Leser
soll in seiner Sprache das hören, was der antike Bibelleser gehört und
empfunden hat. Dadurch wird eine große Klarheit und Verständlichkeit
erreicht. Eine solche Bibelübersetzung wirkt außerdem zeitgemäß und
modern. Sie muss sich dazu allerdings mehr Freiraum in der Wortwahl
nehmen und mehrdeutigen oder komplizierten Aussagen durch massive
Auslegung zur nötigen Eindeutigkeit verhelfen. Gerade darin liegt auch
ihre Schwäche. Diese „kommunikativ" genannten Übersetzungen legen
deutlich stärker aus und verstellen dem Ausleger gelegentlich den Blick
für eine mögliche andersartige Interpretation des Texts. Deshalb eignen
sie sich meist nicht zum intensiven Bibelstudium.[36] Aber keine der beiden
Übersetzungsstile kommt letztlich ohne Deutung aus und wird immer auch
Auslegung enthalten. Beide haben übrigens ihre Berechtigung. Die meisten Bibelübersetzungen, wie die Lutherbibel, suchen einen goldenen Mit-
telweg.[37]

---

[35] Die sogenannte „konkordante Methode" führt die Prinzipien einer wörtlichen Übersetzung bis zur Grenze des sprachlichen Unsinns. Sie ist in sprachwissenschaftlicher
Hinsicht umstritten und m. E. als Studienbibel nur begrenzt geeignet.

[36] Bei Bibelausgaben wie der „Guten Nachricht" reden wir von Übertragungen und nicht
mehr von Übersetzungen, weil sie sich zu große Übersetzungsspielräume nehmen.

[37] Zur Frage der Bibelübersetzung vgl. Monika und Rainer Kuschmierz, *Handbuch
Bibelübersetzungen – Von Luther bis zur Volxbibel*, R. Brockhaus Verlag, Witten,
2006.

b. Methodische Schritte zur Textfindung

Wer die biblischen Grundsprachen erlernt hat, kann auf die wissenschaftlichen Ausgaben des Alten und Neuen Testaments zurückgreifen und anhand des „Apparats" zu einem eigenen Urteil über die ursprüngliche Gestalt des Texts gelangen. Wenn Ihnen dieser direkte Weg nicht möglich ist, müssen Sie zunächst einmal herausfinden, ob die Unterschiede auf Textvarianten oder auf einer anderen Art der Übersetzung beruhen. Als Faustregel gilt, dass alle Varianten, die inhaltlich nicht als sprachlich verwandte Ausdrucksweisen erklärt werden können, wohl eher auf unterschiedliche Lesarten in den Manuskripten zurückzuführen sind. Im Blick auf die oben genannten Beispiele „Barmherzigkeit" und „Erbarmen" (Röm 12,1) liegen die beiden Ausdrücke inhaltlich noch sehr nahe beieinander. Aber der Unterschied zwischen „euch" und „uns" (Kol 1,12) lässt sich kaum per Übersetzungsspielraum erklären. Konkret helfen Ihnen folgende Überlegungen weiter:

1) Bei Unterschieden aufgrund von Textvarianten

- Viele Bibelausgaben weisen in einer Fußnote auf Textvarianten hin. Diese sollten Sie beachten.
- Folgen Sie in der Regel neueren Bibelausgaben, weil sie die neuesten wissenschaftlichen Ergebnisse verarbeitet haben. Schließen Sie sich im Zweifelsfall der Mehrheit der Bibelausgaben an.
- Ziehen Sie gute Kommentare zurate, die Textvarianten erklären.

2) Bei Unterschieden aufgrund des Übersetzungsspielraums

- Zunächst sollten Sie die Übersetzungsphilosophie Ihrer eigenen Bibelausgabe kennen. Handelt es sich um eine eher wortgetreue oder eine sinngemäße, kommunikative Übersetzung?
- Zur besseren Übersicht tragen Sie die verschiedenen Übersetzungsvarianten Ihres Texts in eine Tabelle ein. Das hilft beim Bewerten der Unterschiede.[38]
- Bewerten Sie die Unterschiede. Manche sind so unbedeutend, dass der zeitliche Aufwand für eine nähere Untersuchung nicht gerechtfertigt ist. Gehen Sie nur bedeutenderen und für das Textverständnis notwendigen Unterschieden nach.

---

[38] Das Beispiel eines solchen Rasters finden Sie im Anhang 1 auf S. 300.

- Befragen Sie gute Kommentare, die auf unterschiedliche Wortbedeutungen und Übersetzungsmöglichkeiten eingehen. Vielleicht stellt sich heraus, dass sich zwei Übersetzungen gar nicht ausschließen, sondern nur unterschiedliche Bedeutungsaspekte eines Wortes oder einer grammatischen Konstruktion wiedergeben. In Römer 12,2 beispielsweise ist unklar, ob wir uns aktiv verändern sollen oder ob wir uns passiv verändern lassen sollen: „Verändert euch" bzw. „Lasst euch verändern." Weil es für die von Paulus verwendete grammatikalische Form des Verbs keine eindeutige deutsche Entsprechung gibt, muss sich der Übersetzer für ein Aktiv oder ein Passiv entscheiden. Paulus selbst konnte beides gemeinsam denken und aussagen.

Die Textfindung kann eine interessante und fesselnde Arbeit werden. Die Gefahr, die einzelnen Entdeckungen und die spannende Forschungsgeschichte mit auf die Kanzel zu nehmen, ist allerdings groß. Für die Gemeinde ist in der Regel nur das Ergebnis wichtig. Den Schreibtisch lassen Sie zu Hause!

„Das will ich probieren!" – Übungsaufgabe [39]

Vergleichen Sie den Wortlaut von Kolosser 1,21-23 anhand von drei verschiedenen Übersetzungen, die jeweils ein anderes Übersetzungskonzept verfolgen. (1.) Notieren Sie sich die Unterschiede auf einem Blatt. (2.) Gewichten Sie die Bedeutsamkeit der Abweichungen. Und gehen Sie (3.) den möglichen Ursachen nach. Welche wichtigen Einsichten haben Sie gewonnen?

---

[39] Die Lösung der Aufgabe finden Sie in Anhang 1 auf S. 300.

2. Der Textvergleich

Getreu dem Grundsatz, dass sich die Bibel mit sich selber auslegt, suchen wir in einem nächsten Arbeitsschritt nach parallelen Texten, die ein erhellendes Licht auf unsere auszulegende Perikope werfen. In vielen Fällen werden Sie dabei allerdings gar nicht fündig werden, weil es keine wirklichen parallelen Texte gibt. Sie stoßen höchstens auf ähnliche Inhalte, bei denen Sie überlegen müssen, ob sich eine Beschäftigung mit ihnen wirklich lohnt. Wenn Sie beispielsweise über die Berufung des Propheten Jeremia predigen möchten (Jer 1,1-9), könnten Sie sich auch die Berufungsgeschichte des Mose (2. Mose 3,1-22) oder des Hesekiel (Hes 2,1-10) anschauen. Aber diese Berichte sind eher analog als parallel; einen wirklichen zweiten Bericht zur Berufung Jeremias gibt es nicht.

Bei zahlreichen Texten stellt sich die Situation anders dar. Das 5. Buch Mose beispielsweise greift viele Inhalte auf, die schon im 2., 3. und 4. Buch Mose berichtet worden sind. Auch die Königebücher und die Bücher Chronika enthalten wirklich parallele Erzählungen. Besonders auffällig sind die Ähnlichkeiten innerhalb der drei synoptischen Evangelien Matthäus, Markus und Lukas. Dort sind Texte bis in den Wortlaut hinein identisch. Die Ähnlichkeiten sind so gravierend, dass sich der sogenannte „synoptische Vergleich" in Sachen Textvergleich zu einem einmaligen Sonderfall herauswächst.

a. Der Parallelstellenvergleich

Fast alle Bibelausgaben verweisen in Überschriften oder in Anmerkungen am Rand auf Vergleichstexte hin. Parallelstellen sind deshalb schnell und leicht zu finden. Schwieriger ist es, sie zu deuten und zu gewichten. Dazu einige Hinweise:

1) Nicht jede Parallelstelle ist eine Parallelstelle.

Die Einschätzung, ob eine Stelle als Parallele zu einem Text gelten kann oder nicht, ist durchaus subjektiv und gelegentlich problematisch. Das Wunder der Speisung der Fünftausend ist nicht identisch mit dem Wunder der Speisung der Viertausend.[40] Matthäus und Markus berichten jeweils von beiden Ereignissen, sodass man nicht behaupten kann, ein und die-

---

40 Mt 14,13-21 und 15,32-39 sowie Mk 6,30-44 und 8,1 9

selbe Geschichte wäre nur mit anderen Zahlenangaben zwei Mal erzählt worden – also eine sogenannte Dublette. Jesus erzählt im Lukasevangelium ein Gleichnis von einer Lampe, die unter einen Scheffel gestellt wird. Dieser Text ist nicht parallel zu Jesu berühmter Aussage in der Bergpredigt, die ebenfalls von einem Licht unter einem Scheffel spricht.[41] Der Skopus beider Perikopen ist völlig unterschiedlich.

2) Parallelstellen möglichst nahe zum Text wählen

Zu vielen Bibelstellen wird eine Reihe von parallelen Texten angeboten, die aber inhaltlich und zeitlich unterschiedlich weit vom Ausgangstext entfernt sind. Die Wahrscheinlichkeit, dass uns eine möglichst naheliegende Stelle weiterhilft, ist deutlich größer als die Hoffnung auf eine Textaussage, die nur einen losen Bezug zu unserem Text hat. Wir arbeiten deshalb in konzentrischen Kreisen, vergleichen zunächst im eigenen Kapitel, dann im eigenen Buch, danach beim gleichen Autor, bis wir schließlich Texte auch aus biblischen Büchern betrachten, die wenig unmittelbaren Bezug zu unserem Abschnitt haben.

3) Parallelstellen immer im Kontext betrachten

Oft sind Parallelstellen nur lose durch Begriffe und Wendungen miteinander verknüpft. Sie verlieren ihre Plausibilität, wenn man sie im jeweiligen Kontext betrachtet. Um vorschnelle Schlussfolgerungen zu vermeiden und der Textaussage wirklich gerecht zu werden, müssen Parallelstellen immer innerhalb ihres eigenen Kontextes gedeutet werden. Das oben beschriebene Beispiel vom Licht unter dem Scheffel zeigt, wie wichtig das ist.

4) Gemeinsamkeiten und Unterschiede herausarbeiten

In der Regel suchen wir bei Parallelstellen immer nach Gemeinsamkeiten. Wir freuen uns, dass eine Textaussage durch andere Stellen bestätigt wird. Häufig sind aber gerade die Unterschiede interessant. Sowohl Paulus als auch Petrus sprechen zu christlichen Sklaven. 1. Petrus 2,18 wiederholt als Parallelstelle von Epheser 6,5 nicht einfach nur die Pflicht zur Unterordnung, sondern ergänzt, dass dies auch für schwierige Herren gilt. Paulus redet in seiner Haustafel ganz grundsätzlich im Kontext der

---

[41]   Lk 8,16-18 und Mt 5,15-16

antiken Großfamilie. Petrus dagegen denkt an die konkrete Leidens-situation christlicher Sklaven. Das macht den Unterschied. Jeder Text setzt seine eigenen Akzente; beide zusammen ergeben ein abgerundetes Gesamtbild.

„Das will ich probieren!" – Übungsaufgabe

Gehen Sie mit den Parallelstellenangaben Ihrer Bibel auf Entdeckungs-reise. (1.) Schlagen Sie die angegebenen Verse auf und betrachten Sie diese im Kontext. Sind alle Stellen, auf die man Sie verwiesen hat, echte Parallelstellen, die zum gleichen Inhalt sprechen? (2.) Arbeiten Sie Ge-meinsamkeiten und Unterschiede zwischen unserem Ausgangstext und der Parallelstelle heraus. (3.) Welche Paralleltexte haben Ihnen am meis-ten weitergeholfen?

---

b. Der synoptische Vergleich

Wer seinen Predigttext den Evangelien entnommen hat, steht vor der Aufgabe, einen sogenannten synoptischen Vergleich durchzuführen. Dass die drei Evangelisten Matthäus, Markus und Lukas in weiten Teilen ihrer Evangelien parallel berichten, hatte ich bereits erwähnt. Wegen ihrer ge-meinsamen Sichtweise bzw. „Optik" werden sie deshalb die drei „Synoptiker" genannt. Das Johannesevangelium enthält auch einige parallele Berichte zu den Synoptikern, berichtet sonst aber sehr eigen-ständig. Die Perikopen der synoptischen Evangelien sind teilweise bis in den Wortlaut hinein identisch. Sie unterscheiden sich aber auch in zahl-reichen Details oder sind häufig in einen anderen Kontext eingebettet. Es kann sein, dass sich synoptische Texte gegenseitig erklären und ergänzen. Die Evangelisten treten dann gleichsam als Zeugen auf, die aus ihrem jeweiligen Blickwinkel berichten und damit einen Beitrag zum Ganzen geben. Eine umfassende Schau der Ereignisse um die Kreuzigung und Auferstehung Jesu gewinnen wir beispielsweise nur, wenn wir die Be-richte aller vier Evangelisten miteinander vergleichen und die in ihnen enthaltenen Einzelheiten zu einer sich ergänzenden Gesamtschau ver-binden. Ein synoptischer Vergleich lohnt sich in mehrfacher Hinsicht:

- Er erweitert das Verständnis des Kontexts.
- Er ergänzt einen Textabschnitt durch wichtige weitere Einzelheiten aus parallelen Texten.
- Er macht einen Text durch seine Parallelen verständlicher.
- Er veranschaulicht die Eigenarten eines Evangelisten.

1) Die Unterschiede feststellen

Um vergleichen zu können, müssen Sie die Textversionen aller Synoptiker parallel lesen. Damit Sie nicht ständig hin und her blättern oder drei bis vier identische Bibeln nebeneinander auf Ihrem Schreibtisch liegen haben müssen, gibt es sogenannte Synopsen. Sie ordnen den Text der Evangelien in vier parallelen Spalten nebeneinander an und synchronisieren ihn auf diese Weise. Somit können Sie alle parallelen Texte auf einen Blick überschauen.[42] Mit Unterstreichungen oder Farbmarkierungen können Sie jetzt die Unterschiede hervorheben. Komfortabler geht es mit einer geeigneten Bibelsoftware, mit der sich parallele Texte in Spaltenform nebeneinander darstellen lassen.

2) Die Bedeutsamkeit der Unterschiede bewerten

Viele Unterschiede, die Sie entdecken, sind so unbedeutend, dass es sich nicht lohnt, ihnen nachzugehen. Andere sind größer und werfen ein besonderes Licht auf den Predigttext. Wenn Sie beispielsweise den Bericht über die Speisung der Fünftausend bei den Evangelisten Matthäus (14,13-21), Markus (6,30-44), Lukas (9,10-17) und Johannes (6,1-14) miteinander vergleichen, sehen Sie, dass Matthäus sehr knapp berichtet, aber als Einziger erwähnt, dass in der Summe von 5000 Personen die Frauen und Kinder nicht mit eingeschlossen sind (14,21). Johannes wiederum erwähnt die Namen der Jünger, die Jesus auffordert, der Menschenmenge zu essen zu geben. Und er erwähnt als Einziger das Motiv, aus dem heraus Jesus den Jüngern den Auftrag gab, so viele Menschen zu versorgen: Er wollte den Glauben des Philippus herausfordern (Joh 6,6). Alle Aspekte aus allen vier Berichten zusammengenommen geben ein abgerundeteres Bild über den Hergang des Geschehens.

---

[42] Gebräuchliche deutsche Synopsen finden Sie im Literaturverzeichnis des Anhangs aufgelistet.

3) Nach den Ursachen der Unterschiede fragen

Neben vielen kleinen Unterschieden gibt es auch bedeutendere, denen Sie unbedingt nachgehen sollten. Wichtig, aber nicht immer leicht zu beantworten ist die Frage nach deren Ursachen. Vielleicht werden Sie in vielen Fällen keine schlüssige Erklärung finden können. Das hängt auch sehr von der jeweiligen Sicht des Auslegers ab, wie er die Abhängigkeit der vier Evangelisten untereinander und eventuell von gemeinsamen Vorlagen einschätzt.[43] Aber oft erkennen Sie an der besonderen Sichtweise, aus der heraus ein Evangelist berichtet, auch dessen Motiv für seine speziellen Akzente. Das Johannesevangelium beispielsweise ist sehr an der Göttlichkeit der Person Jesu interessiert. Johannes berichtet, dass Jesus Philippus auf die Probe stellte, während er genau „wusste, was er tun wollte" (6,6). Damit wird jeder Anschein vermieden, als hätte Jesus selbst keine Vorstellung davon gehabt, wie er eine so große Menschenmenge versorgen könnte. Jesus ist und bleibt Herr der Lage; diese Botschaft wird im ganzen Johannesevangelium vermittelt. Die Aufgabe des synoptischen Vergleichs besteht also auch darin, nach möglichen Erklärungen für die jeweilige Darstellung zu suchen.

4) Kommentare befragen

Wenn ein synoptischer Vergleich auf kompliziertere Fragestellungen stößt und Sie selbst nicht recht weiterkommen, hilft in vielen Fällen ein guter Kommentar, der die synoptische Frage natürlich auch bedenken sollte. Matthäus und Lukas unterscheiden sich beispielsweise in der Reihenfolge der Versuchungen, denen Jesus durch Satan ausgesetzt war: Steine zu Brot, Sprung von der Tempelzinne und Kniefall vor Satan auf dem Berg. Diese von Matthäus dargebotene Abfolge stimmt nicht mit der des Lukas überein. Dort sind die zweite und dritte Versuchung vertauscht.[44] Warum? Der Blick in einen guten Kommentar sollte hier zu einer Lösung führen.

---

[43] Die Frage nach den (gemeinsamen) Quellen der Evangelisten und ihrer Abhängigkeit voneinander ist in der neutestamentlichen Wissenschaft unter dem Stichwort „die synoptische Frage" viel diskutiert worden. Eine knappe Einführung zu diesem Thema finden Sie bei Merrill Tenney, *Die Welt des Neuen Testaments*, Brunnen Verlag, Gießen, 1979, S. 155-161 oder Gerhard Hörster, *Einleitung und Bibelkunde zum Neuen Testament*, R. Brockhaus Verlag, Wuppertal, 1998.

[44] Mt 4,1-11 und Lk 4,1-13

5) Zum eigenen Text zurückkehren

Wenn Sie Ihre Untersuchungen abgeschlossen haben, kehren Sie wieder
zum eigenen Text zurück. Sie müssen ihn ernst nehmen, so wie er vom
Verfasser gedacht war. Andernfalls verquirlen Sie die Evangelisten zu
einem undifferenzierten Einheitsevangelium. In einer Predigt über die
Speisung der Fünftausend sollten Sie deshalb nicht alle vier parallelen
Erzählungen gleichzeitig auslegen. Ihre Hörer wüssten nicht, wo ihnen der
Kopf stünde. Bringen Sie nur das auf die Kanzel mit, was wirklich weiter-
hilft und was für die Auslegung unerlässlich ist.

„Das will ich probieren!" – Übungsaufgabe [45]

Zum Kolossertext können wir keinen synoptischen Vergleich durchführen. Versuchen Sie sich aber anhand der beiden Abschnitte über die
rechte Nachfolge in Matthäus 8,18-22 und Lukas 9,57-62. (1.) Klären
Sie zunächst, in welchen Kontext die Berichte jeweils eingebettet sind.
(2.) Stellen Sie dann die Unterschiede in den beiden Darstellungen fest.
(3.) Gibt es Erklärungen für die Abweichungen?

---

3. Der historische Hintergrund

a. Die Bedeutung der geschichtlichen Fragestellung

Das biblische Weltbild ist nicht mythisch, sondern historisch geprägt. Der
Gott der Bibel ist ein Gott der Geschichte. Er setzt ihr als Schöpfer einen
Anfang, und er setzt ihr als Weltenrichter ein Ende. Innerhalb dieser Zeit
verwirklicht er sein Rettungswerk. Der christliche Glaube ist daher we-
sensmäßig an der Geschichte des Handelns Gottes mit seinen Menschen
interessiert.

---

[45]   Die Lösung der Aufgabe finden Sie in Anhang 1 auf S. 301.

Diese Grundsatzüberlegung wirkt bis in die Methodik der Schriftauslegung hinein. Die Bibel will heilsgeschichtlich ausgelegt werden.[46] Das bedeutet, dass Sie sich das historische Umfeld, in dem Ihr Bibeltext steht, gründlich erarbeiten müssen. Immerhin umschließt allein die Zeit von Abraham bis Jesus Christus einen Zeitraum von etwa zweitausend Jahren. Politisch gesehen bestimmten die Weltreiche der Ägypter, Assyrer, Babylonier, Perser, Griechen und Römer das Geschehen. Das Volk Israel kommt mit den Religionen und Kulten seiner Zeit in Berührung und lässt sich teilweise stark von ihnen beeinflussen. Sitten und Gebräuche ändern sich und sind von den unseren erheblich unterschieden. Weil das Wort Gottes an konkrete Menschen in ihrer jeweiligen Zeit ergangen ist, können wir die Botschaft Gottes an sie auch nur dann richtig erfassen, wenn wir sie im geschichtlichen Kontext der Empfänger verstehen.

b. Unterschiedliche geschichtliche Fragestellungen

Den geschichtlichen Hintergrund eines Bibeltexts erarbeiten wir uns anhand von drei verschiedenen historischen Fragestellungen. Wir beschäftigen uns mit den Einleitungsfragen, dem zeitgeschichtlichen und dann mit dem religionsgeschichtlichen Hintergrund eines Texts. Über alle drei Aspekte müssen wir nachdenken; aber im Einzelfall spielen sie eine unterschiedlich große Rolle.

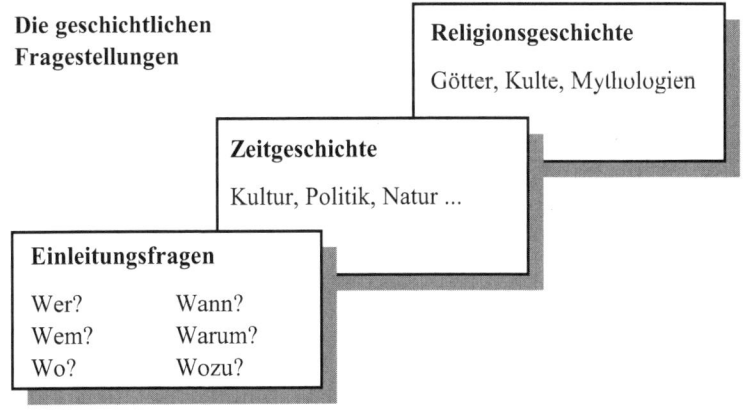

Die geschichtlichen Fragestellungen

Religionsgeschichte

Götter, Kulte, Mythologien

Zeitgeschichte

Kultur, Politik, Natur ...

Einleitungsfragen

Wer?   Wann?
Wem?   Warum?
Wo?   Wozu?

---

[46] Siehe Helge Stadelmann, *Grundlinien eines bibeltreuen Schriftverständnisses*, R. Brockhaus, Wuppertal, 1985.

1) Einleitungsfragen

Die Einleitungsfragen beschäftigen sich mit den Entstehungsverhältnissen eines biblischen Buchs. Sie helfen, den Text in seinem natürlichen Umfeld zu verstehen und ihn aus ihm heraus zu erklären. Weil die Fragestellungen ganz grundsätzlicher Natur sind, spricht man eben von den sogenannten Einleitungsfragen. Inhaltlich sind sie identisch mit den bekannten „W-Fragen", die Sie aus dem Geschichtsunterricht kennen:

- Wer?   –   Die Frage nach der Verfasserschaft
- Wem?   –   Die Frage nach den Empfängern
- Wo?   –   Die Frage nach dem Ort der Abfassung
- Wann?   –   Die Frage nach der Zeit der Abfassung
- Warum? –   Die Frage nach dem Anlass der Abfassung
- Wozu?   –   Die Frage nach dem Ziel der Abfassung

Die Antworten auf diese Fragen können für das Verständnis eines Texts sehr wichtig sein. Denken wir nur an das bekannte Wort des Paulus an die Philipper: „Freut euch in dem Herrn allezeit, und abermals sage ich: Freuet euch."[47] Die Aussage, die Paulus macht, ist immer richtig; die Freude im Herrn soll „allezeit" vorhanden sein. Stellen Sie sich aber vor, Paulus hätte den Philippern diese Ermutigung auf einer Postkarte aus seinem Urlaub zugeschickt. Sie wäre natürlich auch dann noch hilfreich und richtig. Aber wenn wir wissen, dass Paulus im Gefängnis saß, seine Missionspläne aufgeben und mit einem Todesurteil rechnen musste, bekommt die Ermutigung zur Freude eine ganz andere Tiefe. Die Frage nach dem Abfassungsort erhält eine unerwartete Bedeutung. Ähnlich verhält es sich mit den anderen Aspekten der Einleitungsfragen. Wenn Paulus im Römerbrief feststellt, dass die Gerechtigkeit allein aus Glaube und ohne Werke geschieht, hat er andere Personen vor Augen als Jakobus, der erklärt, dass der Mensch nicht aus Glauben allein, sondern auch durch die Werke gerechtfertigt wird.[48] Die Rahmenbedingungen, unter denen ein biblisches Buch verfasst wurde, haben deshalb einen großen Einfluss auf die Auslegung des konkreten Bibeltexts. Wie erarbeiten Sie sich die Antworten auf die Einleitungsfragen zu Ihrem Text?[49]

---

[47]   Philipper 4,4
[48]   Vgl. Römer 3,28 mit Jakobus 2,24.
[49]   Literaturhinweise zu Einleitungsbüchern finden Sie im Anhang 3 auf S. 314.

- Viele Antworten gibt das Buch, in dem sich Ihr Text befindet, selbst. Suchen Sie deshalb immer zuerst im näheren und weiteren Kontext nach möglichen Hinweisen.
- Andere biblische Schriften können wichtige Informationen zum Hintergrund Ihres Buchs enthalten. Viele Fragen über die Entstehung der paulinischen Briefe beispielsweise werden in der Apostelgeschichte beantwortet.
- Spezielle Bücher, die sogenannten „Einleitungen", behandeln den historischen Hintergrund biblischer Schriften. Sie sollten unbedingt eine gute Einleitung als Arbeitshilfe in Ihrem Bücherregal stehen haben.
- Bibellexika und Kommentare behandeln ebenfalls Einleitungsfragen. Machen Sie sich mit ihnen schlau.

Sie werden bald feststellen, dass trotzdem viele Fragen offenbleiben, weil wir weder innerhalb der Bibel noch in außerbiblischen Quellen verlässliche Antworten finden. Gerade im Blick auf Verfasserfragen schweigt sich die Bibel an vielen Stellen aus. Auch Datierungsfragen werden von Theologen häufig kontrovers beantwortet. Viele gegensätzliche Theorien gibt es auch im Blick auf das Alte Testament oder die Evangelien. Deshalb müssen Sie bei der Lektüre theologischer Literatur und bei der Recherche im Internet immer hellhörig bleiben.

Wenn Sie solchen unterschiedlichen Einschätzungen begegnen, sollten Sie sich nicht verunsichern lassen. Es gibt nichts, was nicht irgendwann irgendeiner behauptet hat. Wir gehen grundsätzlich von der Zuverlässigkeit der Heiligen Schrift aus und bringen ihr Vertrauen entgegen. Die Beweislast liegt nicht bei denen, die sich auf biblische Aussagen stützen können, sondern bei denen, die sie infrage stellen. Außerdem müssen wir damit rechnen, dass wir nicht auf alle Fragen Antworten bekommen. Manches lässt sich aus großem zeitlichem Abstand einfach nicht mehr klären. Offensichtlich hat Gott uns zugetraut, dass wir mit diesen offenen Fragen leben können. Wenn Sie sich selbst außerstande fühlen, gegensätzliche Ansichten sicher zu beurteilen, sollten Sie sich an Fachliteratur orientieren, die von diesem Grundvertrauen zur Bibel geprägt ist.

Noch ein Gedanke zum Schluss: Wir beschäftigen uns mit den Einleitungsfragen nicht um ihrer selbst willen. Die Entdeckerfreude kann den eigentlichen Zweck der Arbeit schnell vergessen lassen. Es geht um das genauere Verständnis des konkreten Predigttexts. Unter diesem Gesichtspunkt beschäftigen wir uns mit seinem historischen Umfeld. Überlegen

Sie also immer: Welche Auswirkungen haben Ihre Untersuchungsergebnisse für das Verständnis Ihrer Perikope und wie hilft Ihnen das für die Predigt weiter?

„Das will ich probieren!" – Übungsaufgabe [50]

Erarbeiten Sie sich die Einleitungsfragen zum Kolosserbrief. Gehen Sie dabei wie folgt vor: (1.) Überfliegen Sie den Kolosserbrief und sammeln Sie alle Aussagen, die Antworten auf Einleitungsfragen geben. (2.) Machen Sie sich anhand eines Kommentars, Einleitungsbuchs oder Bibellexikons zu den Einleitungsfragen sachkundig. (3.) Überlegen Sie, welche Auswirkung das, was Sie in Erfahrung gebracht haben, auf die Auslegung unseres Textes hat.

---

2) Zeitgeschichte

Zur Analyse der Geschichte gehört auch die Beschäftigung mit der Zeitgeschichte, in der ein biblischer Text entstanden ist. Politische, kulturelle, wirtschaftliche, soziale und weltanschauliche Zusammenhänge müssen Sie zumindest in den Grundzügen kennen, um die Bedeutung eines Bibelwortes in seiner damaligen Zeit richtig einschätzen zu können. Wenn Jona beispielsweise als ein „feiger Prophet" beschrieben wird, geht das an der Wirklichkeit vorbei. Die Niniviten gehörten als Assyrer zu den größten Feinden Israels. Wenn Jona nach Ninive zieht und dort das Gericht Gottes predigt, förderte er die Buße der Niniviten und deren Begnadigung durch Gott. Dies ließ sich weder mit seinem Erwählungsverständnis Israels noch mit seinem Gottesbild vereinbaren. Jona rebellierte aus theologischen Gründen, nicht weil er feige war![51] Ein anderes Beispiel: Wenn Jesus im Gleichnis vom vierfachen Ackerfeld von einem Sämann erzählt, der Saatgut auf den Weg fallen ließ[52], würden wir diesen Landwirt sicher als sehr

---

[50] Die Lösung der Aufgabe finden Sie in Anhang 1. auf S. 303.
[51] Jona 4,2 und 4,10-11
[52] Matthäus 13,4

ungeschickt bezeichnen. Aber zur Zeit Jesu hat man Trampelpfade über einen Acker einfach mitbesät und anschließend alles zusammen umgepflügt. Der Frau, die unermüdlich nach einem verlorenen „Groschen" sucht und anschließend ihre ganze Nachbarschaft mit der freudigen Nachricht seiner Auffindung belästigt, würden wir Zeitverschwendung und Naivität vorwerfen.[53] Wenn wir aber herausfinden, dass es sich wohl um eine wertvolle Münze gehandelt hat, die vielleicht auch noch zum Brautschmuck der guten Frau gehörte, dann verstehen wir die ausdauernde Suche und die anschließende Freude sehr wohl. Quer durch alle Bereiche der Kultur, Politik, des wirtschaftlichen und sozialen Lebens, der Geografie und sogar Meteorologie könnten wir viele zeitgeschichtliche Zusammenhänge aufzeigen, durch die ein Text erst in das richtige Licht gerückt und seine eigentliche Aussage verständlich gemacht wird. Weil das so ist, müssen wir uns Mühe geben, den historischen Hintergrund möglichst genau zu verstehen. Wir gehen folgendermaßen vor:

- Wir gehen den Text durch und suchen nach allen Bezügen zur Zeitgeschichte.
- Wir suchen im Text selbst, im engeren Kontext und im ganzen Buch nach möglichen Antworten.
- Wir suchen in anderen biblischen Büchern, die die gleiche Zeit beschreiben, nach möglichen Antworten.
- Wir ziehen Kommentare, Bibellexika, Atlanten und spezielle Literatur zur Zeitgeschichte[54] des Alten und Neuen Testaments hinzu und machen uns mit ihrer Hilfe sachkundig.

Ähnlich wie bei den Einleitungsfragen werden wegen des großen zeitlichen Abstands nicht immer alle zeitgeschichtlichen Aspekte geklärt werden können. Besonders zu heiklen Themen und Texten gibt es zahlreiche historische Rekonstruktionen, die alle keine Wahrheit, sondern höchstens eine mehr oder weniger begründete Plausibilität für sich in Anspruch nehmen können. Wie beispielsweise die Situation der Frau im Korinth der 50er-Jahre des 1. Jahrhunderts nach Christus aussah, lässt sich nur ansatzweise beschreiben. Entsprechend schwierig ist es, die Verhaltensregeln des Paulus im Blick auf die gläubigen Frauen in der Ge-

---

53 Lukas 15,8-10
54 Eine Liste hilfreicher Literatur zur Zeitgeschichte finden Sie im Anhang 3 auf S. 314.

meinde eindeutig in die korinthische Situation einzuordnen. Sicherlich dürfen Sie sich hier zu einer eigenen Position durchkämpfen. Sie sind aber gut beraten, keine allzu festgefügten dogmatischen Lehrgebäude auf dem Treibsand unsicherer historischer Rekonstruktionen zu errichten.

„Das will ich probieren!" – Übungsaufgabe [55]

Suchen Sie in Kolosser 1,21-23 nach zeitgeschichtlichen Bezügen. Gibt es überhaupt welche? Suchen Sie nach geeigneten Stichwörtern, mit denen Sie in einem Bibellexikon nachschlagen und hilfreiche Informationen finden können. [56]

---

3) Religionsgeschichte

Die Religionsgeschichte beschäftigt sich mit einem besonderen Aspekt der Zeitgeschichte, nämlich mit den religiösen, philosophischen und weltanschaulichen Hintergründen des Textes. Außer dem Judentum selbst sind alle in der Bibel erwähnten Religionen ausgestorben. Wir haben deshalb nur sehr begrenzte Vorstellungen über ihre Glaubensinhalte und ihren Kultus. Ähnlich verhält es sich mit den Philosophien der Antike. Sie wirken zwar bis heute nach; aber authentische Vertreter gibt es heute nicht mehr. Auch hier fehlen uns Wissen und Vorstellung. In der Heiligen Schrift werden aber ständig Bezüge zur Religionsgeschichte hergestellt. Israel musste sich mit den Religionen seiner Umwelt auseinandersetzen. Es stand oft in Gefahr, religiöse Vorstellungen der Ägypter oder der Kanaaniter zu übernehmen. Das berühmte Goldene Kalb, um das Israel herumtanzte und sich belustigte, während Mose auf dem Sinai als verschollen galt, war kein kleines harmloses Stalltier, sondern der als Fruchtbarkeitsgott verehrte Aspisstier der Ägypter. Was Mose zu sehen bekam, als er mit den Gesetzestafeln aus der Höhe der Gottesbegegnung in die Niederung der Glaubensrealität seines Volkes zurückkehrte, können wir

---

[55]   Die Lösung der Aufgabe finden Sie in Anhang 1 auf S. 303.
[56]   Wichtige Bibellexika sind im Anhang aufgeführt. Sehr zu empfehlen ist *„Das große Bibellexikon"* in drei Bänden, R. Brockhaus Verlag, Wuppertal.

nur erahnen.[57] Dass Israel Götzendienst begangen hatte, versteht jeder, der den Text liest. Wie diese Schuld aber in die Erfahrungswelt Israels eingebettet war, erschließt sich erst, wenn wir uns die religionsgeschichtlichen Hintergründe erarbeitet haben.

Ähnlich verhält es sich im Neuen Testament. In den Evangelien begegnen uns beispielsweise verschiedene theologische Richtungen innerhalb des Judentums: Pharisäer, Sadduzäer, Zeloten. Welche Ansichten vertraten sie, und wie wirkte sich ihre Lehre in der Praxis aus? Die Apostel kämpfen gegen die „fälschlich so genannte ‚Erkenntnis'"[58] – die Gnosis. Den Kolosserbrief und den 1. Johannesbrief werden Sie kaum verstehen, wenn Sie sich nicht die Grundzüge dieses gnostischen Denkens angeeignet haben. Je gründlicher Sie mit den religionsgeschichtlichen Zusammenhängen vertraut sind, desto besser verstehen Sie die Auseinandersetzung der biblischen Autoren und desto genauer können Sie das Bibelwort auf unsere heutige Situation übertragen.

Methodisch gehen wir mit den religionsgeschichtlichen Fragen genauso um wie mit den zeitgeschichtlichen Fragestellungen: Bezüge im Text suchen, nach Antworten aus dem Text selbst und dem Kontext Ausschau halten und sich schließlich mit Fachliteratur sachkundig machen.

„Das will ich probieren!" – Übungsaufgabe [59]

Gibt es in Kolosser 1,21-23 auch religionsgeschichtliche Bezüge? Schauen Sie nicht nur in unserem Text, sondern darüber hinaus im ganzen Kolosserbrief nach. Suchen Sie nach passenden Stichworten und erarbeiten Sie sich die Themen anhand eines Bibellexikons oder einer Zeitgeschichte zum Neuen Testament.

Es sollte Ihnen zur zweiten Natur werden, Einleitungsfragen, Zeitgeschichte und Religionsgeschichte für einen Text klären zu wollen. Natürlich müssen Sie nicht erst Historiker werden, um Ihre Bibel zu ver-

---

[57] 2. Mose 32
[58] 1. Timotheus 6,20
[59] Die Lösung der Aufgabe finden Sie in Anhang 1 auf S. 303.

stehen und geistlichen Gewinn aus ihr zu ziehen. Aber je besser Sie die geschichtlichen Hintergründe der Heiligen Schrift kennen, desto klarer können Sie sie auslegen. In der Predigt wird sich das dadurch bemerkbar machen, dass Ihre Übertragungen des Texts auf unsere Situation heute ausgewogener sein werden. Sie können nämlich besser entscheiden, was sich in welcher Form zu uns heute in Beziehung setzen lässt. Außerdem wird Ihre Auslegung lebendiger und farbiger, weil sie aus dem damaligen Leben schöpft. Sie müssen natürlich der Versuchung widerstehen, alle erarbeiteten Ergebnisse Ihrer Geschichtsanalyse der Gemeinde auch vortragen zu wollen. Sie selbst werden zwar mehr über den Text wissen als vermutlich die meisten in der Gemeinde. Aber Sie dürfen nicht mehr sagen, als für die Gemeinde wirklich wichtig und hilfreich ist! Eine Predigt ist kein Fachvortrag für Amateurhistoriker.[60]

4. Die literarische Form

a. Die Aufgabenstellung

Wenn wir die Heilige Schrift unter literarischem Gesichtspunkt betrachten, entdecken wir in ihr einen großen Reichtum an Stilmitteln und Ausdrucksformen. So finden wir Briefe, Gedichte, Geschichtsschreibung, Gleichniserzählungen und vieles andere mehr. Wir sprechen hier von Gattungen, also verschiedenen Formen, sich schriftlich zu äußern. Aus unserem Alltag kennen wir solche unterschiedlichen literarischen Gattungen. Eine Zahlungsaufforderung ist sachlich und formal gehalten und flattert meistens in einem Briefcouvert mit Fenster in mein Haus. Ein Liebesbrief nutzt andere Ausdrucksformen: eine liebevolle Anrede, bildreiche Sprache, einen warmherzigen Grundton und Komplimente und Nettigkeiten. Wir haben gelernt, literarische Gattungen zu erkennen, richtig zu deuten und sie auch selbst angemessen einzusetzen. Diese allgemeinen Überlegungen helfen uns, auch mit den unterschiedlichen

---

[60] Der exegetisch Ausgebildete wird über die genannten geschichtlichen Analysen hinaus auch noch traditionsgeschichtliche und andere Untersuchungen durchführen wollen. Um die Zielsetzung dieses Buchs nicht aus den Augen zu verlieren, habe ich auf eine Besprechung dieser exegetischen Methoden verzichtet. Eine hilfreiche Einführung in die Aufgabenstellungen der Exegese bietet Klaus Haacker, *Neutestamentliche Wissenschaft, Eine Einführung in Fragestellungen und Methoden*, R. Brockhaus Verlag, Wuppertal, 1985.

literarischen Gattungen in der Bibel richtig umzugehen und unseren konkreten Predigttext treffend einzuschätzen.

Die sogenannte „Gattungsanalyse" wurde Anfang des 20. Jahrhunderts entwickelt und inzwischen stark verfeinert. Sie findet und beschreibt für das Alte und Neue Testament eine Vielzahl von literarischen Ausdrucksformen und entwickelt ausgeklügelte Verfahren, die Eigenarten eines Stils für die Deutung des Inhalts zu nutzen. Dabei ist in der Vergangenheit an manchen Stellen des Guten zu viel getan worden. Wir dürfen an die Gattungsanalyse keine überzogenen Erwartungen stellen. Deshalb möchte ich nur auf einige Hauptgattungen eingehen und ganz allgemeine Hinweise für ihre Auslegung geben.[61]

b. Wichtige Gattungen und ihre Besonderheiten

Im Alten Testament unterscheiden wir grundsätzlich zwischen Prosa und Poesie. Unter Prosa verstehen wir die schlichte Rede, die sich in ungebundener Form äußert. Dazu gehören beispielsweise historische Erzählungen, prophetische Reden, Gesetzestexte, Gebete, Briefe, Ordnungen, Verträge, Stammbäume, Berufungsberichte und vieles mehr. Die Poesie dagegen ist Dichtung und bevorzugt eine gebundene Form der Rede. Wir kennen sie im Alten Testament vor allem aus den Psalmen, den Sprüchen, dem Buch der Weisheit oder dem Hohelied Salomos.

Im Neuen Testament finden wir wenig Poesie. Dafür gibt es in den Evangelien eine große Vielfalt an literarischen Ausdrucksformen. Bild- und Gleichnisreden Jesu, Weisheitsworte, Wunderberichte und Geschichtserzählungen gehören dazu. Besonders stark tritt im Neuen Testament der Brief als literarische Form in den Vordergrund. Er enthält auch andere Gattungen wie Hymnen, Lobpreisabschnitte (Doxologien) und Paränesen, d.h. Ermahnungen, wie wir sie von den sogenannten „Lasterkatalogen", den „Haustafeln" und „Pflichtenkatalogen" her kennen.

Es wäre sicher überzogen, wenn man für jede dieser Formen völlig neue Auslegungsprinzipien entwickeln wollte. Aber es gibt einige wichtige Grundsätze, die Sie für eine sachgemäße Auslegung berücksichtigen müssen.

---

[61] Vgl. Klaus Haacker, 1985, S.48-63 und H. Stadelmann/Th. Richter, *Bibelauslegung praktisch*, 2006, S. 89-120.

1) Die alttestamentlichen Geschichtstexte

Der größte Teil des Alten Testaments besteht aus Geschichtstexten, die in Prosa geschrieben sind. Ihre Sprache ist sachlich gehalten und beschreibt Fakten, die wir als historische Angaben ernst nehmen müssen. Den Bericht über die Himmelfahrt des Elia[62] dürfen wir nicht einfach zu einer Sage erklären und ihren Sinn auf den Gedanken reduzieren, dass sie lediglich das hohe Ansehen Elias herausstellen wollte. Wer das tut, legt nicht mehr den Text aus, sondern trägt sein bibelkritisches Wissenschaftsverständnis in ihn hinein.

Wie bedeutsam diese grundsätzlichen Überlegungen sind, merken wir, wenn wir beispielsweise die Schöpfungsgeschichte des ersten Buchs Mose betrachten. Die Mosebücher wollen ihrem Selbstverständnis nach historische Ereignisse beschreiben und prophetisch deuten. Gilt das auch für den Schöpfungsbericht in 1. Mose 1-2? Beschreibt er wirklich ein Sechs-Tage-Schöpfungswerk Gottes oder einen Prozess, der Jahrmillionen gedauert hat? Was als Poesie und was als Prosa anzusehen ist, dürfen wir nicht willkürlich festlegen. Ein Geschichtstext will zunächst als solcher verstanden werden. Wenn er gegen seine offensichtliche Intention anders als historisch gedeutet werden soll, müssen wir dafür schon gravierende Gründe ins Feld führen können. Natürlich finden wir auch mitten in Prosatexten poetische Abschnitte wie das Lied der Debora und des Barak im Richterbuch.[63] Aber die geben sich durch ihre Reimform unmittelbar als Poesie zu erkennen.

Die alttestamentlichen Geschichtstexte haben fast durchgängig erzählenden, d.h. narrativen Charakter. Sie beschreiben, was geschehen ist, aber sie schreiben nicht vor, was geschehen soll. Deshalb enthalten sie so gut wie keine Handlungsanweisungen an uns. Mit dieser Besonderheit werden wir uns später noch beschäftigen müssen, wenn es darum geht, sachgemäße Übertragungen für unseren Alltag heute zu gewinnen. Im Judentum werden viele Prosatexte, die wir Geschichtsbücher nennen, unter dem Stichwort „Vordere Propheten" geführt. Das erinnert uns daran, dass die alttestamentlichen Geschichtstexte von Gott her denken und nicht vom Menschen. Weil Gott die Mitte des Geschehens ist, sollten wir ihn auch in unserer Predigt über diese Texte die Mitte sein lassen.

---

[62] 2. Könige 2,1-18
[63] Richter 5,1-14

2) Die alttestamentliche Poesie

Wer sich an einen poetischen Text der Bibel heranwagt, rechnet von vornherein mit einer blumigen und anschaulichen Sprache. Abstrakte Wahrheiten werden in Vergleiche und Bilder gekleidet und wecken damit lebendige Vorstellungen, die wiederum Gefühle hervorrufen und sich einprägen. Diese Bildersprache muss gedeutet werden, damit es zu keinen Missverständnissen und theologischen Irrtümern kommt. Die Aussage des Psalmisten „Mit meinem Gott kann ich über Mauern springen"[64] ist natürlich nicht als Geheimtipp für Stabhochspringer gedacht, sondern drückt bildhaft aus, dass der Glaubende mit Gottes Hilfe auch größte Schwierigkeiten überwinden kann. Wer dieses Bild „wörtlich" nehmen wollte, dürfte schon an der nächsten größeren Mauer scheitern.[65] Poetische Sprache ist Bildersprache und Bilder müssen gedeutet werden.

Darüber hinaus hat die Poesie des Alten Testaments gegenüber unserer deutschen Sprache ein anderes Verständnis von Reim. Unter einem Reim verstehen wir klassischerweise aufeinanderfolgende Sätze, bei denen sich die letzten Silben im Klang gleichen: „Wer reitet so spät durch Nacht und *Wind*; es ist der Vater mit seinem *Kind*." Statt eines Gleichklangs der Silben sucht die alttestamentliche Poesie einen Gleichklang der Gedanken. Die beiden Vershälften müssen inhaltlich harmonisch miteinander „schwingen". „Mit meiner Stimme schreie ich zum Herrn. Mit meiner Stimme flehe ich zum Herrn" heißt es beispielsweise in Psalm 142,2. Beide Sätze reimen sich in den Ohren eines Hebräers, während wir sie eher als unnötige Wiederholungen empfinden; in der zweiten Satzhälfte wird lediglich das Verb „schreien" durch das Verb „flehen" ersetzt. Diese hebräische Form der Dichtung wird Parallelismus genannt, weil die Gedanken parallel verlaufen. Die hebräische Dichtkunst kennt verschiedene Formen, die Inhalte zweier Halbverse miteinander zum Schwingen zu bringen: Wiederholung, Gegensatz, Steigerung und vieles mehr. Wenn wir die Schönheit dieser alttestamentlichen Poesie erst einmal entdeckt haben, beginnt sie zu leben. Außerdem werden wir vor falschen Interpretationen

---

[64] Psalm 18,30
[65] An diesem Beispiel wird deutlich, wie wenig hilfreich es ist, davon zu sprechen, dass wir die Bibel „wörtlich" nehmen sollen. Ein Bildwort beispielsweise wird dann richtig gedeutet, wenn wir es als Vergleich verstehen. Es geht nicht darum, die Bibel wörtlich zu verstehen, sondern darum, die biblischen Texte in ihrem Selbstverständnis ernst zu nehmen. Das wäre im eigentlichen Sinne wörtlich.

bewahrt, weil wir beispielsweise aus zwei Vershälften mit parallel ver-
laufenden Gedanken keine „besondere und tiefe" Theologie ableiten
müssen.

Viele der poetischen Texte des Alten Testaments sind Gebete oder
Lieder. Nicht umsonst wurden und werden die Psalmen als Gebet- und
Liederbuch verwendet. Weisheitstexte wie das Buch der Sprüche wollen
unmittelbar belehren und durch von Gott geschenkte Einsicht lebens-
tüchtig machen. Dazu setzen sie auch Stilmittel wie Übertreibungen, para-
doxe Aussagen oder Ironie ein. Manche Sprüche Salomos wirken ethisch
geradezu bedenklich: „Eine heimliche Gabe stillt den Zorn und ein Ge-
schenk im Verborgenen den heftigen Grimm."[66] Weisheitliche Literatur
aber beschreibt keine allgemeingültigen Dogmen, sondern Lebensregeln,
die in einer ganz speziellen Situation hilfreich sein können. Deshalb ist es
bei der Analyse poetischer Texte wichtig, auch auf solche rhetorischen
Stilmittel zu achten.

3) Die prophetischen Texte

Besonders schwierig ist das Verständnis prophetischer Texte. Die aus-
geprägte Bildersprache ist eines ihrer Kennzeichen. Dort, wo unser
menschlicher Verstehenshorizont überschritten wird, ist sie die einzig
angemessene Form, überhaupt noch Aussagen zu machen. Johannes sieht
in der Offenbarung Dinge, die aussehen „wie ..."[67] Er sieht beispielsweise
nicht ein Meer aus Glas, sondern etwas „wie" ein Meer aus Glas. Mehr
kann er nicht sagen; mehr sollten auch wir nicht sagen! Viele
prophetischen Aussagen im Neuen Testament greifen auf alttestamentliche
Bildersprache zurück. Es ist oft sehr schwer zu entscheiden, ob dabei nur
die Bilder als solche aufgenommen werden oder auch deren Inhalte und
wie diese Inhalte dann mit der neutestamentlichen Prophetie verknüpft
sind.

Ein anderes Kennzeichen prophetischer Texte ist, dass ihre Aussagen
oft zeitlich schwer einzuordnen sind. Gelegentlich sieht es so aus, als ob
der Prophet von der Gegenwart redet; dann wird deutlich, dass er weit in
die Zukunft schaut. Im Buch Joel scheint es um eine Heuschreckenplage
als Gericht Gottes am Nordreich Israel zu gehen (Joel 1). Dann werden
aus den Heuschrecken unvermittelt Soldaten (Joel 2); man denkt an eine

---

[66]   Sprüche 21,14
[67]   Vgl. Offenbarung 1,10.14; 4,6; 5,6, 15,2 u.a.

militärische Invasion als Strafe Gottes. Und in Kapitel 3 redet Joel von der kommenden Ausgießung des Geistes und dem anbrechenden Gerichtstag Jahwes. Petrus wiederum greift die Ankündigung der Geistausgießung aus Joel 3,1-3 auf, verbindet sie mit dem Pfingstereignis, lässt aber die nachfolgenden Verse (Joel 3,4-5), die über das Gericht Gottes und die Zeichen am Himmel sprechen, aus. Damit trennt er Geistausgießung und Endgericht, die bei Joel eine zeitliche Einheit bilden. Es wird daher wichtig sein, die prophetischen Texte zunächst innerhalb ihres eigenen Zusammenhangs zu deuten und sie nicht gleich in ein fertiges dogmatisches und zeitliches Raster zu pressen. Wir können die biblische Prophetie nicht zu einem lückenlosen Gesamtbild zusammenfügen. Methodisch sauberes Arbeiten und Zurückhaltung sind deshalb geboten.

Außerdem müssen wir berücksichtigen, dass prophetische Texte an einen damaligen konkreten Empfängerkreis gerichtet sind, der sie offensichtlich verstehen sollte und konnte. Das Buch der Offenbarung ist zuerst ein Brief an sieben Gemeinden in Kleinasien. Diese Gemeinden haben wirklich existiert. *Sie* sollten die Offenbarung lesen, *ihnen* sollte damit zunächst geholfen werden. Deshalb müssen wir fragen, wie *sie* die Offenbarung verstanden haben. Eine Auslegung, die diesen zeitgeschichtlichen Hintergrund prophetischer Aussagen außer Acht lässt, verkennt die Eigenart prophetischer Texte.

4) Die neutestamentlichen Gleichnisse

Auch die Gleichnisreden Jesu erfordern eine besondere Betrachtungsweise. Gleichnisse sind Vergleichserzählungen, die geistliche Wahrheiten in eine zunächst sachfremde Rahmenerzählung einkleiden. Wenn Jesus das Gleichnis vom Sämann erzählt,[68] klingt das zunächst wie eine Beschreibung bäuerlicher Tätigkeiten. Die Erzählung ist aber nur eine bildliche Rede und hat verkündigende Absicht.

Es ist nicht immer leicht, diese geistliche Zielsetzung eines Gleichnisses herauszuschälen. Wir stehen vor der Frage, ob wir alle Details des Gleichnisses deuten und übertragen sollen (eine Allegorie), ob wir mehrere Vergleichspunkte in ihm suchen dürfen oder ob wir in ihm nur einen einzigen Vergleichspunkt finden (die Moral von der Geschicht). Wie schnell wir auf Irrwege in der Gleichnisauslegung geraten können, wurde

---

68   Matthäus 13,1-9

mir einmal an einer Predigt über das Gleichnis von den zehn Jungfrauen[69] bewusst, die ich vor vielen Jahren hörte. Den Prediger bewegte recht verzweifelt die Frage, ob die fünf törichten Jungfrauen den Heiligen Geist hätten kaufen können und wer wohl der Krämer wäre, der ihn auf Lager hatte. Mit großem argumentativem Aufwand kam er zu einer originellen Auslegung, oder besser: zu einer „Hineinlegung". Meistens ist es verfehlt, jeder Einzelheit im Text eine geistliche Übertragung abringen zu wollen. Jesu eigene Deutung oben erwähnten Gleichnisses vom vierfachen Ackerfeld kommt dem noch am nächsten.[70] Auf der anderen Seite dürfen wir ein Gleichnis nicht ohne Weiteres auf eine einzige – und dann meist noch moralisierende – Wahrheit verkürzen, etwa: „Seid allezeit wachsam." Natürlich passt diese Aussage auf das Gleichnis von den zehn Jungfrauen. Aber Jesus spielt doch auch auf das endzeitliche, messianische Festmahl und die „Hochzeit des Lammes" an. Es geht um seine Wiederkunft und nicht allgemein um ein „waches Christsein".

Es gibt zahlreiche Gleichnisse, die nur eine einzige Kernaussage haben. Die Gleichnisse vom verlorenen Schaf und vom verlorenen Groschen gehören dazu.[71] Was diese Kernaussage ist, formuliert Jesus am Ende selbst: „Es wird Freude sein vor den Engeln Gottes über einen Sünder, der Buße tut." Damit erübrigen sich alle Spekulationen und allegorisierenden Hineinlegungen in den Text. Das unmittelbar nachfolgende Gleichnis vom verlorenen Sohn – besser: von den zwei verlorenen Söhnen – ist ein Beispiel für ein Gleichnis mit zwei Kernaussagen: 1. Gott nimmt den reuigen Sünder an[72] und 2. Gott ringt um die Frommen und Selbstgerechten.[73]

Wir müssen also bei jedem Gleichnis gesondert prüfen, welche Vergleichspunkte es hat und wie viele. Um das herauszufinden, achten wir darauf, ob es selbst unterschiedliche Kernaussagen nennt, wie Jesus es eventuell selbst deutet und welches Licht der Kontext auf das Gleichnis wirft.

---

[69]   Matthäus 25,1-13
[70]   Matthäus 13,18-23
[71]   Lukas 15,1-10
[72]   Lukas 15,11-24
[73]   Lukas 15,25-32

5) Die neutestamentlichen Briefe

Die neutestamentlichen Briefe bilden eine eigene Gattung. Sie sind dem formalen Aufbau nach im antiken Stil verfasst und nennen Absender, Empfänger und Gruß gleich im Briefeingang. Danach folgt meist ein Abschnitt mit Danksagung und Fürbitte. Deshalb ist es sehr bemerkenswert, wenn Paulus im Galaterbrief auf solche Ausführungen verzichtet und gleich zu einem kräftigen Tadel übergeht.[74] Der Briefschluss enthält kurze Hinweise, Grüße und einen Segenswunsch. Dieser Briefstil ist für uns ungewohnt, aber wir müssen uns in der Auslegung auf ihn einstellen.

Die Briefe gehören zur sogenannten Gelegenheitsliteratur, d.h., sie haben einen konkreten Anlass und verfolgen ein bestimmtes Ziel. Wenn wir einen Privatbrief schreiben, spiegeln sich darin unsere persönliche Beziehung zum Empfänger und die aktuelle Situation wider. Wir machen Aussagen, die wir gegenüber einer anderen Person zu einem anderen Anlass in dieser Form nicht gemacht hätten. So hat Paulus den Philippern viel Ermutigendes zu sagen; die Galater aber muss er hart anfahren und bezeichnet sie später sogar als „unverständig".[75] Um die Aussagen der Briefe und ihre Argumentation richtig einzuordnen, müssen Sie deshalb die „Gelegenheit" und damit den geschichtlichen Hintergrund so genau wie möglich kennen. Darüber haben wir im letzten Kapitel schon nachgedacht.

Wenn Briefe Gelegenheitsliteratur sind, dürfen wir in ihnen keine erschöpfenden Abhandlungen zu dogmatischen und ethischen Fragen erwarten. Auch wenn manche Schreiben, beispielsweise der Römerbrief, in längeren Passagen Lehre systematisch entwickeln, verfolgen sie dennoch ein ganz bestimmtes Verkündigungsziel, in das ihre Lehre eingebettet ist. Verknüpfen Sie deshalb Aussagen der neutestamentlichen Briefe nicht willkürlich miteinander. Wenn Paulus den Korinthern gegenüber die „Torheit der Predigt"[76] betont, war das wegen der intellektuellen Aufgeblasenheit der griechischen Großstädter sehr nötig. Das besagt aber nicht, dass die Christen in allen anderen Gemeinden auch an dieser Krankheit litten und dieselbe Therapie verordnet bekommen mussten. Was Paulus sagt, wie er es sagt und mit welchem Ton er es sagt, hängt ganz von der konkreten Situation ab, die ihn zum Schreiben veranlasst.

---

[74] Vgl. Galater 1,6-10.
[75] Galater 3,1
[76] 1 Korinther 1,21

Natürlich sind alle Briefe des Paulus als Wort Gottes auch an uns gerichtet, aber das heißt nicht, dass wir ihre Aussagen gedankenlos verquicken und zu einem undifferenzierten Ganzen verpanschen dürfen.

Diese kurzen Betrachtungen zu auslegerischen Besonderheiten einzelner Textarten sind, wie ich schon anfangs sagte, keine abgerundete Auseinandersetzung mit der Gesamtthematik. Die Frage nach den Gattungen ist außerdem eng verbunden mit der Frage nach den Auslegungsprinzipien der Heiligen Schrift ganz generell. Dieser Bereich der sogenannten „Hermeneutik"[77] ist eine eigene und komplexe Thematik, die den Rahmen dieses Buches sprengen würde.[78]

„Das will ich probieren!" – Übungsaufgabe [79]

Bestimmen Sie die Gattung, zu der unser Beispieltext gehört. Vergegenwärtigen Sie sich anhand des oben Gesagten, auf was Sie bei der Auslegung besonders achten müssen. Wie wirkt sich das auf unseren konkreten Kolossertext aus?

---

[77] Das Wort „Hermeneutik" leitet sich aus dem Griechischen ab (hermeneuo: übersetzen, interpretieren) und bezeichnet die Lehre von den Auslegungsprinzipien der Bibel.

[78] Eine verständliche Einführung in die Fragestellung finden Sie bei Bernhard Ramm, *Biblische Hermeneutik*, ICI, Asslar. Sehr hilfreich ist auch das oben schon erwähnte Buch von Helge Stadelmann, *Grundlinien eines bibeltreuen Schriftverständnisses*.

[79] Die Lösung der Aufgabe finden Sie in Anhang 1 auf S. 305.

5. Die Textstruktur

Eine wesentliche Leistung des Denkens ist es, vorhandene Strukturen zu erkennen und zu analysieren. Das ist nicht nur die Arbeit des Chemikers oder des Physikers, sondern gehört auch zu den Aufgaben des Exegeten, der mit biblischen Texten umgeht. Jeder Text hat seinen eigenen gedanklichen Aufbau, der zum klaren Verständnis der Gesamtaussage erkannt und verstanden sein muss. Schon im Überblick hatten wir uns einen ersten Eindruck davon verschafft. Nun muss das vertieft und präzisiert werden.

a. Die Aufgabe der Strukturanalyse

Die Analyse der Textstruktur verfolgt gleich mehrere Ziele. Zunächst geht es uns darum, genau zu verstehen, was der Autor sagen wollte. Die Reihenfolge der Einzelaussagen und deren logische Verknüpfung entscheiden nämlich über den Sinn des Ganzen. Wenn Paulus sagt: „Nehmt einander an, wie Christus uns angenommen hat"[80], macht er zwei Grundaussagen: „Wir sollen einander annehmen" und „Christus hat uns angenommen". Beide Aussagen sind je für sich genommen klar und richtig. Aber ihre logische Verknüpfung ist entscheidend. Sollen wir einander annehmen, „*wie*" Christus uns angenommen hat, oder könnte es auch heißen „*weil* er uns angenommen hat" oder „*obwohl* er uns angenommen hat" oder sogar „*damit* er uns annimmt"? Der Sinn würde sich jeweils ändern, obwohl der Satz immer aus den gleichen zwei Grundelementen besteht. Wer die Logik eines Textes nicht untersucht, versteht ihn vermutlich falsch. Er erkennt zwar richtige Einzelaspekte, aber die Gesamtaussage kann völlig verfehlt sein. Am Ende wird es wohl auf eine klassische „Sprungbrett-Predigt" hinauslaufen.

Die an sich hilfreiche Verseinteilung verleitet zusätzlich zu einer mangelhaften Exegese. Ein Text mit sieben Versen hat vermutlich keine sieben Hauptgedanken. Wir müssen den Text als Ganzes sehen und seine Argumentation verstehen. Die Verseinteilung sollten Sie, nachdem Sie den passenden Text ausgewählt haben, am besten völlig vergessen! Kein Mensch käme auf den Gedanken, sich den Leitartikel der Tageszeitung zuerst in Verse einzuteilen und ihn dann Stück um Stück zu lesen. Wir verfolgen den Gedankengang eines Artikels anhand seiner inneren Logik. Genauso gehen wir bei der Auslegung von Bibeltexten vor.

---

[80] Römer 15,7

Es gibt aber noch einen weiteren Grund, die Struktur eines Bibelabschnitts zu untersuchen. Die Textstruktur ist in den meisten Fällen die ideale Grundlage für den späteren Predigtaufbau. Viele meinen, das Rad noch einmal erfinden zu müssen. Sie haben den Aufbau einer Perikope klar erkannt. Aber nun gehen sie zur Predigt über und stellen den ganzen Text auf den Kopf. Was hinten war, wird nach vorne gekehrt, was vorne war, kommt an den Schluss. Sie tun so, als ob der biblische Autor zwar alle Gedanken beieinandergehabt hätte, aber eben nicht in der richtigen Reihenfolge. Sicherlich gibt es gelegentlich Gründe, in der Predigt einmal von der vorgegebenen Struktur des Texts abzuweichen. Das werden wir später noch genauer betrachten.[81] In der Regel ist der im Text selbst vorgefundene Aufbau aber die günstigste Struktur für die Predigt selbst. Auf diese Weise kommt der ganze Text in seiner eigenen Logik zur Sprache.

b. Die Struktur erzählender Texte

Um Struktur und Aufbau eines Texts zu bestimmen, müssen Sie grundsätzlich zwischen erzählenden und lehrmäßigen Texten unterscheiden. Beide Arten von Bibeltexten erfordern eine etwas andere Vorgehensweise. Erzählende Texte wie historische Chroniken, Evangelienberichte und Gleichnisse entwickeln ihr Anliegen in einer zeitlichen Abfolge von Einzelereignissen. Verschiedene Personen handeln an verschiedenen Orten und zu unterschiedlichen Zeiten. Deshalb lässt sich die Struktur solcher Texte am besten anhand folgender Kriterien bestimmen:

1) Gliederung nach Personen

In den meisten erzählenden Texten treten verschiedene Personen in unterschiedlichen Kombinationen auf. Im Gleichnis vom verlorenen Sohn[82] finden wir zunächst Vater und Sohn. Anschließend ist der Sohn bei seinen Freunden, bis er schließlich beim Schweinehirten landet. Danach finden die beiden Ausgangspersonen, Vater und Sohn, wieder zusammen. Diese vier unterschiedlichen Konstellationen von Personen beschreiben treffend den inneren Aufbau des Gleichnisses: (1.) beim Vater, (2.) in der „Welt", (3.) ganz unten und (4.) zurück beim Vater. Dass Jesus dann noch einen zweiten Sohn in das Gleichnis einführt, lassen wir hier unberücksichtigt.

---

[81]   Siehe „Die Strukturierung der Predigt", S. 118.
[82]   Lukas 15,11-24

2) Gliederung nach Orten

In vielen Texten gibt es markante Ortswechsel, die ebenfalls den Aufbau einer Erzählung verraten. Die Geschichte der Weisen aus dem Morgenland[83] beginnt (1.) in ihrer Heimat im Osten, wo sie den Stern entdecken. Dann brechen sie (2.) nach Jerusalem auf und erfahren dort, dass der Stern auf den Ort Bethlehem weist. Sie folgen (3.) dem Stern und finden den neugeborenen König der Juden in Bethlehem. Auf Weisung eines Engels gehen sie (4.) nicht wie von Herodes gewünscht über Jerusalem zurück, sondern ziehen frohen Herzens ohne Umweg direkt nach Hause.

Oft fällt der Wechsel des Handlungsortes mit einem Wechsel der vorkommenden Personen zusammen. In diesem Fall müssen Sie entscheiden, welches Verfahren für die Gliederung Ihrer Perikope am sinnvollsten ist.

3) Gliederung nach Zeiten

Fast alle erzählenden Texte bewegen sich in einem zeitlichen Kontinuum. Wenn man innerhalb des chronologischen Ablaufs nach Handlungsphasen sucht, lässt sich der Textaufbau meist schnell erkennen. Nehmen wir den Bericht über die Speisung der Fünftausend.[84] (1.) Jesus predigt lange zu den Menschen; sie sind wie Schafe ohne Hirten. (2.) Darüber wird es so spät, dass die Jünger das Problem der Lebensmittelversorgung erkennen und Jesus darauf ansprechen. (3.) Jesus gibt seinen Jüngern die Aufgabe, den Leuten zu essen zu geben. Sie können es nicht. (4.) Jesus gibt ihnen die neue Aufgabe, die Menschen in Gruppen lagern zu lassen. (5.) Jesus dankt und das Wunder der Brotvermehrung geschieht. (6.) Die Jünger teilen aus; es bleiben Lebensmittel übrig. Der zeitliche Ablauf der Erzählung gliedert das Geschehen in sechs Handlungseinheiten. In der späteren Predigt lassen sich eventuell Punkte zusammenfassen.

4) Gliederung nach Tätigkeitsworten

Zur Analyse der Textstruktur lohnt sich auch ein Blick auf die Verben, die im Text enthalten sind. Sie beschreiben Tätigkeiten, die in vielen Fällen den inneren Aufbau eines Abschnitts sehr gut wiedergeben. In der Geschichte von der Stillung des Sturms[85] finden wir folgende Handlungen:

---

[83] Matthäus 2,1-12
[84] Matthäus 14,13-21
[85] Lukas 8,22-25

Jesus *steigt* in ein Schiff und die Jünger *setzen über*; Jesus *schläft* ein; der Sturm *bricht herein*; die Jünger *wecken* Jesus; Jesus *bedroht* den Sturm und er *spricht* anschließend zu den Jüngern. Wenn wir uns nur darauf beschränken, was Jesus tut, ergeben sich vier Aspekte: (1.) Jesus steigt ein. (2.) Jesus schläft. (3.) Jesus bedroht. (4.) Jesus erklärt.

Um die Struktur erzählender Texte zu analysieren, achten wir also auf Personen, Orte, Zeiten und Tätigkeiten. In vielen Fällen wechseln gleich mehrere dieser Parameter: eine andere Person an einem anderen Ort zu einer anderen Zeit. Aber das gilt nicht für alle Texte. Eine Geschichte kann sich an einem einzigen Ort abspielen, aber die Personen wechseln – oder umgekehrt. Für jeden einzelnen Text müssen Sie klären, welches der vier Gliederungsmuster sich am besten eignet. Dabei dürfen Sie immer auch schon das eigentliche Ziel Ihrer Arbeit vor Augen haben: die fertige Predigt. Es ist durchaus legitim zu fragen, „was sich am besten predigen lässt".

c. Die Struktur von Lehrtexten und nicht-erzählenden Texten

Lehrtexte und andere nicht-erzählende Texte erfordern eine eigene, auf sie abgestimmte Vorgehensweise. Zeitabfolgen, unterschiedliche Orte und Personen spielen meist gar keine oder eine untergeordnete Rolle. Der Text ist abstrakter, deshalb ist auch sein Aufbau meist schwieriger zu verstehen. Die innere Logik eines Lehrtexts ergibt sich aus seiner Argumentation. Die Argumentation wiederum macht sich an grammatischen Formen und sprachlichen Wendungen fest, die die Verknüpfungen der Einzelgedanken herstellen.

1) Kernsätze suchen

Zunächst suchen wir im Text nach Kernsätzen, die die Hauptgedanken der Argumentation enthalten. Wir gehen dabei in umgekehrter Reihenfolge vor wie beim Nüsseknacken. Wir arbeiten uns vom Kern zur Schale durch, von den Zentralgedanken zu den Nebengedanken. Damit entgehen wir der Gefahr, uns in Nebensächlichkeiten zu verlieren und den Text von einem Seitenschauplatz her zu betrachten. Kernsätze müssen nicht unbedingt Hauptsätze sein. Nehmen wir Kolosser 1,21-23 als Beispiel, dann erkennen wir in diesem Text folgenden Kernsatz: „Gott hat uns versöhnt" (V.21b). Dieser Hauptgedanke wird durch untergeordnete Gedanken erläutert: „Wir waren einst Feinde Gottes" (V. 21a). „Gott will uns heilig und tadellos und unsträflich vor sich hinstellen" (V. 22b). „Wir sollen im

Glauben gegründet bleiben ..." (V. 23). In diesem kurzen Text finden wir nur eine Kernaussage. In längeren Texten können mehrere gleichwertig nebeneinanderstehen.

2) Personen und Zeiten analysieren

Wie in erzählenden Texten können Sie auch in Lehrtexten auf Personen und Zeiten achten. In vielen Fällen lässt sich der Aufbau der Argumentation anhand dieses Verfahrens sehr deutlich erkennen. So finden wir in unserem Beispieltext Kolosser 1,21-23 auch eine klare zeitliche Abfolge, die der inneren Logik des Abschnitts entspricht: *Einst* waren die Kolosser Feinde Gottes (V. 21), *nun* sind sie mit Gott versöhnt (V. 22), *insofern* sie in Zukunft fest im Glauben gegründet bleiben (V. 23). Die Aussagen des Paulus sind also nach den drei zeitlichen Aspekten Vergangenheit, Gegenwart und Zukunft strukturiert. Eine Gliederung, die sich an im Text vorkommenden Personen orientiert, ist nicht möglich. Anders in Epheser 1,3-14. Dort spricht Paulus zunächst von der Erwählung durch den Vater (V. 3-6), dann von der Erlösung durch den Sohn (V. 7-12) und schließlich von der Versiegelung durch den Geist (V. 13-14).

3) Verben und Substantive herausfiltern

Auch der Blick auf Verben und Substantive kann für die Analyse der Textstruktur hilfreich sein. In Kolosser 1,21-23 finden wir der Reihe nach folgende Tätigkeitsworte bzw. Konstruktionen mit dem Hilfszeitwort „sein": (1.) „entfremdet und Feinde sein", (2.) „mit Gott versöhnt sein", (3.) „heilig ... hinstellen", (4.) „gegründet und fest bleiben und sich nicht abbringen lassen". Substantive spielen für den Aufbau dieser Perikope keine Rolle. Aber schon in den Versen unmittelbar davor (1,15-19) wird der viergliedrige Aufbau des Texts an vier Begriffen festgemacht, die die Person Jesu beschreiben. Er ist *Bild* Gottes (V. 15a), der *Erstgeborene* aller Schöpfung (V. 15b), das *Haupt* des Leibes (V. 18a) und der *Anfang/Erstgeborene* aus den Toten (V. 18b). Die Hauptaussage finden wir als christologische Spitze in V. 18b: „Damit er in allem den Vorrang habe." Verben und Substantive können also auch in nicht-erzählenden Texten helfen, die vorliegende Struktur zu erkennen.

4) Konjunktionen und Relativpronomen isolieren

Für das Verständnis eines Texts ist es wichtig, diejenigen Worte, die Logik herstellen, zu isolieren und zu analysieren. Das sind vor allem die

Konjunktionen (Bindeworte wie „und", „damit", „weil" ...) und die Relativpronomen (Verhältnisworte, die Beziehungen beschreiben: der Mann, *der* ...). Sie sollten es sich zur Gewohnheit machen, schon beim ersten Lesen bewusst auf diese unscheinbaren Worte zu achten. Sie sind ein wichtiger Schlüssel zur Textstruktur. Nehmen wir beispielsweise den kurzen Text in Römer 12,1-2. Wenn wir alle Konjunktionen und Relativpronomen markieren, wird der innere Aufbau des Abschnitts schnell deutlich: „Ich ermahne euch *nun*, Brüder, durch die Erbarmungen Gottes, eure Leiber darzustellen als ein lebendiges, heiliges, Gott wohlgefälliges Opfer, *was* euer vernünftiger Gottesdienst ist. *Und* seid nicht gleichförmig dieser Welt, *sondern* werdet verwandelt durch die Erneuerung des Sinnes, *dass* ihr prüfen mögt, *was* der Wille Gottes ist: *nämlich* das Gute und Wohlgefällige und Vollkommene."

Mit „nun" knüpft Paulus an das Vorhergehende an. Er fordert die Römer erstens auf, ihre Leiber darzustellen. Das soll vergleichbar sein („als") mit einem lebendigen, heiligen und Gott wohlgefälligen Opfer. Wer das tut, vollzieht einen „vernünftigen Gottesdienst". Mit „und" schließt sich eine zweite Aufforderung an: „Und seid nicht gleichförmig dieser Welt." Im Unterschied dazu („sondern") soll die Gemeinde im Denken erneuert werden. Das zielt darauf („dass"), den Willen Gottes zu erkennen. Der Wille Gottes wiederum wird beschrieben („nämlich") als gut und wohlgefällig und vollkommen. Damit haben uns die Konjunktionen und Relativpronomen den Weg zur Struktur des Abschnitts gewiesen.

5) Ein Satzschaubild erstellen

Um die Textstruktur noch anschaulicher werden zu lassen, können Sie ein Satzschaubild erstellen. Wir orientieren uns dabei am Inhalt des Abschnitts und weniger an der reinen Grammatik. Der ganze Text in der vorfindlichen Reihenfolge seiner Verse wird mit Einrückungen und Unterstreichungen auf ein Blatt übertragen, sodass die Abhängigkeiten der Aussagen und ihre Verknüpfung optisch leicht aufzufassen sind. Sehr schnell und einfach lässt sich ein Satzschaubild am Computer entwerfen. Per Zeilenschaltung (Return) und Tabstops ordnen Sie den Text anhand seines Aufbaus. Auf grafische Elemente wie Unterstreichungen und Verbindungslinien können Sie der Einfachheit halber verzichten.

Sie müssen sicher nicht für jede Exegese ein Schaubild anfertigen. Aber je komplexer ein Text ist, desto hilfreicher ist eine grafische Darstellung. Für Römer 12,1-2 könnte ein Satzschaubild wie folgt aussehen:

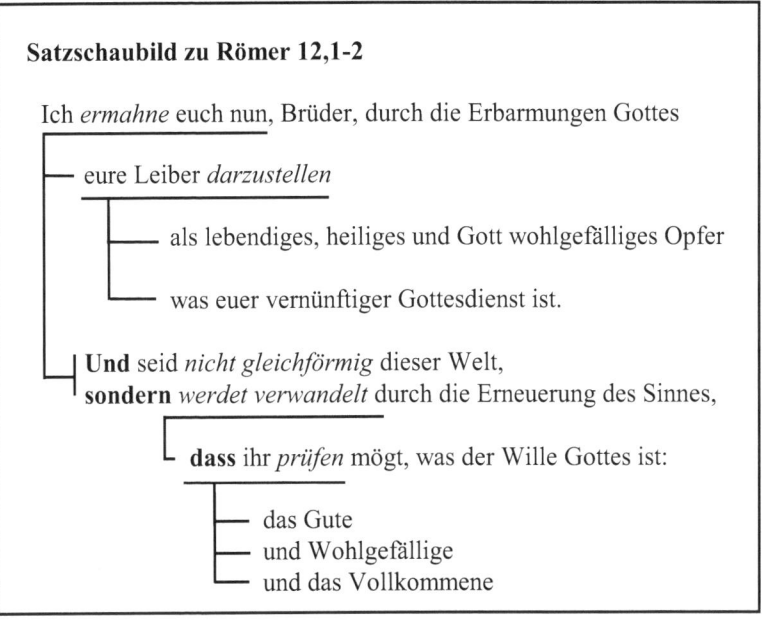

Satzschaubild zu Römer 12,1-2

Ich *ermahne* euch nun, Brüder, durch die Erbarmungen Gottes

eure Leiber *darzustellen*

als lebendiges, heiliges und Gott wohlgefälliges Opfer

was euer vernünftiger Gottesdienst ist.

Und seid *nicht gleichförmig* dieser Welt,
sondern *werdet verwandelt* durch die Erneuerung des Sinnes,

dass ihr *prüfen* mögt, was der Wille Gottes ist:

das Gute
und Wohlgefällige
und das Vollkommene

Wenn Sie sich dieses Satzschaubild unter dem Aspekt der Predigtvorbereitung ansehen, werden Sie schon erahnen können, welche Struktur die spätere Botschaft haben wird. Sie entfaltet zwei Hauptaussagen: (1.) die Hingabe des Leibes und (2.) die Erneuerung des Denkens.

„Das will ich probieren!" – Übungsaufgabe [86]

Erstellen Sie ein Satzschaubild zu Kolosser 1,21-23. Verwenden Sie dazu ein DIN-A4-Blatt und machen Sie die Abhängigkeiten der einzelnen Aussagen mit Unterstreichungen und Verbindungslinien sichtbar. Leichter und schneller arbeiten Sie am PC, wenn Sie den Bibeltext durch Zeilenumbrüche und Tabstops in die richtige Form bringen. Was meinen Sie? Wie viele Punkte wird Ihre spätere Predigt wohl haben?

---

[86] Die Lösung der Aufgabe finden Sie im Anhang 1 auf S. 305.

6. Die Begriffsstudie

Nachdem Sie die Struktur eines Bibeltexts untersucht haben, geht es als
Nächstes um die Begriffe und Wendungen, die in ihm enthalten sind.
Hinter ihnen verbergen sich gedankliche Konzepte, die Sie verstanden
haben müssen. Oft erschließt sich der Sinn eines Abschnitts erst durch die
Analyse seiner Schlüsselbegriffe. In Römer 1,17 ist beispielsweise von der
„Gerechtigkeit Gottes" die Rede. Für Martin Luther wurde das richtige
Verständnis dieses Ausdrucks zum entscheidenden Anstoß für seine
reformatorische Theologie: Die Gerechtigkeit Gottes ist nicht die, die Gott
fordert, sondern die, die er schenkt. Ohne klare Begriffe gibt es keine
klaren Vorstellungen und damit keine eindeutige Lehre. Viele Begriffe der
Heiligen Schrift sind uns natürlich geläufig. Viele haben wir aber auch nur
scheinbar verstanden, obwohl wir sie verwenden und sie meist auch in den
richtigen Zusammenhang stellen. Was Gnade ist, wissen Sie; aber können
Sie es auch erklären? Heiligung ist wichtig; aber was verstehen wir genau
darunter? Gesetzlichkeit ist schlecht; aber wo fängt sie an und wo hört sie
auf? Wir haben viele biblische Begriffe im Kopf, aber sie sind oft nur
sprachliche Hülsen, die wir kaum mit Inhalt füllen können. Deshalb sind
Begriffsuntersuchungen für eine Exegese so wichtig. Sie helfen uns und
dann auch den Predigthörern zu klaren Vorstellungen.

a. Wichtige Grundsätze

Bevor wir uns den methodischen Schritten einer Begriffsstudie zuwenden,
müssen wir einige grundsätzliche Überlegungen anstellen. Es genügt nämlich nicht, mit der Konkordanz ein paar Bibelstellen unter einem Stichwort
herauszusuchen und sich seinen Reim darauf zu machen. Methodisch
sauberes Arbeiten ist gefragt. Und dazu sind in der exegetischen Wissenschaft einige wichtige Grundsätze entwickelt worden. Hier die fünf wichtigsten.

1) Zwischen Ursprung und Bedeutung unterscheiden

Der sprachgeschichtliche Ursprung eines Wortes ist nicht unbedingt identisch mit seiner gegenwärtigen Bedeutung. Keiner, der „fernsieht", denkt
daran, dass er „in die Ferne sieht"; und niemand, der auf den
„Donnerstag" zu sprechen kommt, möchte einen Gedenktag für den
germanischen Gott Donar einlegen. Ursprung und Bedeutung eines
Wortes können sehr verschieden sein. Was für die deutsche Sprache gilt,

gilt auch für die Sprachen der Bibel. Sie unterliegen denselben Gesetz-
mäßigkeiten. Die Gemeinde beispielsweise ist deshalb noch keine
„Herausgerufene", weil sich das griechische Wort „ekklesia" aus den
Worten „ek" (heraus) und „kaleo" (rufen) zusammensetzt. Es meinte zur
Zeit des Neuen Testaments schlicht und einfach die „Gemeinde" oder im
politischen Bereich die „Bürgerversammlung". Keiner der Christen, der
zum Gottesdienst ging, dachte daran, dass er jetzt „herausgerufen" sei.
Ebenso ist ein Jünger (griechisch: mathetäs) einfach ein Nachfolger und
nicht „einer, der seinen Geist auf etwas richtet", auch wenn er sich natürlich ganz auf Jesus Christus einstellt. Ursprung und Bedeutung eines
Wortes können also auch in einem biblischen Text durchaus zwei verschiedene Dinge sein. Deshalb sollten Sie bei sprachlichen Ableitungen
Vorsicht walten lassen. Manches, was auf der Kanzel vorgetragen wird,
mag tiefsinnig klingen; es wird dadurch aber noch nicht unbedingt richtig.

2) Geschichtliche Wandlungen berücksichtigen

Die Bibel wurde über einen Zeitraum von eintausendfünfhundert Jahren
geschrieben. In dieser Zeit machten die hebräische und die griechische
Sprache, in denen sie geschrieben wurde, Entwicklungen durch, die zu
einem teilweise veränderten Sprachgebrauch einzelner Begriffe und Wendungen geführt haben. Das Phänomen einer sich wandelnden Sprache
kennen wir auch im Deutschen. Wenn Martin Luther in seiner Übersetzung der Bibel von einem „Weib" sprach, war das durchaus respektvoll
gemeint. Wer heute eine Frau als „Weib" bezeichnet, wirkt mit Recht
respektlos und unhöflich. Wenn wir Luther keine falsche Haltung gegenüber Frauen unterstellen wollen, müssen wir den Sprachgebrauch seiner
Zeit beachten. Auch die ursprünglich negativ gefüllten Worte „irre" oder
„geil" sind heute durchaus salonfähig geworden und positiv gefüllt. Für
die Exegese bedeutet das, dass wir nicht einfach davon ausgehen dürfen,
dass ein Begriff aus dem ersten Buch Mose auch noch rund tausend Jahre
später bei Maleachi mit demselben Sinn gebraucht wird. Das hebräische
Wort „shämän" beispielsweise bezeichnete ursprünglich das Fett des
Fleisches, das als sein wertvollster Bestandteil galt. Später erweiterte sich
die Wortbedeutung und bezeichnete allgemein „das Beste". Wenn Israel
dem Herrn „das Fette des Getreides" opferte, müssen wir nicht nach einer
Getreidesorte mit hohem Fettanteil suchen, sondern einfach an „das beste
Getreide", das der Bauer geerntet hatte. Begriffe müssen also dia-
chronisch, d.h. im Wandel der Zeiten verstanden werden.

3) Mit unterschiedlichem Gebrauch von Begriffen rechnen

Von einem synchronen Wortgebrauch reden wir, wenn zwei zur gleichen Zeit lebende Autoren ein und dasselbe Wort unterschiedlich verwenden. Vielleicht kommen beide aus einem anderen kulturellen Hintergrund, oder sie sind mit anderen Sprachkonventionen aufgewachsen. „Pfuschen" ist für mich eine unsauber abgelieferte Arbeit: „Pfusch am Bau". Andere beschreiben mit demselben Wort die unerlaubte Übernahme fremden geistigen Eigentums während einer Klassenarbeit.

Könnte es sein, dass sich die vielfach beschriebene Spannung zwischen Paulus und Jakobus mit unterschiedlichem Wortgebrauch erklären lässt? Paulus spricht von der Rechtfertigung aus Gnade unter Ausschluss von eigenen Werken. Er denkt bei der Rechtfertigung exklusiv an die Stellung des Sünders vor Gott. Diese Rechtfertigung kann natürlich nur strikt ohne Werke geschehen.[87] Jakobus geht es um den Nutzen des Glaubens als Zeugnis nach außen. Was bringt ein Glaube, der nur große Worte macht, sich aber in der Praxis nicht als echt erweist? Es ist dann nicht gerechtfertigt, von aufrichtigem Glauben zu sprechen, wenn er sich nicht durch Werke legitimieren kann.[88] Paulus redet von der Rechtfertigung des Sünders vor Gott; Jakobus spricht vom Echtheitsbeweis des Glaubens vor Menschen. Beide verwenden den Begriff „rechtfertigen", aber beide beschreiben damit einen anderen Sachverhalt; sie widersprechen sich nicht. Für mich ist das ein markantes Beispiel für unterschiedlichen, synchronen Sprachgebrauch durch zwei verschiedene Autoren, die zur gleichen Zeit lebten. Aber selbst innerhalb ein und desselben Buchs müssen wir damit rechnen, dass ein Autor einen Begriff unterschiedlich füllen kann.[89] Wir müssen einen Begriff also immer aus seinem Kontext heraus verstehen.

4) Das Bedeutungsfeld erfassen

Viele Wörter haben eine Mehrfachbedeutung oder unterschiedliche Aspekte. Unter einer „Raupe" kann man ein kriechendes Insekt verstehen oder an ein großes Baufahrzeug denken. Eine „Birne" kann man essen oder in eine Fassung schrauben. Wir reden in diesem Zusammenhang

---

[87] Römer 3,28
[88] Jakobus 2,24
[89] Ein Beispiel dafür finden wir in Kol 1, wo Paulus mit dem Begriff „Erstgeborener" (gr.: prototokos) in V. 15 die rangmäßige und in V. 18 die zeitliche Vorrangstellung Jesu beschreibt.

davon, dass ein Begriff ein „Wortfeld" oder ein „Bedeutungsfeld" abdeckt. In unserem Beispieltext aus dem Kolosserbrief finden wir in V. 23 die Aussage, dass das Evangelium der ganzen „Schöpfung" verkündigt wird. Das griechische Wort „ktisis" kann (1.) den Akt des Schaffens meinen, (2.) das Schöpfungswerk als Ergebnis schöpferischen Handelns oder auch (3.) die Welt als Summe alles Geschaffenen, also die gesamte Kreatur. „Ktisis" kann (4.) sogar die menschliche Obrigkeit oder (5.) eine Behörde meinen.[90] Nun dürfen Sie sich aus einem solchen breiten Bedeutungsfeld nicht willkürlich irgendeinen Aspekt herausgreifen, nur weil er neu und originell erscheint. Die konkrete Wortbedeutung muss sich in den Kontext fügen. Mit „ktisis" meint Paulus hier offensichtlich nicht alle „Behörden", sondern die von Gott geschaffene Kreatur, vor allem aber die Menschheit, der die apostolische Verkündigung gilt. Es ist also nicht zulässig, irgendeinen Bedeutungsaspekt, den Sie in einem Lexikon gefunden haben, unbesehen in den Text hineinzutragen. Der Kontext entscheidet.

5) Keine Ableitungen aus dem Deutschen in die Bibel hineintragen

„Wer denkt, dankt." „Demut ist Dienemut." „Gottes Kraft ist Dynamit." Inhaltlich sind diese Merksätze mehr oder weniger richtig – solange man sie als Wortspiel innerhalb der deutschen Sprache versteht. Im Griechischen haben die Worte „denken" und „danken" keinerlei sprachliche Verwandtschaft. „Demut" hat nichts mit dem Mut zum Dienen gemein, und die Erfindung des zerstörerischen Dynamits steht sicherlich auch inhaltlich in Spannung zur heilschaffenden Kraft Gottes. Trotzdem kann es gelegentlich hilfreich sein, den deutschen Hintergrund von Wörtern und deren sprachliche Ableitung und Verwandtschaft zu untersuchen und für die Predigt nutzbar zu machen.[91] Eine saubere Begriffsstudie muss sich aber an den biblischen Grundsprachen orientieren und durch Kommentare und Begriffswörterbücher abgesichert sein.

---

[90] Nach Walter Bauer, *Neutestamentliches Wörterbuch*, Walter de Gruyter, Berlin, [5]1971, Sp. 900f.

[91] Siehe dazu Friso Melzer, *Das Wort in den Wörtern – Die deutsche Sprache im Dienst der Christus-Nachfolge*, TVG, Brunnen Verlag, Gießen/Basel, [3]1997.

b. Methodische Schritte

Nach diesen grundsätzlichen Überlegungen gehen wir nun zur praktischen Arbeit über. Ich zeige Ihnen, welche Einzelschritte zu einer Begriffsstudie gehören.

1) Schlüsselbegriffe auswählen

Weil eine Begriffsstudie zeitlich aufwendig ist, müssen Sie zuerst die Schlüsselbegriffe und die sprachlichen Wendungen isolieren, die unbedingt verstanden sein müssen. Anhand der Strukturanalyse haben Sie die Kernaussagen schon herausgeschält; deshalb suchen Sie zunächst dort. Danach durchforsten Sie die untergeordneten Textaussagen. Gehen Sie Begriff für Begriff durch und fragen Sie sich, ob Sie wirklich eine klare Vorstellung von seinem Inhalt haben. Geben Sie sich nicht mit Ahnungen und Vermutungen zufrieden. Stellen Sie dann eine Liste aller Wörter zusammen, denen Sie nachgehen wollen.

2) Die Arbeit mit der Konkordanz

Das wichtigste Hilfsmittel für eine Begriffsuntersuchung ist die Konkordanz. Sie dient nicht nur dazu, vergessene Bibelworte schnell aufzufinden. Weil sie je nach Ausführlichkeit die meisten Stellen auflistet, in denen ein Begriff vorkommt, leistet sie eine unschätzbare Vorarbeit, die wir uns jetzt zunutze machen.[92]

- Wir suchen nach abgeleiteten und verwandten Begriffen. Für das Wort „versöhnen" wären das beispielsweise „Versöhnung", „Versöhner", „aussöhnen".
- Wir arbeiten uns in konzentrischen Kreisen an unsere spezielle Stelle heran: A.T. – N.T. – Verfasser – Buch – Kapitel – Abschnitt – Vers.
- Wir nähern uns dem Begriff mittels unterschiedlicher Fragen: (1.) Wir fragen statistisch, wie häufig ein Begriff an welcher Stelle bzw. bei welchem Autor vorkommt.
  (2.) Wir ordnen Begriffe bestimmten Verfassern zu. Wer verwendet ihn und in welchem Sinne?

---

[92] Eine Auswahl an gebräuchlichen Konkordanzen finden Sie im Anhang 3 auf S. 314. Sie sollten darauf achten, sich eine möglichst ausführliche Konkordanz zuzulegen, die außerdem auf die Übersetzung Ihrer Bibel zugeschnitten ist.

(3.) Wir achten auf die inhaltliche Füllung des Begriffs und den lehr-mäßigen Zusammenhang.

(4.) Wir beachten den jeweiligen Kontext, in den der Begriff ein-gebettet ist.

- Wir bringen das Ergebnis der Untersuchung in Zusammenhang mit unserer konkreten Textstelle. Welche der gefundenen Bedeutungs-aspekte fügt sich am harmonischsten in den Textzusammenhang ein? Welche Bedeutung passt zu Sprachgebrauch und Stil des Verfassers?
- Überprüfen Sie Ihr Ergebnis anhand eines Kommentars oder eines Begriffswörterbuchs.

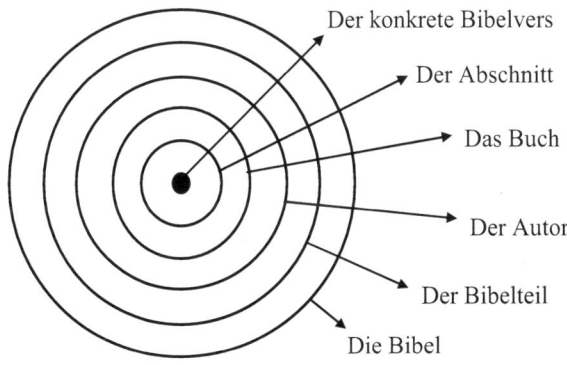

Die Arbeit mit der Konkordanz: in „konzentrischen Kreisen"

3) Die Arbeit mit Begriffswörterbüchern und Kommentaren [93]

Die Arbeit mit der Konkordanz hat einen großen Nachteil: Sie ist zeitauf-wendig. Mit einem Kommentar oder einem Begriffswörterbuch kommen Sie deutlich schneller zum Ergebnis. Im Begriffswörterbuch haben näm-lich andere die langwierige Konkordanzarbeit für Sie erledigt und ihre Ergebnisse übersichtlich in alphabetisch geordneten Artikeln zusammen-gefasst. Unkritisch darf man sie allerdings nicht übernehmen:

---

[93] Eine Liste von Begriffswörterbüchern finden Sie im Anhang 3 auf S. 314.

- Ein Begriffswörterbuch enthält immer eine subjektive Einschätzung des biblischen Befunds und damit Deutung. Sie müssen die Aussagen deshalb kritisch prüfen.
- Aus den vielen Aspekten, die das Wörterbuch zum Bedeutungsfeld eines Begriffs aufführt, dürfen Sie nur den heranziehen, der inhaltlich und kontextlich passt. Schauen Sie, ob das Begriffswörterbuch Ihre Stelle aufführt, und übernehmen Sie dann diesen Bedeutungsaspekt.
- Überprüfen Sie das Ergebnis anhand eines Kommentars oder weiterer Literatur, beispielsweise mit einem Bibellexikon.

Wer sich in jeder Predigtvorbereitung Zeit für eine ausführlichere Begriffsstudie nimmt, erarbeitet sich im Laufe der Zeit einen soliden Schatz an biblischem Wissen, der ihm später die Vorbereitungszeit erheblich verkürzt. Auch bei der Begriffsstudie müssen Sie natürlich überlegen, welche Ergebnisse Sie davon mit auf die Kanzel nehmen. In der Regel kann es höchstens das knapp zusammengefasste Ergebnis, aber auf keinen Fall eine detaillierte Verlaufsschilderung Ihrer Forschungsarbeit sein!

„Das will ich probieren!" – Übungsaufgabe [94]

Suchen Sie in Kolosser 1,21-23 diejenigen Begriffe und Wendungen heraus, die Sie auf alle Fälle verstanden haben müssen.
Erarbeiten Sie eine Begriffsstudie zum Stichwort „Versöhnung". Schlagen Sie in Ihrer Konkordanz unter „versöhnen" und „Versöhnung" nach. Beantworten Sie dabei der Reihenfolge nach folgende Fragen:

1. In welchem Bibelteil kommt der Begriff am häufigsten vor?
2. Welcher Autor im Neuen Testament verwendet ihn am meisten?
3. In welchem Zusammenhang wird das Wort „versöhnen" in der einzigen Evangelienstelle gebraucht?

---

[94] Die Lösung der Aufgabe finden Sie in Anhang 1 auf S. 305.

4. Bei Paulus bezieht sich der Begriff „Versöhnung" an zwei Stellen nicht auf die Beziehung zu Gott. Welche Stellen sind das, und um was geht es in ihnen?

5. Von wem geht im Blick auf die Beziehung zu Gott die Versöhnung immer aus?

6. Warum muss nach den Aussagen des Paulus der Mensch überhaupt versöhnt werden?

7. Durch welches Mittel ist nach Paulus Versöhnung überhaupt erst möglich?

8. Wie oft kommt der Begriff „Versöhnung/versöhnen" im Kolosserbrief vor?

9. Wer genau wird nach Kol 1,20 mit Gott versöhnt; wer in Kol 1,21?

10. Wie ist nach Kol 1,22 die Versöhnung zustande gekommen?

Fassen Sie die Ergebnisse in einigen Sätzen zusammen. Was haben Sie über die Versöhnung gelernt? Was war Ihnen neu? Was wollen Sie Ihren Zuhörern in der Predigt auf alle Fälle mit auf den Weg geben?

7. Die theologische Problembetrachtung

In einem letzten Teilschritt der Einzeluntersuchungen beschäftigen wir uns mit allen Fragen, die im Text noch offen geblieben sind. Die sprachlichen, historischen und strukturellen Analysen, die wir bereits durchgeführt haben, gaben teilweise schon Antworten auf theologische Fragestellungen. Aber nicht alles lässt sich sozusagen „beiläufig" erledigen. Manche Frage blieb vielleicht noch ungelöst. Wie gehen wir vor?

a. Die Problemstellungen erfassen

Zunächst gehen wir den gesamten Text durch und sammeln, welche theologischen Probleme noch offengeblieben sind. Am besten notieren Sie sich diese auf einem besonderen Blatt. Dann muss die Art des Problems beschrieben werden. Handelt es sich um eine Frage aus dem Bereich der Dogmatik (Glaubenslehre) oder der Ethik (Glaubenspraxis), oder ist eine Ausdrucksweise unverständlich oder missverständlich? Abschließend müssen Sie entscheiden, wie wichtig das Problem für das Verständnis des Texts und das später formulierte Predigtziel ist. Zentrale Fragen müssen Sie klären, weniger wichtige können Sie klären, wenn ausreichend Zeit zur Verfügung steht. Es geht also darum, dass Sie das Problem erkennen, einordnen und richtig gewichten. Ein offenes Problem in unserem Text könnte sich aus V. 22 ergeben. Die Frage lautet auf den Punkt gebracht: Sind wir jetzt schon heilig, tadellos und unsträflich oder werden wir es erst in Zukunft, wenn wir vor dem Thron Gottes stehen?

b. Der biblische Befund

Die Lösung eines Problems suchen wir zunächst in der Bibel selbst. Wir glauben, dass sie eine innere Einheit bildet und sich selbst interpretiert. Die Schrift muss mit der Schrift ausgelegt werden. Deshalb fragen wir:

- Was sagt der Verfasser im unmittelbaren Kontext zum Problem?
- Was sagt der Verfasser an anderer Stelle oder in anderen Schriften?
- Welche Antworten geben das Alte oder Neue Testament?
- Was ist das biblische Gesamtzeugnis zur Frage?
- Wie ist die Fragestellung heilsgeschichtlich einzuordnen?[95]

Um die für das Problem relevanten Stellen in der Schrift zu finden, gehen Sie den angegebenen Parallelstellen nach und suchen mit der Konkordanz nach biblischen Zusammenhängen. Für unsere Fragestellung zu Kol 1,22 könnte sich Folgendes ergeben: Auf der einen Seite spricht Paulus im Kolosserbrief selbst davon, was wir bereits alles sind: Auserwählte und Heilige, Geliebte (1,4; 3,12), in Christus zur Fülle Gebrachte (2,10), mit Christus Gestorbene und Auferstandene (2,20; 3,1). Paulus ringt darum, dass wir vor Gott vollkommen dastehen (1,28). Auf der anderen Seite sind wir im Werden: Wir brauchen Weisheit (1,9), müssen einen würdigen Lebenswandel lernen (1,10), am Glauben festhalten (1,23), die sündhaften Glieder töten (3,5) und ein neues Verhalten anziehen (3,12). Die Aussagen des Paulus scheinen kein einheitliches Bild abzugeben. Wir sind tadellos und müssen es dennoch auch werden? Um diese gegensätzlichen Aussagen zusammenbringen zu können, brauchen wir ein dogmatisches Verstehensraster.

---

[95] Vgl. Helge Stadelmann, *Epochen der Heilsgeschichte*, R. Brockhaus Verlag, Wuppertal, 1984.

c. Der dogmatisch-ethische Befund

Wie dieses Beispiel zeigt, lassen sich viele theologische Fragen nicht ohne Weiteres mit Parallelstellen lösen. Sie müssen im Rahmen biblischer Glaubenslehre und Glaubenspraxis beantwortet werden. Die Aussage Jesu, dass er und der Vater eins sind[96], kann man nur auf dem Hintergrund der Lehre von der Dreieinigkeit Gottes richtig einordnen. Der Ausleger braucht deshalb ein dogmatisches und ethisches Deutungsmuster, in das er seine exegetischen Einzelerkenntnisse einordnet; andernfalls „schwimmt" er und richtet auf der Kanzel mehr Unheil an als Heil. Um das zu vermeiden, müssen wir uns die nötigen Zusammenhänge erarbeiten.

- Bestimmen Sie, welchem Bereich der Dogmatik oder Ethik die Fragestellung zugeordnet ist. Halten Sie sich dabei alle Bereiche der Glaubenslehre vor Augen. Gehört die Frage zur Lehre von der Erlösung, zur Lehre von der Person Gottes oder vielleicht zur Lehre vom Heiligen Geist oder zu einem ganz anderen Themenkreis?
- Suchen Sie in Büchern zur Dogmatik oder Ethik nach möglichen Antworten. Inhaltsverzeichnisse und Stichwortregister führen schnell auf die richtige Spur.
- Konsultieren Sie Kommentare, die auf die theologischen Probleme eingehen, denn dazu sind sie schließlich da. Ein Kommentar, der langatmig nacherzählt, was Sie sich beim ersten Lesen des Textes bereits selbst gedacht haben, ist sein Geld nicht wert. Er muss auf die wirklich problematischen Fragen eingehen.

Sobald wir über die Heilige Schrift hinausgehen und uns mit Kommentaren und anderer christlicher Literatur beschäftigen, verlassen wir den Boden des unfehlbaren Wortes und setzen uns mit durchaus fehlbaren Ansichten von Menschen auseinander. Dies ist unvermeidbar und ermahnt uns, alles anhand der Schrift genau zu prüfen.

Kommen wir noch einmal auf unseren Problemvers Kol 1,22 zurück. Für den oben noch als uneinheitlich beschriebenen Befund haben Dogmatiker folgende Lösung vorgeschlagen. Sie unterscheiden zwischen Stellung und Zustand: Unserer Stellung vor Gott nach sind wir heute schon heilig, tadellos und unsträflich, weil Christus für uns gestorben ist. Unse-

---

[96] Johannes 10,30

rem konkreten ethischen Zustand nach sind wir all das noch nicht. Wir müssen lebenslang lernen, ein heiliges, tadelloses und unsträfliches Leben zu führen. Unsere Aufgabe besteht also darin, zu werden, was wir bereits sind. Diese Unterscheidung von Stellung und Zustand ist nicht willkürlich, sondern das Ergebnis einer sorgfältigen Auseinandersetzung mit biblischen Texten.

d. Der kirchengeschichtliche Befund

Viele Auffassungen über biblische Lehre haben sich im Laufe der Kirchengeschichte entwickelt, vertieft oder verfestigt. Deshalb kann auch ein Blick in die Geschichte der Theologie wichtige Anregungen für die Auslegung einer Textstelle geben. Kehren wir noch einmal zum Problem der Dreieinigkeit zurück. In der frühen Kirchengeschichte hat die Christenheit lange mit dieser Frage gerungen. Das Ergebnis, die Trinitätslehre, wird noch heute von fast allen christlichen Kirchen geteilt. Eine Auseinandersetzung mit den Argumenten und Konzepten aus jener Zeit hilft uns heute, die biblische Lehre der Dreieinigkeit besser zu verstehen und die exegetische Arbeit in die Glaubenslehre einzuordnen. Weil die Auslegung der Bibel nicht erst mit uns beginnt, sondern schon eine zweitausendjährige Geschichte hat, können wir auch für die Exegese viel aus der Kirchengeschichte lernen.

Im Blick auf das Verständnis von Kol 1,22 könnten wir uns beispielsweise mit Schrifttum aus der Zeit der sogenannten Heiligungsbewegung am Ende des 19. und Anfang des 20. Jahrhunderts beschäftigen (Torrey, Moody, Finney, Jellinghaus, Stockmeyer, Paul und viele andere mehr). Die Frage, was wir sind und was wir noch werden müssen, hat damals eine Schlüsselrolle gespielt und zu vielen tiefsinnigen Überlegungen geführt – leider auch zu ebenso viel Streit und Auseinandersetzungen!

Trotz intensiven Bemühens, eine theologische Frage zu lösen, kann es sein, dass Sie zu keiner befriedigenden Antwort finden. Wenn es sich dabei um die Kernfrage des Predigttexts handelt, wäre es sicher angebracht, einen anderen Text zu wählen und die Gemeinde nicht mit Halbwahrheiten oder einer Fülle von ungeklärten Lösungsansätzen zu verunsichern. Handelt es sich dagegen um eine untergeordnete Frage, dürfen Sie durchaus vor der Gemeinde eingestehen, dass Sie an diesem Punkt zu keiner endgültigen Antwort gefunden haben. Eine solche Offenheit hilft den Zuhörern mehr als der verzweifelte Versuch, eine zusammengeschusterte Antwort an den Mann oder die Frau zu bringen.

„Das will ich probieren!" – Übungsaufgabe [97]

Welche theologischen Fragen in Kolosser 1,21-23 sind für Sie noch offengeblieben? Versuchen Sie, die Fragestellung genau zu erfassen? Suchen Sie anhand von Parallelstellen, Kommentaren, Dogmatiken, Ethiken und anderer Literatur nach möglichen Antworten.

[97] Weil jeder von Ihnen andere Probleme im Text entdeckt haben wird und weil die notwendigen Antworten dann sehr umfassend hätten ausfallen müssen, habe ich zu dieser Übungsaufgabe keine Auflösung erarbeitet

C. Die Zusammenfassung

Nachdem wir uns in so viele Einzeluntersuchungen gestürzt haben, müsste der Predigttext nun gründlich verstanden sein. Die Exegese ist abgeschlossen. Sie könnten beginnen, Ihre Predigt auszuarbeiten. Vielleicht wollen Sie Ihre vielen Einzelergebnisse aber auch für spätere Zeiten sichern und einen eigenen kleinen Kommentar verfassen. Nachdem Sie etwas zu den Einleitungsfragen, zum Kontext und zur Textstruktur gesagt haben, kommentieren Sie einen Vers nach dem anderen in knappen Sätzen. Ich gebe allerdings zu, dass ich einen solchen Zeitaufwand für eine normale Predigtvorbereitung nicht betreibe.

Wichtig für die Predigt ist allerdings ein anderer Arbeitsschritt. Sie erinnern sich sicherlich noch daran, dass wir im Überblick versucht haben, den Skopus und den gedanklichen roten Faden des Texts herauszufiltern.[98] In der Strukturanalyse haben wir diesen Aufbau dann sehr präzise beschrieben.[99] Jetzt können wir die Arbeit zu Ende bringen und ein genaues Textthema und eine Gliederung erstellen.

1. Die Aufgabe des Textthemas und der Textgliederung

Den Text zu gliedern und ihm eine Überschrift zu verpassen, macht in mehrfacher Hinsicht Sinn:

- Thema und Gliederung beschreiben den Inhalt des Texts in eigenen Worten und zeigen damit, dass wir ihn wirklich verstanden haben.
- Textthema und Textgliederung beschreiben die gedankliche Entfaltung des Abschnitts exakt und fassen die bisherige Arbeit zusammen.
- Das Textthema bestätigt oder korrigiert den anfangs formulierten Kerngedanken und zeigt uns noch einmal, was die Mitte der Predigt werden muss.
- Die Textgliederung bildet die Grundlage für den späteren Predigtaufbau und ist das Geländer, an dem sich die Ausarbeitung des Predigtkonzepts entlangtastet. Wie wichtig gerade dieser Gesichtspunkt ist, werde ich später noch deutlich machen![100]

---

[98] Vgl. „Der Überblick", S. 40.
[99] Vgl. „Die Textstruktur", S. 73.
[100] Vgl. „Die Strukturierung der Predigt", S. 118.

Ich selbst erstelle fast immer eine Textgliederung, bevor ich an die Predigtausarbeitung gehe. Wie ausführlich und detailliert sie ausfällt, hängt vom Schwierigkeitsgrad und von der Länge des Texts ab.

2. Die Ausarbeitung eines Textthemas

Zunächst beginnen wir mit dem Textthema. Es ist die inhaltliche Zusammenfassung des ganzen Predigttexts. Stellen Sie sich vor, Sie sitzen an Ihrem Schreibtisch. Hinter Ihnen öffnet sich die Tür, und jemand aus Ihrer Familie stellt Ihnen folgende Frage: „O, du sitzt gerade über deiner Predigt. Um was geht es denn im Text?" Wenn Sie jetzt verlegen stottern, sind Sie mit Ihrer Arbeit noch nicht ans Ende gekommen. Wenn Sie aber in einem einzigen Satz sagen können, worum es im Predigttext geht, haben Sie in der Exegese saubere Arbeit geleistet. Ein gutes Textthema erfüllt folgende Kriterien:

a. Das Textthema besteht aus einem ganzen Satz

In der Werbung wird viel mit Stichworten und griffigen Slogans gearbeitet. Dieser Stil eignet sich für die Exegese nicht, weil er zu unpräzise und zu wenig aussagekräftig ist. Ich formuliere meine exegetischen Themen deshalb bevorzugt als ganze Sätze. Der Kerngedanke von Kol 1,21-23 ist sicherlich „Versöhnung". Aber was wird zum Thema ausgesagt? Dass Versöhnung möglich ist? Dass man sie nur schwer erhält? Dass man sie wieder verlieren kann? Die Gefahr, in der Predigt über alle möglichen Aspekte der Versöhnung zu reden, aber den Inhalt des konkreten Texts zu verpassen, ist bei einer Stichwortüberschrift größer als bei einem ausformulierten Kerngedanken. Formulieren Sie deshalb einen ganzen Satz.

b. Das Textthema enthält die Themenangabe und die Themenaussage

Das Textthema besteht aus zwei Elementen: der Themenangabe und der Themenaussage. In Psalm 19 wird die Offenbarung Gottes in der Schöpfung und im Gesetz beschrieben, angesichts derer uns die Größe Gottes und unsere eigene Sündhaftigkeit deutlich werden. Die Themenangabe des Psalms wäre: „Die Offenbarung Gottes." Die Themenaussage ist eine dreifache: (1.) Gott offenbart sich in der Natur und (2.) im Gesetz und zeigt (3.) dem Menschen, wie sündhaft er ist. Ein mögliches Textthema könnte dann lauten: „*Die Offenbarung Gottes* in Natur und Gesetz verdeutlicht die Größe Gottes und die Sündhaftigkeit des Menschen."

c. Das Textthema fasst den ganzen Text zusammen

Man kann den Kerngedanken eines Abschnitts mit einem Dach vergleichen. Das darf nicht zu groß und nicht zu klein sein. Es muss einfach passen. Ähnlich verhält es sich mit dem Textthema: Es muss genau auf den Abschnitt zugeschnitten sein. Das Beispiel zu Kol 1,21-23 zeigt Textthemen, die je auf ihre Weise diesem Anspruch *nicht* gerecht werden:

„Gott versöhnt Sünder."	Das Thema ist zu allgemein und passt auf Dutzende anderer Bibeltexte.
„Jesus macht heilig."	Das Thema ist zu eng gefasst, weil es nur einen einzigen Textgedanken herausgreift und andere übergeht.
„Die von Gott entfremdeten Kolosser sind versöhnt und lesen eifrig im Evangelium."	Das Thema ist nur teilweise richtig, weil es in seinem zweiten Teil den Inhalt nicht richtig wiedergibt. Der Text enthält keine Aufforderung zum Bibellesen.
„Evangelisation ist die Aufgabe eines jeds Christen."	Das Thema liegt völlig daneben. Paulus beschreibt sich zwar als Missionar, aber er fordert die Leser nicht zur Mission auf.

d. Das Textthema ist deskriptiv

Das Thema soll den Inhalt des Textabschnitts beschreiben; deshalb ist es von seiner Zielsetzung her deskriptiv. Eine Übertragung auf uns heute findet erst in der Predigt statt, nicht schon in der Exegese. Sie könnten also ganz richtig formulieren und sagen: „Die Versöhnung gilt den Kolossern ...". Aber es wäre an dieser Stelle methodisch falsch, wenn Sie sich oder Ihre Zuhörer mit ins Spiel brächten: „Gott möchte *uns* versöhnen ...". Natürlich will Gott uns mit sich versöhnen. Aber der Brief des Paulus war ursprünglich an die Kolosser gerichtet. Das beschreiben Sie. Die Übertragung auf uns kommt später. Formulieren Sie das Textthema also beschreibend und verzichten Sie an dieser Stelle noch auf Anwendungen.

„Das will ich probieren!" – Übungsaufgabe [101]

Sie ahnen, welche Aufgabe ich Ihnen stellen werde? Stimmt genau! Formulieren Sie anhand der oben genannten Grundsätze ein Textthema zu Kolosser 1,21-23.

---

3. Die Ausarbeitung einer Textgliederung

Bei der Untersuchung der Textstruktur haben wir ein Satzschaubild erstellt.[102] Die Textgliederung ist in einem gewissen Sinne nur eine Umformung dieser Textstruktur in ein systematisches Gliederungsschema. Man könnte sie mit einem Inhaltsverzeichnis vergleichen, das in Haupt- und Unterpunkte gegliedert den ganzen Inhalt eines Buchs übersichtlich zusammenfasst. Wer darin liest, überschaut Aufbau und Gedankenführung mit einem Blick. Die Gliederung kann gelegentlich ein sehr ausführliches Inhaltsverzeichnis werden und den Bibeltext an Länge übertreffen. Aber das hängt von der Komplexität der jeweiligen Perikope ab.

---

[101] Ein mögliches Textthema finden Sie in Anhang 1 auf S. 307.
[102] Vgl. S. 79.

Für die Ausarbeitung der Textgliederung gelten zunächst einmal die gleichen Grundsätze wie für das Textthema:

- Die Gliederung beschreibt den Inhalt mit eigenen Worten.
- Sie wird möglichst mit vollständigen Sätzen formuliert.
- Sie deckt den ganzen Text ab.
- Sie belässt die Verse in ihrer ursprünglichen Reihenfolge.
- Sie beschreibt die vorgefundenen Inhalte und enthält keine Anwendungen.

Neu ist eigentlich nur, dass der Bibelabschnitt in ein in sich schlüssiges Gliederungsschema gebracht wird, das zwischen Haupt- und Unterpunkten unterscheidet. Gleichwertige Gedanken stehen dabei auf einer gemeinsamen Gliederungsebene (beispielsweise A. und B. und C.). Der schon angeführte Psalm 19 hat drei Hauptgedanken, die sich auf einer gemeinsamen Ebene befinden:

A.   Gott offenbart sich in der Natur.
B.   Gott offenbart sich im Gesetz.
C.   Die Offenbarung Gottes offenbart die Sündhaftigkeit
      des Menschen.

Jeden dieser Hauptgedanken können Sie in weitere Untergedanken aufgliedern:

A. Gott offenbart sich in der Natur.
    1. Die Himmel reden von der Herrlichkeit Gottes.
    2. Die Abfolge von Tag und Nacht redet stumm
        von der Größe Gottes.
    3. …
B. …
C. …

Um zu einer logischen Gliederung zu kommen, müssen Sie also die Ebene erkennen, auf der sich eine Aussage befindet. Natürlich gilt dabei der alte Grundsatz: „Wer A sagt, muss auch B sagen", d.h., es müssen logischerweise zu einem Hauptpunkt immer mindestens zwei Untergedanken vorhanden sein, andernfalls wäre der eine alleinstehende Unterpunkt mit dem Hauptpunkt identisch. Um noch etwas mehr Übersicht zu erreichen, vermerken Sie am Ende des Gliederungssatzes, auf welche Stelle im Text er sich bezieht. Es kommt also noch die Stellenangabe hinzu:

A. Gott offenbart sich in der Natur. (19,1-7)
  1. Die Himmel reden von der Herrlichkeit Gottes. (19,2)
  2. …

Bei erzählenden Texten müssen Sie die Gliederung nicht bis in die feinsten Verästelungen ausziehen. Wenn Sie beispielsweise den Bericht der Speisung der Fünftausend in seine Hauptabschnitte gliedern, wird das für den späteren Zweck der Predigt völlig ausreichen. Eine Feingliederung ist für den reinen Exegeten interessant, für einen, der sich auf eine Predigt vorbereitet, wohl eher nicht. Unser Beispieltext aus Kolosser 1,21-23 aber ist ein Lehrtext mit vielen verschachtelten Untergedanken; hier könnte eine detaillierte Untergliederung schon wichtig sein. Gelegentlich kommt es vor, dass es verschiedene Möglichkeiten für eine jeweils in sich schlüssige Gliederung gibt. In solchen Fällen wählen Sie die Variante, die sich später am besten predigen lässt.

„Das will ich probieren!" – Übungsaufgabe [103]

Dann also ran an die Arbeit: Erstellen Sie eine schlüssige Textgliederung zu Kolosser 1,21-23. (1.) Suchen Sie zunächst nach den gleichwertigen Hauptgedanken (Ebene 1) und (2.) untergliedern Sie anschließend jeden dieser Abschnitte in seine Unterpunkte (Ebene 2 und folgende). Formulieren Sie in klaren und verständlichen Aussagesätzen. Wenden Sie ansonsten die oben genannten Grundsätze an.

[103] Eine mögliche Textgliederung zu Kolosser 1,21-23 finden Sie in Anhang 1 auf S. 307.

Kapitel 4

Die Meditation – den Text ins Leben führen

Nach Abschluss der Exegese könnten wir direkt darangehen, das Predigtkonzept auszuarbeiten – wenn es da nicht noch eine Kleinigkeit zu bedenken gäbe. Wir haben zwar den Text bis ins Detail analysiert. Aber wenn wir „gesunde Theologie aufs Feuer setzen" wollen, müssen wir uns noch der Mühe einer zweiten Exegese unterziehen. Wir müssen nämlich über unsere Zuhörer nachdenken. Wir fragen uns, wer sie sind, wo sie im Text vorkommen und wie wir genau in ihre Lebenssituation hineinpredigen können. Außerdem müssen wir das Bibelwort aus der exegetischen Abstraktion herausholen und klare Predigtziele formulieren, damit wir später nicht im Nebel stochern. Weil wir aber nicht nur Redende, sondern zugleich auch Hörende sind, müssen wir den ausgelegten Text auch auf uns selbst wirken lassen und uns ebenfalls mit einbeziehen. Diesen ganzen Arbeitsschritt nennen wir Predigtmeditation. Sie schlägt die Brücke zwischen dem Wort, wie es damals von den biblischen Verfassern formuliert wurde, und den Predigthörern, zu denen wir heute sprechen. In diesem Sinn können wir sagen, dass die Predigtmeditation den Text über die exegetische Betrachtung hinaus nun ins Leben hineinführt.

A. Begriff und Aufgabe der „Predigtmeditation"

Der Begriff Meditation im Zusammenhang mit der Predigtvorbereitung wirkt auf den ersten Blick befremdlich. Er ist heute durch den Einfluss östlicher Religiosität vorbelastet. Die Predigtmeditation hat mit solchen Formen der Versenkung aber nichts gemein. Das lateinische Wort „meditatio" beschreibt das langsame und wiederholende Bedenken einer Sache. Darum geht es uns jetzt nach der exegetischen Arbeit: Wir wollen still werden, über das Bibelwort, uns selbst und die Zuhörer nachdenken und aus dieser Haltung heraus an die Ausarbeitung der Predigt gehen.

Eine klassische Stelle, die dieses wiederholende Bedenken beschreibt, finden wir in Psalm 1: „Glücklich der Mann ... der seine Lust hat am Gesetz des Herrn und über sein Gesetz sinnt Tag und Nacht!"[104] Das für

---

[104] Psalm 1,2

„sinnen" gebrauchte hebräische Wort „haga" meint „murmelnd lesen", d.h. leise rezitieren und dabei den Inhalt langsam durchreflektieren. Denselben Gedanken finden Sie in Josua 1,8, wo es heißt: „Lass das Buch dieses Gesetzes nicht von deinem Munde kommen, sondern ‚murmele' es Tag und Nacht." Die Predigtmeditation ist in einem gewissen Sinn ein Sonderfall dieser biblischen Form der „Meditation".

Vielleicht wäre es angemessen, das missverständliche Wort der Meditation im Zusammenhang der Predigtvorbereitung ganz aufzugeben und stattdessen lieber von der „Predigtreflexion" oder von der „homiletischen Besinnung" zu sprechen.[105] Andererseits klingen Besinnung und Reflexion wieder stark nach Intellektualismus und reiner Verstandesarbeit. Das wäre zu wenig. Adolf Pohl gibt eine treffende Definition, die beides, Verstand und Herz, zusammenbringt: „Meditation ist das Nachziehen und das Hineinziehen der ganzen Person. Nach einer ersten klärenden Verstandesberührung setzen wir jetzt die ganze Fülle unseres Seins dem Text aus."[106]

B. Der zeitliche Ort der Predigtmeditation

Methodisch gesehen fügt sich die Predigtmeditation zwischen Exegese und Konzeption der Predigt ein. Praktisch aber begleitet sie den ganzen Prozess der Predigtvorbereitung. Schon bei der Auswahl des Texts bewegten wir die Frage, welches Wort für die Gemeinde wichtig sein könnte und welche Ansätze zur praktischen Umsetzung sich darin finden. Hoffentlich haben wir intensiv für das richtige Wort gebetet. Während der Exegese sind uns Verbindungslinien zwischen dem Text, uns selbst und der Gemeinde aufgefallen. Wir haben nicht gezielt nach ihnen gesucht, aber sie haben sich einfach eingestellt und wurden kurz angedacht. All die Gedanken, die uns bisher gleichsam „gestreift" haben, müssen an einer Stelle zu Ende gedacht, gebündelt und konkretisiert werden. Dazu nehmen wir uns jetzt Zeit.

Genau genommen findet die Predigtmeditation aber gar keinen klaren Abschluss. Selbst wenn die eigentliche Meditation vollzogen und das Predigtkonzept fertig ist, denken wir weiter: Es fallen uns noch neue Ge-

---

105 Vgl. dazu Gerhard Ruhbach, *Meditation im Gottesdienst*, Vandenhoeck & Ruprecht, Göttingen, 1989, S. 135.
106 Adolf Pohl, *Anleitung zum Predigen*, Oncken Verlag, Wuppertal/Kassel, [3]1976, S. 33.

danken ein. Wir halten uns noch einmal die Leute und die Predigtsituation vor Augen. Wir lesen unser Manuskript noch einmal betend durch. Während das letzte Lied vor unserem „Auftritt" gesungen wird, stehen wir innerlich offen und erwartungsvoll vor Gott und bitten ihn um Kraft und Leitung. Kurz danach finden wir uns auf der Kanzel wieder, schauen die Menschen an – und erleben, wie sich der kreative Prozess des Predigt-geschehens fortsetzt und sich noch spontan neue Eindrücke und Gedanken formen. Ich gebe zu: Manchmal formt sich nichts, und es bleibt bei dem, was ich zu Hause aufs Papier gebracht habe. Aber ich will bis zuletzt offen dafür sein, dass Gottes Geist mich in der Predigt leitet.

C. Grundsätzliches zur Predigtmeditation

Damit die Predigtmeditation nicht unter der Hand doch wieder zu einem abstrakten Arbeitsschritt wird, sollten wir uns Gedanken über die Haltung und den Rahmen machen, in dem wir sie vollziehen. Ich möchte Sie an dieser Stelle noch einmal auf die geistlichen Fundamente unserer Arbeit ansprechen.

1. Zeit zur Besinnung nehmen

Die Predigtvorbereitung steht oft unter starkem Zeitdruck. Aus dieser schwierigen Lage kann man sich in der Exegese relativ leicht befreien. Der gezielte Griff zum Kommentar verkürzt die Arbeit erheblich. Er nimmt natürlich auch den Spielraum für eigene Erkenntnisse. Aber sei es drum, eine schnelle Lösung, so glauben wir, muss gefunden werden. Selbst bei der Ausarbeitung des Konzepts gibt es zeitsparende Verfahren: Predigthilfen schlagen fertige Gliederungen vor und geben Anregungen zu Illustrationen und Anwendungen. Im Internet finden wir Unmengen an mehr oder weniger hilfreichem Material. Wir lesen oder hören fertige Predigten zu unserem Text und blättern in Beispielsammlungen, sodass wir nur noch zusammenstellen und garnieren müssen. Nichts gegen solche Hilfen und Anregungen von außen. Aber sie sind kein Ersatz für das selbstständige und kreative eigene Nachdenken über das Bibelwort und unsere Zuhörer. Geistliche Einsichten lassen sich nicht im Schnellver-fahren gewinnen. Wir müssen zur Ruhe kommen und biblische Inhalte verinnerlichen. Wenn wir daran sparen, gerät unsere Predigt zum Schnell-schuss. Sie mag exegetisch und theologisch einigermaßen präzise sitzen, aber ob sie geistlich in die Mitte trifft?

2. In der Gegenwart Gottes stehen

Auch wenn die Predigtvorbereitung im stillen Kämmerlein vonstattengeht, ist sie doch nie die Arbeit eines einsamen Philosophen, der sich in sein Werk versenkt. Wir stehen in der Gegenwart Gottes. Wir erwarten die Leitung seines Geistes und bitten, dass er zu uns spricht. Die Predigt handelt ja nicht einfach von einer Sache. Es geht um die Person Gottes und um Jesus Christus als Retter der Welt. Auch ist die Heilige Schrift kein toter Buchstabe, der erst durch langwierige homiletische Arbeit zum Leben erweckt werden müsste. Das Wort Gottes ist „lebendig und kräftig und schärfer als jedes zweischneidige Schwert"[107]. Der Geist Gottes verbindet sich mit ihm und spricht durch dieses sein Wort. In der Predigtvorbereitung stehen wir in der Gegenwart Gottes. Das sollten Sie sich immer wieder bewusst machen.

3. Den Text im Gebet bewegen

Die Predigtmeditation ist ihrem Wesen nach dialogisch – nämlich auf Gott ausgerichtet. An keiner anderen Stelle der Predigtvorbereitung spielt deshalb das stille Gebet eine so entscheidende Rolle wie hier. Natürlich darf und soll es zu jeder Zeit geschehen. Aber in der Meditation hat es seinen besonderen Ort. Das Gebet beinhaltet die Bitte um Weisheit und geistliches Verständnis. Es erwägt die Gedanken der Schrift vor Gott, führt zu Dank, Anbetung und vielleicht auch zu Bekenntnis und Buße. Die Predigtvorbereitung führt nicht nur zur fertigen Predigt, sondern auch zur Gemeinschaft mit dem, der uns zur Verkündigung beauftragt hat. Um diese Begegnung sollten Sie sich um Ihretwillen und um der Gemeinde willen nicht bringen.

4. Einsichten reifen lassen

Geistliche Einsichten können wir nicht auf Knopfdruck erreichen. Sie müssen reifen. Schon die menschliche Kreativität lässt sich nicht befehlen. Haben Sie schon einmal über einem Text gebrütet, und „es kam nichts"? Sie können von der Exegese direkt in die Meditation übergehen. Wenn sich die nötige innere Ruhe nicht einstellt und auch keine Gedanken heranreifen, wird es eng. Mir hat es immer geholfen, die Predigt etappen-

---

[107] Hebräer 4,12

weise auszuarbeiten. Gedanken, mit denen wir uns intensiv beschäftigen, verfolgen uns. „Es" arbeitet in uns, sogar in der Nacht. Sie sollten Ihre Predigtvorbereitung deshalb nicht auf den letzten Drücker machen, sondern früh genug beginnen und auf kreative Pausen nicht verzichten.

5. Den Text zur Notwendigkeit werden lassen

Wenn wir bei der Textwahl auf ein Wort stoßen, das uns „wichtig geworden ist", können wir mit großem Eifer und von Herzen sprechen. „Was von Herzen kommt, geht zu Herzen", weiß der Volksmund zu vermelden. Aber manchmal finden wir zu einem Bibelwort einfach keinen Zugang. Es bleibt uns trotz einer aufwendigen Exegese verschlossen. Und so sollen wir auf die Kanzel steigen? Über ein Wort predigen, das uns selber nichts zu sagen hat? Diese Situation stellt uns vor eine große geistliche Herausforderung!

Zwei Prediger halten die gleiche Predigt vor der gleichen Gemeinde. Der eine doziert Richtigkeiten und der andere erreicht die Herzen seiner Zuhörer, weil er innerlich zutiefst von der Richtigkeit und Notwendigkeit seiner Predigt überzeugt ist. Deshalb sollten wir uns nicht einfach „durchpredigen", sondern in der Predigtmeditation um den Bibeltext ringen und zu einer neuen Haltung finden: „Das Wort, über das ich heute predige, ist wirklich Gottes Zuspruch an uns. Es ist eine herausfordernde Botschaft an uns alle. Ich kann es nicht verschweigen. Ich muss und will es mir und der Gemeinde sagen."

Vielleicht klingen diese Sätze etwas pathetisch und abgehoben. Aber ich bin der Überzeugung, dass es keine vollmächtige Verkündigung gibt, wenn die Einsicht in die Notwendigkeit des Texts nicht zuvor gewachsen ist.[108] Wo sich dieser Prozess nicht vollzieht, sollten Sie bis zum Schluss im Gebet vor Gott darum ringen. Vielleicht wird es am Ende tatsächlich nötig sein, einen anderen Predigttext zu wählen. Vielleicht wäre es auch ein Zeichen von wirklicher geistlicher Größe, den Predigtdienst an eine andere Person abzugeben. Aber Sie sollten nie ohne Sicht und Perspektive auf der Kanzel stehen.

---

[108] Vgl. hierzu die Haltung eines Jeremia (Jeremia 20,9) oder eines Paulus (2. Korinther 5,14 u.a.).

6. Den Hörer am Herzen tragen

Paulus schreibt den Philippern, dass er sie allezeit in seinem Herzen trägt.[109] Das Motiv seines Dienstes war die Liebe Gottes. Die drängte ihn auch zur Liebe zu den Menschen und motivierte ihn, sein Bestes für sie zu geben.[110] Antoine de Saint-Exupéry lässt in seinem Buch „Die Stadt in der Wüste" den König sagen: „So wandle ich des Abends langsamen Schrittes unter meinem Volke und schließe es ein in das Schweigen meiner Liebe."[111] In der Predigtmeditation geht es deshalb nicht einfach um eine Analyse des Predigthörers, sondern um ein aus der Liebe zu ihm erwachsenes Interesse an seiner Person. Liebe macht nicht blind, sondern öffnet die Augen. Sie nimmt den anderen in seinen Freuden und Ängsten, Erwartungen und Befürchtungen, in seinen Alltagsproblemen und Lebenskrisen, seinen Liebenswürdigkeiten und Charakterschwächen wahr – mehr noch: Sie nimmt an ihnen Anteil. Es genügt nicht, seine Zuhörer nur zu kennen und vor der Predigt möglichst viele Informationen über sie zu sammeln. Sie müssen mit ihnen leben! Partizipation ist mehr als Information. Das bewahrt Sie davor, blasse Richtigkeiten zu verströmen, innerlich distanziert zu bleiben und Ihre Zuhörer herzlos „abzukanzeln". Wer die Gemeinde ins „Schweigen der Liebe" einschließt, wird auch im Reden den Weg in das Herz der Predigthörer finden.

Nach diesen grundsätzlichen Erwägungen beschäftigen wir uns jetzt mit den einzelnen Schritten der Predigtmeditation. Es sind insgesamt fünf. Wir reflektieren (1.) den Text, (2.) die Relevanz des Texts für uns selbst, und denken (3.) über den Predigthörer und seine Situation nach. Danach betrachten wir (4.) den Predigtanlass und formulieren (5.) abschließend konkrete Predigtziele.

D. Die Reflexion des biblischen Texts

Obwohl wir uns in der Exegese detailliert mit dem Text beschäftigt haben, kann er uns trotz allem fremd geblieben sein. Schließlich liegen mindestens zweitausend Jahre zwischen ihm und uns. Diese Distanz müssen wir überwinden. Wir müssen lebendige Vorstellungen über den Predigttext gewinnen und ihm nicht nur intellektuell, sondern auch emotional nahe-

---

[109] Philipper 1,7
[110] 2. Korinther 5,14
[111] Zitiert in Gerhard Ruhbach, 1989, S. 40.

kommen. Die namenlose Prostituierte, die „große Sünderin" aus Lukas 7,36-50, ist für uns zunächst eine völlig fremde Person. Dass sie in eine Privatwohnung eindringt, sich in Gegenwart des Gastgebers Jesus zu Füßen wirft, seine Füße mit Tränen benetzt und sie anschließend mit ihren Haaren trocknet, geht über alles hinaus, was wir vermutlich jemals erlebt haben. Wir können zwar nüchtern und sachlich über dieses Geschehen referieren. Die Sitten und Gebräuche zu Festanlässen, die soziale Stellung von Prostituierten in der damaligen Gesellschaft und viele andere Aspekte können wir exakt herausarbeiten. Aber es kann sein, dass wir diese Frau als Mensch und mit ihrer Not, ihren Motiven, Erwartungen und Befürchtungen völlig verpassen. Der Bibeltext ist kein Ersatzteillager für dogmatische Wahrheiten und verkopfte Spitzensätze. Wir müssen seine Dynamik und Emotionalität, ja, seine „Menschlichkeit" verstehen.

Wie kommen wir den in der Bibel beschriebenen Menschen, ihren Lebensumständen, ihren Ängsten und Freuden nahe? Sie könnten versuchen, sich mit den im Text beschriebenen Personen zu identifizieren. Denken Sie sich in ihr Leben und in ihre Situation hinein. Schlüpfen Sie in die Rolle der Sünderin und erleben sie die Ereignisse aus ihrer Sicht. Was muss in ihr vorgegangen sein, bis sie sich als Prostituierte in das Haus eines Pharisäers wagte? Wie müssen die verächtlichen Blicke der Bediensteten und des Hausherrn auf ihr geruht haben! Welche Erwartungen und Ängste hatte sie, als sie vor Jesus lag und bitterlich weinte? Wie hätten Sie das alles empfunden, wenn Sie in ihrer Situation gewesen wären? Um diesen Prozess zu intensivieren, setzen wir alle unsere Sinne ein. Wir fragen: Was bekommen die Augen zu sehen? Was bekommen die Ohren zu hören? Was bekommt die Nase zu riechen? Was bekommt der Mund zu schmecken? Was gibt es mit dem Tastsinn zu erfühlen?

Im Bericht über die große Sünderin können Sie viel erleben: Sie *sehen* einen festlichen Raum, Liegepolster, köstliche Speisen, Personal, den Gastgeber, Jesus und die Jünger. Sie *hören* der Unterhaltung zu, bis es draußen unruhig wird und unter den abwehrenden Worten der Bediensteten sich eine Frau hereindrängt. Sie *riechen* das gute Essen und können sich vorstellen, wie köstlich es *geschmeckt* haben muss, bevor die Gesellschaft beim Verzehr der Köstlichkeiten gestört wurde. Sie können alle im Text beschriebenen Personen durchleben: den Pharisäer, die Gäste, die Jünger und Jesus selbst. Aus einem distanzierten Exegeten werden Sie zum Beteiligten. Sie werden Zeugen des Geschehens.

Diese Art von Rollenspiel hat natürlich Grenzen. Wir werden die Predigtmeditation nicht zum Prozess der Selbsterfahrung umfunktionieren.

Wir wollen auch nicht unsere eigenen Empfindungen zur Mitte der späteren Predigt erheben. Und vor allem wollen wir zwischen Exegese und Fantasie deutlich unterscheiden! Wenn Sie diese Grenzen einhalten, können Sie auf dem beschriebenen Weg einem Text aber nahekommen, Vorstellungen entwickeln und selbst zum Betroffenen werden. Die Gemeinde wird Ihnen abspüren, ob Sie ins Wort eingedrungen oder außen vor geblieben sind. Natürlich lässt sich das hier beschriebene Verfahren am leichtesten auf erzählende Texte anwenden. Aber versuchen Sie, in ähnlicher Weise über unseren Beispieltext Kol 1,21-23 nachzudenken. Sie werden überrascht sein, wie lebendig dieser „nüchterne" Lehrtext wird, wenn Sie ihn als engagierte Ansprache eines in Liebe um seine Leser ringenden Apostels verstehen. Bibeltexte müssen nicht nur analysiert, sie müssen erlebt werden!

E. Die Reflexion der Textrelevanz für die eigene Person

Jede Branche hat ihre typischen Berufskrankheiten, auch der Beruf des Dieners am Wort. Er leidet unter der Zwangsvorstellung, immer und ganz ausschließlich an die Gemeinde denken zu müssen. Schon in der Stillen Zeit überfällt ihn der Gedanke, dass er aus der Tageslosung eine gute Predigt machen könnte. Leute, „die es nötig hätten", gibt es genug. Wenn er die Predigt ausarbeitet, konzentriert er sich ganz auf seine Zuhörer. Er denkt an alles. Nur er selbst – er hat sich vergessen. Er hat sich innerlich einfach aus dem Staub gemacht. Adolf Pohl bringt es folgendermaßen auf den Punkt:

„Die Exegese fand statt, aber vor der Meditation sind wir weggelaufen, weggelaufen in allerlei andere Pflichten, vielleicht auch in erneute und immer ausgedehntere Exegese. Wir treiben ,Exegese hoch drei': ein wahnwitziges Aufgebot an sprachlichen Erhebungen, biblischen Vorarbeiten und zeitgeschichtlichen Nachforschungen. Wie ein Tiger an den Gitterstäben seines Käfigs entlangstreicht, läuft der Prediger an den Buchrücken seines Bücherschranks auf und ab: Wo mag sich noch etwas zur Stelle finden? Hastiges Blättern in Zeitschriften wird wichtig, um nicht dem schlichten Abschnitt stillhalten zu müssen. Schließlich steht der Mann auf der Kanzel und spricht aus aller Nervosität heraus. Er ist wohl nervös, weil er die Allgegenwart des Intellektualismus spürt. Seine gefühligen Einlagen bestätigen ihm nur, dass er ein geistlicher Luftikus ist. Während er ganz groß aufdreht, ertappt er sich bei dem Gedanken: ,Was gibt's heute zu Mittag?' So viel er auch sagt: Er hat nichts zu sagen, wenigstens nicht auf der Kanzel. Er müsste sich erst einmal vom Wort Gottes duzen lassen."[112]

Ja, sich vom Wort duzen lassen – das ist nicht immer leicht, aber es ist immens wichtig. Paulus wusste das. Er wollte nicht anderen predigen und „selbst verwerflich werden".[113] Er wollte das Wort nicht nur für andere, sondern auch für sich selbst hören. Sich vom Wort duzen zu lassen, setzt natürlich voraus, dass wir bereit sind, unserem Leben eine andere Richtung zu geben. Wir haben meist große Erwartungen an die Gemeinde, die unserer Predigt zuhört. Sie soll sich auf unsere Verkündigung einlassen, sich verändern, aus ihrer Lethargie herausfinden, alte Zöpfe abschneiden, engagiert, dynamisch, schwungvoll, gästeorientiert, gesellschaftsrelevant und zugleich seelsorgerlich werden. Vor allem soll sie wachsen und wachsen und wachsen – und zwar schnell. Aber wo stellen wir uns eigentlich dem Wort? Zu welchen Veränderungen sind wir denn bereit? Wie lange dauert es bei uns selbst, bis auch nur ein einziger geistlicher Impuls einigermaßen zum Abschluss gekommen ist? Vielleicht führt uns die Predigtvorbereitung zunächst zur Erkenntnis der eigenen Schuld. Dann müsste wirkliche Buße geschehen, bevor wir die Zuhörer auf deren Sünden und Defizite ansprechen. Vielleicht würden wir barmherziger mit den Splittern in den Augen der Predigthörer umgehen, wenn wir bereit wären, uns unseren Balken im eigenen Auge zu stellen.

Wir neigen allerdings dazu, die notwendige Lebensveränderung anstehen zu lassen. Wer kann schon am Samstagabend Dinge regeln, damit er am Sonntagmorgen mit gutem Gewissen vor der Gemeinde stehen kann? Umkehr verschieben wir auf die Woche danach. Die Predigt war trotzdem gesegnet. Wer sich an dieses Denkmuster gewöhnt, spielt mit den Grundlagen seiner eigenen geistlichen Existenz. Auf der anderen Seite müssen wir nicht vor jeder Predigt durch den Prozess einer inneren Krisis und Läuterung gegangen sein. Nicht die eigene Buße gibt dem Wort die Kraft, es trägt die Kraft Gottes bereits in sich.

---

[112] Adolf Pohl, 1976, S. 34f.
[113] 1. Korinther 9,27

F. Die Reflexion des Predigthörers

Nach der Reflexion des Textes und der Textrelevanz für unsere eigene Person beschäftigen wir uns nun mit dem Predigthörer. Er ist die Hauptperson im Predigtgeschehen, ihm gilt die Ansprache Gottes durch das Evangelium. Deshalb müssen wir gründlich über ihn und über seine Lebenssituation nachdenken. Das ist auch dann nötig, wenn wir meinen, unsere Kunden genau zu kennen. Rudolf Bohren hält es für einen Irrtum zu glauben, „der Hörer stünde als Zeitgenosse dem Prediger grundsätzlich näher als der Text". Deshalb ist der Hörer selbst „eine Art Text und will als zweiter Text exegesiert und meditiert sein".[114]

Viele Predigten leiden darunter, dass sie ihrem Adressaten nur unzureichend gerecht werden. Sie referieren theologische Wahrheiten oder glänzen durch rhetorisches Beiwerk. Aber sie verfehlen den Menschen in seiner speziellen Situation und mit seinen jeweiligen Bedürfnissen. Es ist deshalb kaum verwunderlich, dass viele keine großen Erwartungen an die Verkündigung haben. Die wirklich drängenden Glaubens- und Lebensfragen werden nicht angesprochen. Dafür werden Antworten auf Fragen gegeben, die keiner hat. So zumindest hat es sich in den Köpfen vieler eingenistet, wenn sie denn überhaupt noch Predigthörer sind.

Hinderlich sind außerdem Klischees, die wir in unseren Köpfen tragen und die uns den Zugang zu den Hörern verstellen. Wir sprechen von „dem postmodernen Menschen" oder vom „säkularisierten Menschen" oder „dem Menschen" allgemein. Wir tun dabei so, als ob es nur eine Sorte von Zeitgenossen gebe und als ob alle die gleichen Erfahrungen, Einstellungen, Probleme und Lebensumstände hätten. Vielleicht reden wir davon, dass wir heute „im Zeitalter der Computer und der Gentechnologie", „im Zeitalter des Individualismus" oder in sonst einer Verallgemeinerung leben. Natürlich gibt es Trends und Typisches. Aber im Gottesdienst sitzen keine normierten Menschen, sondern Einzelpersönlichkeiten, die teilweise sehr unterschiedlichen „Zeitaltern" und Erlebniswelten angehören und in ganz verschiedenen Lebensumständen stecken.

In der Predigtmeditation entwickeln wir möglichst genaue Vorstellungen über unsere Zuhörerschaft. Dabei sehen wir jeden als unverwechselbares Individuum, und wir verstehen ihn gleichzeitig als Teil einer Gruppe – vom Gemeindemitglied bis zum Staatsbürger. So differenziert

---

[114] Rudolf Bohren, *Predigtlehre*, Christian Kaiser Verlag, München, [6]1993, S. 460.

können wir aber nur denken, wenn wir am Leben von Gemeinde und Gesellschaft Anteil nehmen und an den Menschen interessiert sind. Die Verkündigung aus dem Elfenbeinturm der Gelehrsamkeit, der frommen Eigenbrötelei oder einer eventuell religiös motivierten Weltfremdheit kann nur zu leeren Floskeln und zu stereotypen Wendungen führen.

1. Die Reflexion über die Person des Predigthörers

Zunächst denken wir über die Person des Predigthörers nach: „Zu wem predige ich?" Dazu stellen Sie sich am besten eine Reihe von Fragen: Sind die Zuhörer vorwiegend junge oder ältere Menschen? Sind sie großstädtisch oder ländlich geprägt? Sind es Christen oder solche, die dem Glauben skeptisch gegenüberstehen? Sind es reife Christen oder Neulinge im Glauben? Sind es Alleinstehende oder Familien. Sind es Menschen in besonderen Notlagen? ...

Oft werden sich diese Fragen nicht mit Ja oder Nein beantworten lassen. Im Gottesdienst müssen Sie mit einem breiten Spektrum von unterschiedlichen Leuten rechnen. Wer meint, einer eventuell satten Gemeinde mit starken Imperativen Beine machen zu müssen, muss immer auch bedenken, dass es die Menschen mit dem zarten Gewissen und den Selbstzweifeln gibt, die unter der Last der Forderungen erdrückt werden könnten. Wer vor der Gemeinde von „uns reichen Wohlstands-Deutschen" spricht, sollte sich überlegen, was dabei vielleicht ein Sozialhilfeempfänger oder ein älterer Rentner empfindet, der mit wenig zurechtkommen muss. Die Liebe denkt an den Einzelnen, auch wenn in der Predigt nicht jeder einzeln angesprochen werden kann. Das bewahrt Sie vor Unbedachtheiten, vor Pauschalaussagen und vor Kälte und Härte.

2. Die Reflexion über die Situation des Predigthörers

Wie der Prediger selbst steht auch der Zuhörer in einem vielschichtigen Beziehungsgeflecht, das auf ihn einwirkt und in dem er sich zurechtfinden muss. Soziale, politische und kulturelle Aspekte spielen hier eine wichtige Rolle. Sie prägen unser Leben und die Fragestellungen, die uns bewegen. Auch das aktuelle Tagesgeschehen nehmen die Menschen in den Gottesdienst mit hinein. Sie können an diesen Gegebenheiten nicht vorbeigehen, wenn Sie nicht am Leben der Zuhörer vorbeireden wollen. Natürlich wäre es verfehlt, in der Verkündigung die Tagespolitik besprechen zu wollen. Aber Sie müssen wissen, wo die Menschen der Schuh drückt und was sie in ihrem Alltag beschäftigt und prägt.

Wenn Sie beispielsweise über eine christliche Haustafel predigen und die Ermahnung der Apostel an die Sklaven betrachten, müssen Sie bei der Übertragung auf den heutigen Arbeitnehmer sehr sorgfältig sein. Die biblische Aussage ist klar: „Gehorcht euren irdischen Herrn mit Furcht und Zittern, in Einfalt eures Herzens, als dem Christus."[115] Natürlich soll auch der christliche Arbeitnehmer seinen Arbeitgeber und Vorgesetzten respektieren. Wie können wir aber den Kumpel in der von der Stilllegung bedrohten Zeche zum wortlosen Dulden auffordern? Ein Arbeitnehmer heute unterscheidet sich in seiner sozialen Stellung doch erheblich von einem römischen Sklaven. Heute beschäftigt vielmehr die Frage, wieweit Mitbestimmung im Betrieb gehen kann, ob sich Christen an Streiks beteiligen oder wie das Engagement in gewerkschaftlichen Verbänden gedacht werden kann. Die berufliche Wirklichkeit unserer Gottesdienstbesucher macht es nötig, dass wir über diese Fragen sorgfältig nachdenken und vom Bibeltext her zu differenzierten Antworten finden.

Ähnlich verhält es sich im politischen Bereich. Es macht einen Unterschied, ob Sie über das Verhältnis von Christ und Staat – beispielsweise anhand von Römer 13 – vor demokratiegewohnten Bundesbürgern sprechen oder vor Menschen, die aus autoritären und christenfeindlichen Staaten kommen. Analoges gilt auch für den Bereich der Kultur, die es unter uns in allen möglichen Ausprägungen von der Jugendkultur bis zu uns fremden Denk- und Lebensgewohnheiten ausländischer Mitbürger gibt. Wo also befinden sich die Predigthörer? Wie sind sie sozial, politisch, kulturell, familiär und religiös geprägt? Halten Sie sich dazu Ihr Klientel vor Augen: Da sind die Arbeiter, die früh morgens aus dem Haus müssen und tagsüber harte körperliche Arbeit verrichten. Da ist der Selbstständige, der viel Zeit und Kraft in sein Geschäft investieren muss und große Verantwortung für seine Angestellten trägt. Da wartet der Arbeitslose auf den Briefträger und hofft auf einen positiven Bescheid von der Arbeitsagentur. Die Hausfrau sitzt in ihren wohlvertrauten vier Wänden und fürchtet, dass ihr die Decke auf den Kopf fällt. Die alleinerziehende Mutter sorgt sich, wie sie Arbeit und Erziehung zusammenbringen soll. Und, und, und. Allen diesen Menschen gilt die Frohe Botschaft! Sie müssen sie kennen, verstehen, lieben und mit ihnen das Leben teilen, wenn Ihre Predigt nicht über ihre Köpfe hinwegrauschen soll. In der Predigtmeditation nehmen Sie sich Zeit, darüber gezielt nachzudenken.

---

[115] Epheser 6,5

3. Hörerprofil und typische Gemeindesituationen

Damit Ihre Gedanken nicht vage und oberflächlich bleiben, können Sie
ein Hörerprofil erstellen. Das gelingt natürlich am besten in Ihrer eigenen
Gemeinde; dort verfügen Sie über die detailliertesten Informationen. Sie
fragen zum Beispiel …

- nach der Altersstruktur
- nach dem Verhältnis von Männern und Frauen
- nach dem Anteil von Menschen mit Migrationshintergrund
- nach dem Zivilstand
- nach dem Bildungsniveau
- nach der beruflichen Tätigkeit
- nach den groben Einkommensverhältnissen
- nach gesellschaftlichen Beziehungen und Verflechtungen
- nach kulturellen Vorlieben und Interessen
- nach dem Glaubensstand
- nach der religiösen und geistlichen Prägung
- nach dem Verhältnis von Gemeindegliedern und Gästen

Die Ergebnisse Ihrer Recherche können Sie in kleinen Tabellen übersichtlich zu Papier bringen. Die Gemeindeliste hilft Ihnen, den Überblick über
„Ihre Schäfchen" nicht zu verlieren und niemanden zu vergessen. Vielleicht führen Sie in Ihrer Gemeinde auch eine Gästeliste, die Sie in die
Auswertung mit einbeziehen können. Natürlich müssen Sie nicht Sozio-
logie studieren, um sich für die nächste Predigt angemessen vorzubereiten.
Das erwartet nun wirklich niemand von Ihnen. Sie werden aber merken,
wie Ihnen die Fülle von Daten, die Sie mit diesem Hörerprofil zusammen-
tragen, zu einer sehr viel differenzierteren Sicht für Ihre Gemeinde verhilft
und wie Ihnen der eine oder andere markante Zusammenhang auffällt.
    Bisher habe ich versucht, Ihnen die Vielfalt und Andersartigkeit der
Menschen vor Augen zu halten, vor denen Sie sprechen. Den einen normierten Predigthörer gibt es nicht; jeder ist ein Unikat. Gleichzeitig ist er
aber auch Teil einer Gruppe, der Gemeinde. Und die trägt oft sehr aus-
geprägte Charakterzüge. Wie also ist das allgemeine Erscheinungsbild
einer konkreten Ortsgemeinde? Auf was müssen Sie sich einstellen und
wie verhalten Sie sich auf der Kanzel richtig? Hier mein Versuch, typische
Situationen zu definieren und zu beschreiben, und meine Ratschläge, wie
Sie damit angemessen umgehen können.

- Die traditionsbewusste Gemeinde
Aufgrund vieler in der Gemeindegeschichte durchlebter Erfahrungen haben sich feste Gewohnheiten und Standpunkte herausgebildet, die der Gemeinde Kontinuität, Stabilität und Sicherheit geben, ihr meist aber auch Flexibilität und Spontaneität nehmen. Traditionsgemeinden erwarten eine solide und sauber ausgearbeitete Predigt, die weder inhaltlich noch formal aus dem Rahmen fällt und vor allem den Bedürfnissen der langjährig Gläubigen entspricht. Experimentelle Predigtansätze, „steile Thesen" und rhetorisches Beiwerk werden eher als störend empfunden; gewohnte Formen und Inhalte dagegen als angemessen und hilfreich. Die Predigt soll vor allem in die Tiefe führen, nicht in die Weite, und eher bestätigen als infrage stellen.

  Sie sollten einen gesunden Konservativismus nicht gering schätzen und ihn nicht durch gezielte Aufmüpfigkeit auf der Kanzel zu überrennen versuchen. Nur wenn sich die Gemeinde von Ihnen angenommen weiß, wird sie sich für gut begründete Neuerungen und Veränderungsvorschläge öffnen. Das aber kostet Zeit und viel Geduld. Unbeherrschte Kanzelstürmer stehen schnell im Abseits und verändern gar nichts.

- Die überalterte Gemeinde
Ergraute Häupter, fehlende Jugend und dünn gesätes Mittelalter kennzeichnen eine überalterte Gemeinde. Sie lebt aus der Erinnerung an bessere Zeiten und wird sich zunehmend bewusst, dass sie wohl keine Zukunft hat, wenn Gott nicht noch ein Wunder tut. Für mutige missionarische Anstrengungen ist sie vielleicht schon viel zu schwach. Die Grundstimmung ist melancholisch deprimiert.

  Einer überalterten Gemeinde Vorhaltungen über vergangene Versäumnisse unter die Nase zu reiben, ist leicht und billig; sie von der Kanzel mit zeitgemäßen Wachstumsstrategien zu überschütten, geht ins Leere; und sie im Wohlgefühl der kleinen, treuen Herde zu wiegen ist nicht wirklich ehrlich. Seien Sie barmherzig, schreiben Sie die Gemeinde nicht ab, ermutigen Sie und zeigen Sie behutsam, wie auch eine sterbende Gemeinde vielleicht noch einmal zu neuer Jugend findet. Ihre Zuversicht macht Sie zum Hoffnungsträger und gibt Ihnen viel Spielraum für neue Wege.

- Die zerstrittene Gemeinde
Unterschiedliche ethnische und gemeindliche Herkunft, gegensätzliche Lehren, unversöhnte Frömmigkeitsstile, Persönlichkeitskonflikte

und interne Machtkämpfe zerreißen viele Gemeinden. Als Verkündiger sind Sie entweder Teil des Problems und polarisieren. Oder
Sie werden zwischen den Fronten zerrieben und sind verunsichert.

Bemühen Sie sich um eine ausgewogene Stellungnahme; hüten Sie
sich davor, durch Ihre Predigt zu polarisieren oder sich mit einer
Fraktion öffentlich zu verbrüdern. Zielen Sie von der Kanzel weniger
auf die Lösung der Sachfragen ab, sondern kommen Sie auf die
Grundhaltungen zu sprechen, die hinter solchen Streitigkeiten stehen.
Schaffen Sie Vertrauen und setzen Sie Zeichen der Hoffnung, dass
der Konflikt in einem guten Ergebnis enden kann. Spitzen und Seiten-
hiebe, Vorwürfe, Verdächtigungen und Unterstellungen sollten in
Ihrer Predigt keinen Platz bekommen. Das zerstört Vertrauen und ver-
schreckt unschuldige Gäste.

- Die weltoffene Gemeinde
Im Gegensatz zur Traditionsgemeinde herrscht in den weltoffenen
Gemeinden eine für theologische und praktische Neuerungen emp-
fängliche Grundeinstellung. Gefürchtet sind Stillstand, Langeweile,
nutzlose Traditionen, Frömmlertum, Kulturabstinenz und gesellschaftliche Irrelevanz. Eine weltoffene Gemeinde muss durchaus nicht theologisch und ethisch liberal sein; Modernität kann sich auch mit einem
gesunden Konservativismus paaren.

Als Prediger dürfen Sie eine frische und zeitgemäße Sprache sprechen, auf der Kanzel fröhlich experimentieren, die Gemeinde mutig
nach vorne schubsen und ebenso mutig zu neuen Denkansätzen anregen. Achten Sie aber darauf, dass Sie die Zurückhaltenderen und die
Unsicheren in Ihrer Predigt nicht übersehen, gering schätzen oder einfach überrennen. Auch sie gehören zur Gemeinde und bringen häufig
wichtige Aspekte ein, die bei einer allzu stürmischen Gemeindeent-
wicklung ganz schnell untergehen.

- Die dynamische Neulandgemeinde
Herzlich, aber chaotisch geht es in vielen kleinen Neulandgemeinden
zu. Junge Familien, gestresste Mitarbeiter und wenig Sinn für Kon-
ventionen prägen die Atmosphäre. Gäste sind herzlich willkommen,
genießen die gelöste Stimmung und fragen sich, ob das wohl ein
„wirklicher Gottesdienst" ist, den sie hier erleben.

Als Prediger haben Sie häufig mit viel Unruhe unter der Zuhörerschaft zu kämpfen. Der kleine Saal verbietet jeden Kanzelton und
zwingt Sie zum Dialogisieren. Ermutigung für die Gemeinde ist wich-

tiger als der beherzte Aufruf zu noch weiterem Engagement. Vor allem aber sind Sie ganz auf Gäste eingestellt. Sie predigen evangelistisch oder führen in die Grundwahrheiten des Glaubens ein.

- Die Jugendgemeinde
  Als Modell milieuspezifischer Gemeindegründungsarbeit stellt sich die Jugendgemeinde völlig auf die Bedürfnisse ihrer Zielgruppe ein. Die klassische Gemeindepredigt wird aufgebrochen bzw. durch kreative und experimentelle Predigtformen ersetzt, die in der Regel zeitlich kürzer sind. Saloppe Sprache, Medien, interaktive Elemente und meist thematisch orientierte Inputs spielen eine wichtige Rolle. Falls Sie zu den Gruftis gehören, sind Sie hier schnell überfordert oder werden erst gar nicht auf die Kanzel eingeladen.

Natürlich ist mir bewusst, dass ich die unterschiedlichen Gemeindesituationen standardisiert habe. Aber in meiner Praxis begegne ich ihnen tatsächlich immer wieder. Deshalb versuche ich, mich auf die Situation, die mich erwartet, möglichst gründlich einzustellen. Wenn Sie vorwiegend in der eigenen Gemeinde predigen, werden Sie nicht weiter nachdenken müssen. Wenn Sie häufiger auswärts predigen, werden Sie die unterschiedlichen Herausforderungen und Erwartungen schnell kennenlernen.

G. Die Reflexion über den Anlass der Predigt

Der Gottesdienst ist zwar die Standardsituation der Predigt, aber auch in Bibelstunden, Mitarbeitertreffen, Gemeindestunden und in den klassischen Sonderveranstaltungen wie Trauung, Beerdigung und Taufe geschieht Verkündigung. Diese unterschiedlichen Anlässe haben ihre eigene Gesetzlichkeit. Die Gemeinde erwartet, dass Sie sich darauf einstellen.

Es macht beispielsweise einen deutlichen Unterschied, ob Sie das „Hohelied der Liebe" aus 1. Korinther 13 in einem Gottesdienst für die ganze Gemeinde entfalten oder in einem Traugottesdienst auf das Brautpaar münzen. In der Bibelstunde können Sie sich lehrmäßig mit der Taufe auseinandersetzen; anlässlich eines Taufgottesdienstes muss die Predigt das Thema für Täuflinge und Gäste motivierend entfalten. Der Anlass drückt der Predigt immer ihren Stempel auf. Deshalb müssen Sie in der Meditation darüber nachdenken. Was ist der Anlass? Welche Ausrichtung bekommt der Gottesdienst? Wie wirkt er sich auf Rahmen und Stil meiner Predigt aus? Welche Erwartungen und Bedürfnisse haben die Zuhörer?

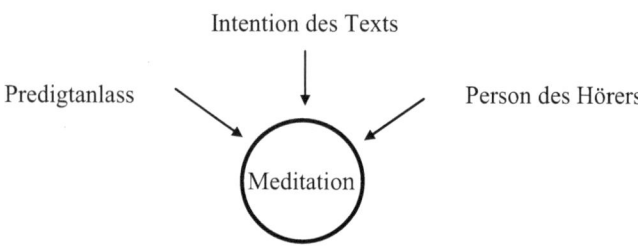

Die Predigtmeditation bedenkt Text, Hörer und Predigtanlass.

Das Bibelwort, über das Sie predigen, ist unveränderlich und steht ein- für alle Mal fest. Ihre Predigt ist das nicht. Sie verändert sich je nach Hörerschaft und Predigtanlass. Eine Botschaft, die Sie überall vor völlig unterschiedlichen Menschen und in unterschiedlichen Kulturen halten können, wird wahrscheinlich eher eine schlechte Predigt sein. Sie geht nicht auf die Menschen ein, die Sie jeweils vor sich haben. Jede neue Predigtsituation erfordert deshalb eine eigene Predigtmeditation. Das gilt besonders dann, wenn Sie eine bereits gehaltene Predigt andernorts noch einmal zum Besten geben möchten.

„Das will ich probieren!" – Übungsaufgabe [116]

In Ihrer Gemeinde haben Sie schon häufig gepredigt? Sie kennen alle Ihre Pappenheimer? Dann versuchen Sie sich doch einmal an einem Hörerprofil und präzisieren Sie Ihre Eindrücke anhand von Fakten. Nehmen Sie sich die einzelnen Fragen vor, die ich Ihnen aufgelistet hatte, und versuchen Sie, sie mit statistischen Angaben zu beantworten. Werten Sie das Ergebnis aus. Was hat Sie überrascht? Worin fühlen Sie sich in Ihrer Einschätzung bestätigt? Welche Schlussfolgerung ziehen Sie für Ihre Verkündigung? Vielleicht interessieren sich auch andere Verkündiger Ihrer Gemeinde für Ihre Ergebnisse.

---

[116] Weil die Aufgabenstellung sehr spezifisch auf Ihre konkrete Situation zugeschnitten ist, habe ich nicht versucht, eine mögliche Lösung zu formulieren.

H. Das Predigtziel bestimmen

Am Ende der Predigtmeditation bündeln wir unsere Beobachtungen zu klaren Predigtzielen. Viele unterschätzen diesen Arbeitsschritt. Sie belassen es bei vagen Eindrücken und können kaum sauber formulieren, was sie mit Ihrer Predigt eigentlich erreichen wollen. Biblische Wahrheiten verströmen und die Kanzel schadlos wieder verlassen ist zu wenig. Dass die Gemeinde gesegnet sein soll, ist ebenfalls nur eine Binsenweisheit und im besten Fall ein frommer Wunsch. Wünschen kann man sich viel. Erst klare Ziele konkretisieren Wünsche und arbeiten auf greifbare Ergebnisse hin.

Am Abschluss der Predigtmeditation stellen wir uns deshalb folgende drei Fragen: (1.) „Was soll die Gemeinde am Ende wissen?" (2.) „Von was soll sie überzeugt sein?" Und (3.) „Was soll sie tun oder lassen?" Diese drei Fragen zielen auf drei Ebenen ab: die Ebene der Information, die Ebene der Motivation und die Ebene der Aktion. Der Zuhörer soll bestimmte Inhalte des Bibeltexts und daraus erwachsene geistliche Zusammenhänge kennenlernen und verstehen (Information). Er soll sie als für sich wichtig und erstrebenswert ansehen (Motivation). Und er soll durch lebensnahe Anwendungen und praktische Beispiele zu konkreten Taten befähigt werden (Aktion). Die Aktion zielt übrigens nicht immer auf sichtbare Handlungen; sie schließt auch Veränderungen von Haltungen mit ein, die dann erst in zweiter Linie zu neuen Verhaltensweisen führen. Nicht in jeder Predigt müssen Sie alle drei Ziele im gleichen Umfang ins Auge fassen. Je nach Text und Situation kann der Akzent mehr auf dem einen oder dem anderen liegen.

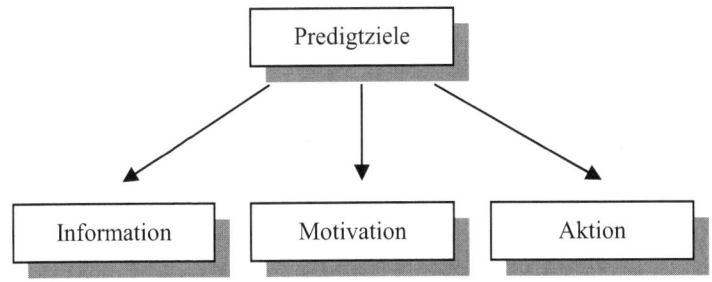

Die drei Ebenen von Predigtzielen

Wichtig ist, dass Sie die Predigtziele wirklich aus Ihrem Text heraus ent-
wickeln. Vielleicht braucht Ihre Gemeinde eine kräftige Ermutigung zum
Glauben. Wenn der Glaube in Ihrem Predigttext aber nicht oder nur am
Rande erwähnt wird, dürfen Sie ihn in dieser Botschaft auch nicht zum
Predigtziel erklären. Nehmen Sie dann lieber einen anderen, passenden
Predigttext, damit sich die Gemeinde nicht wundert und Sie nicht als klas-
sischer Sprungbrett-Prediger enden.

Damit Sie Ihre Zielvorstellungen möglichst klar bestimmen, halten Sie
sie in kurzen Sätzen schriftlich fest. Wenn Sie dann später Ihre Predigt
ausarbeiten, können Sie immer wieder auf Ihre Liste schauen und prüfen,
ob Sie noch auf der richtigen Fährte sind. In seinem Brief an die Philipper
ermahnt Paulus Euodia und Syntyche zur Einigkeit und stellt ihnen einen
Vermittler zur Seite.[117] Wenn Sie über diesen Text sprechen, könnte Ihr
Predigtziel lauten: „Unsere Gemeinde soll motiviert werden, trotz unterschiedlicher Erkenntnisse und Stile die Einheit zu bewahren." Dieses
Generalziel können Sie auf den drei Ebenen der Information, Motivation
und Aktion vertiefen und in Teilziele aufgliedern. (1.) Information: Welche Zusammenhänge im Text muss die Gemeinde unbedingt verstanden
haben, um das Ziel zu erreichen? (2.) Motivation: An welcher Stelle muss
sie motiviert werden und wie? (3.) Aktion: Welche konkreten Verhaltensweisen sollen die Gemeindeglieder nach dem Gottesdienst zeigen, damit
aus Wünschen erreichte Ziele werden? Je nach Situation können diese
sehr konkret werden: „Ich möchte, dass Gruppe x und Gruppe y mehr
Verständnis füreinander entwickeln und sich wieder versöhnen."

Vielleicht sind Sie nicht gewohnt, so konkrete Ziele für eine Predigt zu
formulieren. Sie haben eher allgemeine Vorstellungen, die natürlich auch
auf die Gemeindesituation abgestimmt waren. Eine zielstrebige Verkündigung mit klaren Perspektiven hat aber eine andere Kraft als die lose
vor sich hinplätschernde Rede, die nicht genau weiß, woher sie kommt
und wohin sie geht. Nur wenn Sie wissen, was Sie wollen, wird die Gemeinde wissen, dass Sie überhaupt etwas wollen! Wer kärglich sät, wird
auch kärglich ernten! Ich selbst überprüfe mich häufig unmittelbar vor der
Predigt und stelle mir folgende Frage: „Was sollen die Leute konkret
wissen, wollen oder tun, wenn du nach 30 Minuten wieder von der Kanzel
kommst?" Ich gehe beruhigt und motiviert nach vorne, wenn ich diese
Frage zielsicher, schnell und klar beantworten kann!

---

[117] Philipper 4,1-3

„Das will ich probieren!" – Übungsaufgabe [118]

Sie haben die schöne Aufgabe, in Ihrer Gemeinde eine Sonntagspredigt halten zu dürfen. Jetzt sollten Sie konkrete Predigtziele für Ihren Text in Kolosser 1,21-23 entwickeln. (1.) Denken Sie noch einmal kurz darüber nach, welche unterschiedlichen Menschen Sie vor sich haben. (2.) Formulieren Sie für jeden Hauptpunkt Ihrer Predigt ein markantes Predigt-ziel, das den Nerv Ihrer Zuhörer trifft. (3.) Legen Sie jeweils fest, ob Sie mehr auf Information, Motivation oder auf Aktion abzielen möchten. (4.) Legen Sie Ihre Predigtziele in kurzen und aussagefähigen Sätzen schriftlich nieder.

---

[118] Eine mögliche Antwort auf die Fragestellung finden Sie in Anhang 1 auf S. 308.

Kapitel 5

Die Konzeption – die Abfassung der Predigt

Nach diesen vielen Vorarbeiten beginnen wir nun mit der Ausarbeitung der Predigt. Wir sind bisher schon einen langen Weg gegangen; ich hoffe, Sie haben bis zu dieser Stelle des Buchs durchgehalten. Aber die Liebe zum Wort Gottes, die Liebe zu den Hörern und die mit der Predigtaufgabe verbundene Verantwortung lassen Abkürzungen nur bedingt zu. Jetzt aber sind alle nötigen Vorarbeiten abgeschlossen, so dass wir sie in ein fertiges Predigtkonzept gießen können. Zuerst beschäftigen wir uns mit Aufbau und Struktur der Predigt. Anschließend geht es um die Bausteine, aus denen sie sich zusammensetzt. Das sind vor allem die Einleitung, das Predigtmotto und die Gliederung, die Überleitungen, der Schluss, die Anwendungen und die Illustrationen. Wie man ein Predigtkonzept erstellt und sein Anliegen in gute Sprache kleidet und vorträgt, wird neben anderen Themen im nächsten Kapitel besprochen.

A. Die Predigtstruktur

Damit eine Predigt Hand und Fuß bekommt, braucht sie Struktur. Anfang und Ende, oben und unten müssen erkennbar und nachvollziehbar sein. Eine „Kraut-und-Rüben-Predigt", die Einzelgedanken des Texts wahllos aneinanderreiht, ermutigt kaum zum Zuhören und vermittelt keine klaren Vorstellungen. Die Frage, ob Sie mit Struktur oder ohne predigen, stellt sich nicht. Kommunikation hat immer Struktur. Allerdings geht es darum, ob sie gut oder schlecht, einsichtig oder uneinsichtig, hilfreich oder hinderlich ist. Deshalb denken wir zuerst über den Predigtaufbau nach.

1. Die Notwendigkeit einer strukturierten Botschaft

Bevor ich zeige, wie Sie Ihre Predigtdisposition erstellen, muss ich Ihnen aber noch einmal ans Herz legen, wie wichtig ein durchdachter Predigtaufbau tatsächlich ist. Ich gebe Ihnen fünf Aspekte zu bedenken:

- Eine durchdachte Predigtstruktur hilft Ihnen, Ihre Gedanken zu sortieren und geordnet vorzutragen. Sie erkennen Lücken in Ihrer Argumentation, die Sie jetzt noch schließen können. Ein ungeordneter Vortragsstil ist ein sicheres Zeichen für ungeordnete Gedanken.

- Eine durchdachte Predigtstruktur lässt die Botschaft als geschlossenes Ganzes erscheinen. Statt einzelner zusammenhangloser Teilwahrheiten erkennen Ihre Hörer eine gedankliche Linie, die sich durch die ganze Predigt zieht.
- Eine durchdachte Disposition erleichtert Ihnen den Vortrag, weil sie Ihr Gedächtnis unterstützt und Ihnen hilft, einen Gedanken nach dem anderen abzuhandeln. Sie haben Kräfte frei, die Sie sonst dafür verwenden müssten, die Übersicht nicht zu verlieren.
- Eine durchdachte Predigtstruktur gibt Ihren Hörern Sicherheit. Sie bekommen das gute Gefühl, dass der Prediger weiß, was er tut. Die Gemeinde fühlt sich an die Hand genommen. Das schafft Vertrauen.
- Eine durchdachte Predigtstruktur hilft Ihren Hörern, sich die Botschaft einzuprägen. Von einer unstrukturierten Rede bleiben nur ein paar Gedankensplitter hängen. Eine gut aufgebaute Predigt lässt sich in ihrer ganzen Grundaussage nachvollziehen und rekapitulieren.

2. Das Basismodell: der deduktive Predigtaufbau

In der Kommunikation gibt es immer wiederkehrende Muster, die sich zur Mitteilung von Informationen bewährt und durchgesetzt haben. Auch wenn wir uns dessen nicht immer bewusst sind, nutzen wir solche Strukturen bis in die Alltagswelt hinein. Stellen Sie sich vor, Sie treffen Ihren Freund und berichten ihm begeistert von dem Sonderangebot, das Sie eben im Geschäft gesehen haben. Sie könnten Ihre Entdeckung in folgende Worte fassen: „Stell dir vor, was ich heute gesehen habe! Bei Meier und Co. haben sie meine Traumkamera zum Sonderpreis. Diese Kamera wollte ich schon lange kaufen, weil sie technisch einfach spitze ist. Meine alten Objektive kann ich weiterverwenden. Und außerdem stimmt endlich der Preis. Morgen hole ich sie mir. Wolltest du nicht auch einen neuen Fotoapparat?" Wenn wir diese kurze „Ansprache" auf ihre Struktur hin untersuchen, finden wir folgende Elemente:

- Eine Einleitung, die Interesse wecken soll: „Stell dir vor ..."
- Ein Motto, das den Gegenstand benennt, um den es geht: „Bei Meier und Co. haben sie meine Traumkamera."
- Einen Hauptteil, der Argumente auflistet: „... wollte ich schon lange kaufen ... technisch einfach spitze ... der Preis."
- Ein Schluss, der zusammenfasst und den Gesprächspartner zum Handeln motiviert: „Morgen hole ich sie mir ... wolltest du nicht auch ...?"

Dieselbe Struktur verwenden wir beispielsweise in einem Aufsatz und in vielen anderen Situationen. Auch für den Aufbau einer Predigt ist sie hervorragend geeignet: Einleitung, Thema, Hauptteil mit Argumentationen, Illustrationen und Anwendungen und ein Predigtschluss. In seinem Buch „Schriftgemäß predigen" hat Helge Stadelmann den eben beschriebenen Aufriss bildhaft als „Predigtkrawatte" bezeichnet.[119] Wenn Sie sich die Grafik ansehen, wissen Sie warum.

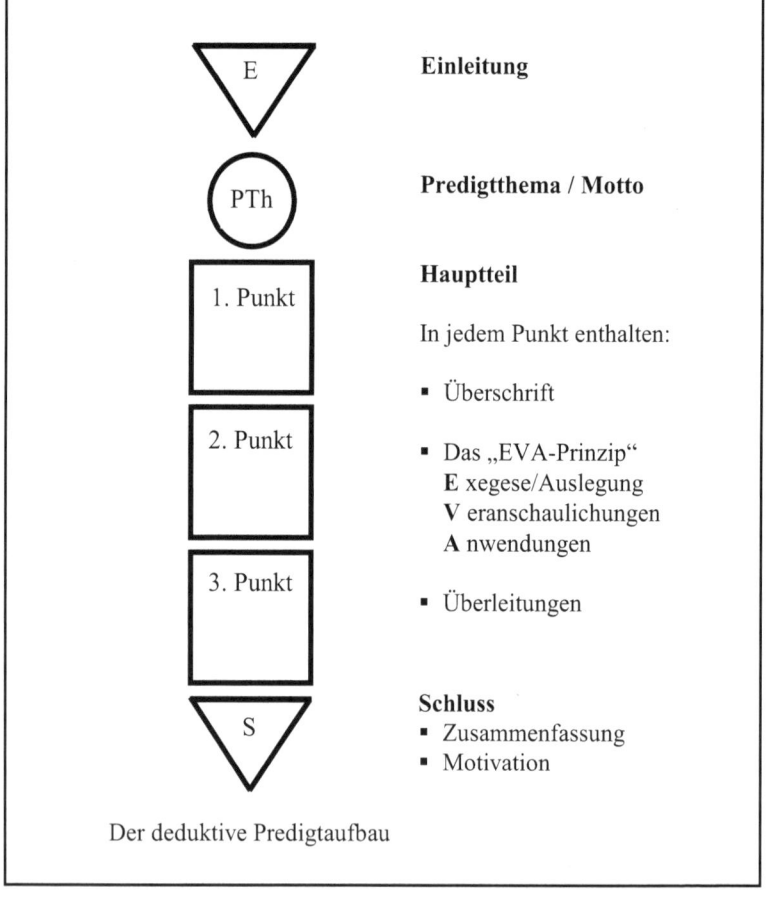

Der deduktive Predigtaufbau

---

[119] Helge Stadelmann, *Schriftgemäß predigen*, 1990, S.178.

Die „Predigtkrawatte" beschreibt den Standardaufbau einer Predigt. Dabei ist es gleich, ob es sich um eine Textpredigt oder eine Themenpredigt handelt. Weil die Zentralaussage in Form des Predigtmottos am Anfang steht und dann entfaltet wird, kann man diese Vorgehensweise auch als deduktive (ableitende) Methode bezeichnen. In meiner Verkündigungspraxis nimmt sie den ersten und wichtigsten Platz ein.

Wenn Sie mit dem Predigtdienst beginnen, müssen Sie zunächst lernen, Ihre Botschaft nach dem Muster dieser Predigtkrawatte aufzubauen. Später können Sie sich an die vielen Variationen wagen.[120]

3. Der induktive Predigtaufbau

Im Gegensatz zur deduktiven Methode stellt die induktive Methode das Predigtmotto als Höhepunkt und Quintessenz ans Ende. Das als Kreis gezeichnete Predigtmotto der Grafik rutscht sozusagen zwischen den dritten Punkt und den Schluss bzw. geht teilweise in den Schluss über. Die ganze Argumentation und der Predigtkerngedanke zielen auf diesen einen Moment ab, an dem „die Katze aus dem Sack gelassen" wird. Ein induktiver Predigtaufbau kann in folgenden Fällen sinnvoll sein:

- Die Logik eines Bibeltexts wurde vom Autor selbst induktiv angelegt. Was liegt näher, als diese Argumentationsweise zu übernehmen!
- Die Zuhörer lehnen die Kernaussage der Predigt vermutlich ab und müssen in Teilschritten an die unliebsame Wahrheit herangeführt werden. Das Predigtmotto als Quintessenz bildet den abschließenden Höhepunkt der Botschaft. Evangelistische Predigten sind deshalb häufig induktiv aufgebaut.
- Sie wollen auf alle Fälle einen Spannungsbogen aufbauen und arbeiten deshalb auf einen abschließenden Höhepunkt hin.

Um zu entscheiden, welcher Predigtaufbau am besten zum Predigttext und zu den Zuhörern passt, können Sie sich folgende Fragen stellen:

- Ist der Charakter des Texts damit getroffen?
- Ist das Textanliegen mit der gewählten Methode angemessen zu vermitteln?

---

[120] Zu Sonderformen und kreativen Zugängen zur Predigt s. ab S. 272.

- Ist der Aufbau logisch und in sich schlüssig?
- Ist er von den Hörern nachvollziehbar?
- Ist er einprägsam?

Wie ich oben schon sagte, wird der deduktive Predigtaufbau in der Regel der richtige sein. Es kann aber auch gute Gründe geben, induktiv vorzugehen oder eine ganz andere kreative Form der Predigt zu wählen. Möglich ist vieles, Sie müssen nur wissen, was Sie tun und warum.

Nachdem ich Ihnen gezeigt habe, wie die Predigt ganz grundsätzlich in ihrer „Normalform" aufgebaut ist, geht es jetzt um die Frage, wie man sie inhaltlich füllt. Dazu formulieren wir im nächsten Schritt ein ansprechendes Predigtthema und eine dazu passende Predigtgliederung.

B. Predigtmotto und Predigtgliederung

„Eine gute Rede hat drei Punkte." Ich bin sicher, dass Sie diese alte Rhetorikregel kennen. Man hat sie nicht umsonst entwickelt. Drei Punkte sind überschaubar. Drei Punkte lassen sich gut einprägen. Drei Punkte sind einfach nicht zu viele und nicht zu wenige. Manche verstehen diesen guten Grundsatz allerdings miss. Sie meinen, dass sie sich zum Predigtmotto einfach drei Gesichtspunkte aussuchen dürften, die Ihnen irgendwie passend erscheinen. Sie müssen nicht einmal aus dem Text kommen. Das Ergebnis ist eine klassische Sprungbrett-Predigt. Manche suchen innerhalb des Textes nach nur drei Gedanken, obwohl der Autor vielleicht zwei oder vier oder fünf entwickelt hat. Nun setzt der Prediger den Hobel an und hobelt alles gleich. Zwei Kernaussagen werden zu dreien gestreckt. Vier Gedanken werden in dreien zusammengezogen. Bei einer thematischen Predigt könnte das noch angehen, weil Sie dort den Umfang des Materials gezielt auswählen können. Bei einer Auslegungspredigt erwarten wir allerdings, dass der ganze Text zur Sprache kommt.

Das Grundanliegen der Drei-Punkte-Gliederung ist natürlich richtig: Die Predigt darf nicht unübersichtlich werden und die Zuhörer überfordern. Sechs Hauptgedanken wären für Ihre Hörer wohl kaum zu verkraften. Deshalb haben Sie schon bei der Suche nach dem passenden Text darauf geachtet, dass er nicht zu vielschichtig und kompliziert ausfällt. Zwei, drei oder vier Hauptgedanken können Sie Ihren Zuhörern problemlos zumuten. Falls es einmal wirklich mehr sein müssen, setzen Sie visuelle Mittel wie Folien oder eine Präsentation ein. Für die Auslegungspredigt gilt der Grundsatz: Die Zahl der Predigtpunkte richtet sich nach der An-zahl der Hauptgedanken im Bibeltext.

Woher aber nehmen Sie nun „die richtige" Predigtgliederung? Hier die Lösung: Weil Sie das Rad nicht neu erfinden und Ihre Vorarbeit effektiv nutzen wollen, wandeln Sie Ihre Textgliederung aus der Exegese einfach in eine Predigtgliederung um!

Vier Schritte zur Predigtgliederung

Der Inhalt bleibt – die Form wechselt.

Die Textgliederung beschrieb den gesamten Bibelabschnitt und die Struk-tur des Texts. Das Textthema erfasste den Skopus des Abschnitts. Die Struktur einer Auslegungspredigt erfüllt die gleichen Kriterien: Die Pre-digtgliederung beschreibt den ganzen Text und hält sich an den Aufbau des Abschnitts. Das Predigtmotto enthält die Kernbotschaft. Der Inhalt bleibt, die Form wechselt. Ob Sie deduktiv oder induktiv predigen, spielt dabei keine Rolle. Was gewinnen Sie mit diesem Verfahren?

- Sie schützen sich vor einer „Sprungbrett-Predigt".
- Sie zwängen Ihre Botschaft nicht in ein Drei-Punkte-Korsett.
- Sie predigen über den ganzen Text.
- Sie arbeiten effektiv und nutzen die Ergebnisse Ihrer exegetischen Bemühungen optimal.

1. Das Predigtmotto

Das Predigtmotto ist das in einen kurzen und prägnanten Satz um-
formulierte Textthema. Es macht inhaltlich die gleiche Aussage, ist aber
auf Griffigkeit, Einprägsamkeit und Praxisbezug ausgelegt. Es hat die
Aufgabe, die Kernbotschaft des Textes zu beschreiben und einzuprägen.
Manche haben Sorge, dass ein Motto alle Spannung nehmen könnte, weil
jeder schon am Anfang weiß, worum es geht. Im Zweifelsfall ist Klarheit
aber wichtiger als Spannung. Falls nötig, können Sie ja immer noch induktiv predigen und das Motto an den Schluss der Predigt stellen. Aber
Sie sollten auf keinen Fall darauf verzichten! Die Eigenschaften eines
guten Predigtmottos sind schnell genannt:

a. Ein Kompromiss zwischen Genauigkeit und Einprägsamkeit

In der Textgliederung kam es auf ein paar Worte mehr oder weniger nicht
an. Präzision war gefragt. Das Predigtmotto muss griffig sein und trotzdem noch präzise genug, um den Skopus des Texts exakt zu beschreiben.
In den seltensten Fällen wird das ohne kleine Abstriche an der inhaltlichen
Genauigkeit abgehen.

b. Auf die Hörer zugeschnitten

Es gibt zwar nur ein einziges den Text exegetisch richtig beschreibendes
Textthema, aber es gibt viele unterschiedliche Predigtthemen. Die Art des
Publikums entscheidet über die konkrete Formulierung des Mottos. Für
einen Jugendtag wird es sicher anders klingen als für eine Andacht im
Altenheim. Deshalb musste die Predigtmeditation der Konzeption auch
unbedingt vorausgehen. Das schönste Motto nützt nichts, wenn es nicht zu
den Hörern passt.

c. Kurz und bündig

„In der Kürze liegt die Würze." Lange Sätze von mehr als zehn oder zwölf
Wörtern oder Nebensatzkonstruktionen und Verschachtelungen kann
keiner behalten. Das Motto ist kurz und bündig. Manche greifen gerne
zum Reim oder zur Alliteration (Wortreihen, die mit demselben Buchstaben beginnen). Das ist sicher hilfreich – wenn es gekonnt klingt.
Schüttelreime und kitschige Formulierungen stoßen ab und erzwingen nur
ein müdes Lächeln.

d. Ein ganzer Satz

Die Werbebranche setzt auf Schlagworte. Häufig finden Sie aber auch kurze und prägnante Aussagesätze. Die transportieren mehr Inhalt und setzen sich deutlich hartnäckiger in den Köpfen fest als hingeworfene Einzelbegriffe. Das Gleiche gilt für ein Predigtmotto. Das Stichwort „Heilsgewissheit" ist zwar kurz und bündig, aber es ist nicht eindeutig. Sie sollten Ihre Zuhörer deshalb nicht lange raten lassen, worauf Sie hinauswollen. „Heilsgewissheit ist möglich!" – das ist eine eindeutige Aussage und gibt die klare Richtung an.

e. Keine Frage

Fragen machen neugierig, sie regen zum Nachdenken an und eignen sich hervorragend als Hinführungen und Überleitungen. Aber vermutlich wollen Sie mit dem Predigtmotto keine Rätselaufgabe für die kommende Woche stellen. Sie wollen Antwort geben. „Wie bekomme ich Heilsgewissheit? Die Frage war gut", wird sich jemand denken. „Wenn ich nur noch die Antwort wüsste!" Geben Sie ihm doch gleich die Antwort mit auf den Weg: „Heilsgewissheit ist möglich."

Manchmal werden Sie richtig schwitzen, bis Sie die treffende Formulierung gefunden haben. Manchmal fällt Ihnen das Beste nicht ein. Dann nehmen Sie einfach die zweitbeste Formulierung. Lieber die als gar keine!

2. Die Predigtgliederung

Für die Predigtgliederung gelten die gleichen Grundsätze wie für das Predigtmotto. Jede Gliederungsüberschrift ist ja ein eigenes Minimotto für den nächsten Textabschnitt. Zwei zusätzliche Aspekte sollten Sie allerdings bedenken:

a. Nur die Hauptpunkte übertragen

Eine ausführliche Textgliederung verzweigt in mehrere Gliederungsebenen. Wenn Sie die alle in kurze, prägnante Sätze umformulieren würden, entstünde ein unübersichtlicher Wust von Kernsätzen. Damit würden Sie jeden noch so aufnahmebereiten Zuhörer überfordern. Übertragen Sie deshalb nur die Hauptpunkte. Die Gemeinde soll mit einem Motto und einigen wenigen Leitsätzen nach Hause gehen. Das reicht völlig aus, um sich später den Inhalt der Predigt zu vergegenwärtigen.

b. Homogen formulieren

Je einheitlicher die Überschriften sind, desto einprägsamer werden sie. Formulieren Sie deshalb entweder nur Aussagesätze oder nur Befehlssätze oder nur Fragesätze. Eine Mischung aller grammatischen Kategorien führt nur zu einem sprachlichen Durcheinander. Der gleiche Grundsatz gilt übrigens auch für die Länge der Sätze und ihren Stil. Versuchen Sie also, eine größtmögliche Einheitlichkeit zu erreichen.

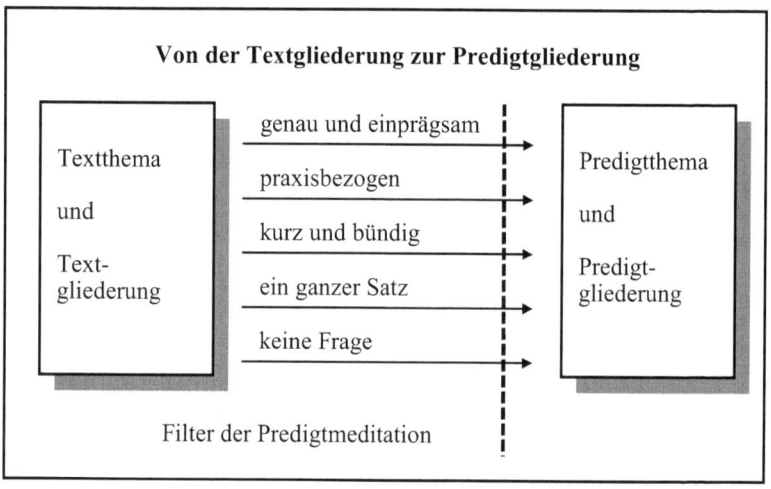

Von der Textgliederung zur Predigtgliederung

| Texttthema und Text-gliederung | genau und einprägsam / praxisbezogen / kurz und bündig / ein ganzer Satz / keine Frage | Predigtthema und Predigt-gliederung |

Filter der Predigtmeditation

3. Die Präsentation von Predigtmotto und -gliederung

Mancher Predigtanfänger ist schwer frustriert, wenn er sich viel Mühe mit seiner Predigtgliederung gemacht hat, dann aber feststellen muss, dass sie keinem aufgefallen ist. Dabei waren die so prägnant formulierten Sätze alle mit gelbem Leuchtstift im Konzept markiert! Irgendwas ist dumm gelaufen. Andere gehen von vornherein auf Nummer sicher. Ganz im Stil eines Referats stoßen Sie die Gemeinde mit der Nase auf ihre Über-schriften: „Mein Motto lautet: … Ich komme zu meinem ersten Punkt. … Nun komme ich zu meinem zweiten Punkt …" Das Ganze wirkt steril und erinnert stark an eine abgemagerte Kuh, an der man alle Rippen abzählen kann. Sie können auch ohne 1-2-3 zurechtkommen und trotzdem klar und deutlich sein. Hier ein paar Vorschläge, wie Sie es angehen können:

- Ziffern und Buchstaben umschreiben: Die deutsche Sprache bietet viele Möglichkeiten, Ziffern und Zahlen in der Gliederung zu vermeiden. Sagen Sie stattdessen „Zunächst ... dann ... und schließlich". Oder formulieren Sie einen kurzen Satz: „Die nächsten Verse zeigen uns ein weiteres geistliches Ziel ..." Mit etwas Fantasie und Sprachgefühl lässt sich viel machen.
- Die Kernsätze an den Anfang des Abschnitts stellen: Dort werden sie vom Hörer erwartet, und dort machen sie auch am meisten Sinn.
- Mit Überleitungen auf die Kernsätze hinführen: Bereiten Sie Ihre Zuhörer mit überleitenden Sätzen auf die nächste Gliederungsüberschrift vor: „In den kommenden Versen wollen wir uns mit einem weiteren Gedanken beschäftigen. Jesus nennt uns einen zweiten geistlichen Grundsatz: ..."
- Kernsätze wiederholen: Wiederholungen wecken Aufmerksamkeit und prägen ein. Bringen Sie wichtige Sätze im Doppelpack: „‚Heilsgewissheit ist möglich.' Das ist eine wirklich ermutigende Zusage Gottes. Darum geht es heute: ‚Heiligungsgewissheit ist möglich.'"
- Kernsätze innerhalb der Botschaft wiederholen: Eine Überschrift, die während der Predigt nur ein einziges Mal genannt wurde, geht schnell verloren. Überleitungen und Schluss bieten eine ideale Gelegenheit, die Leitsätze noch einmal aufzugreifen und einzuflechten.
- Kernsätze mit der Stimme hervorheben: Durch Betonung und Lautstärke werden Leitgedanken von der normalen Sprechweise abgehoben und deshalb von den Zuhörern erkannt.
- Eine Vorschau auf die Gliederung geben: Sie können eingangs nicht nur Ihr Motto, sondern gleich auch Ihre ganze Disposition vorstellen. „Jesus gibt uns drei wichtige Gedanken mit auf den Weg. 1. ... " Das sorgt von Anfang an für volle Klarheit. Auf der anderen Seite nehmen Sie sich vielleicht die Kastanien aus dem Feuer. Sie müssen Text, Zuhörer und Situation richtig einschätzen, um den besten Weg zu finden.

Sie täten sicherlich des Guten zu viel, wenn Sie alle Möglichkeiten gleichzeitig anwenden wollten. Sie sollten deutlich, aber nicht aufdringlich werden. Überlegen Sie deshalb, was am besten passt. Und noch ein Gedanke: Predigen Sie über den Bibeltext und nicht über Ihr Motto und Ihre Gliederung! Gerade wenn Sie gute und griffige Formulierungen gefunden haben, ist die Gefahr sehr groß, dass Sie sich darin verlieben und sie als Sprungbrett für viele schöne Gedanken nutzen. Die Gliederung ist ein Wegweiser zum Text und kein Ersatz für den Text.

„Das will ich probieren!" – Übungsaufgabe [121]

Sie haben die Wahl: Möchten Sie vor eher jüngeren Leuten predigen oder vor der versammelten Sonntagsgemeinde oder lieber im Seniorenkreis? Suchen Sie sich eine Zielgruppe aus. Genau für diese Leute formulieren Sie jetzt ein griffiges Predigtmotto und eine dazu passende Predigtgliederung zu Kolosser 1,21-23. Vergessen Sie die Grundsätze nicht, die wir eben besprochen haben. – Und? Klingen die Sätze schon gut? Vielleicht lohnt es sich, noch ein wenig an ihnen zu feilen.

C. Die Einleitung

„Man fällt nicht mit der Tür ins Haus!" Mit dieser Redewendung beschreiben wir eine wichtige Lebensweisheit. Mit einleitenden Worten machen wir auf uns aufmerksam, lenken das Gespräch auf eine bestimmte Thematik und bereiten unser Gegenüber auf das vor, was wir ihm sagen wollen. So genügt ein knappes „Hast du schon gehört ...?", um uns der Aufmerksamkeit des anderen und seiner Bereitschaft zum Zuhören zu versichern. Was für unsere täglichen Gespräche gilt, gilt auch für eine Predigt. Wir fallen nicht mit der Tür ins Haus, sondern bereiten das, was wir sagen wollen, mit einer gut durchdachten Einleitung vor. Weil die Einleitung ein so wichtiger Baustein einer Predigt ist, soll sie hier gründlich besprochen werden.

1. Sinn und Zweck der Predigteinleitung

a. Den guten Willen zum Zuhören sichern

Nicht jeder, der zu einem Gottesdienst geht, ist von vornherein auf die Verkündigung eingestellt. Welcher normale Mensch hört sich schon eine geistliche Rede an – und das in der Freizeit? So etwas können sich nur

---

[121] Eine mögliche Predigtgliederung und damit ein Beispiel für die genannten Prinzipien finden Sie in Anhang 1 auf S. 310.

engagierte Christen antun. Es gibt aber auch die Verwöhnten, die sich per Radio, Fernseher und Internet regelmäßig bekannte Prediger nach Hause holen. Und jetzt stehen Sie auf der Kanzel. „Ach, nur der! Vorhin habe ich noch Robert A. Schuler aus der Crystal Cathedral gesehen. Der ist gut!" Eine solche Einstellung mag man bedauern, aber sie ist menschlich. Deshalb bemühen wir uns durch eine ansprechende Einleitung, auch wenig motivierte Zuhörer mit auf die Reise zu nehmen.

b. Interesse für das Thema wecken

Die Bereitschaft zum Zuhören entsteht wesentlich durch das geweckte Interesse. Was langweilig beginnt, wird wohl auch langweilig enden. Wir schalten ab und hören nur noch mit einem Ohr zu. „Vielleicht startet der da vorne doch noch einmal durch." Deshalb ist der erste Eindruck so entscheidend. Ein Predigttext mag wohlbekannt sein, aber die Art und Weise, wie er eingeführt wird, kann auch unmotivierte Zuhörer aufhorchen lassen und in ihnen eine positive Erwartung wecken.

c. Die Konzentration der Zuhörer gewinnen

In den ersten Minuten eines Vortrages sind die meisten Zuhörer – bewusst oder unbewusst – noch nicht voll auf den Redner eingestellt. „Was mache ich mit dem Liederbuch? Wie setze ich mich am bequemsten? Hole ich mir noch schnell ein Hustenbonbon aus der Tasche? Hat der Prediger einen neuen Anzug? ..." Solche gewichtigen Fragen wollen abgearbeitet sein, bevor wir ganz Ohr werden. Manchem gehen sicherlich noch Gedanken von zu Hause nach oder Gespräche, die er vorhin im Foyer geführt hat. Ein durchschnittlicher Hörer braucht drei bis vier Minuten, bis er sich auf die Predigt eingestellt hat. Es wäre deshalb ungeschickt, gleich in den ersten Minuten allzu Gewichtiges zu sagen. Die Einleitung gibt Gelegenheit, zur Ruhe zu kommen und sich auf die Predigt einzustellen.

d. Eine positive Haltung gegenüber dem Verkündiger gewinnen

Wir wollen als Verkündiger gerne hinter dem Wort zurücktreten. Das ist eine gute und vor allem geistliche Haltung. Aber es ist völlig normal, wenn sich ein Zuhörer zunächst ein Bild vom Redner machen möchte, bevor er sich auf dessen Verkündigung einlässt. Das gilt besonders, wenn ein Unbekannter auf der Kanzel steht. Immerhin erwartet der, dass ich ihm uneingeschränkt mein Ohr leihe. Da werde ich mir doch wohl erst einmal einen Eindruck verschaffen dürfen, oder? Eine gute Einleitung geht genau auf dieses Bedürfnis ein und hilft dem Zuhörer, Vertrauen zu gewinnen. Ist Ihnen das gleich am Anfang gelungen, werden Sie sich der Aufmerksamkeit Ihrer Hörer während der weiteren Predigt gewiss sein dürfen.

e. Dem Verkündiger selbst einen motivierenden Start geben

Nicht nur für die Gemeinde, sondern auch für Sie selbst ist eine gelungene Einleitung wichtig. Ohne eine gewisse Nervosität wird es meistens nicht abgehen. Wenn Sie sich in die Predigt hineinstottern, wird Ihre Unsicherheit wachsen und nicht abnehmen. So mancher hat sich darauf verlassen, dass ihm auf der Kanzel etwas Originelles einfällt. Aber aus dem erwarteten Einfall wurde ein überraschender Reinfall. Wir beruhigen uns zwar mit dem Gedanken, dass es nicht um uns geht, sondern ausschließlich um den Herrn; aber peinlich ist es doch. Sind Ihre ersten Worte und Sätze der Predigt dagegen gut geplant und gehen sie leicht von den Lippen, wird Ihre innere Unruhe schnell abgebaut und Sie finden in den Redefluss hinein. Sie tun sich also selbst den besten Dienst, wenn Sie den Anfang Ihrer Predigt sauber planen.

2. Merkmale einer guten Einleitung

Wenn es an die Ausarbeitung der Predigteinleitung geht, sollten Sie einige wichtige Grundsätze beachten.

a. Die Einleitung ist kurz und bündig

Ziel einer Einleitung ist die Hinführung zum Thema. Sie hat einen dienenden Charakter. Daraus ergibt sich, dass sie in der Regel kurz und bündig ist. Weit ausladende Gedankengänge und langwierige Erzählungen kosten Zeit und tragen wenig zum Predigtziel bei. Wenn Sie erst nach zehn Minuten beim Bibeltext angekommen sind, werden sich Ihre Hörer mit leichter Verzweiflung die Frage stellen, wie lange wohl die gesamte Predigt dauern mag. Die Einleitung bereitet auf das Thema vor. Das kann in wenigen knappen Sätzen geschehen. Eine Predigt von 30 Minuten sollte eine Einleitung haben, die nicht länger als vier bis fünf Minuten dauert. Ausufernde Geschichten, bibelkundliche Erwägungen vom Garten Eden bis zum himmlischen Jerusalem und viele andere Predigt-Unarten lenken vom eigentlichen Ziel ab und verkürzen die Zeit für die Beschäftigung mit dem eigentlichen Bibelwort.

b. Die Einleitung ist interessant

Wie ich oben schon beschrieben habe, entscheiden die ersten Minuten darüber, ob die Zuhörer ihre Gedanken auf den Prediger einstellen oder ihm nur oberflächlich folgen, weil es langweilig und öde klingt. Eine Veranstaltung, von der wir uns nichts erwarten, würden wir erst gar nicht besuchen. Und wenn wir doch hineingeraten sind, würden wir uns überlegen, ob wir nicht vorzeitig gehen. Bei der sonntäglichen Predigt ist das anders. Wir bleiben, gehen aber in die „innere Emigration".

Eine gute Einleitung versucht, den Zuhörer gleich mit den ersten Sätzen zu gewinnen. Er muss aufhorchen und staunen: „Hey, da tut sich was! Das klingt interessant. Da wird mein Leben verhandelt. Jetzt bin ich aber gespannt." Natürlich kann auch auf einen misslungenen Einstieg noch eine herausfordernde Botschaft folgen. Aber Sie müssen sich die Aufmerksamkeit Ihrer Zuhörer dann erst wieder hart erkämpfen. Vermeiden Sie auch alles, was die Erwartungshaltung der Zuhörer senkt oder sogar völlig ruiniert: „Das ist meine dritte Predigt. Ich bin noch Anfänger, aber ..." „Liebe Geschwister, ich habe lange nach einem Bibelwort gesucht, aber kein wirklich passendes gefunden. Deshalb ..." „Ich möchte heute noch einmal den Text vom vergangenen Sonntag aufgreifen, weil ich glaube, dass ..." Wenn ich solche Sätze höre, fühle ich mich unwillkürlich an Lukas 23,30 erinnert: „Dann werden sie anfangen, zu den Bergen zu sagen: Fallt auf uns! und zu den Hügeln: Bedeckt uns!"

Eins ist klar: Nicht alles, was interessant ist, passt in eine Predigt. Manche machen es sich zur Methode, mit einem Witz zu beginnen. Der Lacherfolg steht auf ihrer Seite. Die Leute atmen kräftig durch und das Gehirn wird stimuliert – ein cleveres Verfahren. Nichts gegen Humor auf der Kanzel; eine auflockernde Bemerkung am Anfang ist sicher nicht verkehrt. Aber als bloßer Aufreißer wäre mir ein Witz zu wenig. Eine Story um der Story willen halte ich für Zeitverschwendung. Sie müsste schon in einem inhaltlichen Zusammenhang mit der Predigt stehen. Zu jedem Bibeltext und zu jedem Thema lässt sich eine interessante und vielleicht auch humorvolle, auf das Predigtmotto abgestimmte Einleitung finden.

c. Die Einleitung ist zentral

Aufgabe der Einleitung ist es, wie ein Trichter auf den Kerngedanken der Predigt, also auf das Predigtmotto hinzuführen. Deshalb ist es wichtig, keinen Nebengedanken oder Unterpunkt zum beherrschenden Thema der Einleitung zu erklären. Die Hörer würden gedanklich auf ein Gleis geführt, das später höchstens nebenbei befahren wird. Noch schlimmer wäre es, wenn die Einleitung überhaupt nichts mit dem Bibeltext zu tun hat. Der Prediger hatte sich in eine nette Geschichte verliebt und will sie auf alle Fälle anbringen, egal ob sie passt oder nicht. Solche Abwege – auch innerhalb einer Predigt – werden oft mit netten Worten kaschiert: „Was ich Ihnen nun sagen möchte, hat zwar nicht unmittelbar mit unserem Text zu tun. Aber lassen Sie es mich trotzdem kurz erzählen ...“ Interessant mag es werden, aber wenig zentral und hilfreich. Die Einleitung soll hinlenken und nicht ablenken.

Wenn Sie Ihre Einleitung formulieren, sollten Sie immer vom Motto der Predigt ausgehen: „Heilsgewissheit ist möglich.“ Fragen Sie sich, wie Sie genau zu dieser Aussage hinführen können. Was müssten Sie erzählen, dass am Ende ganz logischerweise dieser Leitgedanke steht? Ich selber formuliere meine Predigteinleitung meist am Schluss. Dann schaue ich auf die fertige Predigt zurück und überblicke besser, was als Einleitung wirklich passt. Aber wie immer Sie vorgehen: Die Einleitung mündet wie ein Trichter im Motto der Predigt. Dorthin wollen Sie Ihre Hörer mitnehmen.

d. Die Einleitung ist zielstrebig

Viele Predigteinleitungen ufern aus. Ich meine das nicht nur im Blick auf die angesetzte Zeit, sondern auch im Blick auf den Inhalt. Umständliche Zwischenschritte verdunkeln die Zielrichtung der Botschaft: „Gott ist Schöpfer ... Er hat auch uns Menschen geschaffen ... Er hat uns zu seinem Gegenüber gemacht und uns die Sprache geschenkt ... Gott will mit uns sprechen ... Für uns ist es ein Vorrecht, mit ihm reden zu dürfen ... Mein Thema heute ist deshalb das Gebet.“ Bis die Gemeinde weiß, worauf der Prediger hinauswill, sind viele kostbare Minuten verstrichen.

Ungeschickt sind auch abrupte Wendungen, der sogenannte „heilige Bogen“: „Gestern hatten wir Besuch. Wir haben uns sehr darüber gefreut. Auch die Bibel redet von Freude. Ich möchte heute über Philipper 4,4 sprechen.“ Außer dem Stichwort „Freude“ hat die Einleitung rein gar nichts mit dem Bibelwort zu tun.

Beachten Sie auch, dass eine einzige gut durchdachte Einleitung besser ist als zwei oder drei. Gerade wenn die Leute gespannt zuhören, ist die Gefahr groß, noch einen draufzusetzen. So reihen sich schließlich mehrere gleich- oder verschiedenartige Einleitungen wie auf einer Perlenschnur aneinander, ohne dass es einen gedanklichen Fortschritt gibt. Trauen Sie Ihrer eigenen Einleitung und gehen Sie zielstrebig auf Ihr Motto zu.

3. Gestaltungsmöglichkeiten

Damit Sie ein paar Anregungen bekommen und nicht immer mit der gleichen Art von Einleitung einsteigen müssen, stelle ich Ihnen eine Reihe von Einstiegsvarianten vor. Probieren Sie die eine oder andere aus und überlegen Sie, welche am besten zu Text, Gemeinde und Anlass passt.

Der Kontext	Bei manchen Texten kann eine interessant gestaltete Beschreibung des Kontexts zur packenden Einleitung werden. Das Bibelwort wird schon im Vorfeld in seinen Sinnzusammenhang gestellt, weitere Ausführungen innerhalb der Predigt erübrigen sich zum Teil oder werden in der Einleitung vorbereitet. Oft missraten kontextuelle Einstiege zu langweiligen bibelkundlichen Vorlesungen. Davor bewahrt eine interessante Erzählweise, die Spannung aufbaut und die Katze nicht gleich aus dem Sack lässt.
Die Einstiegsfrage	Der Zuhörer wird von Anfang an zum Mitdenken angeregt und auf die Thematik der Predigt angesprochen. Wichtig ist, dass Sie keine dummen Fragen stellen, sondern offene, die über eine Ja-Nein-Antwort hinausführen. Je besser die Frage, desto größer die Aufmerksamkeit. Tödlich ist es, wenn Sie mit einer gewaltigen Frage einsteigen, die am Ende aber nicht beantwortet haben. Jetzt hat der Hörer ein Problem.
Die Alltagssituation	Das Alltägliche ist immer noch das Interessanteste. Wo das pralle Leben beschrieben wird, stellt sich die Aufmerksamkeit fast von alleine ein. Jesus schöpfte viele Beispiele und Veranschaulichungen aus dem Alltagsleben. Glaube wird konkret. Vermeiden Sie es, banale oder gekünstelte Lebenssituationen vorzutragen.

Das Erlebnis	Erlebtes lässt sich immer lebendig erzählen. Wichtig ist, dass es gut zum Thema der Botschaft hinführt. Manchmal werden Erlebnisse gedrückt, damit sie doch noch zum Motto passen. Auf solche „homiletischen Lügen" sollten Sie sich nicht einlassen. Was Sie erzählen, muss wahr und überprüfbar sein. Achten Sie darauf, dass Sie sich nicht selbst zum Gegenstand der Predigt erheben.
Das historische Ereignis	Ereignisse aus der Vergangenheit können anschaulich zum Predigtmotto hinführen. Die Kirchen- und die Missionsgeschichte sind voller interessanter Begebenheiten. Ein aktueller Bezug muss sich aber herstellen lassen. Uraltgeschichten aus dem Rande der grauen Vorzeit interessieren keinen.
Die biblische Geschichte	Zur Einleitung mancher Lehrtexte eignet sich eine zum Inhalt passende biblische Geschichte. Ein Bibeltext zum Thema „Glauben" könnte mit einer Glaubenserfahrung Abrahams beginnen und diese vielleicht im Laufe der Predigt immer wieder zur Veranschaulichung heranziehen. Vorsicht ist insofern geboten, dass Sie nicht parallel über zwei verschiedene Texte predigen und die Zuhörer im Hin und Her den roten Faden verlieren.
Die Bestandsaufnahme	Für Lehrtexte und Themenpredigten eignet sich der Einstieg mittels einer Bestandsaufnahme. Die Relevanz des Bibeltextes wird dadurch plausibel gemacht. Beachten Sie aber, dass Sie keine Schwarz-Weiß-Malerei betreiben, die zugunsten des Effekts die Wahrheit vernachlässigt und unglaubwürdig wirkt. Zum Gebot „Du sollst nicht töten" könnten Sie beschreiben, wie aktuell dies

durch Problemfelder wie Sterbehilfe, Abtreibung und Umgang mit menschlichen Embryonen heute geworden ist.

Die Provokation

Eine Predigt kann mit einer provokativen Aussage beginnen. Gleich der erste Satz sitzt und erzwingt die volle Aufmerksamkeit: „Liebe Gemeinde, Gott ist tot!" Keiner wird mehr halbherzig zuhören. Die nachfolgende Erläuterung führt auf den Kern der Predigt: „So sagen die Narren ..." Die Provokation ist genau auf die Zuhörer abgestimmt, damit sie ihnen nicht während der Predigt in den Knochen sitzt und vom Zuhören ablenkt.

Der Gegenstand

Wo es sinnvoll ist und zur Thematik hinführt, kann ein Gegenstand in der Einleitung gute Dienste tun. Er erweckt Aufmerksamkeit und Interesse und fördert eine schnelle Konzentration. Wie Sie Gegenstände richtig einsetzen, zeige ich Ihnen später ganz genau.[122]

Dia/Foto/Video

Visuelle Einstiegsvarianten wären auch Fotos, eine Präsentation oder ein Videoclip. Nicht immer lässt sich ein solcher Einstieg technisch verwirklichen, und auf keinen Fall sollten Sie durch zu häufige Anwendung einen Gewöhnungseffekt hervorrufen.

Das Lied

Viele suchen gerne ein passendes Lied vor der Predigt aus. Von der Gemeinde gerade gesungen oder vom Chor vorgetragen, lässt es sich gut in der Einleitung aufgreifen. Anknüpfungspunkt könnten Inhalt, Autor oder die Umstände der Entstehung sein.

---

[122] Zu visuellen Predigtillustrationen siehe S. 170 ff.

Theaterstück/Sketch/ Pantomime	In der evangelistischen Verkündigung arbeiten wir gerne mit szenischen Einstiegsvarianten. Warum nicht auch in einem „normalen" Gottesdienst? Das Theaterstück muss nach Stil und Inhalt zur Predigt passen. Es muss Fragen stellen; die Antwort gibt die Predigt. Natürlich ist der Aufwand groß. Bei rechtzeitiger Planung und einer motivierten Theatertruppe lässt sich aber einiges erreichen.

Mit den genannten Formen eines Predigteinstiegs sind noch lange nicht alle Möglichkeiten ausgeschöpft. Es fehlt uns nicht an Mitteln, sondern meist an der Fantasie, die aus der Liebe zum Hörer und der Liebe zum Wort Gottes entspringt.

„Das will ich probieren!" – Übungsaufgabe

Nachdem Sie in der letzten Aufgabe eine stimmige und griffige Predigtgliederung erarbeitet haben, brauchen Sie jetzt eine passende Einleitung. Denken Sie an das Motto und gleichzeitig an Ihre Zuhörer. Was könnte zu beiden passen? Gehen Sie noch einmal die Liste möglicher Einstiegsvarianten durch. Zu welcher kommt Ihnen eine kreative Idee in den Sinn? Präzisieren Sie Ihre Vorstellungen und schreiben Sie sich die Einleitung, die jetzt in Ihnen entsteht, stichwortartig auf.

D. Die Textlesung

Ziel der Predigt ist es, die Gemeinde „unter das Wort zu stellen". Sie soll die Stimme ihres Herrn hören und verstehen. Wenn die Gemeinde aber unter dem Wort stehen soll, muss der Predigttext auch angemessen vorgetragen werden. Die Textlesung wird aber häufig sehr stiefmütterlich behandelt. Sie ist ein kleiner Vorspann in der noch relativ unkonzentrierten Eingangsphase. Das Bibelwort wird kurz und schmerzlos heruntergeleiert. Der Verkündiger will schnell zur eigentlichen Sache, nämlich zu seiner Predigt kommen. Das sagt er auch: „Soweit der Text, liebe Gemeinde, und nun zu meiner Predigt!" Schlägt er dann das Bibelbuch noch zu und verstaut er es irgendwo unter dem Pult, weiß jeder, dass der Bibeltext nun ausgedient hat. Die Liebe zur Heiligen Schrift und die Ehrfurcht vor ihr verlangen aber, dass wir angemessen mit ihr umgehen. Deshalb darf auch die Textlesung nicht zu kurz kommen.

1. Die Bedeutung der Textlesung

Die Textlesung erfüllt zunächst einen ganz praktischen Zweck: Der Schriftabschnitt, um den es in der Predigt geht, muss bekannt gemacht werden. Wer auslegen will, muss zuerst einmal vorlegen, sonst macht eine Auslegung wenig Sinn. Aber damit hat sich die Bedeutung der Textlesung noch lange nicht erschöpft. Sie kann mehr.

a. Zeichen setzen

Bei der Heiligen Schrift handelt es sich nicht einfach um ein literarisches Werk, dessen Deutung für uns interessant sein könnte. In ihr begegnet uns der Anspruch Gottes. Damit bekommt der Bibeltext eine eigene Würde und Autorität. In der liturgischen Tradition vieler Kirchen hat diese Ehrfurcht vor der Schrift darin ihren Ausdruck gefunden, dass die Gemeinde zur Schriftlesung aufsteht. Sie zeigt, dass sie den Predigttext als Wort ihres Herrn entgegennimmt und in Demut darauf hören möchte.

Heute ist diese Haltung meist einem schnodderigen Umgang mit dem Wort gewichen. Die Gemeinde sitzt bequem auf ihren Stühlen, wenn das Wort des Herrn an sie ergeht, und der Verkündiger liest den Text hastig und lustlos herunter, damit er danach schnell zu seiner Auslegung übergehen kann. Ob man es will oder nicht, mit diesem lockeren Umgang mit dem Gotteswort setzen wir Zeichen – Zeichen in die falsche Richtung. Die

Textlesung sollte deutlich machen, dass alles, was der Prediger sagt, von diesem Wort ausgeht und auf dieses Wort hinzielt. Die Gemeinde steht vor ihrem Herrn.

b. Die Kraft des Wortes Gottes verstehen

Das Wort Gottes hat eine in sich selbst wohnende Kraft. Es ist schärfer als ein zweischneidiges Schwert. Sie als Verkündiger haben die Aufgabe, dieses Wort zu erläutern und zu entfalten. Ich hoffe nicht, dass Sie dabei zu der Fehleinschätzung gelangen, dass das Wort ohne Sie, d.h. Ihre gut ausgearbeitete Predigt, nicht viel ausrichten kann. Mit dieser Haltung würden Sie die Kraft der Heiligen Schrift klar unterschätzen. Sie hat einen Eigenwert und kann auch ohne Deutung kräftig wirken. Sie kann über-führen, zurechtweisen und belehren[123], auch wenn sie unkommentiert gehört und aufgenommen wird. Die Textlesung trägt dem Rechenschaft. Wir erwarten, dass Gott schon durch das bloße Vorlesen seines Wortes zu den Hörern spricht und nicht erst in unserer darauf folgenden Predigt.

c. Die Lesung als Deutung

Wenn Sie den biblischen Text betont lesen, ist das schon eine Auslegung und Deutung. Sie machen Sinnzusammenhänge und Struktur hörbar. Die Gemeinde wird auf diese Weise in das Geschehen hineingenommen und emotional und rational beteiligt. Eine lebendig vorgetragene Textlesung kann zu einem eigenständigen Erlebnis werden und Einsichten wecken, bevor die Worte des Verkündigers den Text erläutern und entfalten. Die Textlesung bietet die Chance einer vorweggenommenen Deutung und hat Verkündigungscharakter. Es wäre schade, wenn Sie die Möglichkeit, die in einer gut gestalteten Textlesung liegt, übersehen würden.

2. Der richtige Zeitpunkt für die Textlesung

a. Die Textlesung zu Beginn der Predigt

Es ist zunächst am einsichtigsten, den Predigttext der eigenen Auslegung voranzustellen. Das Wort Gottes bekommt seinen ihm angemessenen Platz am Anfang der Predigt. Die Gemeinde weiß, um welche Thematik es

---

[123]   Vgl. 2. Timotheus 3,16.

geht. Und der Verkündiger kann sich von nun an ganz auf die Auslegung konzentrieren. So weit, so gut. Es gibt aber auch eine Kehrseite dieses Verfahrens. Meist ist die Konzentration der Hörer ganz am Anfang der Predigt noch nicht sehr groß. Die ersten Sätze fliegen schnell vorbei, ohne dass sie bewusst aufgenommen worden wären. Außerdem werden viele Zuhörer mit schwierigeren Texten überfordert. Sie wissen nicht, wie sie ihn einordnen sollen. Deshalb gibt es gute Gründe, die Textlesung in die Predigt zu integrieren.

b. Die integrierte Textlesung

Unter einer integrierten Textlesung verstehe ich nicht, dass der Predigttext scheibchenweise zusammen mit den jeweiligen Hauptpunkten vorgetragen wird. Die Gemeinde hört das Bibelwort an keiner Stelle am Stück. Das aber wird der Bedeutung des Gotteswortes nicht gerecht und erschwert den Blick für die Gedankenführung der Perikope. Wer dennoch einen guten Grund gefunden hat, die Lesung zu stückeln, könnte den Bibeltext am Schluss der Predigt sozusagen als Zusammenfassung und Höhepunkt lebendig vortragen und mit einem kräftigen „Amen" auf den Leuchter heben.

Normalerweise beginnen wir bei einer integrierten Textlesung mit der Predigteinleitung und arbeiten in ihr gedanklich auf den Predigttext hin. Danach erst verlesen wir den Bibeltext. Er ist sozusagen Höhepunkt und Abschluss der Einleitung. Das Predigtmotto können Sie vor der Lesung oder unmittelbar danach nennen. Anschließend folgt Ihre Auslegung.

Die Vorteile dieses Verfahrens liegen auf der Hand: Der Predigttext wird an einer Stelle vorgelesen, an der die Gemeinde voll konzentriert ist. Sie wurde inhaltlich auf den Text vorbereitet. Dem Hörer wird einsichtig, warum gerade dieser Text verlesen wird und unter welchem Gesichtspunkt er betrachtet werden soll. Ich halte eine integrierte Textlesung in den meisten Fällen für den sinnvolleren Weg. Aber die konkrete Situation und Ihre Gemeindetradition entscheiden letztlich darüber, wie Sie verfahren.

3. Die passende Übersetzung

Wenn Sie nicht auf eine Übersetzung eingeschworen oder festgelegt sind, stehen Sie vor der Frage, aus welcher der zahlreichen Ausgaben Sie den Predigttext vorlesen sollen. Nicht jede Übersetzung eignet sich für jeden Anlass und für jeden Hörerkreis. Nach welchen Kriterien können Sie Ihre Auswahl treffen?

a. Den Charakter des Predigttextes bestimmen

Handelt es sich bei dem Predigttext um einen längeren erzählenden Abschnitt, eignen sich kommunikative Übersetzungen. Sie bestechen durch ihre lebendige und zeitgemäße Sprache. Auf Textdetails kommt es in diesem Fall weniger an. Einige wenden allerdings ein, dass allzu umgangssprachliche Übersetzungen dem Bibeltext die rechte Würde nehmen und ihn verflachen. Bei Lehrtexten werden Sie sicherlich zu einer eher wortgetreuen Übersetzung greifen wollen. Sie enthält weniger Deutung und lässt in der Predigt mehr Spielraum, um auf exegetische Fragen einzugehen. Schwer verständliche Ausdrucksweisen müssen nicht schon in der Lesung geklärt werden; sie werden später erläutert.

b. Die Zuhörer richtig einschätzen

Neben der Art der Lesung bestimmt vor allem der Zuhörerkreis, zu welcher Übersetzung Sie greifen. Jüngere Menschen und solche, die der Kirche entfremdet sind, können mit einer wortgetreuen Bibelübersetzung wenig anfangen. Biblische Begriffe, Bilder und Denkweisen sind ihnen fremd. Für exegetische Details haben sie kein Gespür. Eine Übersetzung in zeitgemäßer Sprache kann ihnen helfen, die Bibel an sich herankommen zu lassen und zu verstehen.

Wenn in einem Gemeindekreis eine bestimmte Bibelübersetzung bevorzugt wird, sollten Sie nur dann zu einer ungewohnten Übersetzung greifen, wenn Sie ein klares Ziel damit verfolgen und Sie sich für die Zuhörer eine konkrete Hilfe davon versprechen. Keinesfalls sollten Sie von der Kanzel andere Bibelübersetzungen diskreditieren. „Liebe Gemeinde, weil die Lutherübersetzung an dieser Stelle völlig unzureichend ist, möchte ich den Predigttext heute in einer wirklich guten Übersetzung vortragen." Wer so redet, setzt herab, was anderen lieb und teuer ist, und schürt im Predigthörer den Verdacht, dass er sich auf „seine" Bibel nicht wirklich verlassen kann.

Zurückhaltend sollten Sie mit einer eigenen Übersetzung des Predigttextes sein. Wer Hebräisch oder Griechisch gelernt hat, muss sein Können nicht zur Schau tragen und sich auf diese Weise einen Platz neben den großen Bibelgelehrten sichern. Diese Art von Eitelkeit beeindruckt nur wenige und trägt eher zur Verwirrung als zur Klärung bei. Die Zeiten, in denen die gesamte Gemeinde die Bibel in einheitlicher Textgestalt vor sich hatte, sind vorbei. Wir müssen aber die fast schon babylonische Bibelverwirrung nicht noch durch eigene Varianten verstärken.

4. Die lebendige Lesung

Entscheidend für die Wirkung der Lesung ist die Art und Weise, wie Sie den Text vortragen. Sie könnten ihn langweilig, spannungslos, monoton, weihevoll, überbetont, pathetisch, hektisch, atemlos, gehetzt oder wie auch immer vortragen. Wie man es richtig macht? Hier einige Tipps und Ratschläge:

- Gehen Sie sicher, dass Sie den Text gründlich verstanden haben. Nur so können Sie ihn lebendig und mit richtigen Betonungen vortragen.
- Lesen Sie nicht einfach schwarze Buchstaben ab, sondern schlüpfen Sie gedanklich in den Text hinein und erleben Sie ihn beim Vorlesen innerlich mit.
- Lesen Sie strukturiert und akzentuiert. Nehmen Sie sich Zeit; sie müssen nicht durch den Text hindurchhetzen. Schon kleinste Sprechpausen erhöhen die Spannung und zeigen Sinnabschnitte und Struktur.
- Lesen Sie dynamisch, ohne pathetisch zu werden. Ein monoton vorgetragener Text langweilt; ein zu schnell vorgelesener Text rauscht an den Hörern vorbei.
- Setzen Sie nicht zu viele stimmliche Akzente. In der Regel reicht einer pro Satz. Wer alles betont, hat am Ende gar nichts betont. Klären Sie, was wirklich wichtig ist.
- Lesen Sie über Punkt und Komma hinweg, wenn der Inhalt des Texts es erfordert. Die Verseinteilung verführt dazu, Texte zu zerhacken und Zusammengehöriges auseinanderzureißen.
- Heben Sie an sinnvollen Stellen den Blick und schauen Sie die Gemeinde kurz an. Dadurch machen Sie deutlich, dass der verlesene Text als persönliches Wort an den Zuhörer gerichtet ist.
- Kündigen Sie die Lesung nicht als Lesung eines „Textes" an. Die Bibel ist nicht bloß ein literarisches Dokument. Es ist Wort des lebendigen Gottes an uns. „Ich lese aus Gottes Wort." „Gott lässt uns durch Jeremia Folgendes sagen. Ich lese: …" „Jesus sagt: …"
- Lesen Sie den Text aus der Bibel vor und nicht aus Ihrem Manuskript. Die Zuhörer sollen erkennen, dass es Ihnen um Gottes Wort geht und nicht um Ihre eigenen Gedanken. Schlagen Sie die Bibel nach der Lesung nicht zu, sondern arbeiten Sie auch während der Predigt daraus.
- Lesen Sie den Predigttext zu Hause mehrfach laut vor; nur dann können Sie ihn auch auf der Kanzel angemessen vortragen.

Wenn ein Predigttext sehr lang ist, beispielsweise eine Erzählung aus dem Alten Testament, können Sie die Textlesung schon in das Rahmenprogramm des Gottesdienstes hineinnehmen und vor der Predigt vortragen oder vortragen lassen. Vielleicht ist es sinnvoll, nicht den ganzen Text zu lesen, sondern sorgfältig ausgesuchte Ausschnitte. Auslassungen können Sie mit wenigen Worten umschreiben, damit der rote Faden nicht verloren geht.

5. Die blätternde Gemeinde

Mancherorts kommen die Gemeindeglieder noch mit der Bibel unter dem Arm zum Gottesdienst. Das ist eine gute und förderungswürdige Gewohnheit. Mündige Christen prüfen, was sie hören. Das zwingt den Verkündiger dazu, seine Aussagen aus der Schrift zu entwickeln und mit ihr zu begründen. Außerdem prägt sich der Predigttext besser ein, wenn er nicht nur mit den Ohren, sondern auch mit den Augen wahrgenommen wird. Allerdings müssen Sie sich auf eine blätternde Gemeinde einstellen. Die Stellenangabe muss präzise sein, um Irritationen zu vermeiden. Sie müssen ausreichend Zeit lassen, damit jeder den Text aufschlagen kann. Und Sie sollten die Übersetzung wählen, die von den meisten verwendet wird, damit die Zuhörer nicht an ungewohnten Formulierungen hängen bleiben und mit einem Textvergleich beginnen. Es ist auch nicht verkehrt, wenn Sie kurz benennen, aus welcher Übersetzung die Lesung kommt. Wenn Sie ausnahmsweise einmal nicht wollen, dass die Gemeinde mitliest, sollten Sie das deutlich formulieren: „Lasst eure Bibeln bitte zu. Hört einfach einmal hin, was Jesus sagt."

Die Zahl der Gottesdienstbesucher, die ohne Bibel kommt, nimmt stetig zu. Bequemlichkeit, Bibelverdrossenheit oder ganz einfach mangelnde Einsicht in die Notwendigkeit – Ursachen gibt es viele. Zahlreiche Gemeinden haben sich inzwischen auf diesen Bibelmangel eingestellt und versuchen, ihm per Folie oder Beamer abzuhelfen. Die Zuhörer können den Text während der Lesung an der Projektionswand mitverfolgen. Die Vorteile liegen auf der Hand: Jeder sieht den Text. Alle haben den gleichen Text. Jeder kann verfolgen, was gelesen wird. Allerdings muss sich auch jeder entscheiden, ob er auf den Prediger oder auf die Leinwand schaut oder beides zu gleichen Teilen versucht. Er wird irritiert, wenn der Text in einer anderen Übersetzung vorgelesen wird, als er vorne projiziert erscheint. Er hört eine langweilige Stimme, wenn der Prediger mehr auf die Leinwand als auf eine dynamische Lesung setzt. Und wenn die Schrift zu klein ist und der Techniker die Folien zu langsam oder zu schnell wechselt, geht das Ganze auch noch in einem optischen Wirrwarr unter. Nicht dass Sie mich falsch verstehen: Ich bin durchaus für „Bibel an der Wand"! Aber es muss gut gemacht sein, wenn Sie sich kein Eigentor schießen wollen. Ob wir die Gemeinde mit diesem schönen Service allerdings dazu erziehen, die Bibel wieder mitzubringen, möchte ich bezweifeln: „Weil keine Bibel, deshalb Powerpoint – weil Powerpoint, deshalb keine Bibel." Die Katze beißt sich in den Schwanz.

„Das will ich probieren!" – Übungsaufgabe

In der letzten Aufgabe haben Sie eine Predigteinleitung ausgearbeitet. (1.) Wäre es günstiger, den Text bei der Lesung voranzustellen, oder fügt er sich nach Ihrer Einleitung harmonischer ein? Begründen Sie Ihre Entscheidung. (2.) Lesen Sie Kolosser 1,21-23 laut vor. Gestalten Sie die Lesung durch unterschiedliche Akzentuierungen. Merken Sie, wie der Text lebendig wird und jedes Mal anders klingt? Wie gefällt er Ihnen am besten? Wenn Sie sich anfangs etwas merkwürdig vorkommen, macht das gar nichts. Mit der Zeit werden Sie sich wie die Prinzessin fühlen, die den nassen Frosch küsst und weckt, was in ihm steckt.

E. Die Überleitungen

Wer gerne Magazinsendungen hört oder sieht, kann professionellen Moderatoren über die Schulter sehen. Sie haben keine leichte Aufgabe, weil sie in ihrer Sendung völlig unterschiedliche Themen behandeln, die meist in keinem inneren Zusammenhang stehen. Trotzdem gelingt es ihnen, ein in sich geschlossenes und schlüssiges Programm zu servieren. Was ist ihr Geheimnis? Es sind die kleinen, unscheinbaren Zwischentexte, mit denen sie das vorausgegangene Thema zu Ende bringen und mit wohlgesetzten Worten zu einem neuen Beitrag führen. Ein geschickter Gottesdienstleiter wird das ganz ähnlich machen. Und ein erfahrener Prediger auch!

1. Die Funktion von Überleitungen

Weil Überleitungen meist nur aus wenigen Sätzen bestehen, verkennen viele ihre enorme Bedeutung für das Predigtgebäude. Sie formulieren verbindende Gedanken aus dem Stegreif oder lassen sie ganz einfach weg. Dabei merken sie nicht, welche Chancen sie sich entgehen lassen.

a. Überleitungen verbinden die Predigtelemente

Aus methodischen Gründen bereiten wir die Predigt in der Reihenfolge ihrer wesentlichen Bausteine vor: Einleitung, Motto, 1. Punkt, 2. Punkt, 3. Punkt und Schluss. Auch innerhalb dieser einzelnen Abschnitte entwickeln wir eine Abfolge von Einzelgedanken. Daraus ergibt sich die Gefahr, dass Sie diese Elemente unverbunden aneinanderreihen und in der Predigt ebenso unverbunden abarbeiten. „Soweit meine Einleitung. Jetzt zu meinem Motto." „Soweit zu diesem Vers. Jetzt einige Gedanken zum nächsten." Was das eine mit dem anderen zu tun hat, muss sich der Predigthörer selber denken. Bibeltexte, die viele Einzelaspekte aufführen, oder auch die Themenpredigt, sind besonders anfällig für solche unerwarteten Abbrüche und unverständlichen Übergänge. Überleitungen halten die Strukturelemente der Predigt wie eine große Klammer zusammen und zeigen, wie sich das eine aus dem anderen ergibt.

b. Überleitungen vermeiden einen schematischen Predigtstil

Wenn Sie ohne Übergänge von Punkt zu Punkt springen, verpassen Sie Ihrer Predigt einen steril und schematisch wirkenden Anstrich. Zack, zack, zack. Erstens. Zweitens. Drittens. Auf den Zuhörer wirkt das so, als würden Sie ihm die Brocken vor die Füße werfen. Bei einem Fachvortrag könnte man diesen zackigen Fahrstil noch akzeptieren. Aber für eine Predigt wirkt er unpassend und kalt. Mit geschmeidigen Überleitungen vermeiden Sie diesen Eindruck und sorgen dafür, dass Ihre Predigt als runde Sache und warmherzig „rüberkommt".

c. Überleitungen ermöglichen kurze Zusammenfassungen

„Wiederholung ist die Mutter der Studien." Dieser Grundsatz gilt auch für die Predigt. Leitgedanken und Kernsätze müssen wiederholt werden, damit sie sich im Kopf des Zuhörers festsetzen und nachhaltig einprägen. Übergänge eignen sich wunderbar, zentrale Aussagen zu wiederholen und mit wenigen Sätzen den Inhalt des vorausgegangenen Abschnitts zusammenzufassen. Dann führen Sie die Gemeinde zum nächsten Hauptgedanken: „Wir haben eben gehört, dass ... Jetzt müssen wir aber noch einen Schritt weiterdenken ...!"

2. Die Gestaltung von Überleitungen

Worauf Sie bei der Ausgestaltung von Überleitungen achten sollten, habe ich mit den folgenden fünf Grundsätzen zusammengefasst.

- Formulieren Sie Überleitungen für alle Nahtstellen der Predigt.
  Anhand der Predigtkrawatte haben wir uns die wesentlichen Strukturelemente einer Botschaft vergegenwärtigt: Einleitung – Motto – Hauptteil in mehreren Unterpunkten – Schluss. Sie sollten für jeden Übergang eine prägnante Überleitung ausarbeiten.

- Achten Sie auf heikle Übergänge.
  Manchmal muss man argumentativ wie durch ein Nadelöhr gehen, um ohne gedankliche Brüche genau zum nächsten Punkt zu gelangen. An diesen Stellen sollten Sie die Überleitung besonders sorgfältig ausarbeiten und die genaue Formulierung in Ihrem Konzept festhalten.

- Halten Sie Überleitungen kurz und bündig.
  Als verbindende Elemente dürfen Übergänge nicht viel Zeit in Anspruch nehmen. Einige wenige Sätze genügen: „Wir haben gehört, dass ... Aber das ist noch nicht alles, was Jesus zur Nachfolge zu sagen hat. Wir lesen im Vers 14, wie Jesus ..." Richtig nervig wird es, wenn ein Prediger die Überleitung nutzt, um seinen eben entfalteten Hauptpunkt fast in voller Länge zu wiederholen.

- Vermeiden Sie formelhafte Sprache.
  Viele Überleitungen wirken steif und unbeholfen. „Ich möchte kurz
  wiederholen und zusammenfassen ... Ich komme zu meinem zweiten
  Punkt. Man kann ihn überschreiben mit ... Ich fasse meine Predigt zusammen ..." Mit etwas Fantasie und sprachlichem Einfühlungsver-
  mögen werden Sie gewiss auch gefälligere Formulierungen finden.
  Vielleicht so: „Ist es nicht ermutigend, was Jesus uns da mit auf den
  Weg gegeben hat? Er sorgt für uns ... Aber er hat auch Erwartungen
  an uns. Tatsächlich? Welche denn? Dem wollen wir jetzt in einem
  zweiten Gedankenkreis nachgehen ..."

- Regen Sie Ihre Zuhörer mit einer Frage zum Weiterdenken an.
  Anstatt die Brücke zum nächsten Gedanken selbst zu schlagen, können Sie die Zuhörer mit einer Zwischenfrage zum eigenständigen
  Weiterdenken anregen, beispielsweise mit einem aufgegriffenen Einwand. Zu Psalm 19 könnte das etwa so lauten: „Gott offenbart sich in
  der Natur. Das haben wir gerade gesehen. Haben die Leute also doch
  recht, die sonntags lieber in des Herrgotts freier Natur spazieren gehen, anstatt auf einer harten Kirchenbank zu sitzen? Reicht der Blick
  in die Natur, um alles zu wissen, was wir über Gott wissen müssen?
  Der Psalmist sagt: Nein! Wir brauchen auch die Offenbarung Gottes
  durch sein Wort. Wie meint er das? Dazu werfen wir einen Blick auf
  die nächsten Verse des Psalms ..."

„Das will ich probieren!" – Übungsaufgabe

Besonders wichtig sind Überleitungen im Eingangsteil der Predigt. Hier
können Sie sich jetzt versuchen. Alle wichtigen Komponenten haben Sie
bereits erarbeitet: Die Einleitung steht, das Motto steht, die Gliede-
rungsüberschriften stehen und den Kollossertext werden Sie inzwischen
auswendig kennen, stimmt's? (1.) Formulieren Sie sprachlich elegante
und inhaltlich treffende Überleitungen bis zum ersten Hauptpunkt. Halten Sie Ihre Ergebnisse schriftlich fest. (2.) Wo haben Sie prägnante
Sätze gefunden? Wo beschleicht Sie das Gefühl, dass Sie noch etwas
nachbessern könnten? Dann gönnen Sie sich doch einfach eine zweite
Chance.

F. Die Anwendungen

„Predigen heißt, gesunde Theologie aufs Feuer setzen." Mit dieser griffigen Definition von Martin Lloyd-Jones habe ich in der Einleitung dieses
Buchs die Aufgabe der Verkündigung beschrieben. Das Wort Gottes zielt
auf unser Leben, es will im Alltag Gestalt gewinnen. Die Anwendungen in
der Predigt verfolgen genau dieses Ziel und sind das wichtigste Mittel, es
effektiv zu erreichen.

1. Die Aufgabe der Anwendungen in der Predigt

Manche sind der Überzeugung, dass es gar nicht nötig sei, den Predigttext
zu konkretisieren. Es genügt ihnen, die „reine Lehre" zu vermitteln. All-
tagsbezogene Anwendungen neigen ihrer Meinung nach nur dazu, das
göttliche Wort zu verwässern. Sie glauben, dass sich eine Übertragung des
Bibeltexts erübrigt, weil doch nur der Geist Gottes geistliche Einsichten
bewirken kann. Und außerdem fürchten Sie, dass eine Übertragung wahrscheinlich sowieso nur auf einen Teil der Zuhörer passt; der Verzicht auf
Anwendungen ganz allgemein scheint dann das kleinere Übel zu sein.
  Der gedankliche Fehler dieser Anwendungsabstinenz liegt darin, dass
sie mit falschen Alternativen hantiert. Lehre und Leben, Gottes Wirken
und unser Einsatz, alle ansprechen oder keinen – diese Begriffspaare
ergänzen sich und stehen nicht im Widerspruch. Wir müssen das eine tun
und dürfen das andere nicht lassen. Wer auf Anwendungen verzichtet,
zahlt einen hohen Preis. Die Predigt erhält den Charakter einer Bibelkunde oder Glaubenslehre und neigt zu akuter Praxisferne. Dieser
Schaden lässt sich auch durch gut gemeinte Redewendungen nicht be-
heben: „Liebe Gemeinde, jeder sollte den Predigttext zu Hause noch einmal in aller Ruhe auf sich wirken lassen. Der Herr wird dir zeigen, was er
dir ganz persönlich sagen möchte." „Jeder muss sich an dieser Stelle
selbst überlegen, was das konkret für ihn bedeutet." Solche Sätze können
Sie sich sparen, weil sie an der Realität vorbeigehen. Wer arbeitet schon
zu Hause eine Predigt nach? Diejenigen, die es tun, hätten es wahrscheinlich nicht nötig, weil sie sowieso schon motiviert zugehört und intensiv
nachgedacht haben. Den meisten gelingt es nicht, einen Bibeltext zielsicher in ihre Lebenswirklichkeit zu übertragen. Anwendungen dürfen Sie
deshalb nicht in falscher Demut an den Geist Gottes abtreten wollen.
  Als Nathan im Auftrag Gottes zu David kam, um ihn auf seine Sünde
anzusprechen, erzählte er ein kurzes Gleichnis von einem reichen Mann,

der das einzige Schaf seines armen Nachbarn stahl und zu einem Fest-
essen verarbeitete.[124] Nathan hätte David auffordern können, über die
Bedeutung dieser Geschichte selbst nachzudenken. Vermutlich hätte der
eifrige König den Schluss gezogen, die Polizei personell zu verstärken
und solche Halunken härter zu bestrafen. Aber Nathan nahm David die
Denkarbeit ab. Er setzte „gesunde Theologie aufs Feuer" und fügte die
Anwendung der Geschichte gleich hinzu: „Du bist der Mann!" Jetzt
konnte sich David dem Anspruch Gottes nicht mehr entziehen. Das allgemeine Gebot, nicht zu stehlen, spitzte Nathan im Auftrag Gottes auf den
Ehebruch Davids zu. Darum geht es: Sie müssen geistliche Grundsätze
und Wahrheiten auf das Leben Ihrer Zuhörer hin zuspitzen. Die müssen
merken, dass ihr Leben in der Predigt verhandelt wird. Dazu gehören auch
praktische Hilfestellungen, damit die Weisungen der Heiligen Schrift im
Alltagsleben Gestalt gewinnen können.

Anwendungen verfolgen also ein mehrfaches Ziel: Sie verbinden Lehre
und Leben, was von der Heiligen Schrift her sowieso untrennbar miteinander verbunden ist. Sie ziehen den Predigthörer in das Textgeschehen
hinein. Und sie geben praktische Hilfestellungen für den Glaubensvollzug
im Alltag.

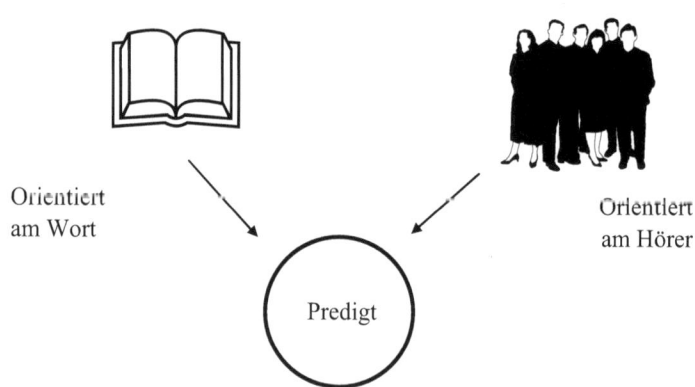

Orientiert
am Wort

Orientiert
am Hörer

Predigt

Anwendungen orientieren sich am Wort und am Hörer gleichermaßen.

---

[124]   2. Samuel 12,1-15

2. Voraussetzungen für hilfreiche Anwendungen

Dass Anwendungen die Herzen der Zuhörer erreichen, hängt von vielen Faktoren ab. Unter anderem von der Persönlichkeit des Verkündigers, von seinem Alter und seiner Lebenserfahrung und vor allem von seiner geistlichen Reife und der Intensität seiner Gottesbeziehung. Deshalb möchte ich Sie auf einige wichtige innere Zusammenhänge aufmerksam machen, bevor ich Ihnen die konkreten methodischen Schritte zeige.

a. Selbst in der Nähe Gottes leben

„Du kannst andere Menschen nicht weiter führen, als du selber bist." Das ist eine alte Wahrheit, die sich immer wieder auf der Kanzel bestätigt. Der Lebenshorizont eines älteren und im Glauben erfahreneren Menschen wird sich auch in der Art und Qualität der Anwendungen widerspiegeln, die er in seine Verkündigung einbringt. Die Predigtvorbereitung beginnt deshalb nicht mit der Textsuche, sondern mit dem im Alltag gelebten Glauben und der bewusst gepflegten Jesusbeziehung. Wer wenig mit dem Wort Gottes umgeht, Gebet vernachlässigt, sein Tagesgeschäft ohne inneren Bezug zu seinen Glaubensüberzeugungen ablebt, sich kaum mit geistlichen Themen beschäftigt oder anregende Impulse aufnimmt und verarbeitet, wird auf der Kanzel wenig Substanzielles zu sagen haben. Er muss ausweichen auf Allgemeinplätze, oberflächliche und plattitüdenhafte Phrasen und rhetorische Effekthaschereien. Geistliche Reife und eine lebendige Gottesbeziehung kann man nicht am Samstag der Predigtvorbereitung im Schnellkurs nachholen. Sie sind ein Scheck, der unter der Woche eingelöst werden muss und unseren ganzen Lebensvollzug betrifft. Wer von Christus bewegt lebt, kann auch auf der Kanzel bewegt predigen. Geistliche Reife ist aber nicht notwendig vom Alter abhängig. Ludwig Hofacker starb bereits mit 30 Jahren. Er war einer der Väter der württembergischen Erweckungsbewegung im frühen 19. Jahrhundert. Tausende hingen an den Lippen eines Mannes, der offensichtlich in der Nähe Gottes lebte und überzeugend von der Liebe des gekreuzigten Heilands sprach.

b. Die menschliche Natur gut kennen

Viele Prediger verfehlen deshalb die Herzen ihrer Zuhörer, weil sie nicht real existierende Sünder ansprechen, sondern erhoffte und ersehnte Idealchristen, die es in Wirklichkeit nicht gibt. Sie verkennen die umkämpfte Lebenswirklichkeit eines Christen oder einer ganzen Gemeinde und halten es mit der Formulierung von Christian Morgenstern: „Weil, so schließt er messerscharf, nicht sein kann, was nicht sein darf." Charakterschwächen, Unarten, dunkle Seiten, Abgründe, Scheitern, Enttäuschungen – alles das kennzeichnet auch das Leben von „uns Frommen". Wären wir anders, hätten sich die Apostel in ihren Briefen manche Zeile sparen können. Natürlich ist es leichter, sich selbst und der Gemeinde etwas vorzumachen. Aber je wirklichkeitsnäher Sie predigen, desto hilfreicher wird Ihre Verkündigung sein. Anwendungen, die zu Herzen gehen, erwachsen aus einem ehrlichen Umgang mit sich selbst, einer liebevollen und gleichzeitig realistischen Einschätzung Ihrer Zuhörer und einer guten Portion Mut, nicht um den heißen Brei herumzureden, sondern den Stier bei den Hörnern zu packen. Gerade das macht Evangelium aus: Wir dürfen zu unserer Sündhaftigkeit stehen, weil wir die Gnade Gottes kennen.

c. Breit informiert und interessiert sein

Weil Anwendungen mitten in das real existierende Leben hineintreffen sollen, muss der Prediger am prallen Leben Anteil nehmen. Er muss sich für seine Umwelt interessieren und sich informieren. Das gilt nicht nur für die „fromme Welt", sondern auch für Fragen von Politik, Gesellschaft, Kultur, Kunst und Wissenschaft. Nachrichten hören, Zeitung lesen, mit Schülern über die Penne reden, einen Handwerker nach der Geschäftslage fragen, Moden und Trends verstehen, allgemeine und Fachliteratur lesen, sich weiterbilden – kurz: aufgeschlossen und weltzugewandt leben und denken. Je besser es Ihnen gelingt, aus einem frommen Elfenbeinturm herauszukommen und die Lebenswirklichkeit Ihrer christlichen und nicht christlichen Zuhörer zu verstehen, desto leichter wird es Ihnen fallen, Anwendungen mit Alltagsbezug zu finden. Wer erweckt predigen will, muss aufgeweckt leben.

3. Grundsätze für wirkungsvolle Anwendungen

a. Die Anwendungen aus dem Predigttext erwachsen lassen

Es gibt viele wichtige Wahrheiten in der Bibel und ebenso viele hilfreiche Anwendungen. Weil sich die Auslegungspredigt aber mit einem konkreten Text beschäftigt, müssen Sie die Anwendungen auch aus diesem konkreten Predigttext herausarbeiten. Die Gemeinde soll verstehen, wie biblische Lehre und praktisches Leben zusammengehören. Christliche Ethik hängt nicht in der Luft, sondern gründet auf der biblischen Wahrheit. Wenn es Ihnen nicht gelingt, diesen Zusammenhang einsichtig zu machen, wird bei vielen der Eindruck entstehen, dass es für die geforderten Verhaltensweisen keine ausreichenden biblischen Begründungen gibt. Sie werden als Moralapostel missverstanden, der den Hörern seine persönlichen Wertmaßstäbe aufdrücken möchte. Leiten Sie deshalb Anwendungen aus dem konkreten Text ab. Wenn Sie ein anderes Anliegen haben, sollten Sie einen anderen und dieses Mal wirklich treffenden Text wählen.

b. Anwendungen in den Kontext der Christusbeziehung stellen

„Woran erkennt man einen Christen?" Auf diese Frage werden die meisten mit dem Hinweis auf ethische Verhaltensregeln antworten. Ein Christ geht regelmäßig zur Kirche, stiehlt und lügt nicht, ist treu, setzt sich für andere ein und übt Nächstenliebe. Alles richtig, aber dennoch ist diese Antwort im Kern falsch. Der Kern unseres Glaubens ist nicht unsere Tat, sondern die von Gott geschenkte Beziehung zu ihm. Israel wurde nicht deshalb erwählt, weil es die Zehn Gebote hielt. Sondern weil Gott Israel erwählte und eine Bundesbeziehung mit diesem Volk einging, hält es jetzt die Zehn Gebote als Ausdruck der Wertschätzung dieser von Gott gestifteten Bundesbeziehung.

Weil viele Predigtanwendungen auf ethische Verhaltensweisen abzielen, stehen sie in der Gefahr, zum toten Moralismus zu verkommen. Sie fordern ohne Einfühlsamkeit, sie überfordern durch Maximalerwartungen und sie neigen zur Prinzipienreiterei. Das Gebot ist plötzlich um seiner selbst willen wichtig, nicht um seines Gebers und seiner Zielsetzung willen. Es ist völlig verständlich, wenn sich die Gemeinde wegen dieses „essigsauren Moralins" unter Druck gesetzt fühlt und sich instinktiv wehrt. „Ein echter Christ geht sonntags in den Gottesdienst. Schon im Hebräerbrief steht, dass wir unsere Versammlungen nicht versäumen sollen. Mit einer kleinen Ausnahme fängt es an; dann wird es zur Gewohnheit und schließlich zum Dauerzustand. Bleibe deshalb dem Herrn ganz treu und komme regelmäßig zum Gottesdienst. Wenn du das tust, bist du Gott gehorsam." Wer so redet, hat doch eigentlich alles irgendwie richtig gesagt, oder? Irgendwie schon, aber er hat die Anwendung aus dem Kontext unserer Christusbeziehung herausgelöst. Wir besuchen den Gottesdienst nicht nur, weil ein Christ das eben tun muss, um ein anständiger Christ zu sein. Der Kern des Gottesdienstbesuchs ist Beziehungspflege mit dem dreieinigen Gott und mit den Glaubensgeschwistern. Das bringt uns geist-

lich nach vorne und hält unsere Gottesbeziehung gesund. Dieses Kernan-
liegen müsste der Prediger plausibel und verständlich machen, wenn er
mehr predigen möchte als christlich verbrämten Moralismus. Glaube ist
Beziehung und kein Gebot um des Gebotes willen.

c. Biblische Gebote und geistliche Prinzipien herausarbeiten

Viele Bibeltexte enthalten Gebote oder Anweisungen. Das Gebot „Du
sollst nicht stehlen" ist klar und verständlich, der Schritt zur Anwendung
ist leicht nachvollziehbar. Viele biblische Aussagen enthalten aber gar
keine Anwendungen, die sich unmittelbar umsetzen ließen. Erzählende
Texte beschreiben lediglich, was damals war; aber sie schreiben nicht vor,
was wir heute tun sollen. Genauso verhält es sich mit vielen fundamentalen Glaubenswahrheiten. Die Lehre von der Dreieinigkeit prägt ganz wesentlich unser Verständnis von Gott, aber in Form von direkten Taten lässt
sie sich nicht anwenden.

Viele Bibeltexte enthalten zwar keine unmittelbaren Gebote und Anweisungen, es lassen sich aber trotzdem wichtige Glaubenswahrheiten und
Verhaltensgrundsätze aus ihnen ableiten. Paulus stellt beispielsweise fest,
dass unser Leib ein Tempel des Heiligen Geistes ist.[125] Damit möchte er
den Korinthern zeigen, dass sie ihren Körper nicht der Unzucht preis-
geben und weiterhin die Dienste der Prostituierten im Tempel in Anspruch
nehmen können. Diese von Paulus gezogene Konsequenz ist aber nur eine
von vielen möglichen Anwendungen, die man aus dieser fundamentalen
Wahrheit ziehen kann. Ganz grundsätzlich und prinzipiell würdigt Gott
unsere Leiblichkeit als Wohnort seines Geistes. Daraus ergibt sich eine
weitreichende Verantwortung für die Bewertung unserer Geschöpflichkeit
und den Umgang mit unserem Körper und unserer Gesundheit. Wir könnten deshalb auch schlussfolgern, dass wir uns körperlich fit und gesund
erhalten sollten. Davon spricht Paulus zwar nicht im Kontext des Korin-
therbriefs; dort wendet er das Prinzip auf die spezielle korinthische Problematik an. Aber aus seinem Grundsatz lassen sich völlig legitim eine
ganze Reihe weiterer Anwendungen ableiten.

Viele Lehraussagen der Schrift enthalten solche geistlichen Prinzipien,
die wir herausarbeiten und in praktischen Anwendungen für die Gemeinde
fruchtbar machen müssen. Ich glaube, dass manche Verkündiger unter
anderem deshalb so wenige Lebensbezüge in ihrer Predigt entwickeln,

---

[125] 1. Korinther 6,19

weil sie nur auf direkte Gebote und Anweisungen achten und die Tragweite biblischer Lehren nicht richtig einschätzen. Sie sollten deshalb immer fragen, welcher geistliche Grundsatz sich aus einem Bibelwort ableiten lässt, wie dieser durch andere Texte abgesichert werden kann und wie er unsere Denk- und Handlungsweisen beeinflusst.

d. Anwendungen theologisch sauber entwickeln

„Ein Mann darf mehrere Frauen haben. Das steht so in der Bibel. Das habe ich selbst gelesen. Stimmt doch, oder?" Ich konnte meinem Fragesteller nur recht geben. Es gibt Stellen in der Bibel, die Vielehe ausdrücklich tolerieren, und es gibt zahlreiche Beispiele von Gottesmännern, die mit mehreren Frauen verheiratet waren.[126] Die Frage lautet aber nicht: „Steht es in der Bibel?" Sie muss lauten: „Wo steht es in der Bibel?" Die Heilige Schrift ist keine Textsammlung, in der alle Aussagen gleichsam auf derselben Ebene abgelegt sind. Gott handelt im Vollzug der Geschichte. Er handelt zu unterschiedlichen Zeiten mit unterschiedlichen Menschen auf unterschiedliche Art und Weise. Die Bibel kennt deshalb Entwicklungen und Veränderungen, sodass wir biblische Texte immer in ihrem heilsgeschichtlichen Kontext auslegen und anwenden müssen.[127] So hat Gott die Ehe als exklusive Gemeinschaft von Mann und Frau geschaffen.[128] Jesus Christus hat seine Jünger wieder auf das verpflichtet, was Gott ursprünglich wollte. Er erklärt, dass die Vielehe im alten Israel nur um der „Herzenshärtigkeit" der Menschen willen von Gott zugelassen, aber nicht gewollt war.[129] Als Christen leben wir in den Ordnungen Jesu. Die Kraft seines Heils macht es möglich, Ehe so zu leben, wie Gott sie sich von Anfang vorgestellt hat. Wer also über einen alttestamentlichen Text predigt, der in irgendeiner Form Polygamie enthält, kann nur dann eine saubere Anwendung für seine heutigen Zuhörer entwickeln, wenn er diesen Text heilsgeschichtlich stimmig auslegt.

Was für diese leicht einsichtige Thematik der Ehe gilt, trifft auf viele deutlich noch komplexere Fragen und Texte zu. Darf ich eine eindeutig Israel gegebene Verheißung auch auf die neutestamentliche Gemeinde übertragen? Darf ich eine Verheißung an Israel auf ein glaubendes Einzel-

---

[126] Vgl. 5. Mose 21,15-17; 3. Mose 18,18 und Männer wie Abraham, David und Salomo.
[127] Vgl. dazu die Ausführungen auf S. 56 („Der historische Hintergrund").
[128] 1. Mose 1,27
[129] Matthäus 19,3-9

Individuum im neuen Bund übertragen? Inwiefern gelten die alttestament-lichen Gesetze auch für uns heute? Darf ein Christ Schweinefleisch essen? Und, und, und. Anwendungen müssen also immer theologisch sauber entwickelt und heilsgeschichtlich abgesichert sein. Wenn Sie unsicher sind, sollten Sie unbedingt einen guten Kommentar zurate ziehen und sehen, welche vertretbare Anwendung er vorschlägt.

e. Texte problematisieren

„Wer mir nachfolgen will, verleugne sich selbst und nehme sein Kreuz auf sich und folge mir nach." Dieses Jesuswort, das wir in Mt 16,24 finden, ist ein Text, der es in sich hat. Er ist gegen den Strich gebürstet; er reizt zum Widerspruch; er beißt; er geht ans Eingemachte und greift in unsere Exis-tenz. Wer darüber predigt, hat Gewaltiges zu sagen – sollte man meinen. Aber dann folgt eine Predigt, die diesen Löwentext zu einer niedlichen Schmusekatze zusammenschrumpfen lässt: „Sein Kreuz auf sich nehmen – das ist auch, wenn du morgens müde bist und trotzdem Stille Zeit machst. Oder du hast einen frommen Aufkleber auf deinem Auto und dein Ar-beitskollege belächelt dich deswegen. Vielleicht bist du abends erschöpft, wenn du von der Arbeit kommst, aber du gehst trotzdem noch in den Hauskreis. Das alles meint Jesus, wenn er sagt, dass wir unser Kreuz auf uns nehmen sollen." Solche Anwendungen sind an Banalität und Seicht-heit nur schwer zu überbieten. Ist es fehlende Lebenserfahrung oder Naivität oder Denkfaulheit oder eine Mischung aus allem?

Anwendungen, die inhaltliches Gewicht haben, entstehen, wenn wir Texte problematisieren. Damit kritisieren wir sie nicht und wir erklären sie auch nicht zu einem Problem. Aber wir gehen davon aus, dass sie sich nicht leicht und unkompliziert in unsere Lebenswirklichkeit übertragen lassen. „Liebe deinen Nächsten wie dich selbst. Alles klar. Dann machen wir das doch ab heute einfach so. Hat noch jemand Fragen?" Wer proble-matisiert, lotet die Tragweite eines Textes in unserem tatsächlichen und komplexen Alltag aus. Er entdeckt die Abgründe in sich selbst. Er fragt nach seiner Motivation, nach seinen Möglichkeiten, nach Erfolgserleb-nissen und Frustration, nach Versuch und Irrtum, nach Aspekten, die in die Tiefe gehen: „Wollen wir Jesus tatsächlich nachfolgen? Wollen wir immer nachfolgen und ihm um jeden Preis nachfolgen? Wer verleugnet sich schon gerne selbst? Tut das nicht weh? Weichen wir nicht immer wieder aus? Haben wir nicht ein Recht auf Glück? Will Jesus uns nicht zu Freude und Erfüllung führen? Einen frommen Aufkleber auf dem Auto leiste ich mir locker; aber ob mich Gott als Missionar in ein radikalislamisches Land schicken könnte? Mir könnte ja was passieren!" Wer keine Fragen hat, hat keine Antworten. Wer Probleme nicht erkennt, kann keine Lösungen anbieten. Wer keine Lösungen hat, bleibt oberflächlich und platt. Sie müssen predigen, was zählt.

f. Gebote und Anwendungsvorschläge unterscheiden

Wenn Sie biblische Aussagen auf Ihre Hörer anwenden, müssen Sie sich einer Gefahr bewusst sein: Das Wort Gottes ist unfehlbar und wahr; Ihre Anwendungen sind es nicht. Nehmen wir unser Beispiel von oben: Aus dem von Paulus entwickelten Gedanken, dass unser Leib ein Tempel des Heiligen Geistes ist, kann man sicherlich einen verantwortlichen Umgang mit seiner Gesundheit ableiten. Aber ich kann daraus nicht schlussfolgern, dass ein Christ aktiv Sport treiben muss, nur weil ich selbst das für wichtig halte. Was gesund ist und was nicht, was der eine körperlich verkraftet und der andere nicht, das sind sehr subjektive Werte. Ich darf sie nicht in den Rang absoluter Wahrheit erheben. Gottes Wort beansprucht göttliche Autorität und Unfehlbarkeit, unser Lebensstil und unsere persönlichen Wertstellungen dürfen das nicht. Eine Anwendung muss deshalb exegetisch und im Kontext der gesamtbiblischen Lehre verantwortbar sein. Andernfalls machen wir uns an der Schrift und an der Gemeinde schuldig. Unterscheiden Sie daher zwischen biblischen Geboten, daraus verbindlich ableitbaren Prinzipien und subjektiven Deutungsmöglichkeiten dieser Grundsätze. Wo Sie das versäumen, werden Sie den Hörern nicht den Willen Gottes, sondern Ihren eigenen Lebensstil auferlegen.

g. Sich am Hörer und seinen Bedürfnissen orientieren

Es gibt viele gute Anwendungsmöglichkeiten zu einem Bibeltext, aber nicht alle passen zum konkreten Anlass. Die Hörer und das Umfeld, in dem sie sich befinden, bestimmen den Charakter der Anwendungen. Als Verkündiger erliegt man leicht der Versuchung, von sich aus zu denken und den Leuten Fragen und Haltungen zu unterstellen, die sie nicht haben. Die Übertragungen können in sich richtig und hilfreich sein, sie gehen aber am Ziel vorbei, weil sie nicht auf die tatsächliche Zuhörerschaft abgestimmt sind. Das war der Grund, warum wir in der Meditation ausführlich über den Hörer und seine Situation nachgedacht haben. Jetzt werden die dort gemachten Überlegungen noch einmal wichtig. Dass unser Leib ein Tempel des Heiligen Geistes ist, stimmt immer. Aber die Anwendungen, die wir daraus zu ziehen haben, sehen für eine Studentengruppe an der Uni gewiss anders aus als für die Bewohner eines christlichen Altenheims. Deshalb müssen Sie die Hörer und ihre Bedürfnisse kennen und die Anwendungen auf sie hin formulieren.

Sie können Ihre Zuhörer schnell über- oder unterfordern. Wenn eine gestandene Gemeinde immer wieder in die Grundlagen des christlichen Glaubens eingeführt wird und die Verkündigung über diese Anfangsgründe nicht hinauskommt, wird sie frustriert. Die Erwartungen werden immer geringer. Wenn Sie die Zuhörer überfordern, erreichen Sie das Gleiche nur von der anderen Seite her. Jede geplante Anwendung müssen Sie deshalb daraufhin überprüfen, ob sie die richtige Ebene des geistlichen Wachstumsstands trifft. Fragen Sie:

- Wer genau sind meine Zuhörer?
- In welchen Lebensverhältnissen stehen sie?
- Wo stehen sie geistlich?
- Was brauchen sie anhand des Textes vermutlich am meisten?
- Über- oder unterfordern die Anwendungen meine Zuhörer?
- Denke ich von mir her oder von der Gemeinde?

h. Konkret werden und eindeutig sein

„Lieber himmlischer Vater, wir wollen heute ganz konkret für alle Missionare auf der weiten Welt bitten. Segne du sie! Amen." Auch wenn es ernsthaft und aufrichtig gesprochen wird, ist dieses Gebet ein Musterbeispiel für ein außerordentlich unkonkretes und verallgemeinerndes Gebet. Es sagt alles und damit eigentlich nichts. Auf derselben Ebene befinden sich leider viele Predigtanwendungen. „Liebe Gemeinde, wir wissen ja alle, was das für uns bedeutet!" Wissen wir das wirklich und wissen das wirklich alle? „Liebe Gemeinde, wir sollten den Herrn an die oberste Stelle in unserem Leben setzen." „Das klingt gut", denkt sich einer. „Ich weiß zwar nicht genau, was das konkret bedeutet und wie es geht. Aber ich bin sicher, dass ich das schon immer wollte." Die Gefahr, Anwendungen als Worthülsen und nichtssagende Allgemeinplätze zu formulieren, lauert stetig vor der Tür. Damit werden Sie aber weder dem Anliegen des Wortes Gottes gerecht noch helfen Sie dem Predigthörer.

Anwendungen müssen konkret und eindeutig sein. In einer normalen Gottesdienstsituation haben wir nun aber ein praktisches Problem: Zur Gemeinde gehören viele unterschiedliche Personen. Menschen aller Altersstufen, Zivilstände, Berufe und Persönlichkeitsstrukturen sitzen unter ein und derselben Predigt. Wenn Sie jetzt eine ganz spezielle Anwendung bringen, passt sie entweder auf den einen oder aber auf den anderen, auf keinen Fall aber auf alle. Sie könnten dieses Problem durch eine möglichst allgemein gehaltene Formulierung umgehen: „Du sollst nicht stehlen! Nun liebe Gemeinde, wir sollen das Eigentum des anderen immer und überall respektieren. Amen." Der gedankliche Ansatz, sich möglichst allgemein zu halten, ist aber nur scheinbar richtig. Natürlich kann man in einer Predigt das Verbot des Stehlens nicht auf alle Einzelsituationen hin konkretisieren. Aber schon ein einziges Beispiel regt die Predigthörer zu Analogieschlüssen an. Und das ist entscheidend! Wer in einer frommen Gemeinde stiehlt denn schon!? Wenn Sie aber allen Büromenschen im Gottesdienst zeigen, dass die private Nutzung von Briefmarken aus dem Betriebsbestand ebenfalls eine Form von Diebstahl ist, kommen Sie damit allen näher. Mit dieser Konkretion lösen Sie bei den anderen Zuhörern Analogieschlüsse aus: „Wenn es Diebstahl ist, sich seine Briefmarke aus dem Betriebseigentum zu beschaffen, ist es für mich als Mechaniker Diebstahl, wenn ich mir meinen Heimbedarf an Metallbohrern aus der Werkstatt mitnehme. Dann ..." Ohne ein Beispiel würden alle fröhlich in dem Bewusstsein nach Hause gegangen sein, dass Stehlen wirklich schlecht ist, dass sie sich selbst aber in dieser Richtung nichts vorzuwerfen haben. Machen Sie also an einem anschaulichen Beispiel fest, auf was das Bibelwort hinausmöchte. Schaffen Sie Gelegenheiten, dass die Hörer durch Analogieschlüsse ihre eigene Lebenswirklichkeit mit der Bibel in Beziehung setzen.

i. Fragenkataloge vermeiden

Eine häufig gepflegte Predigtunart ist es, Anwendungen vorwiegend als Infragestellungen zu formulieren. Wie Heuschrecken fallen ganze Schwärme von Anfragen auf die Zuhörer her: „Sind wir wirklich bereit, uns Gott ganz hinzugeben? Sind wir nicht oft viel zu sehr mit uns beschäftigt? Wollen wir nicht lieber, dass Gott sich uns hingibt als umgekehrt? Wenn wir uns dann aber Gott doch zur Verfügung stellen, tun wir das dann von reinem und ganzem Herzen? Und könnten wir uns nicht alle noch viel mehr und tiefer dem Herrn zur Verfügung stellen? Darüber sollte jeder von uns ernsthaft nachdenken!"

Natürlich ist es legitim, Fragen zu stellen und die Zuhörer damit zum Nachdenken anzuregen oder aus falscher Sicherheit herauszuholen. Es dürfen auch einmal mehrere hintereinander sein. Häufig aber wirken solche Fragenkataloge verunsichernd und destruktiv. Sie sind suggestiv und unterstellen dem Zuhörer, dass er unwillig ist oder gar ein ewiger Versager sei. Das Totschlagargument „Könnten wir nicht alle noch mehr …?" ist immer richtig und bewirkt immer den gleichen Frust und dasselbe Gefühl der endlosen Überforderung durch einen unerbittlichen himmlischen Übervater, der mit nichts, aber auch mit gar nichts zufrieden ist. Fragen sind schnell gestellt; Hilfestellungen zur positiven Veränderung müssen mühsam erarbeitet werden. Deshalb glaube ich, dass viele Verkündiger zu Fragelitaneien neigen, weil es einfach weniger Arbeit macht. „Hier schnell ein paar Fragen. Jetzt seht zu, wie ihr damit zurechtkommt." Wer andere durch Fragen in eine Grube schubst, sollte sich auch Gedanken darüber machen, wie er sie dort wieder herausbekommt.

j. Wege zur Umsetzung zeigen

Gute Anwendungen zeichnen sich dadurch aus, dass sie ermutigen und gangbare Einzelschritte aufzeigen, mit denen man das Ziel erreichen kann. Es ist beispielsweise wichtig, zum Gebet zu motivieren. Am Ende vieler Botschaften zu diesem Thema steht dann ein Appell: „Liebe Geschwister, lasst uns ab heute damit beginnen, mehr zu beten und mehr vom Herrn zu erwarten." Manchen wird das weiterhelfen. Viele haben diesen Aufruf aber schon zum x-ten Mal gehört. Sie haben auch eine Reihe von Versuchen hinter sich, ihr Gebetsleben zu beleben. Aber es hat aus irgendwelchen Gründen nicht geklappt. Sie gehen nun frustriert und mit einem schlechten Gewissen aus dem Gottesdienst, weil sie zwar erneut gehört haben, *was* sie tun sollen, aber nicht wissen, *wie* sie es tun sollen. Wenn es nicht beim allgemeinen Aufruf zum Gebet geblieben wäre, sondern wenn sie nachvollziehbare Schritte zu einem erfüllten Gebetsleben mit auf den Weg bekommen hätten, wären sie wirklich weitergekommen. „Vielen ist es eine Hilfe geworden, sich eine feste Zeit am Tag für das Gebet zu reservieren … Haben Sie es schon einmal mit einem Gebetstagebuch probiert? Halten Sie Gebetserhörung schriftlich fest, und vergessen Sie nicht, dafür zu danken …" Viele in der Gemeinde lechzen geradezu nach solchen praktischen Hilfestellungen. Die allgemeinen Aufrufe zu allgemeinen Zielen, die man im Allgemeinen doch nicht erreicht, ermüden und frustrieren. Stecken Sie der Gemeinde aus dem Bibeltext Ziele, aber zeigen Sie ihr anhand von Beispielen auch gangbare Wege, wie man diese Ziele erreichen kann.

k. Die richtige Anwendungsebene finden

Weil sehr unterschiedliche Zuhörer unter der Predigt sitzen, müssen Sie auch die richtige Ebene finden, auf der Sie eine Anwendung bringen wollen. Solche Ebenen sind beispielsweise:

- Ehe, Familie, Sexualität
- Freundschaft und Beziehungen
- Beruf und Schule
- Besitz und Finanzen
- Staat und Gesellschaft
- Gemeindeleben

Für das Gebot „Du sollst nicht lügen" können Sie auf jeder der oben genannten Ebenen Beispiele entwickeln. Sie können die Wahrhaftigkeit in der Ehe ansprechen oder die Ehrlichkeit im Beruf; die berühmte ehrliche Steuererklärung findet hier ihren Platz oder negative Reden hinter dem Rücken anderer Gemeindeglieder. Jedes Mal geht es um das gleiche Gebot; aber jedes Mal wird es auf einer anderen Ebene konkretisiert. Sie müssen sich nun überlegen, wo sich die meisten Ihrer Zuhörer befinden und wo es vermutlich die größten Probleme gibt. Es macht am meisten Sinn, die Anwendung gerade dort anzusiedeln. Wenn Sie allerdings häufig vor derselben Gemeinde predigen, sollten Sie nicht immer Beispiele aus demselben Umfeld wählen. Sprechen Sie ganz unterschiedliche Lebensbereiche an.

l. Anwendung und Lehre in ein ausgewogenes Verhältnis setzen

Jeder Verkündiger setzt seine besonderen Akzente. Der eine betont stärker die biblische Lehre, der andere ist eher an der Glaubenspraxis interessiert. Dagegen ist grundsätzlich nichts einzuwenden. Aber die Ausgewogenheit zwischen Lehre und Anwendung darf trotzdem nicht aus dem Lot geraten. Die Anwendung erwächst aus der Lehre und die Lehre drängt zur Anwendung. Wer bei der Lehre stecken bleibt, führt die Gemeinde nicht ins Leben hinein. Wer sofort zur Anwendung übergeht, kann die Begründung zu einem veränderten Leben nicht einsichtig machen. Ich gehe mein fertiges Predigtkonzept deshalb noch einmal unter der Fragestellung durch, ob Lehre und Anwendung darin in einem ausgewogenen Verhältnis berücksichtigt sind.

m. Anwendungen im Predigtverlauf richtig verteilen

Manche Prediger gliedern ihre Botschaft in zwei Hauptabschnitte. Im ersten Teil bringen sie die Auslegung des Bibeltextes; im zweiten folgt dann die Anwendung. Anwendung und Auslegung werden auf diese Weise säuberlich getrennt. Diese Vorgehensweise hat eine Reihe von erheblichen Nachteilen. Zum einen wird der Auslegungsteil meist zu einer exegetischen Durststrecke für den Hörer. Er muss lange warten, bis endlich die Verbindung zu seinem Leben hergestellt wird. Und wenn es dann nach vielen Minuten so weit ist, hat seine Konzentrationsfähigkeit schon langsam nachgelassen. Zum anderen werden die biblischen Aussagen und deren Anwendungen zeitlich so weit auseinandergerissen, dass der Zuhörer kaum noch eine innere Verbindung herstellen kann. Falls der Prediger dieses Problem erkennt, wird er im Anwendungsteil immer wieder auf den Auslegungsteil zurückkommen müssen. Durch diese zeitaufwendigen Rückgriffe wird die Predigt wiederum unnötig lang.

Es gibt natürlich auch Ausnahmen. Eine kurze Andacht von wenigen Minuten könnte gut in einen Auslegungs- und einen Anwendungsteil aufgegliedert werden. Auch bei der Auslegung von Gleichnissen, die aus einer Bildhälfte und einer Sachhälfte bestehen, könnten Sie zunächst das Gleichnis beschreiben und in einem zweiten Teil die Übertragung geben. Normalerweise aber folgen Lehre und Anwendung unmittelbar aufeinander. Daraus ergibt sich ein stetiger Wechsel von Exegese, Anwendung und Veranschaulichung. Wenn wir diese drei Begriffe mit ihren Anfangsbuchstaben abkürzen und die Reihenfolge von Anwendung und Veranschaulichung umkehren, ergibt sich das sogenannte „EVA-Prinzip".

n. Vom Ich zum Wir zu Gott

Anwendungen sollen die Zuhörer unmittelbar ansprechen und herausfordern. Wir rücken ihnen damit „auf den Pelz". Damit wir aber keinem „auf den Geist gehen", müssen wir überlegen, wie wir unser Anliegen annehmbar und akzeptabel an den Mann bzw. die Frau bringen. Dabei geht es mir in dieser Stelle nicht so sehr um sprachliche Überlegungen. Reden wir im „Sie" oder im „Du"; sprechen wir im imperativischen „Du sollst" oder im unverbindlicheren „Man könnte". Darauf werden wir im nächsten Kapitel dieses Buchs zu sprechen kommen. Es geht um eine Art der Argumentation, mit der Sie Ihre Zuhörer in einer annehmbaren Art und Weise auf eine Reise mitnehmen. Diese Reise geht vom Ich zum Wir zu Gott und wieder zurück zum Wir und schließlich zum Ich.

- Erste Etappe: Die zeugnishafte Ich-Analyse
  „So geht es mir. Als ich gelesen habe, dass ich mein Kreuz auf mich nehmen soll, habe ich mich zunächst gewehrt. Ich will das nicht …"

- Zweite Etappe: Die einbeziehende Wir-Analyse
  „Vielleicht empfinden Sie das ganz ähnlich. Wir vermeiden Leiden und wollen uns von Gott lieber mit Schönem beschenken lassen."

- Dritte Etappe: Die Konfrontation
  „Jesus erwartet aber von uns, dass wir unser Kreuz auf uns nehmen sollen. Nachfolge ist nicht billig zu haben …"

- Vierte Etappe: Die einbeziehende Wir-Perspektive
  „Wenn wir uns auf Jesu einlassen, hilft er uns auch. Es ist wunderbar, zu Jesus zu gehören; er gibt uns Ewigkeitsperspektive …"

- Fünfte Etappe: Die zeugnishafte Ich-Perspektive
  „Ich habe für mich noch einmal ganz neu festgemacht: Ich will Jesus nachfolgen, auch wenn es ohne das Kreuz nicht geht …"

Die hier beschriebene Art der Argumentation erfordert keine Predigtgliederung in fünf Punkten. Die Predigtstruktur ergibt sich aus dem Textaufbau. Aber innerhalb der Predigt geht es immer wieder darum, die Leute zu gewinnen. Wenn wir zeugnishaft beginnen, zeugnishaft enden, den Hörer mit einbeziehen und gemeinsam mit ihm vor Gott treten, kann dies annehmbar und ermutigend und trotzdem klar und unmissverständlich gelingen. Probieren Sie es einfach einmal aus.

o. Eine kleine Frageliste

Schon mehrfach hatte ich erwähnt, wie wichtig es ist, Fragen zu stellen. Zum Abschluss noch eine Fragenliste, mit der Sie sich ebenfalls auf die Suche nach Anwendungen begeben können. Gibt es im Bibeltext …

- eine Lehre, die ich mir einprägen soll?
- eine Verheißung, auf die ich trauen kann?
- eine Sünde, die ich meiden soll?
- einen Irrtum, den ich ablegen soll?
- ein Vorbild, dem ich folgen kann?
- ein Gebot, das ich einhalten soll?
- ein Prinzip, das ich anwenden kann?
- etwas, wofür ich Gott loben kann?

Nachdem wir jetzt so viel über die Anwendungen nachgedacht haben, möchte ich mit zwei Anmerkungen schließen. Warten Sie in Ihrer Predigt nicht zu lange, bis Sie zu den Anwendungen kommen. Manche verbringen viel Zeit damit, diverse exegetische Inhalte ausführlich zu erläutern. Wenn sie dann endlich einem ersten praktischen Lebensbezug herstellen, sind viele bereits abgetaucht. Ihre Zuhörer müssen ganz schnell spüren, dass heute ihr Alltag verhandelt wird.

Dann möchte ich Sie noch ein weiteres Mal darauf hinweisen, dass die Veränderung des Lebens nur durch den Heiligen Geist geschieht. Die besten Beispiele und noch so praktischen Hilfestellungen gehen ins Leere, wenn der Herr nicht die Herzen bewegt. Deshalb mühen Sie sich in der Predigt, als ob alles von Ihnen abhinge. Aber vertrauen Sie Gott, weil geistliche Frucht alleine von ihm gewirkt wird! Das hält Sie demütig und treibt Sie ins Gebet!

„Das will ich probieren!" – Übungsaufgabe

Die exegetischen Inhalte Ihrer Predigt haben Sie sich mit dem ersten Kapitel dieses Buches Schritt für Schritt erarbeitet. Jetzt geht es an die Anwendungen. Erinnern Sie sich noch an die Predigtmeditation? Dort haben Sie bereits gründlich über Ziele nachgedacht. Sie haben sogar welche formuliert und schriftlich festgehalten. Ich hoffe, dass Sie Ihren Zettel nicht verlegt haben. Denn den sollten Sie sich jetzt noch einmal gründlich anschauen, bevor Sie passend dazu konkrete Anwendungen für Ihre Zuhörerschaft entwickeln. (1.) Was waren die Ziele, die Sie in jedem Hauptabschnitt der Predigt erreichen wollten? (2.) Formulieren Sie für jeden dieser Abschnitte eine zu diesen Zielen und zu Ihren Hörern passende Anwendung. Machen Sie das nicht nur in Gedanken, sondern halten Sie Ihr Ergebnis schriftlich fest; das hilft zur Präzision. Und jetzt die Quersummenrechnung: (3.) Finden Sie die oben beschriebenen Prinzipien für Anwendungen in Ihrem Entwurf wieder? Textbezogen? Christozentrisch? Konkret? Praxisnah? Auf der richtigen Ebene? ... Prima, dann werden Ihre Worte sicherlich zu Herzen gehen.

G. Die Illustrationen

Eine Predigt ist kein Fachvortrag, der mit abstrakten Gedankengängen und wissenschaftlich exakter Diktion theologische Zusammenhänge doziert. Sie will das Wort Gottes so verkündigen, dass jeder es verstehen kann; und es soll dabei so lebendig ausgelegt und übertragen werden, dass alle interessiert zuhören und sich hineingenommen wissen. Die Argumentation, die in den Lehraussagen und den Anwendungen enthalten ist, muss deshalb durch Illustrationen ergänzt werden. Ich erinnere an das EVA-Prinzip: Exegese, Veranschaulichungen, Anwendung. Jemand verglich die Predigt einmal mit einer Kathedrale. Die Argumente bilden sozusagen die Säulen des Predigtgebäudes, die Illustrationen sind die bunten Fenster, die alles in das richtige Licht kleiden. Wie also wirken Illustrationen, und wie setzen wir sie in der Verkündigung gezielt und effektiv ein?

1. Die Aufgabe der Illustrationen

a. Illustrationen stimulieren die Empfindungswelt

Mit guten Argumenten, einer klaren Gedankenführung und einer ebenso präzisen Sprache lassen sich Sachaussagen hervorragend vermitteln. Die Fakten, die wir in der Predigt ansprechen, werden in den Köpfen der Zuhörer ankommen. Auch Illustrationen, Geschichten, Bilder und Vergleiche regen den Verstand des Zuhörers an und vertiefen und präzisieren die zu vermittelnden Tatsachen. Im Kern aber zielen sie auf die Empfindungswelt der Zuhörer ab und nicht auf ihr Denken.

Wenn wir zu Menschen sprechen, reden wir immer auf zwei Ebenen: auf der uns bewussten und vom Verstand gesteuerten Sachebene und auf der unbewussten Ebene der Bilder, Gefühle, Empfindungen, Vorstellungen und Wünsche. Wenn wir den Vergleich mit einem Eisberg bemühen, ist die aus der Oberfläche herausragende Sachebene die offensichtliche und deshalb vermeintlich wichtigere. Aber wir wissen alle, dass der bei Weitem größere Teil des Eisbergs unsichtbar unter der Wasseroberfläche verborgen liegt. Genauso verhält es sich mit der Welt der Gefühle und Empfindungen. Etwa 80 Prozent der Wirkung eines Vortrags beruhen darauf, dass der Redner die Welt der Empfindungen und Gefühle seiner Zuhörer erreicht. Die meisten Entscheidungen werden übrigens genau aus dieser Quelle gespeist. Es sind die sogenannten Bauchentscheidungen. Die von uns so hoch geschätzte Ebene der sachlichen Informationen kommt gerade einmal auf etwa 20 Prozent. Wer also die

Herzen der Zuhörer erreichen und auf Entschlüsse und Entscheidungen hin predigen will, muss auch die Empfindungswelt seiner Zuhörer stimulieren. Das regt das Denken an und zieht die Zuhörer mit in das Geschehen hinein. Dass dem so ist, können Sie leicht selber überprüfen. Versuchen Sie einfach, sich an die letzte Predigt zu erinnern, die Sie innerlich mitgenommen und bewegt hat. War es eine nüchterne, auf sachliche Information angelegte Verkündigung? Oder war es nicht vielmehr eine dynamisch und engagiert vorgetragene Predigt mit bildhafter Sprache, Geschichten und Vergleichen, in der Sie sich auch stark emotional angesprochen gefühlt haben? Die Zuhörer sollen natürlich nicht durch Emotionen manipuliert werden. Aber sie müssen ganzheitlich erreicht und zum Mitdenken und Mitempfinden angeregt werden. Sie können es den Leuten an den Gesichtern ablesen, wie sie interessiert und konzentriert zuhören, sobald ein gutes Beispiel die Sachebene verlässt und die biblischen Wahrheiten bildhaft und anschaulich unterstreicht und vertieft.

Ein illustrativer Predigtstil ist keinesfalls nur für „einfachere" Leute gedacht. Die Vorstellung, dass „die Gebildeten" eine rein abstrakte Rede einer bildhaften vorziehen, ist ein Trugschluss. Auch der gebildete Mensch ist auf der Ebene der Empfindungen ansprechbar und lässt sich gerne durch treffende Predigtillustrationen gedanklich und emotional anregen. Es ist auch kein Kennzeichen einer weniger niveauvollen Predigt, wenn Sie weniger abstrakt und „gestochen" sprechen. Einfache Worte können Träger größter Weisheit sein. Die Briefe des Apostels Johannes sind dafür ein beredtes Beispiel. Außerdem orientieren wir uns in der Regel an den einfacheren Hörern und nicht an den gebildetsten. Einem illustrativen Predigtstil kann jeder folgen, eine abstrakte Rede ist nur für wenige verständlich.

b. Illustrationen wecken Assoziationen

Begriffe ohne Anschauungen sind leer. Sie bleiben sprachliche Hülsen, die nicht mit Vorstellungen gefüllt sind. Biblische Schlüsselworte wie Gnade, Rechtfertigung, Sühne und Heiligung sind zwar vielen geläufig. Aber sie assoziieren wenig oder nichts mit ihnen, weil sie aus ihrem eigenen Erfahrungsbereich kaum Vorstellungen dazu entwickelt haben. Die Illustrationen sollen deshalb die Fantasie der Zuhörer wecken. Sie sollen an Zusammenhänge erinnert werden, die sie bereits kennen, damit sie sich Zusammenhänge vorstellen können, die sie noch nicht kennen. Illustrationen greifen deshalb auf die Erfahrungswelt der Zuhörer zurück und wecken Vorstellungen, in die die Fantasie der Zuhörer hineinreicht. Jesus Christus selbst war ein Meister dieser Kunst. Seine Predigten sind gefüllt mit Alltagserfahrungen, die er in einen geistlichen Zusammenhang stellt und mit denen er anschaulich wichtige Sachverhalte verknüpft. Gelungene Illustrationen sind nicht von weit hergeholt, sondern kommen mitten aus dem Leben. Damit wird die Predigt klar und eindeutig. Hinter abstrakten Worten kann sich ein Redner ja auch sehr gut verstecken wollen. Die eigene Unsicherheit wird mit hochgestochenen Worten kaschiert, wobei man hofft, dass der Hörer eher an seinem eigenen als am Verstand des Redners zweifelt. Geistliche Rede aber muss klar und eindeutig sein.

c. Illustrationen bewirken Identifikation

Es genügt aber noch nicht, mit guten Illustrationen Vorstellungen beim Zuhörer zu wecken. Er muss sich darin auch wiederfinden können, um wirklich getroffen und betroffen zu sein. Wenn ich vom plötzlichen Tod eines Kindes aus der Nachbarschaft höre, macht mich das betroffen, weil mir etwas an meinen Nachbarn liegt. Ich bin aber auch deshalb betroffen, weil ich selbst Vater bin und mir vorstelle, wie ich mich in dieser Situation fühlen würde. Es kommt zu einer Identifikation, die in mir Trauer und Betroffenheit auslöst und die mich zum Nachdenken bringt. Predigtillustrationen müssen deshalb aus der vermuteten Erfahrungswelt der Zuhörer stammen. Sie müssen Gelegenheit geben, sich mit einer geschilderten Person oder Situation zu identifizieren.

d. Illustrationen ermutigen zur Umsetzung

Die Gemeinde braucht mehr Ermutigung und Hilfestellung, als wir uns vorstellen können. Wir unterliegen oft dem Irrtum, dass es genügt, eine geistliche Wahrheit einfach nur zu benennen: „Die Bibel fordert uns auf, von unserem Glauben weiterzusagen. Deshalb, liebe Geschwister, gebt Zeugnis!" Dieser Aufruf ist gewiss gut und richtig. Aber er wird wenig bewirken, weil er abstrakt und allgemein bleibt. Hilfreich wären Beispiele von Menschen, die ermutigende Erfahrungen beim Mitteilen ihres Glaubens gemacht haben. Wie sind sie mit ihrer Ängstlichkeit fertig geworden? Mit welchen Worten haben sie ein evangelistisches Gespräch begonnen? Wie sind sie mit abwehrenden Reaktionen ihrer Gesprächspartner umgegangen? Ermutigende, praktische Beispiele zeigen der Gemeinde, dass die verkündigten Wahrheiten wirklich anwendbar sind und nicht auf der Ebene unrealistischer Forderungen und Erwartungen stehen bleiben. „Wenn andere gute Glaubensgespräche mit Nachbarn haben, warum sollte es dann bei mir nicht auch möglich sein? Das hat mir Mut gemacht und mir gezeigt, wie es praktisch gehen könnte." Beispiele und Illustrationen ermutigen, das Gehörte in Alltagsmünze umzuprägen.

e. Illustrationen unterstützen das Gedächtnis.

Abstrakte Wahrheiten haben die unangenehme Eigenschaft, schnell vergessen zu werden. Bilder und Illustrationen dagegen sind eingängig und haften lange im Gedächtnis. Machen Sie die Probe und versuchen Sie, sich an eine Predigt zu erinnern, die Sie vor mehr als zehn Jahren gehört haben. Sie werden sich entweder daran erinnern, weil sie genau in eine wichtige Lebenssituation hineingesprochen hat oder weil sich eine hervorragende Illustration in Ihr Gedächtnis eingebrannt hat. Predigtaufbau, Motto und vielleicht selbst der Bibeltext sind völlig in Vergessenheit geraten. Aber diese eine tolle Geschichte ist bei Ihnen hängen geblieben – und mit der Geschichte eine wichtige geistliche Wahrheit, die daran geknüpft war. Die Verkündigung Jesu hat sich unter anderem deshalb tief in die Köpfe der Jünger eingegraben, weil sie bildhaft und leicht einzuprägen war. Wer auf Illustrationen verzichtet, legt wenig Wert darauf, dass seine Predigt behalten wird und Langzeitwirkung zeigt. Je wichtiger eine biblische Wahrheit ist, desto wichtiger ist es, sie durch eine treffende Illustration gleichsam ins Gedächtnis der Hörer „einzubrennen".

2. Stilmittel der Illustrationen

Predigtillustrationen können sehr unterschiedlich ausfallen. Die Palette der Möglichkeiten reicht von einer blumigen Redewendung über einen kurzen Vergleich bis zu einer ausführlichen Beispielgeschichte. Illustrationen können aber auch einen veranschaulichenden Gegenstand nutzen oder mit einer Präsentation begleitet werden. Wir unterscheiden (1.) zwischen verbalen und visuellen Illustrationen und (2.) innerhalb der verbalen Illustrationen zwischen solchen, die unmittelbar auf den Bibeltext zurückgreifen (z.B. die Ausmalung), und solchen, die aus dem heutigen Leben genommen sind (z.B. das Beispiel oder der Vergleich). Ich möchte Ihnen zunächst die vier wichtigsten Stilmittel der verbalen Illustration vorstellen: die Ausmalung, das Bild, der Vergleich und das Beispiel.[130]

---

[130] Ich verweise an dieser Stelle auf Eberhard Wagners Ausführungen in seinem Buch *Rhetorik in der christlichen Gemeinde*, Stuttgart, 1992, S. 90-100.

a. Verbale Illustrationen

1) Die Ausmalung

Die Ausmalung ist eine erzählende Erläuterung des Texts, die dem eigentlichen Sachverhalt zwar nichts Neues hinzufügt, aber den ihn umgebenden Rahmen anschaulich schildert und detailreich erweitert. Auf diese Weise werden die Zuhörer in das im Text beschriebene Geschehen und in sein zeitgeschichtliches Umfeld mit hineingenommen. Landschaft, Kultur, Gesellschaft, Politik, Stimmung und Atmosphäre werden lebendig und erwecken beim Hörer Vorstellungen und Gefühle, die das Bibelwort zum Leben erwecken. Die hinzugefügten Details der Ausmalung sind historisch abgesichert. Sie finden sich zwar nicht unmittelbar im Text, aber sie passen in den historischen Kontext und haben sich mit größter Wahrscheinlichkeit genau so abgespielt. „Die Sonne war untergegangen, der See lag still und es wehte nur ein leiser Abendhauch, als Jesus mit seinen Jüngern in das Fischerboot stieg. Es hätte eine friedliche, fast romantische Überfahrt auf die andere Seite des Sees Genezareth werden können ..."
Die Ausmalung als illustratives Stilmittel kennen Sie von der Kinderarbeit. Dort kommt es besonders darauf an, anschaulich und facettenreich zu erzählen. Einige Hinweise zum praktischen Umgang mit Ausmalungen:

- Treiben, aber übertreiben Sie es nicht
  Die Freude am Erzählen verführt zu breit angelegten Ausschmückungen. Wenn Sie die Zügel schießen lassen, können Sie ins freie Fantasieren kommen und ausufernd werden. Falls Sie dann zusätzlich Ihre Zuhörer falsch einschätzen und sich im Niveau vergreifen, wendet sich die Szene langsam, aber sicher ins Lächerliche.

- Verwechseln Sie nicht Fantasie und Wirklichkeit
  Das engagierte Erzählen regt Ihre Fantasie an, verführt Sie aber vielleicht auch zu Aussagen, die historisch nicht mehr abgesichert sind. Unter Umständen deuten Sie zentrale Textaussagen sogar um oder führen neue Hauptgedanken ein. Das wäre fatal.

Die Wirkung der Ausmalung hängt sehr davon ab, wie sie vorgetragen wird. Eine dynamische Stimmführung, lebendige Gestik und Mimik und ein guter Augenkontakt zu den Hörern sind jetzt besonders wichtig.[131]

---

[131] Auf den Einsatz von Stimme und Gestik gehe ich später ausführlich ein (S. 246ff).

2) Das Bild

Es gibt komplizierte Zusammenhänge, die sich mit abstrakten Worten nur schwer vermitteln lassen. Die Ausführungen würden langatmig und umständlich und würden vielleicht trotzdem noch Fragen offenlassen. Aus dieser Notlage hilft das mit Worten gemalte Bild. Es greift auf Dinge zurück, die jeder kennt und jeder versteht, stellt sie in einen neuen Zusammenhang und gibt ihnen eine geistliche Bedeutung. Das Bild spricht für sich. Als Prediger müssen Sie gar nicht mehr lange erklären, was Sache ist. Jeder sieht es vor seinem inneren Auge.

Mit dem Bild vom Weinstock und den Reben beispielsweise greift Jesus auf eine allen bekannte Sache zurück.[132] Jeder Israelit hatte eine klare Vorstellung von einem Weinstock. Er wusste, wie die Reben daran wachsen. Er kannte die Schosse, die herausgeschnitten, gesammelt und schließlich verbrannt werden mussten. Dieses alltägliche Geschehen stellt Jesus in einen neuen Zusammenhang und gibt ihm eine geistliche Bedeutung. Der Weinstock und seine Reben werden zu einem Bild für das Verhältnis des Jüngers zu seinem Herrn. Wer an Jesus bleibt, soll und kann Frucht bringen. Weil alle notwendigen Vorstellungen vorhanden sind, erübrigen sich lange Erklärungen. Das Bild versteht sich von selbst und erklärt kompliziertere Zusammenhänge schnell und mühelos.

Dem englischen Prediger Charles H. Spurgeon wird folgendes Bild zugesprochen, das das wirklich nicht leicht zu erklärende Verhältnis von Berufung und Erwählung veranschaulicht: Wenn du vor der Tür stehst, siehst du darauf geschrieben „Berufen"; wenn du durch die Tür hindurchgegangen bist und zurückschaust, sieht du auf der Rückseite der Tür die Aufschrift „Erwählt". Natürlich sagt dieses Bild nicht alles, was man theologisch sagen müsste. Aber es ist so eingängig und verständlich, dass es jedem hilft, sich dem Thema ohne komplizierte Reflexionen zu nähern.

3) Der Vergleich

Ähnlich wie das Bild schildert auch der Vergleich etwas, was der Hörer leicht verstehen kann. Es kann eine Person, eine Sache oder eine Situation sein, die mit etwas anderem in Beziehung gesetzt wird, was der Zuhörer erst noch verstehen soll. Der Vergleich ist in der Regel etwas ausführlicher und besteht aus einer Bildhälfte und einer Sachhälfte. Die Bildhälfte

---

[132] Johannes 15,1-8

ist meist eine kurze Erzählung, die dem Hörer schnell einsichtig ist. Sie wird dann mit ihrer Sachhälfte ins Geistliche übertragen und bringt für den Hörer eine oft unerwartete Wendung. Der Vergleich verwendet eine unbestimmte Redeweise. Zeiten, Orte und Personen spielen eine untergeordnete Rolle. Sie sind austauschbar. Es kommt auf die Kernaussage an, der Rahmen als solcher kann offenbleiben. „Stellen Sie sich vor, wir wären irgendwo auf einer einsamen Insel …"

Mit einem Vergleich kann man nicht nur abstrakte Aussagen erklären und veranschaulichen, man kann ihn auch dazu nutzen, in verdeckter Form unangenehme Wahrheiten anzusprechen. Sie sagen den Zuhörern Dinge, die sie gerne hören, um ihnen anschließend etwas „unterzujubeln", was sie gar nicht gerne hören.[133] Durch diesen Überraschungseffekt fordern Sie Ihre Zuhörer zu einer eigenen Stellungnahme heraus. Ein Musterbeispiel haben wir in der oben schon erwähnten Gerichtsrede Nathans an David.[134] Unbefangen erzählt er die Geschichte eines reichen Mannes, der seinem armen Nachbarn das einzige Schaf stiehlt, um es seinen überraschend gekommenen Gästen vorzusetzen. Damit erweckt Nathan bei David großes Interesse, ohne dass er merkt, dass sich die Geschichte eigentlich gegen ihn selbst richtet. Mit dem kleinen Satz „Du bist der Mann!" wechselt Nathan von der Bildhälfte zur Sachhälfte des Vergleichs und überführt David seiner vermeintlich unbeobachtet gebliebenen Verfehlung. Hätte Nathan gleich von Anfang an offen mit David reden wollen, wäre er vermutlich gar nicht zu Wort gekommen. Im Neuen Testament wird der Vergleich in Form der Gleichnisreden besonders häufig von Jesus eingesetzt. Er veranschaulicht mit ihnen geistliche Wahrheiten und entlarvt die sündhafte Gesinnung seiner Gegner.

Was Jesus damals tat, können wir mit Vergleichen und Gleichnissen aus unserer modernen Zeit ebenfalls tun: „Eine Armee marschiert siegreich nach vorne. Der Feind wird zurückgedrängt. Aber es gibt auch zahlreiche Verwundete in den eigenen Reihen und solche, die entkräftet sind. Damit der Vormarsch nicht ins Stocken gerät, werden diese Schwächlinge von den eigenen Leuten einfach erschossen. Ihr seid empört, liebe Geschwister? Machen wir es in unserer nach vorne strebenden Gemeinde nicht genauso? Wer mit unserem Tempo nicht mithält, wird innerlich abgeschrieben. Und wer in Sünde gefallen ist, wird ohne ernste seel-

---

[133] Eberhard Wagner, 1992, S. 97.
[134] 2. Samuel 12,1-6

sorgerliche Bemühungen einfach ausgeschlossen. Wir eliminieren unsere
Schwachen und Kranken, weil sie unsere frommen Wachstumspläne und
unser elitäres Selbstverständnis stören! Ist das die Gesinnung Jesu?"

4) Das Beispiel

Im Gegensatz zum Vergleich erzählt ein Beispiel von einer realen Sache
oder einem tatsächlichen Geschehen. Die ausführlichere Erzählweise
schildert eine Menge von Details, die interessant sind und zum Zuhören
anregen. Beispiele und Beispielgeschichten stammen meist aus dem prallen Leben. Sie sind dann am wirkungsvollsten, wenn sie aus der unmittelbaren Erfahrungswelt der Zuhörer kommen und vielleicht als eigenes
Erlebnis des Verkündigers besonders lebendig vorgetragen werden.
     Auch wenn ein Beispiel nicht immer zur Lebenserfahrung aller Zuhörer
gehören wird, zieht doch jeder aus einem guten Beispiel Analogieschlüsse
zur eigenen Lebenssituation. Durch Assoziation kommt es zur Identifikation mit Personen oder Situationen, die der Hörer so direkt nicht erlebt
hat. Aber ein Alkoholiker kann sich gut in die Geschichte eines Drogen-
süchtigen hineindenken, weil seine Problematik dieselbe Grundstruktur
trägt. Damit gewinnt das Beispiel auch für ihn Bedeutung. Die Beispielgeschichte ist das vielleicht gebräuchlichste und effektvoller Stilmittel zur
Predigtillustration, sollte aber die anderen Formen nicht verdrängen. Weiter unten werde ich Ihnen einige praktische Hilfestellungen geben, wie Sie
angemessen mit Beispielen umgehen können.

b. Visuelle Illustrationen

In unserer von visuellen Medien geprägten Zeit gewinnen optische Reize
eine immer größere Bedeutung. Mit den Augen nehmen wir eine unüber-
schaubare Flut von Bildern in uns auf, während das Ohr mehr und mehr
verkümmert. Es verwundert deshalb nicht, dass es vielen schwerfällt, sich
längere Zeit auf eine Rede zu konzentrieren. Sie sind es nicht gewohnt,
einfach nur zuzuhören und mit den Augen wenig zu erleben. Illustrationen
in der Predigt beschränken sich deshalb nicht nur auf sprachliche Mittel.
Wir können auch visuelle Hilfsmittel einsetzen und unseren Zuhörern
biblische Wahrheiten im wahrsten Sinne des Wortes „vor Augen" malen.

1) Formen visueller Illustrationen

Möglichkeiten für hilfreiche und effektvolle Visualisierungen gibt es genug. Auf einige möchte ich kurz eingehen.

- Gegenstände
  Die einfachste Art, die Augen der Zuhörer zu fesseln, sind Gegenstände, die Sie mit auf die Kanzel nehmen. Vielleicht tragen Sie das symbolträchtige Stück offen in der Hand mit nach oben. Oder Sie haben es vorher sorgsam unter der Kanzel versteckt, sodass Sie es zum richtigen Zeitpunkt aus dem Hut zaubern können. Geeignet ist alles, was sich ohne Umwege und einsichtig und verständlich als Symbol für eine geistliche Wahrheit erklären lässt. Die berühmte Taschenlampe ohne Batterie steht für einen Christen ohne Geisteskraft oder die Zugmaschine des Spielzeugsattelschleppers für Christus, aus dessen Kraft unser geistliches Leben überhaupt erst Fahrt gewinnt. Ihrer Fantasie sind keine Grenzen gesetzt.

- Overhead-Folien
  Mit dem Overhead-Projektor lassen sich Fotos, Grafiken, Karten, Zeichnungen, Cartoons, der Predigttext, Kernverse, Merksprüche und die Predigtgliederung sichtbar machen. Der unschlagbare Vorteil ist die unkomplizierte und einfache Technik und die Möglichkeit, während der Predigt mit Stiften eine Grafik mitwachsen zu lassen. Malen können Sie natürlich auch auf einer Moderatorentafel oder einem Sketch-Board.

- Präsentationen
  Mit dem Siegeszug des Computers haben Powerpoint-Präsentationen auch unsere Gottesdienste erobert. In immer mehr Gemeindehäusern hängt der Beamer unter der Decke und wartet geradezu unersättlich auf digitales Futter. Manche sind von diesem neuen Medium so begeistert, dass sie ohne Powerpoint schon fast nichts mehr zu sagen haben. Richtig genutzt können Präsentationen eine Rede aber sehr gut unterstützen.

- Videos
  Mit Beamer und PC lassen sich ohne großen Aufwand auch bewegte Bilder zeigen. Videosequenzen aus Spielfilmen, kurze aus dem Internet heruntergeladene Filme z. B. aus YouTube oder speziell von christlichen Medienkünstlern erstellte Kurzfilme und Meditationen sind mit immer geringer werdendem Aufwand und in immer besserer Qualität verfügbar. Sie eignen sich nicht nur als Predigteinstieg, sondern auch als Illustrationen innerhalb einer Predigt oder eventuell auch als Schluss. Erwartungsgemäß stehen besonders junge Prediger und Predigthörer auf solche Videosequenzen.

Alle diese optischen Hilfsmittel wecken das Interesse der Zuhörer und fördern deren Konzentrationsfähigkeit. Sie helfen, geistliche Inhalte über die Augen einzuprägen und anhand von „Aufhängern" beim Zuhörer zu festigen. Genau darauf kommt es an. Dass visuelle Hilfsmittel in der Predigt relativ selten eingesetzt werden, hängt sicherlich damit zusammen, dass sie von der Gemeinde (und vom Prediger?) nicht von vornherein akzeptiert sind. Viele sehen in ihnen unnützen modernen Kram, der nicht in den Gottesdienst gehört. „Sind wir denn hier im Kino?" Tatsächlich glaube ich aber, dass der erforderliche Zeitaufwand in der Vorbereitung und die Fantasielosigkeit der Verkündiger Hauptursachen dafür sind, dass visuelle Mittel wenig genutzt werden. „Für den ‚normalen' Gottesdienst lohnt es sich nicht", denken viele. „Einen solchen Aufwand betreiben wir nur in einer Evangelisation." Warum eigentlich?

2) Die Tücke des Objekts

Natürlich sind visuelle Illustrationen keine Wunderwaffen. Genauso wie man ihre Wirkung unterschätzen kann, genauso kann man sie auch überschätzen. Wenn das Bild das Wort verdrängt, ist etwas schiefgelaufen. Wenn der Prediger länger an seiner Powerpoint-Präsentation arbeitet als an Exegese und Meditation, haben sich die Akzente deutlich in die falsche Richtung verschoben. Und wenn alles im richtigen Verhältnis zueinander stand, aber die Umsetzung auf der Kanzel reif ist für einen ersten Platz in „Pleiten, Pech und Pannen", dann hätten wir uns im Vorfeld doch noch einige Gedanken mehr machen müssen. Visuelle Illustrationen haben es nämlich in sich; sie müssen mit Sinn und Verstand eingesetzt werden.

- Das Wort steht über dem Bild
  Lassen Sie sich durch die optische Wirkung der visuellen Illustration nicht dazu verleiten, Ihre Rede unpräzise und unsauber zu gestalten. Überlegen Sie sich genau, was Sie zum Gegenstand oder zu Bild und Folie sagen wollen. Das Bild dient dem Wort, aber es ersetzt es nicht. Vielleicht erinnern Sie sich noch an den einen oder anderen verunglückten Missionsvortrag: tolle Fotos, aber verfahrener Vortragsstil mit wenig verwertbaren Informationen. Denken Sie daran: Ihre Worte sind wichtiger als Ihre Bilder.

- Der Effekt muss den Aufwand rechtfertigen
  Wägen Sie Aufwand und Effekt gegeneinander ab. Nicht alles, was möglich ist, hilft wirklich weiter. Es macht wenig Sinn, den Gottes-

dienstraum aufwendig zu verdunkeln, wenn Sie anschließend nur ein einziges Dia für zehn Sekunden zeigen wollen. Aufwand und Wirkung müssen in einem vernünftigen Verhältnis stehen.

- Die Visualisierung soll für alle sichtbar sein
  Sorgen Sie dafür, dass alle Ihre Illustration sehen können. Ein Gegenstand, den Sie auf die Kanzel mitnehmen, muss so groß sein, dass man ihn auch noch in der letzten Reihe erkennen kann. Ansonsten fühlen sich viele abgehängt und betrogen. Kleinere Gegenstände können Sie auf einen Overhead-Projektor legen und somit wenigstens die Konturen groß herauskommen lassen.

- Der Spannungsbogen darf nicht abbrechen
  Sorgen Sie für einen reibungslosen Ablauf ohne lange Pausen. Der Overhead-Projektor muss aufgebaut und fokussiert sein und direkt neben Ihrer Kanzel stehen, damit Sie ihn unmittelbar verwenden können. Ein Video muss direkt anlaufen und nicht erst dann, wenn der Beamer Betriebstemperatur erreicht hat. Andernfalls fragmentieren Sie Ihre Predigt durch unnötige Kunstpausen. Die Spannung geht verloren, der Inhalt verliert an Klarheit und Kraft und die Gedanken der Zuhörer gehen auf Wanderschaft.

- Versuchskaninchen sind auch Menschen
  Manche Prediger lieben es, Personen aus der Zuhörerschaft nach vorne zu bitten, um sie etwas tun zu lassen oder ihnen etwas in die Hand zu drücken. Das wirkt locker, weckt Aufmerksamkeit und bezieht die Gemeinde mit ein. Häufig aber haben mir diese armen Versuchskaninchen leidgetan, weil der Prediger sie öffentlich in Verlegenheit brachte, „nach Gebrauch" einfach dumm auf der Bühne herumstehen ließ oder ihnen schlussendlich nicht einmal für ihren Einsatz dankte. Wer Menschen als lebende Illustrationen einbezieht, muss sie auch wie Menschen behandeln. Die Gemeinde beobachtet das sehr genau und fällt ihr Urteil über den Verkündiger. Manche „armen Opfer" kehren die Situation allerdings auch um und spielen den Verkündiger mit ihrem eigenen Bühnenauftritt an die Wand. Dumm gelaufen!

- Präsentationen wollen sorgsam ausgearbeitet sein
  „Hast du eine Powerpoint oder hast du was zu sagen?" Mit dieser Frage wurde ich als Gastprediger in einer Gemeinde empfangen. Tatsächlich gibt es neben den vielen Möglichkeiten, die Präsentationen bieten, mittlerweile auch schon einen Präsentationsfrust. Das liegt

daran, dass sie überall immer ähnlich aussehen und dass sie oft ungeschickt erstellt und gezeigt werden. Präsentationen sollen kurz und prägnant informieren und stimulieren. Folgende Grundregeln helfen, dass sie diese Aufgabe effektiv erfüllen: 1. Wenig Text – Überfrachten Sie die Folien nicht mit einer unübersichtlichen Wortflut; im Zweifelsfall eine Folie mehr. 2. Große und klare Schrift – mindestens 24 Punkt sollten es sein. 3. Sparsame Grafik und Fotos – Überladen Sie Ihre Folien nicht und schaffen Sie sich nicht durch viele interessante Bilder ein eigenes Konkurrenzprogramm. 4. Keine akustischen und sparsame visuelle Effekte für Übergänge und Einblendungen – Spielereien wirken affig und lenken ab. 5. Synchrone Rede – Steuern Sie Ihre Präsentation möglichst selbst, damit der Techniker nicht durch nachhinkende oder vorgezogene Elemente mit gegen Sie selbst arbeitet. 6. Nicht zur Leinwand sprechen – Ihre Zuhörer sind das einzig interessante „Objekt" Ihrer Rede; wenden Sie sich nicht ab und kehren Sie ihnen nicht den Rücken zu.

▪ Abwechslung tut gut
Gehen Sie mit visuellen Illustrationen sparsam um und verwenden Sie nicht immer die gleichen, damit sich der Effekt nicht abnutzt. Als Predigthörer ertappe ich mich manchmal bei dem tiefen, stillen Seufzer: „Nicht schon wieder … Ich kann es einfach nicht mehr sehen!"

Visuelle Hilfsmittel als Illustrationen können den Inhalt einer Predigt nachhaltig unterstreichen. Sie müssen aber durchdacht und gezielt eingesetzt werden. Abwechslung um der Abwechslung und moderne Medien um der Modernität willen reichen nicht aus.

3. Der richtige Umgang mit Illustrationen

Sprachliche und visuelle Illustrationen sind gute Diener, aber schlechte Herren. Wenn Sie Herr bleiben und die Illustrationen für sich arbeiten lassen wollen, müssen Sie sie nicht nur technisch gut beherrschen, sondern sie auch inhaltlich überlegt einsetzen.

a. Illustration und Wahrhaftigkeit

Gelegentlich stehe ich vor dem Problem, keine wirklich passende Illustration zu finden. Ich habe eine Beispielgeschichte, aber leider trifft sie den Skopus des Predigttextes nicht genau. In einem solchen Moment stehe ich in Gefahr, die Wahrheit zugunsten eines „höheren" Zwecks leicht zum Besseren zu wenden: „Es hat sich zwar nicht ganz so abgespielt, wie ich es für die Predigt brauche; aber es hätte sich gewiss auch so abspielen können, wie ich es für die Predigt brauche." Auch wenn es sich „nur" um eine Illustration handelt, muss sie dennoch der Wahrheit entsprechen. Wir wollen das Evangelium ja nicht mit gut gemeinten „homiletischen Lügen" garnieren.

Ein anderes Problem betrifft das Verhältnis von biblischer Aussage und Illustration. Die Illustration soll den Bibeltext veranschaulichen, sie muss aber gleichzeitig von ihm unterscheidbar sein. Beim Stilmittel der Ausmalung beispielsweise fügt der Verkündiger zusätzliche Aussagen in den Text ein. Fließen biblische Fakten und historische Ausmalungen zu sehr ineinander, wird es dem weniger kundigen Bibelleser schwerfallen, Wahrheit und Illustration auseinanderzuhalten. Es entstehen falsche Vorstellungen, die später mühsam korrigiert werden müssen. Gerade bei Kindern kann eine allzu fantasievolle Ausmalung biblischer Geschichten zu bedenklichen Fehlvorstellungen führen.

b. Illustration und Theologie

Durch schlecht gewählte Illustrationen können biblische Aussagen inhaltlich verzerrt werden und zu falschen theologischen Auffassungen führen. Um zu illustrieren, wie praktisch man Gott erleben kann, erzählte ein etwas älteres Mädchen in der Jugendstunde, dass sie zu spät mit dem Auto von zu Hause weggefahren sei, um noch einen Parkplatz suchen zu können. Sie hat sich dann ins Parkverbot gestellt und einfach von Gott erwartet, dass er sie vor einem Knöllchen bewahrt. Voller Freude berichtete sie, dass Gott ihr Gebet erhört hat. Nun ist es sicher gnädig von Gott, dass sie kein Bußgeld zahlen musste. Aber das Beispiel hätte sich eher geeignet, zum rechtzeitigen Aufstehen und zur Einhaltung der Straßenverkehrsordnung zu ermutigen, als Gott zum Handlanger eigenen Fehlverhaltens zu erklären.

Mit falsch gewählten Illustrationen können Sie biblische Lehraussagen verkürzen oder verzerren. Deshalb müssen Sie sehr genau überlegen, welche Vorstellungen Sie mit Ihrer Illustration bei den Hörern wirklich wecken. Im Zweifelsfalle lieber keine Illustration als eine, die in theologische Untiefen führt. Durch die beschwichtigende Wendung „Ich weiß zwar, dass das Beispiel nicht wirklich passt, aber ich möchte es dennoch kurz erzählen" wird eine unpassende Illustration auch nicht richtiger.

c. Illustration und Assoziation

Nicht jede Illustration eignet sich für den Predigtzweck. Sie muss beim Hörer etwas auslösen und in ihm eine konkrete Vorstellung, eine Assoziation, wecken. Entstehen beim Zuhören keine lebendigen inneren Bilder und fehlt die Anschauung zum Gehörten, bleibt die Illustration eine leere Worthülse ohne Wirkung. Deshalb müssen Predigtillustrationen drei Kriterien erfüllen:

- Sie müssen verstehbar sein.
- Sie müssen wirklichkeitsnah sein.
- Sie müssen zumutbar sein, d.h., sie dürfen nicht gegen Moral, Anstand und Ästhetik verstoßen, damit sie beim Hörer keine abstoßenden Gefühle auslösen.

Je näher eine Illustration dem Leben der Zuhörer steht und je anschaulicher sie ist, desto größer ist die Wahrscheinlichkeit, dass sie ihr Ziel erreicht.

d. Illustration und Identifikation

Zur Wirkungsweise der Illustration gehört auch die Identifikation. Der Hörer soll sich im Beispiel selbst wiederfinden können. So überträgt er den Inhalt auf die eigene Person. Die Betroffenheit, die dadurch entsteht, ist notwendig, damit er konkrete Entschlüsse fällen kann. Diese Identifikation gelingt aber nur unter bestimmten Voraussetzungen:

- Suchen Sie die Illustration vom Hörer her aus.
  Unsere eigenen Geschichten gefallen uns zwar, aber sie passen nicht immer zum Publikum. Suchen Sie nach Illustrationen, die auf den Zuhörerkreis abgestimmt sind – auch wenn es Mühe macht.

- Schätzen Sie das Niveau der Zuhörer richtig ein.
  Illustrationen dürfen eine bestimmte Zuhörerschaft nicht über- oder unterfordern. Beispiele mit Kindergartenniveau werden Erwachsene schwer verzeihen. Geistliche Neulinge sind mit Beispielen für Fortgeschrittene schnell überfordert.

- Holen Sie Illustrationen aus der Lebenswirklichkeit der Zuhörer.
  Predigtbeispiele sollten aus dem Alltagsleben der Zuhörer kommen. Je besser Sie das Umfeld Ihrer Hörer kennen, desto sicherer werden

Sie die richtige Illustration wählen. Wer zu Gast in einer Gemeinde ist, kann die Tageszeitung aufmerksam durchlesen oder Fakten aus einer Stadtbesichtigung sammeln. Das tat Paulus in Athen, als er an der Statue eines unbekannten Gottes anknüpfte.[135]

- Schätzen Sie ein, mit wem sich die Zuhörer identifizieren können.

Wenn Sie die Größe der Gnade Gottes am Beispiel eines Massenmörders verdeutlichen wollen, der Vergebung empfing und Christ wurde, werden sich Ihre gutbürgerlichen Hörer vermutlich nicht gerne mit dieser Person vergleichen wollen. Überlegen Sie, was die Zuhörer als zumutbar empfinden und wo sie bereitwillig mitgehen können.

e. Illustration und Diskretion

Gespräche und Erfahrungen mit Menschen sind meist besonders interessant. Sie eignen sich ausgezeichnet als Predigtbeispiele. Aber Sie dürfen die Grenze der Diskretion nicht überschreiten. Wenn Anwesende bloßgestellt werden oder Abwesende zu hören bekommen, dass sie in der Predigt vorkamen, und wenn die Gemeinde auch noch errät, von wem Sie gerade sprechen, dann wird es schlimm. Die Zuhörer empfinden diese Indiskretion als äußerst peinlich. Sie stellen sich außerdem die Frage, ob sie vielleicht selbst einmal auf die Kanzel gezogen werden. Das nimmt das Vertrauen zum Verkündiger und disqualifiziert ihn als Ansprechpartner in seelsorgerlichen Fragen. Welche Grenzen sollten Sie unbedingt einhalten?

- Berichten Sie nichts aus der Seelsorge
  Seelsorge ist Vertrauenssache. Deshalb dürfen Sie von dort her nur ganz allgemeine Wahrheiten formulieren: „Aus vielen Gesprächen weiß ich, dass …" Anders sieht es aus, wenn Ihnen jemand ausdrücklich gestattet, auf der Kanzel davon zu erzählen. In diesem Fall sollten Sie die Gemeinde unbedingt über das Einverständnis der Person informieren. Dies geschieht natürlich ohne Namensnennung.

- Nennen Sie niemanden anonym
  „Ich erzähle von einer Person, die Sie alle nicht kennen ..." Zum einen gibt es mehr dumme Zufälle, als Sie denken, und zum anderen

---

[135] Siehe Apostelgeschichte 17,22-31.

provozieren Sie ein munteres Rätselraten: „Ich bekomme doch raus, von wem der spricht ...!"

■ Stellen Sie keine Familienmitglieder auf der Kanzel bloß
Es gibt auch innerhalb der Familie Grenzen der Diskretion, die nicht ohne Schaden an Vertrauen überschritten werden dürfen. Die eigene Familie ist in der Regel kein Gegenstand der Predigt.

■ Stellen Sie sich mit Ihren Fehlern und Sünden nicht zur Schau
Es gibt peinliche Selbstbekenntnisse, die Ausdruck vermeintlicher Demut sind. Sie dürfen sicherlich echt und aufrichtig sein. Aber Selbstoffenbarungen, die die Zuhörer peinlich berühren, erschrecken oder verunsichern, gehören nicht auf die Kanzel. Vermeiden Sie es, Ihre Sünden homiletisch als Predigtillustration „auszuschlachten".

f. Illustration und Humor

Über Geschmack lässt sich streiten. Das gilt auch für den Humor. Er ist eine Gabe Gottes und damit nicht in sich unheilig. Deshalb muss er auch nicht von der Kanzel verbannt werden. Sie müssen aber wissen, wie Sie ihn hilfreich einsetzen.

■ Schätzen Sie Ihren eigenen Humor richtig ein
Es gibt sehr unterschiedliche Auffassungen darüber, was humorvoll ist und was nicht. Sie müssen deshalb Ihren eigenen Humor und seine Wirkung auf die Zuhörer einschätzen lernen. Ironie und schwarzer Humor beispielsweise sind für die einen ein rhetorischer Leckerbissen, für die anderen eine entsetzliche Entgleisung.

■ Schätzen Sie den Humor der Zuhörer richtig ein
Jede Zuhörerschaft hat ihre eigenen Vorstellungen von Humor und Witz. Manche Gemeinde lacht gerne, andere rechnen Ihnen eine auch nur in Richtung Humor gehende Äußerung als Todsünde an. Sie müssen humorvolle Illustrationen deshalb vom Hörer her bedenken. Wenn eine Zuhörerschaft auf Humor nicht reagiert, sollten Sie sicherlich nicht versuchen, mit immer neuen Angriffswellen den Widerstand zu brechen. Bei einem offenen Publikum können Sie etwas freier werden. Die Predigteinleitung ist übrigens die beste Stelle, um zu testen, wie es eine Gemeinde mit dem Humor hält.

• Überschreiten Sie die Grenze zum Unseriösen nicht
Die Einschätzung dessen, was unseriös ist, mag sicher unterschiedlich sein. Wer aus der Rolle fällt, wird durch die Reaktion der Zuhörer schnell eines Besseren belehrt werden. Humor kann sich verselbstständigen. In einer fröhlichen Runde jagt ein Witz den anderen. Eine lustige Illustration, die angekommen ist, stimuliert dazu, noch einen draufzusetzen. Sie dürfen aber nie zum Geschichten- und Witzeerzähler verkommen. Sie verlieren Ihre Seriosität und werden höchstens noch als „Kanzelclown" gerne gehört. Bedenken Sie: Humor hat immer dienende Funktion.

g. Zeitpunkt, Anzahl und Länge der Illustrationen

Die Illustrationen unterstützen die Argumentation. Entweder bereiten Sie einen Gedankengang vor oder sie erläutern ihn nachträglich durch ein Bild oder einen Vergleich. Im Predigtverlauf lösen sich Argumentation, Illustration und Anwendung stetig ab. Ich erinnere noch einmal an das EVA-Prinzip. Illustrationen werden somit in die Predigt eingeflochten. Wie ich schon sagte, halte ich es für ungeschickt, in einem ersten Teil die Argumentation zu bringen, um dann in einem separaten zweiten Teil die Illustrationen und Anwendungen vorzutragen. Entweder geht der Zusammenhang von Faktum und Veranschaulichung verloren, oder aber Sie müssen viel Zeit für unnötige Wiederholungen einsetzen.

In der Regel reicht eine Illustration für eine wichtige Wahrheit. Die Anhäufung von Beispielen zu einer biblischen Aussage bringt gedanklich keinen Fortschritt und ermüdet die Hörer. Nicht jedes Argument muss mit einem Beispiel unterlegt werden. Aber in jedem Hauptteil der Predigt sollte mindestens eine gute Illustration zu einer zentralen Aussage des Abschnitts enthalten sein. Dadurch erkennen die Hörer, wo die inhaltlichen Schwerpunkte der Predigt liegen. Außerdem erlauben Beispiele ein etwas lockereres Zuhören als bei Argumentationen. Auf Phasen der Konzentration folgen Phasen der Entspannung. Die Aufnahmefähigkeit der Gemeinde wird durch solche Auflockerungen gesteigert. Wer auf Illustrationen verzichtet, ermüdet seine Zuhörer wesentlich schneller!

Weil Illustrationen im Dienst der Argumentation stehen, dürfen sie nicht ausufern und wie Unkraut wuchern. Überlegen Sie sich deshalb, wie viel Zeit Sie für ein Beispiel einsetzen wollen. Eine fünfminütige Beispielgeschichte zu einem nebensächlichen Gedanken ist blanke Zeitverschwendung.

4. Quellen für Illustrationen

„Woher nehmen und nicht stehlen?", fragt das alte Sprichwort. Das gilt auch für die Predigtillustrationen. Woher nimmt man sie, und wie kann man seinen Schatz an Beispielen erweitern? Hierzu einige Anregungen.

a. Illustrationen aus der Erlebniswelt der Zuhörer nehmen

Der Alltag ist die beste Quelle für anschauliche und verständliche Illustrationen. Jesus nahm seine Vergleiche mit Vorliebe aus der Natur oder dem Alltagsleben. Ob es ein verdorrter Baum am Straßenrand war oder ein frisch besäter Acker – alles konnte zur Illustration seiner Reden dienen. Sie sollten Ihre Umwelt deshalb mit wachen Augen betrachten und bewusst nach Veranschaulichungen Ausschau halten. Sie werden sicherlich mehr finden als die bekannte Glühbirne, die ohne Strom wertlos ist, oder den Kugelschreiber, der ohne Mine keinen Zweck erfüllt. Lassen Sie Ihre Fantasie spielen, und gehen Sie mit offenen Augen durch die Welt.

b. Anschauliche Predigten hören

Viele Beispiele und Illustrationen findet man in guten, anschaulichen Predigten anderer Leute. Dort schnappen Sie nicht nur gebrauchsfertige Geschichten auf, sondern lernen auch von deren Art, mit Illustrationen umzugehen und sie einzusetzen. Wenn Sie allerdings Predigtbeispiele von sehr bekannten Verkündigern wie Ulrich Parzany oder Billy Graham verwenden möchten, sollten Sie damit rechnen, dass viele diese Geschichten bereits kennen. Außerdem könnten Sie in den Ruf geraten, fantasielos und denkfaul zu sein, weil sie keine eigenen Vergleiche entwickeln.

c. Beispielsammlungen verwenden

Es gibt Bücher, in denen Predigtillustrationen gesammelt sind.[136] Sie können den eigenen Schatz an Beispielen sinnvoll ergänzen. Wählen Sie aber sorgfältig aus. Manche Geschichte aus Großmutters Zeiten lässt sich heute beim besten Willen nicht mehr verkaufen. Beispiele müssen zum

---

[136] Hilfreich sind die Bücher von Heinz Schäfer, *Hört ein Gleichnis*, [2]1977; *Mach ein Fenster dran*, 1976; *In Bildern reden*, 1987; *Wie in einem Spiegel*, 1990; *Registerband*, 1990; Christliches Verlagshaus, Stuttgart. Ebenso die Andachtsbücher von Axel Kühner. Software mit Predigtillustrationen finden Sie ebenfalls in der Literaturliste am Ende dieses Buchs in Anhang 2. Auch die Internet-Recherche lohnt sich.

Text und zu den Hörern passen. Prägnante Illustrationen finden sich häufig in Andachtsbüchern oder Kalenderzetteln. Außerdem gibt es digitale Beispielsammlungen, die nach Stichworten oder Bibelstellen sortieren und teilweise von Ihnen selbst erweitert werden können.

d. Eine Beispielsammlung anlegen

Sie können sich auch eine eigene Beispielsammlung aufbauen. Nach Bibelstellen oder thematisch geordnet werden die Illustrationen kurz und prägnant formuliert und auf Karteikarten geschrieben oder als Dateien oder Elemente von Datenbanken auf dem PC abgespeichert. Sie entwickeln mit der Zeit Ihr eigenes Repertoire an Beispielen und haben damit viele Variationsmöglichkeiten.

„Das will ich probieren!" – Übungsaufgabe

In der letzten Aufgabe haben Sie zu jedem Hauptpunkt Ihrer Predigt eine Anwendung entwickelt. Jetzt sollten Sie überlegen, mit welcher Illustration Sie diese Gedanken in den Köpfen und Herzen Ihrer Zuhörer verankern können.

(1.) Suchen Sie zu jeder Ihrer Anwendungen ein passendes Beispiel oder eine Beispielgeschichte. (2.) Versuchen Sie sich auch einmal mit einer visuellen Illustration: Welche Anwendung könnten Sie mit einem Gegenstand veranschaulichen? Und denken Sie immer daran: Illustrationen müssen anschaulich sein und zum Text und zum Hörer passen.

H. Der Predigtschluss

Alles hat einmal ein Ende, auch Ihre Predigt. Hoffen wir, dass sie nach Inhalt und Form so ausgefallen ist, dass die Hörer das Ende nicht herbeisehnen, sondern verwundert auf die Uhr schauen und sich fragen, wie die Zeit so schnell vergehen konnte. Das Einzige, was Ihnen jetzt noch fehlt, ist ein guter Predigtschluss. Ich gehe einmal davon aus, dass Sie nicht zu den Verkündigern gehören, die nach der langwierigen Ausarbeitung des Konzepts keine Lust mehr haben, auch noch über ein Finale nachzudenken. Natürlich ist kein Flugzeug in der Luft geblieben; und bisher hat auch noch jeder Prediger irgendwann und irgendwie seine Botschaft zu Ende gebracht. Aber so stiefmütterlich, wie viele das tun, sollten Sie das nahende Ende nun doch nicht behandeln. Ein guter Predigtschluss ist nämlich wichtiger, als Sie auf den ersten Blick meinen könnten.

1. Die Bedeutung des Predigtschlusses

a. Der Predigtschluss rundet eine Botschaft ab

Wenn wir einem Vortrag zuhören, haben wir das natürliche Empfinden, dass er mit einem abschließenden Gedanken oder zumindest mit einem Schlusssatz enden müsste. Wir erwarten eine abgerundete Sache, auf deren Ende wir sanft vorbereitet werden. Wir wollen mit dem guten Eindruck entlassen werden, dass alles Wichtige gesagt ist und dass wir nun im Frieden gehen können. Eine Rede, die unvermittelt abbricht, wirkt wie ein Torso. Irgendetwas blieb ungesagt, und das lässt uns ziemlich unbefriedigt zurück. Mit diesem schalen Eindruck wollen wir die Gemeinde denn doch nicht entlassen.

b. Der Predigtschluss fasst die wesentlichen Inhalte zusammen

In der Predigteinleitung führen wir die Zuhörer zu dem hin, was wir ihnen sagen wollen. Im Predigtschluss vergegenwärtigen wir ihnen noch einmal, was wir ihnen gesagt haben. Der Schluss fasst die wesentlichen Inhalte der Botschaft kurz zusammen. Wir lassen das Motto, die Gliederungspunkte und die Hauptgedanken noch einmal Revue passieren. Wir erinnern an die Kernaussagen der Predigt und prägen die Inhalte damit ein letztes Mal ein. Die Chance, Ihre Predigt mit einem durchdachten Schluss zu festigen, sollten Sie sich auf keinen Fall entgehen lassen.

c. Der Predigtschluss motiviert zur Umsetzung des Gehörten

In der Predigtmeditation haben wir Predigtziele formuliert. Diese sind aus dem Anliegen des Texts erwachsen und haben die Ausrichtung der ganzen Predigt bestimmt. Der Schluss ist insofern Höhepunkt der Predigt, als er die Zuhörer noch einmal zum Zentralanliegen des Texts motiviert. Die Gemeinde soll sagen: „Ja, ich bin dabei; ich lasse mich auf das Gehörte ein!" Auf diese stille, aber klare Antwort haben wir hingepredigt. Kein Verkäufer würde sich damit zufriedengeben, dass der Kunde eine hohe Meinung von seinem Produkt gewonnen hat. Entscheidend ist, dass er kauft. Genauso wenig können Sie sich damit zufriedengeben, dass die Gemeinde am Schluss ein Loblied auf Ihre hohe Predigtkunst anstimmt. Es kommt darauf an, dass sie sich auf das Reden Gottes einlässt! Dazu müssen Sie Ihre Hörer noch einmal kräftig ermutigen.

2. Formen des Predigtschlusses

Es gibt eine ganze Reihe von Möglichkeiten, wie Sie die eben beschriebenen guten Ziele des Predigtschlusses erreichen können. Ich erläutere kurz die wichtigsten.

Zusammenfassung	Eine Zusammenfassung der Kerngedanken ist meistens sinnvoll. Bei einer Lehrpredigt kann sie einen etwas breiteren Raum einnehmen. Sie sollten allerdings nicht einfach nur die Gliederungspunkte vorlesen. Das wirkt steril und vermittelt den Eindruck, als würden Sie der Gemeinde zum Schluss noch ein paar Knochen vor die Füße werfen. Wichtiger als die Zusammenfassung ist die Motivation der Zuhörer.
Abschlussgeschichte	Geschichten eignen sich gut für einen markanten und eingängigen Predigtschluss. Sie veranschaulichen noch einmal die gelernten Grundsätze und motivieren zur Nachahmung. Damit sie keine Eigendynamik gewinnen und eventuell vom Zentrum der Predigt ablenken, müssen sie gut ausgewählt und diszipliniert vorgetragen werden.

Aufforderung	Die Zuhörer werden durch eine klare und direkte Aussage zu einer neuen Einstellung oder einer Handlung herausgefordert. Verzichten Sie aber auf fromme Wünsche („Möge der Herr uns schenken, dass …"), moralisierende Wendungen („Wenn ihr wirklich echte Jesusnachfolger sein wollt, dann müsst ihr …"), offene Drohungen („Das kann ich euch sagen: Wer nicht …!) und unterschieben Sie den Hörern keine Denke, von der Sie nicht wissen, ob sie wirklich vorhanden ist („Liebe Gemeinde, wir alle haben den Entschluss gefasst, dass wir ab heute …!").
Beschwörender Appell Dramatische Steigerung	Der beschwörende Appell steigert die abschließende Aufforderung durch sprachliche, stimmliche und gestische Elemente und schafft eine emotional im höchsten Maße dringliche Situation. Um nicht zu einem oberflächlichen theatralischen Effekt oder zu einem primitiven Machtinstrument zu verkommen, muss diese dramatische Steigerung dem Anliegen des Texts, der Ernsthaftigkeit der Situation und der aufrichtigen inneren Haltung des Predigers entsprechen.
Abschlussfrage	Eine gute Abschlussfrage verhindert, dass sich die Gemeinde vor einer eigenen Stellungnahme drückt. Sie wird zu einer verbindlichen Antwort herausgefordert. Die Frage muss gut durchdacht sein, sie darf nicht plump wirken („Wer von euch weiß noch, wie das Motto meiner Predigt hieß?") und nicht schon die von Ihnen gewünschte Antwort enthalten („Nicht wahr, wir wollen doch alle dem Herrn dankbar sein, oder?"). Haben Sie den Mut, eine Frage als letzten Satz im Raum stehen zu lassen und sie nicht durch nachfolgende Verlegenheitsäußerungen abzumildern oder zu zerreden.

Wortspiel/ Zitat/Schlagwort	Markante Formulierungen am Predigtende bündeln den Zentralgedanken wie mit einer Lupe und brennen ihn im Gedächtnis der Zuhörer ein. Ein Wortspiel, eine sloganartige These oder ein Zitat tun hier gute Dienste. Manche schließen gern mit einem Gedicht oder einem Liedvers. Auf viele wirkt das antiquiert und kitschig. Ein gereimter Schluss kann auch zur Ungereimtheit werden.
Der größere Zusammenhang	Auch wenn man am Predigtende keine neuen Gedanken einführen sollte, kann es gelegentlich hilfreich sein, den Text oder das Thema in den dazugehörigen größeren Zusammenhang zu stellen. „Letzten Sonntag ging es um Bruderliebe, im heutigen Predigttext um die Feindesliebe. Alles das sind Teilaspekte des großen Themas ‚Die göttliche Liebe', mit dem wir uns in diesem Quartal beschäftigen ..."
Offener Ausgang	An die Stelle einer abrundenden Formulierung treten das unerwartete „Amen" und der unmittelbare Abgang von der Kanzel. Der erzielte Überraschungseffekt schreckt die Zuhörer auf und fordert sie zum Nachdenken und zur Stellungnahme heraus. Die Predigt vom Reichen Jüngling[137] könnte wie folgt enden: „Als er dies hörte, wurde er sehr betrübt, denn er war sehr reich. Amen." Die Gemeinde sollte nun eine kurze Zeit als Denkpause bekommen.
Aufgegriffener Einwand	Gelegentlich vermutet der Prediger zu Recht, dass seine werten Zuhörer am Ende an einem schwierigen Gedanken hängen geblieben sein könnten: „Das klingt alles gut; aber ich mache nicht mit, weil ..." Ein solcher vermuteter

---

[137] Lukas 18,18-23

letzter Einwand kann im Predigtschluss aufgegriffen und beantwortet werden: „Einige von euch werden jetzt sicherlich die Frage stellen, wie wir als kleine Gemeinde denn große Weltverantwortung übernehmen können. Wir haben doch genug mit uns selbst zu tun. Aber wir sollten bedenken …“

Entweder-oder-Formel

Texte, die in eine Entscheidungssituation hineinführen, lassen sich gut mit einer Entwederoder-Formel abschließen. Die Zuhörer werden zu einer klaren Stellungnahme und zum Handeln provoziert: „Entweder wir fangen an, mit anderen über unseren Glauben zu reden und eine missionarische Gemeinde zu werden, oder in zehn Jahren macht einer von uns hier das Licht aus. Heute können wir noch entscheiden, was wir tun wollen; in ein paar Jahren ist es zu spät.“

Kompromiss

Der Kompromiss verkürzt eine Maximalforderung, die vermutlich nicht erreicht werden kann, auf ein kleineres Teilziel, das sehr wohl erreichbar ist. „Wenn die meisten von uns wohl kaum als Missionare in Gottes weite Welt ausreisen können wie Paulus und Barnabas und Markus, dann können wir aber wenigstens Mission mit Gebet und Gaben unterstützen, wie die Gemeinde in Antiochien. Das sollten wir dann aber auch wirklich tun!“ Dass es im Blick auf klare ethische Ordnungen keine faulen Kompromisse geben darf, versteht sich von selbst.

Ausblick/Überleitung

Die Predigt ist Bestandteil eines ganzen Gottesdienstgeschehens. Der Prediger könnte am Schluss auf das Thema der nächsten Predigt zu sprechen kommen oder zum nachfolgenden Programmpunkt überleiten. „Wir haben gehört, dass Jesus König, Priester und Prophet ist. Genau davon handelt auch das klassische Erweckungslied ‚Welch ein Freund ist unser Jesus'. Ich lese das Lied zunächst einmal vor, dann singen wir es gemeinsam. Hört gut zu.“

Dank an die Zuhörer

In öffentlichen Reden hat sich der Dank an die Zuhörer als feste Wendung etabliert: „Ich danke allen meinen Zuhörern für ihre ungeteilte Aufmerksamkeit.“ Solche Wendungen wirken stereotyp und einfallslos und haben auf der Kanzel nichts zu suchen. Als Gastprediger oder dann, wenn man die Zeit einmal deutlich überzogen hat, könnte man auch mit einem Dank an die Zuhörer schließen – aber bitte originell formuliert und ernst gemeint.

3. Predigtschluss und zeichenhafte Handlungen

Den guten alten Aufruf zur Entscheidung als zeichenhafte Handlung am Predigtschluss kennen Sie aus der evangelistischen Verkündigung. Der Prediger arbeitet in einem längeren Anlauf darauf hin, dass die Zuhörer eine sichtbare Entscheidung für Jesus Christus treffen. Sie können die Hand heben, vom Platz aufstehen, einen Zettel ausfüllen oder nach vorne kommen – es gibt viele Varianten, die je nach Situation und Umfeld mehr oder weniger geeignet sind. Die Vorteile einer solchen zeichenhaften Handlung liegen auf der Hand: (1.) Der Zuhörer wird zu einer unmittelbaren und aktiven Antwort herausgefordert. (2.) Diese Handlung prägt sich in sein Bewusstsein ein. Und (3.) der Prediger bzw. die Gemeinde können gezielt die notwendige Nacharbeit angehen, weil der Angesprochene sich zu erkennen gegeben hat. Auf das Für und Wider dieser gängigen Praxis der Evangelisation und die jeweiligen theologischen und praktischen Argumente möchte ich an dieser Stelle nicht eingehen.

Besonders jüngere Prediger neigen dazu, auch in nicht evangelistischen Verkündigungssituationen analoge zeichenhafte Handlungen im Predigtschluss vorzusehen – eine gute Idee, wie ich meine. Die Gemeindeglieder können Steine als Zeichen losgelassener Beschwernisse am Altar ablegen. Sie können auf Zettel notierte Bekenntnisse, Sorgen oder Entschlüsse nach vorne bringen und ans Kreuz heften. Sie zünden eine Kerze als Symbol der Hoffnung an, gehen über eine hölzerne „Entscheidungsbrücke", lassen einen Luftballon steigen oder zeigen auf irgendeine andere Art und Weise äußerlich sichtbar, was sich innerlich getan hat. Wenn Sie sich für einen solchen Predigtschluss entscheiden, sollten Sie ihn gut planen. Spielen Sie gedanklich alle Details durch und treffen Sie alle notwendigen Vorkehrungen, damit die Gemeinde ohne Spannungsabbrüche mit einer solchen zeichenhaften Handlung antworten kann. Vor allem sollten Sie genau überlegen, mit welchen Worten Sie dies alles einleiten und welche Erwartungen Sie bei Ihren Zuhörern wecken.

Trotz allem muss ich gestehen, dass sich bei mir oft ein ungutes Gefühl einschleicht, wenn ich wieder einmal zu etwas ganz Besonderem aufgerufen werde. Der postmoderne Mensch will nicht nur hören, sondern aktiv einbezogen werden; er will fühlen und emotional betroffen sein. So weit, so gut. Aber möchte der postmoderne Prediger nicht auf der anderen Seite einfach nur sehen, was er unmittelbar bewirkt hat? Will er einfach nur sicherstellen, dass er effizient war, weil er unter Leistungsdruck steht und handfeste Erfolge sehen möchte? Unter gewissen Umständen können Zeichenhandlungen auch zum Problem werden:

- Die Zeichenhandlung verführt zum Abzählen des Erfolgs. Geistliche Frucht aber lässt sich nicht immer sichtbar machen, schon gar nicht gleich am unmittelbaren Ende einer Predigt.
- Die Zeichenhandlung wird als emotional unausweichliche Erwartung formuliert. Wer sitzen bleibt, kommt sich schuldig vor. Besonders sensible Menschen werden auf diese Weise bei jeder Gelegenheit nach vorne gespült.
- Die Zeichenhandlung verführt Predigthörer zum unreflektierten Mitläufertum. Viele gehen, weil andere gehen. Die Kraft gruppendynamischer Effekte sollten Sie nicht unterschätzen.
- Die Zeichenhandlung wird in ihrem Symbolcharakter nicht ausreichend erklärt. „Wenn du dich angesprochen fühlst, dann trag doch einfach diesen Stein nach vorne." Warum? Weshalb? Was bedeutet das? Zu vieles bleibt ungeklärt.
- Die Zeichenhandlung wird mit dem inneren Geschehen verwechselt. Eine äußere Handlung kann ein inneres Geschehen widerspiegeln, sie muss es aber nicht. Wer einen Zettel mit einem Versprechen der Vergebung ans Kreuz heftet, muss noch lange nicht vergeben haben. Die vermeintliche Geisteswirkung ist ganz schnell verpufft.

- Die Zeichenhandlung wird nicht durch Gesprächsangebote und weiterführende Begleitung ergänzt. Die Predigt reißt innere Abgründe auf, weckt Hoffnung, führt zu einer erkennbaren Bewegung – und lässt den Menschen anschließend mit seiner Zerbrochenheit allein.
- Die Zeichenhandlung wirkt abgegriffen, weil sich die doch begrenzten Varianten irgendwann verschlissen haben. Ich bekenne, dass ich keine Lust habe, schon wieder einen irgendwie gearteten Zettel an ein Holzkreuz zu heften, einen Stein durch den Gemeindesaal zu tragen oder ein Teelicht anzuzünden!

Wenn durch diese Aufzählung der Eindruck entstanden ist, dass ich symbolische Handlungen im Predigtschluss völlig ablehne, muss ich diesen Eindruck umgehend korrigieren. Zeichenhandlungen können sinnvoll sein. Aber man muss sie sehr sparsam und vor allem gut überlegt und verantwortungsbewusst handhaben. Wenn Sie sich darauf einstellen, sollten Sie mutig auf eigene Erfahrungen zugehen.

4. Grundsätze für die Gestaltung eines Predigtschlusses

Zum Abschluss möchte ich Ihnen noch einige wichtige Hinweise geben, die Sie bei der Ausarbeitung eines ansprechenden Predigtschlusses beachten sollten.

a. Der Predigtschluss wird auf das Predigtmotto hin formuliert

Die Mitte des Textes ist auch die Mitte des Predigtschlusses. Er motiviert zum Kerngedanken der Botschaft und nicht zu einem untergeordneten Nebengedanken, so richtig und wichtig dieser an sich auch sein mag. Es wäre beispielsweise ungeschickt, den Predigtschluss auf den letzten Gliederungspunkt hin zu formulieren. Nach der alten Weisheit „Die Hauptsache ist, dass die Hauptsache die Hauptsache bleibt" wird im Schluss der Hauptgedanke des Predigttexts aufgegriffen und vertieft.

b. Der Predigtschluss wird gut durchdacht

Die letzten Eindrücke prägen sich am längsten in das Gedächtnis ein. Sie können eine ganze Predigt wunderbar ausgearbeitet und vorgetragen haben. Die Lehre, die Anwendungen, die Illustrationen – alles passt. Aber wenn die letzten Sätze nicht ebenfalls sitzen, hinterlassen Sie einen schlechten Eindruck und beeinträchtigen die Wirkung Ihrer ganzen Botschaft. Das ist zugegebenermaßen ungerecht, aber es ist wahr. Deshalb müssen Sie den Schluss genauso gut planen wie die Einleitung. Wenn Ihre Predigt in den letzten Minuten nur noch leise vor sich hinplätschert und der Strom Ihrer Rede als armseliges Rinnsal in der Erde versiegt, dann haben Sie sich selbst das Wasser abgegraben, weil Sie in Ihrer Vorbereitung nicht bis zum Ende durchgehalten haben.

c. Der Predigtschluss ist kurz und bündig

Es gibt zwei effektive Möglichkeiten, die gutwilligsten Hörer in die völlige Verzweiflung zu treiben. Im ersten Fall kündigen Sie den vermeintlichen Predigtschluss wiederholt an, halten das gemachte Versprechen aber natürlich nicht ein. Sie haben ja noch so unendlich viel zu sagen! Im anderen Fall kündigen Sie eine kurze Wiederholung an, starten dann aber zu einer kompletten zweiten Predigtrunde durch und fügen zusätzlich alles ein, was Sie beim ersten Mal vergessen hatten. Beide Wege führen zum todsicheren Erfolg.

Um das zu vermeiden, formulieren Sie den Predigtschluss kurz und bündig. Er steht in einem ausgewogenen Verhältnis zur Gesamtlänge der Botschaft. Wenn Sie sich Ihrer Worte innerhalb der Predigt gewiss waren, müssen Sie am Schluss nicht langatmig nachfassen. Die beste Predigt verliert ihre Kraft, wenn die Zuhörer mit dem Eindruck zurückbleiben: „Es war gut, aber gegen Ende langweilig." Deshalb: Zum Schluss kommen ist wichtiger als den Schluss ankündigen.

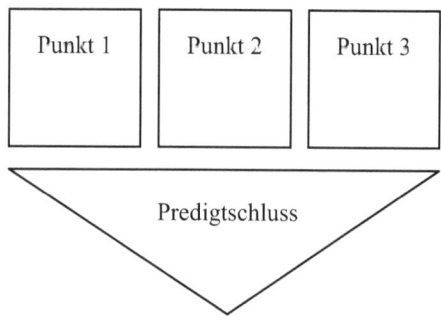

Der Predigtschluss fasst **alle** Hauptpunkte zusammen.

d. Der Predigtschluss enthält keine neuen Gedanken

Der Predigtschluss erscheint vielen als der geeignete Ort, der Gemeinde mitzuteilen, was sie noch alles zu sagen gehabt hätten, vorausgesetzt, die Zeit wäre nicht schon zu weit fortgeschritten. Wer erweckt schon gerne den Eindruck, dass er mit dem Amen sein Pulver verschossen hat? Aber der Predigtschluss darf keine neuen Gedanken enthalten. Er darf sie weder ausführen noch ankündigen. Eine ganze Predigt über haben Sie auf die Kernaussage des Texts hingearbeitet und die Gemeinde dafür einzunehmen versucht. Und nun, in den letzten Sätzen, setzen Sie Ihre Hörer auf eine völlig neue gedankliche Spur und verschieben sie auf ein fremdes Gleis. Das ist im höchsten Maß kontraproduktiv. Der Predigtschluss führt keine neuen Gedanken ein, sondern bündelt die in der Predigt entfalteten alten Aussagen.

e. Der Predigtschluss knüpft möglichst bei der Einleitung an

Als besonders gelungen empfinden wir den Abschluss einer Rede, wenn er mit der Einleitung korrespondiert. Er schließt gleichsam den Kreis der Argumentation und macht aus dem Vortrag eine runde und harmonische Sache. „Erinnern sie sich an die Frage, die ich eingangs stellte? … Jetzt haben wir die biblische Antwort! …" „Vorhin hatte ich von Peter erzählt. Sie wollen sicherlich wissen, wie es mit ihm weitergegangen ist. …" Natürlich gelingt es nicht immer, am Ende der Predigt die große Klammer zu schließen. Es ist auch gar nicht nötig. Aber wenn es sich ungezwungen einrichten lässt, bringen Sie Ihre Predigt damit eindrucksvoll zum Abschluss.

„Das will ich probieren!" – Übungsaufgabe

Um Ihre Predigt abzurunden, fehlt Ihnen nur noch ein guter Abschluss. Können Sie zwanglos bei Ihrer Einleitung anknüpfen, oder mit welcher Schlussvariante möchten Sie es einmal probieren? Setzen Sie am Ende einen richtigen Höhepunkt. Und denken Sie daran: Zusammenfassen ist gut, motivieren ist besser!

I. Die Länge der Predigt

„Man darf über alles predigen, nur nicht über zwanzig Minuten", lautet
ein alter Grundsatz, der eher im Bereich der Landeskirchen als der Freikirchen angesiedelt ist. Dürfen es wirklich nur zwanzig Minuten sein, oder
wie lange darf eine Predigt werden? In den seltensten Fällen werden Sie
sich an eine exakte Zeitvorgabe halten müssen. Im Gottesdienst oder in
einer evangelistischen Veranstaltung beispielsweise bleibt ein Spielraum,
innerhalb dessen sich die Predigt zeitlich bewegen darf. Wird dieser
Rahmen wesentlich unterschritten oder, was in der Praxis viel häufiger
vorkommt, überschritten, leidet der Gesamteindruck. Eine zu kurz geratene Botschaft kann die Inhalte des Bibelworts kaum entfalten, anwenden und illustrieren. Eine zu lange Predigt ist vermutlich mit zu vielen
Details überfrachtet, neigt zu Wiederholungen und überfordert die
Konzentrationsfähigkeit der Zuhörer. Wenn Sie Ihre Predigt planen,
müssen Sie die Predigtlänge deshalb von Anfang an mit bedenken.

1. Faktoren, die die Predigtlänge bestimmen

Wenn es keine festen zeitlichen Vorgaben gibt, wird die Predigtlänge von
vier Faktoren bestimmt:

a. Predigtanlass

Die zeitlichen Erwartungen an die Predigt sind sehr vom Anlass und dem
die Predigt umgebenden Rahmen abhängig. Im Sonntagsgottesdienst
nimmt die Wortverkündigung eine zentrale Stellung ein. Jeder erwartet
eine Predigt und stellt sich darauf ein. Sie soll einen Bibeltext gründlich
auslegen und in unser Leben übertragen. Die Trauerpredigt in der Fried-
hofskapelle dagegen wird in der Regel wesentlich kürzer ausfallen müssen. Die Zuhörer sind innerlich aufgewühlt und sollen mit einem kurzen
geistlichen Wort getröstet werden. Eine ausführliche Auslegungspredigt
wäre völlig fehl am Platz. Jeder Predigtanlass erfordert eine zeitliche
Anpassung der Predigtlänge. Legen Sie sich deshalb nicht auf „Ihr" Stan-
dardmaß für eine Predigt fest ("Unter 40 Minuten fange ich erst gar nicht
an!"), sondern überlegen Sie, wie viel Zeit Sie sich in der konkreten Situation tatsächlich nehmen können.

   Es ist ratsam, sich vor der Predigt kurz über das Rahmenprogramm zu
informieren. Manche Gottesdienste sind mit zahllosen Gestaltungs-

elementen so überfrachtet, dass die Predigt an den Rand gedrängt wird. Das ist zwar eine bedauerliche Entwicklung, aber man kann ihr kaum entgegenwirken. Wer nach 40 Minuten Vorprogramm endlich mit der Verkündigung beginnen darf, wird sich dann kaum noch eine 40-minütige Predigt leisten können. Wenn es irgendwie möglich ist, sollten Sie schon während der Vorbereitung in Erfahrung gebracht haben, welche Elemente für den entsprechenden Predigtanlass geplant sind. Sie wissen dann, ob Sie länger sprechen dürfen oder ob Sie sich kürzer fassen müssen.

b. Hörgewohnheiten der Gemeinde

Jede Gemeinde hat ihre eigenen Hörgewohnheiten, die sich auch auf die Predigtlänge auswirken. In den Landeskirchen ist eine Sonntagspredigt zwischen 15 bis 25 Minuten üblich. Die Gemeinde stellt sich darauf ein und empfindet dreißig Minuten schon als Zumutung. In den meisten Freikirchen dagegen wird eine fünfzehnminütige Predigt vermutlich ziemliche Verunsicherung hervorrufen. Eine halbe Stunde muss es schon sein, wenn die Gemeinde nicht annehmen soll, dass der Bruder nicht viel zu sagen hat. Wenn es keine außerordentlichen Gründe gibt, sollten Sie die Hörgewohnheiten der Gemeinde nicht übergehen, sondern sich in der Planung Ihrer Predigt darauf einstellen.

Auch das Alter der Zuhörer kann für die Predigtlänge von Bedeutung sein. Jugendliche haben meist weniger Sitzfleisch und sind langes Zuhören nicht gewohnt. Ältere Menschen können sich oft nicht mehr lange konzentrieren und haben Mühe mit ihrem Gedächtnis. Auch hier müssen Sie überlegen, welche Predigtlänge für Ihren konkreten Zuhörerkreis sinnvoll ist. Denken Sie nicht von sich her, sondern stellen Sie sich auf die Menschen ein, zu denen Sie sprechen.

c. Schwierigkeitsgrad des Textes

Es gibt Bibeltexte, die schwer verständlich sind und der Gemeinde nur durch eine ausführliche Erläuterung zugänglich gemacht werden können. Andere Texte erfordern viel Zeit für die Anwendung und Übertragung. In solchen Fällen werden Sie sich wünschen, eine etwas längere Predigt halten zu können, um inhaltliche Verkürzungen zu vermeiden. Sie sollten allerdings nicht dem Irrtum verfallen, dass mehr Predigtzeit auch unbedingt mehr Klarheit und Verständlichkeit bedeuten. Entscheidend ist, ob Sie zu einer klaren Gedankenführung finden und präzise formulieren.

Wenn Sie entsprechend des Schwierigkeitsgrads des Texts etwas länger predigen wollen, sollten Sie sich unbedingt fragen, ob dies in den Rahmen des Gottesdiensts hineinpasst. Es ist keine sehr geistliche Verhaltensweise, seine Zeit wesentlich zu überschreiten und gleichzeitig wie selbstverständlich zu erwarten, dass alle nachfolgenden Programmpunkte Ihretwegen gekürzt werden. Manchmal empfiehlt es sich, der Gemeinde schon in der Einleitung anzukündigen, dass die Predigt heute ausnahmsweise etwas länger dauert, weil der Text es erfordert. Sie sollten dann aber auch deutlich machen, dass es sich wirklich lohnt, gedanklich am Ball zu bleiben.

d. Lebendigkeit nach Inhalt und Darbietung

Nicht jeder Prediger spricht gleich interessant und lebendig. Bei manchen schaut die Gemeinde schon nach 15 Minuten auf die Uhr und wartet auf das Ende. Bei anderen ist sie überrascht, dass bereits 40 Minuten vergangen sind und schon das Amen fällt. Jeder muss deshalb seine Wirkung auf die Zuhörer einschätzen lernen. Wenn Sie den Eindruck haben, dass es Ihnen nach Inhalt und Darbietung nicht so gut gelingt, die Gemeinde auf eine längere Reise mitzunehmen, fassen Sie sich grundsätzlich einfach etwas kürzer. Sie können auch in wenig Zeit viel sagen. Die Gemeinde wird Ihnen für Ihr kurzes und bündiges Wort dankbar sein. Wer es versteht, seine Zuhörer zu fesseln und an seinen Lippen hängen zu lassen, kann sich eine etwas längere Predigt leisten. Dabei müssen die anderen oben beschriebenen Faktoren natürlich mitberücksichtigt werden. Übertreiben sollten es aber auch die Redegewandteren nicht, denn wenn die Spannkraft der Zuhörer erschöpft ist, wird es für jeden mühsam, egal wie lebendig Sie auf der Kanzel sprechen und wie dynamisch Sie Ihr Anliegen vortragen.

2. Grundsätze zur Bestimmung der Predigtlänge

Aus den oben genannten Faktoren lässt sich natürlich keine absolute Länge der Predigt ableiten. Wer wollte hier eine Norm festlegen? Predigtanlässe, Hörgewohnheiten der Gemeinde, Schwierigkeitsgrad der Texte und die rhetorischen Fähigkeiten des Verkündigers sind viel zu unterschiedlich, als dass man eine genaue Minutenzahl angeben könnte. Wenn Sie die bisherigen Überlegungen berücksichtigen und dabei noch einige weitere Überlegungen beachten, sollten Sie die richtige Länge Ihrer Predigt aber auf alle Fälle finden können:

- Ihre Predigt sollte so lang sein, dass Sie den ganzen Text abdeckt, und so kurz, dass sie nicht langatmig und langweilig wirkt.
- Betrachten Sie die Zeit, die Sie sich für die Predigt nehmen, nicht als ein Recht, das Ihnen zusteht, sondern als eine Leihgabe, die Ihnen von den Hörern zur Verfügung gestellt wird. Mit dieser Haltung stehen Sie weniger in Gefahr, sich zeitliche Freiheiten herauszunehmen, die Ihnen nicht zustehen.
- Ersetzen Sie mangelnde Vorbereitung nicht durch Länge des Kanzelvortrags. Je schlechter Sie sich vorbereiten, desto größer ist die Gefahr, langatmig zu werden. Eine gut durchdachte Sache kann man auch in kurzer Zeit auf den Punkt bringen.
- Überlegen Sie, ob Sie für einen schwierigeren Text wirklich mehr Zeit als sonst brauchen, oder ob Sie nicht durch eine bessere Vorbereitung in der gleichen Predigtzeit zum Ziel kommen können. Die Liebe zu einer „gründlichen Schriftauslegung" kann leicht in Lieblosigkeit zum Hörer umschlagen.
- Vermeiden Sie einen undisziplinierten Predigtvortrag, der Ihre Zuhörer durch vermeidbare Wiederholungen, unfruchtbare spontan eingebrachte Gedanken und ausufernde Illustrationen unnötig in Anspruch nimmt.
- Halten Sie sich vor Augen, dass die letzten Eindrücke in einer Predigt meistens am intensivsten haften bleiben. Sie können den guten Gesamteindruck Ihrer Botschaft völlig zunichtemachen, wenn die Hörer in den letzten zehn Minuten nur noch ungeduldig auf das Ende warten: „Es war ja gut, aber es war einfach zu lang!"

3. Erste Hilfe bei Überlänge

Die meisten Predigten geraten nicht zu kurz, sondern zu lang. Der Prediger hat sich in der Zeit verschätzt. Die Botschaft war schlecht vorbereitet oder unkonzentriert vorgetragen oder vielleicht auch so engagiert, dass die Zeit darüber unbemerkt verflossen ist. Solange die Zuhörer nicht erkennbar auf die Überlänge reagieren und die Predigt nur einige wenige Minuten über das Ziel hinausschießt, müssen Sie sich keine großen Sorgen machen. Wenn aber die Predigthörer anfangen, unruhig auf ihren Plätzen hin- und herzurutschen, und der Leiter des Gottesdienstes beginnt, verzweifelte Signale an Sie auszusenden, müssen Sie tatsächlich zügig reagieren. Es gibt einige völlig ungeeignete Strategien, mit einer drohenden Überlänge fertig zu werden. Folgendes sollten Sie auf keinen Fall tun:

- Predigen Sie nicht einfach durch.
  Wer sich auf der Kanzel wie mit einer Brechstange Zeit verschafft, hinterlässt bei den Hörern den Eindruck, dass ihnen Gewalt angetan wurde. Dieses Gefühl wirkt sich immer negativ aus.

- Sprechen Sie nicht schneller.
  Sie können zwar mit einer höheren Redegeschwindigkeit noch alles sagen, was Sie sich vorgenommen hatten. Aber Ihre Aussagen wirken gehetzt und lassen zum Mitdenken keine Zeit. Weil das, was aus Ihrem Mund strömt, sowieso an Ihren Zuhörern vorbeirauscht, ist es besser, eine Passage zu streichen oder kurz zusammenzufassen.

- Kündigen Sie nicht ständig das Ende Ihrer Predigt an.
  Wer das tut, entlarvt sich selbst. Die Zuhörer ahnen, dass Sie Ihre Zeitnot bemerkt haben, und sie wissen auch, dass der Hinweis auf das nahe Ende nur ein Trick ist, um sie hinzuhalten. Eine Gemeinde, die sich auf diese Weise verschaukelt fühlt, verliert alle Lust am Zuhören.

- Machen Sie keinen anderen für Ihre Zeitnot verantwortlich.
  Der Satz „Schade, dass man mir für einen solchen inhaltsschweren Predigttext nur so wenig Zeit gegeben hat" scheint den Prediger zu entlasten. In Wirklichkeit aber macht er andere für das selbst verschuldete Problem verantwortlich. Das wirkt nicht gut und hinterlässt einen faden Beigeschmack.

Wenn Sie in Zeitnot kommen, kürzen Sie Ihre Predigt, ohne dass Sie dabei auf wesentliche Inhalte verzichten. Kürzen können Sie am besten an Nebengedanken, an Predigtillustrationen, an Parallelstellen, die man anführen wollte, und an eingeplanten Wiederholungen, die an sich für die Einprägsamkeit der Predigt sinnvoll gewesen wären. Auch der Predigtschluss lässt sich kürzer gestalten, indem man beispielsweise auf eine Zusammenfassung verzichtet. Im Notfall kann man sogar einen ganzen Hauptpunkt der Botschaft auslassen. Natürlich darf in diesem Abschnitt nicht gerade der Skopus des Textes liegen. Wenn Sie sich zu einem solchen radikalen Schnitt entscheiden, sollten Sie das der Gemeinde am besten sagen: „Weil es schon spät geworden ist und weil ich meine Zeit nicht überschreiten will, möchte ich auf die letzten Verse des Textes nicht mehr eingehen. Worauf es Jesus ankommt, haben wir bereits verstanden." Die Gemeinde wird es Ihnen hoch anrechnen, dass es Ihnen wichtiger war, Rücksicht auf sie zu nehmen, anstatt Ihre lieb gewonnenen Gedanken auf alle Fälle noch zum Besten zu geben.

Wenn Ihnen von anderen gespiegelt wird, dass Ihre Predigten grundsätzlich „etwas lang" sind, dann sollten Sie auch grundsätzlich an diesem Problem arbeiten und schon in der Vorbereitung darauf achten, dass Sie das Zeitlimit einhalten. Mit zunehmender Erfahrung werden Sie aufgrund des Umfangs Ihres Konzeptes abschätzen lernen, wie lange Ihre Predigt voraussichtlich werden wird. Auf diese Weise können Sie bereits am Schreibtisch Überlänge in den Griff bekommen.

„Das will ich probieren!" – Übungsaufgabe

Vermutlich werden Sie nicht lange warten müssen, bis Sie Opfer einer aus den Fugen geratenen Predigt geworden sind. (1.) Versuchen Sie zu analysieren, was zu dieser Überlänge geführt hat. Waren es die vielen Beispiele und Illustrationen? Waren die Textgrenzen zu groß gewählt? Zu viele exegetische Details? Ausufernder Erzählstil? Unnötige Wiederholungen? Ich bin sicher, dass Sie des Rätsels Lösung finden werden. (2.) Hand aufs Herz: Neigen Sie selbst dazu, die Zuhörer durch Überlänge auf die Folter zu spannen? Ja? Welche Strategien könnten Sie entwickeln, um dem entgegenzuwirken?

J. Die formale Stimmigkeit der Predigt

Bisher haben wir die verschiedenen Bausteine der „Predigtkrawatte" je für sich alleine betrachtet. Von der Einleitung bis zum Schluss haben wir alle wesentlichen Teilaspekte angesprochen. Es gibt darüber hinaus aber wichtige Gesichtspunkte, die das Ganze des Predigtgebäudes betreffen und die dafür sorgen, dass die Predigt als solche abgerundet und schlüssig wirkt. Alles, was in diesem Zusammenhang zu beachten ist, habe ich unter dem Stichwort „formale Stimmigkeit" zusammengefasst. Die Anregungen, die ich Ihnen in diesem Abschnitt geben möchte, gehen allerdings über rein formale Aspekte hinaus und weisen auf das nachfolgende Kapitel. Dort geht es dann um die „theologische Stimmigkeit" der Predigt.

1. Die Einheit der Predigt

Wenn wir auch aus methodischen Gründen das Konzept einer Predigt in
Teilschritten erarbeiten, müssen wir die Predigt dennoch als Einheit sehen. Wer die Einleitung formuliert, muss schon den Schluss vor Augen
haben. Wer den ersten Hauptpunkt niederschreibt, sollte wissen, was er im
zweiten und dritten besprechen will. Die Predigt ist vom ersten bis zum
letzten Satz ein einziges Gebäude, in dem sich ein Stein auf den anderen
fügt. Sie dürfen sie nie als Aneinanderreihung von zusammenhanglosen
Blöcken verstehen.

Die Einheit der Predigt wird durch die Gliederung gewährleistet. Das
Motto bildet das gedankliche Dach, unter das sich jeder einzelne Gedanke
fügen muss. Alles, was nicht zur Thematik des Texts passt, gehört nicht in
die Predigt hinein. Es stört die Einheit und sorgt dafür, dass die Predigt
nicht mehr schlüssig wirkt. Gehen Sie deshalb Ihr Konzept zum Abschluss
noch einmal durch und überprüfen Sie, ob Sie Elemente eingearbeitet
haben, die thematisch nicht dazugehören oder die das Gesamtgefüge stören. Überprüfen Sie, ob Hauptpunkte, Einleitung und Schluss in einer
gedanklichen Linie mit dem Motto stehen. Was nicht passt, wird ge-
strichen – auch wenn es wehtut!

2. Ausgewogene Proportionen

Es wird in keiner Predigt gelingen, immer eine vollendete Harmonie im
Gesamtaufbau zu erreichen. Je nach Text oder Eigenart der Zuhörer wird
der eine oder andere Gesichtspunkt inhaltlich und zeitlich etwas stärker
betont werden müssen. Trotzdem sollten die Hauptelemente der Predigt in
einem ausgewogenen Verhältnis zueinander stehen. Wer beispielsweise
im ersten von drei Hauptpunkten stecken bleibt, hat entweder den Text zu
groß gewählt oder nicht auf Ausgewogenheit geachtet. Weit verbreitet ist
das Phänomen der Kopflastigkeit der Predigt. Am Anfang der Predigtvorbereitung sind wir noch frisch und unverbraucht. Die Einleitung und der
erste Hauptgedanke sprudeln förmlich aus uns heraus. Gegen Ende der
mühsamen Schreibtischarbeit lässt die Konzentration langsam nach. Wir
sind froh, wenn wir es endlich geschafft haben. Der dritte Hauptpunkt
wird deshalb nur noch oberflächlich und schemenhaft angedacht. Kein
Wunder, wenn die Predigt dann auf der Kanzel „frontlastig" wirkt und die
Ausführungen in den weiter hinten liegenden Abschnitten immer knapper
werden. Die Gemeinde fühlt sich betrogen, weil der Text unzureichend
oder nicht vollständig behandelt wurde. Ganz übel wird es, wenn Sie in

den ersten beiden Punkten die Problemstellung gründlich abhandeln, aber für die Lösung im dritten Teil leider keine Zeit mehr bleibt! Ausgewogene Proportionen geben der Predigt eine innere Harmonie und Schlüssigkeit. Sie sorgen dafür, dass der ganze Text angemessen berücksichtigt wird und nicht nur ein Teil. Achten Sie deshalb darauf, dass Sie sowohl inhaltlich als auch zeitlich die Schwerpunkte richtig setzen und möglichst gleichmäßig auf die ganze Predigt verteilen. Als Faustregel kann gelten: Bei 30 Minuten Predigt sind Einleitung und Schluss jeweils etwa 3-4 Minuten lang; die restlichen 22-24 Minuten verteilen sich auf den Hauptteil.

3. Zielstrebige und gestraffte Vortragsweise

Eine ansprechende Predigt zeichnet sich dadurch aus, dass sie geradlinig auf ihr Ziel zugeht. Jeder vorgetragene Gedanke soll sie ein Stückchen vorwärtsbringen. Deshalb ist jede Anwendung auf die dazugehörige Lehraussage abgestimmt. Jede Illustration passt exakt zur Argumentation, die sie verdeutlichen soll. Jede Formulierung ist durchdacht. Auf diese Weise fügen sich die einzelnen Elemente wie die Glieder einer Kette zu einem logischen Ganzen zusammen. Wenn Sie so predigen, erreichen Sie eine große innere Folgerichtigkeit für das, was sie sagen. Vielen Predigten aber fehlt diese Zielstrebigkeit. Sie wirken langatmig, verfahren und unkonzentriert. In endlosen Wiederholungen wird immer wieder dasselbe gesagt. Es gibt kaum gedanklichen Fortschritt. Oder aber die Gedanken schweifen so weit ab, dass der Zuhörer nicht mehr erkennt, was sie eigentlich mit dem angegebenen Predigttext zu tun haben könnten. Für einen solchen Predigtstil gibt es mehrere Ursachen:

- schlechte Vorbereitung
- unklare Ziele
- undisziplinierter Vortrag
- langatmige Beispiele
- unnötige Exkurse
- inhaltliche Überfrachtung

Um zielstrebig und schlüssig zu predigen, müssen Sie sich also gut vorbereiten und auf der Kanzel diszipliniert verhalten. Gehen Sie Ihr Predigtkonzept noch einmal unter dem Gesichtspunkt der Zielstrebigkeit und der gestrafften Vortragsweise durch. Wo wiederholen Sie sich unnötig? Wo stehen Ihre Gedanken still? Welche Parallelstellen müssen Sie nicht zitieren? Ein einziger treffender Paralleltext reicht in der Regel völlig aus und ist meist besser als zwei. An welchen Stellen verschenken Sie wertvolle Zeit durch unnötige Exkurse, die für Sie selbst in der Vorbereitung zwar eine Bereicherung waren, die aber die Zuhörer langweilen und vom Eigentlichen ablenken? Gehen Sie geradlinig auf Ihr Ziel zu und suchen Sie nach dem einfachsten, klarsten und schlüssigsten Weg, es zu erreichen.

4. Die Redundanz

Wenn ich eben von der Notwendigkeit sprach, die Predigt zielstrebig und gestrafft auszuarbeiten, muss ich diese Forderung gleich durch eine scheinbar dem widersprechende ergänzen. Eine Predigt braucht auch Wiederholungen und Rückgriffe auf das, was bisher gesagt wurde. Sie muss redundant sein.

Redundanzen führen die Zuhörer auf bereits bekannte Aussagen zurück.

Im Bereich der Kommunikation verstehen wir unter Redundanzen sprachliche Elemente, die einer Aussage keine zusätzlichen Informationen hinzufügen, sondern nur die bereits bekannte Grundinformation stützen. Dazu gehören Wortwiederholungen, Gedankenwiederholungen, Füllwörter und Häufungen von sinngleichen oder sinnähnlichen Begriffen („Schwarzer Rappen" – ein Rappe ist immer schwarz). Die gesprochene Sprache lebt geradezu von solchen redundanten Elementen. Hören Sie einfach einmal zu, wenn sich zwei Leute auf der Straße unterhalten.

In einer Rede haben Redundanzen eine dreifache Aufgabe: (1.) Sie lockern auf. Wenn jeder Gedanke exakt nur ein einziges Mal vorgetragen wird, muss der Zuhörer aufpassen wie ein Luchs, damit ihm nichts entgeht. Er erhält zwar in kurzer Zeit eine größtmögliche Menge an Informationen; dafür hinterlässt jede kleine Unkonzentriertheit sofort eine gedankliche Lücke. (2.) Redundanzen prägen ein. Sie sorgen dafür, dass die Botschaft besser haften bleibt. Durch Wiederholungen, Rückgriffe und Gedankenhäufungen setzt sich der Inhalt leichter im Gedächtnis fest. Die Predigt wird luftiger und leichter bekömmlich. (3.) Redundanzen machen einen Vortrag umgangssprachlicher und damit natürlicher. Die Rede wirkt vertraut und ungekünstelt. Die Aufgabe für den Verkündiger ist also eine doppelte: Er muss zielstrebig und gestrafft und gleichzeitig redundant und luftig sprechen. Wie macht man das?

Sprechen Sie, wie Ihnen und den Leuten der Schnabel gewachsen ist, und vermeiden Sie eine gestochene Hochsprache. Das ist besonders dann wichtig, wenn Sie Ihre Predigt wortwörtlich aufschreiben. Sie müssen keine Meldung für die Tageszeitung verfassen, in der Sie wie ein Redakteur jedes unnütze Wort erbarmungslos streichen.[138] Darüber hinaus nutzen Sie die redundanten Elemente, die im Predigtaufbau schon enthalten sind. Nennen Sie das Motto Ihrer Predigt und die Unterpunkte getrost zweimal und greifen Sie diese auch während der Predigt gelegentlich auf. Nutzen Sie die Überleitungen zu kleinen Wiederholungen und Rückführungen auf bisher entfaltete Gedanken. Formulieren Sie schwer verständliche oder besonders wichtige Sachverhalte getrost mit anderen Worten zweimal hintereinander. Oder greifen Sie diese Gedanken später noch einmal von einer anderen Seite her auf. Viele sind darauf angewiesen, dass sie etwas mehrmals hören, um es einmal richtig zu verstehen. Bleiben Sie trotz notwendiger Redundanz dennoch zielstrebig in Ihrem Vortragsstil. Sinnlose Wiederholungen machen noch keine redundante Rede.

5. Anspannung und Entspannung

Wer einer Predigt aufmerksam folgt, leistet harte Arbeit. Es ist deshalb nicht verwunderlich, dass die Konzentration langsam nachlässt und dass die Gedanken anfangen, abzuschweifen und sich mit leichteren Themen zu befassen, beispielsweise mit dem Blumenschmuck der Kanzel, der allgemeinen Wetterlage oder dem bevorstehenden Mittagessen. Wenn sich der Geist bei diesen erbaulichen Überlegungen langsam erholt hat, klinkt sich der Zuhörer auch wieder in die Predigt ein. Auf diese Weise bewegt er sich in einer stetigen Wellenbewegung zwischen Anspannung und Entspannung. Die Abstände zwischen beiden Zuständen werden um so kürzer, je länger die Predigt dauert.

Wenn der Verkündiger diese Zusammenhänge kennt, kann er sich darauf einstellen. Er wird nicht vom ersten bis zum letzten Augenblick die volle Konzentration seiner Zuhörer beanspruchen und sie überfordern. Er

---

138 Wie wir auf der Kanzel lebendig mit unserer Sprache umgehen, werden wir später ausführlich betrachten; siehe S. 236 ff.

wird Spannungsbögen schlagen und Phasen des intensiven Zuhörens durch Phasen des lockeren Zuhörens unterbrechen. Dadurch erhält die Gemeinde gedankliche Pausen, in denen sie Kraft für den nächsten konzentrierten Predigtpart sammeln kann. Zu den Standardelementen, die eine solche Auflockerung bewirken, gehören Predigtillustrationen oder kleine Erzählstücke. Auch gezielte Wiederholungen, also redundante Elemente, verschaffen den Zuhörern eine kurze Denkpause. Sie hören den Inhalt nicht zum ersten Mal; sie müssen sich nur erinnern. Gestalten Sie Ihr Konzept so, dass sich Anspannung und Entspannung stets abwechseln und dass gedankliche Ruhepausen über die ganze Predigt verteilt sind. Dies ist umso wichtiger, je länger Ihre Predigt dauert.

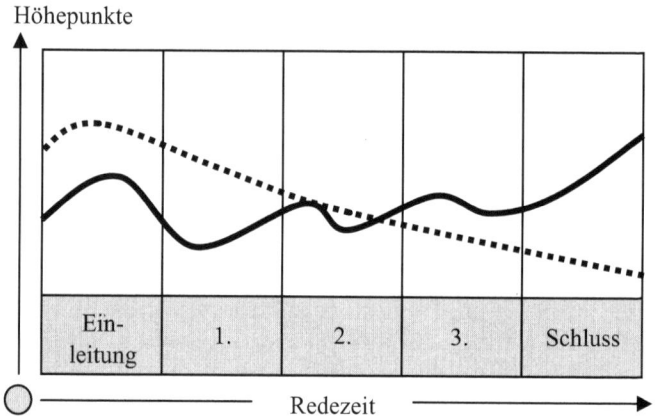

Die Spannungskurve der Predigt (▬▬ günstig, ▪▪▪▪ ungünstig)

6. Klare Gedankenführung

Zu den größten Herausforderungen gehört es, klar und verständlich zu sprechen. Es ist relativ leicht, komplexe Sachverhalte kompliziert auszudrücken und in Fachvokabular einzukleiden. Es ist eine andere Sache, schwierige Gedankengänge so zu erklären, dass sie jeder versteht und dass sie für alle einsichtig sind. Die Predigt will das Evangelium erläutern und entfalten. Tiefe Wahrheiten müssen deshalb so formuliert werden, dass einfache Gottesdienstbesucher alles verstehen und gebildete Akademiker sich gleichzeitig zum Weiterdenken angeregt fühlen.

Je komplexer eine biblische Wahrheit ist, desto wichtiger ist es, dass Sie sie gedanklich gründlich durchdringen. Nur was Sie selbst verstanden haben, können Sie auch anderen verständlich machen. Was Sie nicht „rüberbringen" konnten, haben Sie vermutlich selbst noch nicht ganz erfasst. Denken Sie exegetische Fragen oder Anwendungen deshalb bis zum Ende durch. Stellen Sie sich im Interesse Ihrer Hörer immer die zentrale Frage: „Was ist der einfachste und klarste Weg, es zu sagen?" Haben Sie es gefunden, ja? Dann überlegen Sie, ob es nicht noch einfacher geht.

7. Lebendige Inhalte

Eine Predigt kann inhaltlich völlig richtig sein und ganz auf dem Boden der Heiligen Schrift stehen, aber sie wirkt dennoch steril und leblos und erreicht die Hörer nicht. Vielleicht fehlt es an der ansprechenden Darbietung. Mit diesem Thema werden wir uns später noch beschäftigen. Aber meistens liegt es daran, dass der Verkündiger nicht predigt, sondern einen theologischen Fachvortrag doziert. Langatmige und langweilig vorgetragene Ergüsse über exegetische Zusammenhänge prasseln auf die Gemeinde nieder. Wen interessiert das wirklich?

Dabei kann Exegese so spannend sein! Schildern Sie die Personen, die in Ihrem Bibeltext vorkommen, als Wesen aus Fleisch und Blut, mit Stärken, Schwächen, Siegen, Niederlagen, Hoffnungen und Zweifeln. Malen Sie Ihren Zuhörern Sternstunden der Geschichte, Siege und Niederlagen, aussichtslose Situationen und atemberaubende Wendungen vor Augen. Nüchterne dogmatische Aussagen in neutestamentlichen Briefen beispielsweise sind in Wirklichkeit Ausdruck eines intensiven Ringens um den richtigen Weg. Zeigen Sie, wie Lehre und Leben verflochten sind und wie das eine das andere bedingt. Predigen Sie keine Dogmatik oder keine Historie. Predigen Sie das Leben, das sich in der Geschichte und in der Glaubenslehre widerspiegelt. Interessant ist doch nur das Leben selbst! Darauf ist letztlich alle Theologie der Heiligen Schrift ausgerichtet! Predigt muss immer lebensbezogen sein. Eine sterile und sachorientierte Verkündigung des Evangeliums ist ein Widerspruch in sich selbst. Nehmen Sie also Ihr Manuskript noch einmal in die Hand und überprüfen Sie, ob Sie wirklich das pralle Leben verhandeln. Wo verlieren Sie sich in Abhandlungen, die niemanden interessieren? Welche Passagen predigen Sie herunter, weil Sie sie argumentativ für nötig halten, während Sie vielleicht selbst gar kein großes Interesse an ihnen haben? Wo kommen Ihnen Ihre eigenen Ausführungen langweilig und belanglos vor? Gehen Sie den Ursachen nach und arbeiten Sie speziell an diesen Abschnitten.

8. Inhaltliches Gewicht

„Liebe Brüder und Schwestern, heute fällt die Predigt aus, weil ich euch etwas zu sagen habe." Dieser Spruch auf einem humoristischen Pfarrerkalender hat mir nicht nur ein Schmunzeln entlockt, sondern mich auch ins Nachdenken gebracht. Was hat der Mann da oben auf der Kanzel eigentlich in den letzten Wochen und Monaten getan, wenn er erst an diesem Sonntag etwas zu sagen hat? Und warum muss die Predigt ausfallen, um der Gemeinde Gewichtiges mitteilen zu können? Hat nicht gerade die Predigt „etwas zu sagen", etwas, was Gewicht hat? Tatsächlich aber kommen viele Predigten federleicht daher. Sie sind locker-flockig, unterhaltsam, originell und leicht verdaulich. Inhaltlich fehlt es ihnen an Substanz. Die Gemeinde wurde gut unterhalten, aber sie geht genauso hungrig aus dem Gottesdienst, wie sie hineingegangen ist. Was zählt und was nicht, habe ich versucht, in dieser kleinen Tabelle gegenüberzustellen.

Was gar nicht zählt	Was wirklich zählt
gespielte Betroffenheit	echte Überzeugungen
gefühlvolle Einlagen	aufrichtige Gefühle
Humor um des Humors willen	unverfängliche Fröhlichkeit
lose Geschichtchen	wahre Lebensgeschichten
oberflächliche Plattitüden	tiefe Wahrheiten
Allgemeinplätze	handfeste Aussagen
Effekthascherei	ernsthaftes Ringen um den Hörer
selbstverliebte Sprechweise	Gott hingegebene Verkündigung

Sicherlich hätten Sie noch weitere Vorschläge, wie man diese Auflistung erweitern könnte. Einen in der Tabelle angeführten Begriff möchte ich besonders hervorheben. Es sind die „echten Überzeugungen". Inhaltliches Gewicht bekommt all das, was in uns selbst zur echten Überzeugung herangereift ist. Wir müssen glauben, was wir predigen, und dabei aufrichtig und echt bleiben. Andernfalls geht es uns wie dem Bischof von

London. Der stellte dem berühmten Schauspieler Anthony Quinn folgende Frage: „Woher kommt es nur, dass wir Prediger mit den erhabenen und wahren Gegenständen, die wir verkündigen, meist nur geringen Eindruck machen, während ihr Schauspieler mit euren Dichtungen auf der Bühne die Leute so sehr bewegt?" – „Das kommt daher", entgegnete Quinn, „dass wir von den erdichteten Sachen wie von wahren sprechen, die Herren Geistlichen dagegen von den wahren wie von erdichteten."

9. Der Prediger: das Multi-Kompetenz-Talent

Eine weitverbreitete Unart von Predigern ist, dass sie zu allem etwas zu sagen haben und glauben, überall kompetent mitreden zu müssen oder zu können. Das liegt zum einen daran, dass sie gewohnt sind, ständig ihre Meinung abzugeben. Zum anderen stehen sie unter einem hohen Erwartungsdruck. Die Gemeinde möchte vom Prediger ein wegweisendes Wort hören. Dafür steht er auf der Kanzel und dafür wird er auch bezahlt, wenn er nicht gerade ein sogenannter Laienprediger ist.

Die Kompetenz des Predigers ist gleich in mehrfacher Hinsicht gefragt. Er soll (1.) theologisch kompetent sein, um mit dem Bibeltext angemessen umgehen zu können. Ansonsten erwartet die Gemeinde nichts von ihm. Er soll (2.) geistlich kompetent sein, damit er die biblischen Wahrheiten aus seiner Glaubenspraxis heraus verkündigen kann. Sonst nimmt man ihm die Botschaft nicht ab. Er soll (3.) lebenskompetent sein, damit man ihm eine gewisse Reife abspüren kann, aus der heraus seine Gedanken gewachsen sind. Andernfalls wirken seine Predigtergüsse unannehmbar und vielleicht sogar lächerlich. Er soll (4.) emotional kompetent sein, um sich in die Zuhörer und deren Lebenssituation einfühlen zu können. Mit einem überspannten oder gar gefühlskalten Prediger hat man ebenfalls Probleme. Er soll (5.) sozial kompetent sein, um das Bibelwort in die Gemeinschaft der Gemeinde und die gesellschaftliche Wirklichkeit hineinsagen zu können. Wer wie die Axt im Walde auftritt, muss sich nicht wundern, wenn die Baumwipfel über ihm zusammenschlagen. Er soll (6.) sachliche Kompetenz besitzen, damit er nicht über Fragen der Politik, Gesellschaft, Wirtschaft, Wissenschaft usw. redet wie der Blinde von der Farbe. Für einen solchen Mann muss man sich schämen. Und er soll (7.) rhetorisch kompetent sein, um alles ansprechend und lebendig rüberbringen zu können. Die Gemeinde will ja nicht eingeschläfert werden. Wenn Sie jetzt die Lust am Predigen verloren haben, kann ich Sie gut verstehen! Wer traut sich schon zu, das alles erfüllen zu können.

Man kann das Ganze aber auch positiv angehen: Arbeiten Sie einfach an sich und nehmen Sie die vielfachen Erwartungen konstruktiv als Herausforderung an. Sie sollten sich umfassend bilden und sich eine ebenso umfassende Kompetenz in möglichst vielen Bereichen erarbeiten. Sie sollten wissen, wovon Sie reden, sich sachkundig machen und nur glaubwürdige Informationen weitergeben. Darüber hinaus halte ich es für keinen Schaden zuzugeben, dass wir nicht alles wissen. Wir können auch eingestehen, dass wir uns Dinge nur angelesen haben, ohne sie nachprüfen zu können. Weniger Allwissenheit auf der Kanzel ist ein Mehr an Weisheit, Wahrhaftigkeit und Glaubwürdigkeit. Stimmig wird eine Predigt nur, wenn stimmt, was wir sagen.

K. Die theologische Stimmigkeit der Predigt

Wenn wir im letzten Kapitel über die „formale Stimmigkeit" der Predigt nachgedacht haben, sind wir vorwiegend auf Aspekte eingegangen, die eine Rede rhetorisch zu einer runden Sache machen. Eine Predigt braucht darüber hinaus aber auch eine „theologische Stimmigkeit", d.h., sie muss vom Denkansatz her evangeliumsgemäß sein und die biblisch-theologischen Grundakzente der Bibel richtig wiedergeben. Stellen Sie sich vor, ein Politiker wollte das Recht auf freie Meinungsäußerung verteidigen, indem er allen, die sich kritisch äußern, den Mund verbietet und sie mit Gefängnis bedroht. Wir würden das zweifellos als inneren Widerspruch empfinden und einwenden, dass dieser Mann das Wesen demokratischen Denkens selber nicht verstanden hat. Genauso könnte ein Prediger die gute Nachricht der Liebe Gottes mit so bedrohlichen Worten und Gesten von der Kanzel herabschreien, dass ihm keiner die Güte Gottes glaubt. Es ist nicht stimmig, lieblos von der Liebe zu reden. Wer's dennoch tut, hat nicht nur ein menschliches Problem; er lässt es auch an der nötigen theologischen Durchdringung seiner Predigt fehlen.

Damit Sie gleichsam den Grundton biblischer Wahrheiten sauber aufnehmen und auf der Kanzel in der richtigen Frequenz des Evangeliums schwingen, möchte ich im Folgenden fünf Saiten zum Klingen bringen.

1. Gott verherrlichen

Unser Glaube drängt im letzten tiefsten Sinn auf die Anbetung und Verherrlichung Gottes. „Gott loben, das ist unser Amt", so sagen wir es treffend und greifen dabei ein ganz großes Thema der Heiligen Schrift auf.

Wenn unsere Verkündigung in diese Melodie mit einstimmen will – und das sollte sie –, dann muss sie auch die Verherrlichung Gottes als letztes und höchstes Ziel vor Augen haben und darauf hinarbeiten, dass die Gemeinde am Ende der Predigt auf dieses Gotteslob eingestimmt ist.

Vielen Predigten fehlt diese Zielrichtung. Sie beschäftigen sich so ausführlich mit dem Menschen und seinen Problemen, dass Gott an den Rand gedrängt oder sogar verdrängt wird. Praktische Lebenshilfe und Auseinandersetzung mit den Themen unserer Zeit sind angesagt. Lösungen für Alltagsfragen und die globalen Weltprobleme werden von den Kanzeln aus angeboten. Das Elend der Welt wird beschworen, und das Vertrauen in die eigenen Fähigkeiten wird geweckt. „Denke positiv; entdecke, was in dir steckt; Gott will dich ganz groß rausbringen." Gott selbst aber bleibt dabei auf der Strecke. Er wird zum theologischen Anhängsel, das wir auch noch erwähnen müssen, weil wir ja auf einer christlichen Kanzel stehen. Predigen heißt, Gott verherrlichen. Wir müssen bewusst darauf achten, dass unsere Verkündigung dieses Ziel nicht verpasst. Dazu reicht es nicht, dass wir den Namen Gottes in der Predigt möglichst oft nennen. Es ist auch zu wenig, wenn wir der Gemeinde immer wieder einmal zurufen, dass wir Gott für dies oder jenes danken sollten. Es ist ebenfalls unnötig, ab sofort nur noch über Texte zu predigen, die unmittelbar von Gott und seiner Verherrlichung sprechen. Die Verherrlichung Gottes ist ein Grundton, ein Cantus firmus, der die ganze Predigt von innen her zusammenhält. Sie sprechen über die Osterbotschaft? Dann predigen Sie so, dass die Gemeinde Gott am Ende Ihrer Predigt wegen des auferstandenen Christus und der Überwindung des Todes anbetet. Sie predigen über unsere menschliche Schwachheit? Dann predigen Sie so, dass die Gemeinde Gott verherrlicht, weil er sich gerade in der Schwachheit als mächtig erweist. Über was immer Sie predigen, führen Sie die Gemeinde in die Anbetung Gottes hinein und lassen Sie erkennen, dass Sie selbst in einer Haltung des Gotteslobes leben. Nur wenn Sie die Gemeinde mit einem dankbaren Blick für ihren Herrn entlassen, haben Sie sie recht auf die kommende Woche vorbereitet. Predigen heißt, Gott verherrlichen.

2. „Christus treiben"

Was ich eben im Blick auf Gott sagte, gilt in ähnlicher Weise von Jesus Christus. Unsere Predigt muss „Christus treiben", wie Luther es im Blick auf die Mitte der Heiligen Schrift formulierte. Jesus Christus ist sozusagen die Hauptperson der Bibel, weil er Erretter, Versöhner und Erlöser ist. Er ist die Mitte der Heilsgeschichte, die Gott mit seiner Schöpfung schreibt. Deshalb gehört er auch in die Mitte der Verkündigung. Im Blick auf seinen Dienst stellt Paulus dies den Korinthern gegenüber klar heraus: „Denn ich nahm mir vor, nichts anderes unter euch zu wissen als nur Jesus Christus und ihn als gekreuzigt."[139] Auch wenn Paulus nicht in jedem Satz seiner Verkündigung den Namen Jesu in seinem Munde führte und er in seinen Briefen viele Themen behandelt, die nicht unmittelbar von Christus sprechen, so ist doch alles, was er sagt, von Christus her gedacht und auf Christus bezogen. Dies muss auch von unserer Predigt gelten. Sie muss Christus treiben und gleichsam wie ein Scheinwerfer ein helles Licht auf ihn werfen.

Für die Praxis der Verkündigung hat dies weitreichende Folgen. So besteht beispielsweise die Gefahr, dass der Verkündiger allgemein nur von Gott spricht und nicht von Jesus Christus. In unserer Gesellschaft, die sich immer toleranter und multireligiöser gibt, mag es zunächst als vorteilhaft erscheinen, sich auf das allgemeine Wort „Gott" zurückzuziehen und den Namen Jesu zu vermeiden. Aber von Gott reden eben viele, und jeder verbindet damit eine andere Vorstellung. Der Gott, den Paulus verkündigte, hat sich in einem ganz konkreten Namen geoffenbart: Jesus Christus. Wenn wir von ihm sprechen, werden wir eindeutig und treffen die Mitte des Evangeliums. Wenn unsere Predigt „Christus treiben" soll, dann müssen wir offen und frei von ihm sprechen und nicht verschämt um ihn herumpredigen.

„Christus treiben" bedeutet auch, in der Predigt Liebe zu Christus zu wecken. Die geistliche Qualität einer Gemeinde hängt wesentlich von der Qualität ihrer Liebe zu Christus ab. Liebe zu Christus gewinnt der Predigthörer aber nur, wenn der Mann auf der Kanzel Jesus selbst von Herzen lieb hat und ihn der Gemeinde vor Augen malt. Das war offensichtlich ein Anliegen des Apostels Paulus, denn er warnt die Galater und erinnert sie eindringlich an seine Predigt: „O unverständige Galater! Wer hat euch bezaubert, denen Jesus Christus als gekreuzigt vor Augen gemalt wurde?"[140] Wir dürfen daher nicht auf der Sachebene stecken bleiben oder einfach nur Theologie betreiben oder bloße Lebensberatung geben wollen. Es geht um Jesus Christus, den wir unseren Zuhörern lieb machen wollen. Wir müssen immer wieder von ihm reden und unsere Predigt an ihm zent-

---

[139] 1. Korinther 2,2
[140] Galater 3,1

rieren. Achten Sie deshalb darauf, dass Jesus Christus in Ihrer Verkündigung nicht zu kurz kommt, sondern immer die innerliche Mitte ausmacht. Malen Sie der Gemeinde Jesus vor Augen und helfen Sie, Liebe zu
ihm zu wecken und zu stärken.

3. Glauben wecken

Ein weiteres Qualitätsmerkmal einer guten Verkündigung ist, dass sie die
Predigtzuhörer zum Glauben ermutigt. Menschen ohne Christusbeziehung
sollen Mut gewinnen, sich Jesus anzuvertrauen. Diejenigen, die bereits an
ihn glauben, sollen in ihrem Vertrauen auf Christus gestärkt werden.
Glaubensweckend und glaubensfördernd also soll die Predigt sein.

Für die Praxis der Verkündigung bedeutet das, dass wir uns nicht mit
der Vermittlung von Richtigkeiten zufriedengeben dürfen. Wer um Christus weiß, muss ihm nicht notwendig schon vertrauen. Wer das rechte
Glaubensbekenntnis vertritt, dem kann es immer noch an der Glaubenspraxis fehlen. „Die Dämonen glauben auch und zittern", formuliert Jakobus.[141] Damit erinnert er daran, dass der Glaube von der Bekenntnisebene
auf die Ebene der Lebenspraxis transformiert werden muss. Ansonsten
bleibt er tot. Angesichts der immer größer werdenden Probleme in Ehen
und Familien beispielsweise ist es nur zu verständlich, dass wir von der
Kanzel her biblische Leitlinien und Hilfen predigen müssen. Während die
allgemeine Eheberatung bei guten und bewährten Grundsätzen der Part-
nerschaftsgestaltung stehen bleiben muss, will die Predigt gerade einen
Schritt weiterführen. Sie lenkt das Augenmerk auf die heilsame Wirkung
des Evangeliums und weckt Glauben an Christus, für den es keine hoff-
nungslosen Fälle gibt. Erkenntnisse der Psychologie und Psychotherapie
mögen dabei für die seelsorgerliche Praxis durchaus eine Hilfe sein. Die
Predigt darf sich aber auf keinen Fall darin verlieren, allgemeine Lebens-
hilfen als Ersatz für den Glauben an Jesus Christus anzubieten. Sie muss
persönlichen Glauben wecken.

Nun bin ich durchaus überzeugt, dass die meisten wirklich Glauben
wecken wollen. Aber sie tun das mit ungeeigneten Mitteln. Sie drohen,
schüchtern ein, stellen infrage und tun so, als ob alle unwillig wären und
zu ihrem Glück geprügelt werden müssten: „Merken Sie sich das: Ohne
Glauben gelingt ihr Leben nicht!" – „Liebe Gemeinde, ist unser Glaube

---

[141] Jakobus 2,19

wirklich schon so tief, dass er für die schweren Tage, die vielleicht auf uns zukommen, reicht?" – „Sollten wir nicht ...? Könnten wir nicht ...? Müssten wir nicht ...? Und überhaupt: Wenn du nicht ...! Mit Gott lässt sich nicht spaßen." Mit solchen Worten können wir Menschen unter Druck setzen, bis sie sich äußerlich unserer Norm entsprechend verhalten. Wir bauen damit aber kein Vertrauen auf und wecken keinen Glauben. Das Gefühl der Überforderung, der Resignation und der stille innere Protest sind viel eher die traurigen Ergebnisse eines solchen Predigtstils.

Wer Glauben wecken will, muss zur Nachfolge ermutigen. Er muss Neugierde wecken und Erwartungen wecken. Er muss einladen, das Beste zu tun, was ein Mensch tun kann: sich auf Christus einlassen und sein Leben mit ihm gestalten. Glaubenweckende Predigt macht „Lust auf mehr". Beschränken Sie sich also nicht darauf, richtige Lehre oder allgemeine Lebenshilfe zu verkündigen. Gehen Sie äußerst vorsichtig mit Drohungen und Infragestellungen um. Hacken Sie nicht auf den Schwächen Ihrer Zuhörer herum, sondern laden Sie vielmehr warmherzig und glaubhaft zum Vertrauen auf Jesus Christus ein. Machen Sie Mut, etwas von ihm zu erwarten. Dann sind Sie auf der richtigen Spur und Ihre Botschaft wird theologisch stimmig.

4. Prophetische Weite verkündigen

Es liegt im Trend der Zeit, dass wir uns hauptsächlich mit uns selbst beschäftigen. Für die meisten steht das private Glück im Mittelpunkt ihres Interesses. Sie werden von der Frage beherrscht: „Wie geht es mir? Was bringt es mir? Wie komme ich weiter?" Auch die Sorgen, die sie mit sich herumtragen, beziehen sich fast ausschließlich auf ihre persönlichen Belange und ihre kleine Welt, die sie um sich herum aufgebaut haben. Es verwundert nicht, dass dieser Trend auch in der Verkündigung zu spüren ist. Es besteht eine unheilvolle Tendenz, die Heilige Schrift gleichsam zu privatisieren und sie auf die Bedürfnisse des Einzelnen zuzuschneidern. Unter dem Stichwort der „seelsorgerlichen Predigt" werden Bibeltexte, die eine heilsgeschichtliche Weite und Dimension haben, zusammengestutzt und in das kleine Kästchen unseres Daseins gezwängt. Denken wir nur an die Wunderberichte in den Evangelien wie beispielsweise an den von der Stillung des Sturmes.[142] Da wird uns Jesus ganz schnell als Nothelfer in Krisenzeiten angepriesen. Natürlich waren die Jünger froh,

---

[142] Markus 4,35-41

nicht ertrunken zu sein, so wie wir uns freuen, wenn Gott uns aus großer Not hilft. Was die Jünger aber eigentlich beschäftigte, war, dass sie Jesus als Herrn über die Naturgewalten kennengelernt hatten. Aus der privaten Enge ihrer Angst wurden sie in die Weite der Herrschergewalt ihres Meisters gestellt. In diese prophetische Weite muss der Prediger auch seine Gemeinde hineinführen.

Natürlich ist Gott am Einzelnen interessiert. „Es wird im Himmel Freude sein über einen Sünder, der Buße tut", sagt Jesus.[143] Unsere Predigt muss die Nöte und Sorgen der Menschen ernst nehmen und ihnen von Gottes Wort her Mut und Trost zusprechen. Aber sosehr uns Jesus im Vaterunser für uns selbst zu bitten lehrt, sosehr geht es ihm in den ersten Bitten desselben Gebetes um die großen Anliegen und Ziele Gottes: „Geheiligt werde dein Name. Dein Reich komme. Dein Wille geschehe im Himmel und auf Erden." Prophetisch weit predigen bedeutet also, die großen Linien der Heilsgeschichte aufzuzeigen und das Evangelium aus der privaten Engführung in den Zusammenhang des universalen Handelns Gottes zu stellen. Gott kümmert sich um die persönlichen Belange eines Daniel; und gleichzeitig gibt er diesem Propheten eine Sicht für ganze Völker und Nationen. Die Gemeinde in Jerusalem bittet Gott um Hilfe in der Verfolgung; und gleichzeitig bittet sie um Freimütigkeit für die Verkündigung des Reiches Gottes.[144] Das ist prophetische Weite inmitten persönlicher Not. Wen wundert es, dass daraufhin die Gebetsstätte erbebte und der Heilige Geist auf die Versammelten herabkam!?

Unsere Predigt braucht prophetische Weite. Achten Sie deshalb darauf, dass Sie nicht nur bei den persönlichen Bedürfnissen Ihrer Zuhörer stehen bleiben. Predigen Sie nicht nur innerhalb des Rahmens Ihrer örtlichen Gemeinde, sondern halten Sie sich vor Augen, dass Ihre Gemeinde nur ein kleiner Ausschnitt der weltweiten Gemeinde Jesu ist. Kreisen Sie in Ihrer Verkündigung nicht um die gegenwärtigen Probleme, sondern gewinnen Sie eine biblisch fundierte Sicht für die weitgesteckten Ziele Gottes mit dieser Welt. Machen Sie sich die großen Anliegen des Reiches Gottes zu eigen, damit Ihnen die Sendung Jesu in die Weltmission und seine Wiederkunft nicht aus dem Blickfeld geraten. Jesus ist die Hoffnung für die ganze Welt – nicht nur für Sie persönlich und Ihre Gemeinde und heute und jetzt.

---

143 Vgl. Lukas 15,10.
144 Apostelgeschichte 4,23-31

5. Gesetz und Evangelium unterscheiden

Ein besonderes Problem in der Verkündigung ist die Rede über Gottes Gebote und Ordnungen auf der einen und Gottes Gnade und Heil auf der anderen Seite. Die Predigt steht nämlich im Spannungsfeld von Gesetz und Evangelium. Das Gesetz richtet sich gegen den Sünder. Weil der das Gesetz übertritt und sich an Gott und am Gebot vergeht, wird er schuldig. Das Evangelium dagegen spricht einen Menschen frei, weil Christus die Folgen der Schuld auf sich genommen hat. Das Gesetz lehrt uns deshalb, Gott zu fürchten. Das Evangelium hingegen lehrt uns, Gott zu lieben. Beides gilt gleichzeitig. Und beides gehört in Ihre Predigt hinein.

Wenn wir über göttliche Gebote und Ordnungen predigen, ergeben sich verschiedene Problemfelder. Zunächst einmal hat das Gesetz die Aufgabe, Sünden aufzudecken und uns unsere wahre Situation angesichts eines heiligen Gottes vor Augen zu halten. Wir sind alle Sünder. Und wir erkennen das daran, dass wir an Gottes Ordnungen scheitern. Die Predigt über das Gesetz hat also die durchaus unangenehme Seite, dem Sünder einen Spiegel vor Augen zu halten. Vor dieser Aufgabe dürfen wir uns auf keinen Fall drücken, denn ohne Selbsterkenntnis und ohne ein erschrockenes Gewissen wird ein Mensch das von Gott angebotene Heil wohl kaum ergreifen. Das Gesetz führt auf das Evangelium hin!

Wenn wir von der Kanzel über Gottes Gebote und Gottes Gericht über den Sünder sprechen, dürfen wir dies also nie ohne diesen Horizont der Erlösung tun. Es kann ja auch Freude machen, den Leuten so richtig zu zeigen, „wo der Hammer hängt". Manche gefallen sich in dieser Rolle des Gerichtspredigers. Im Handumdrehen verwandeln sie sich in Moralapostel, die mit strengen Worten biblische Werte einfordern und ihre Hörer mit dem Verlust des Seelenheils bedrohen. Dass Gott den Sünder liebt und dass es nicht um das Gebot um des Gebots willen geht, wird schnell vergessen. Aber darüber hatte ich ja schon im Zusammenhang mit den Anwendungen gesprochen.[145]

Nun deckt das Gesetz aber nicht nur Sünde auf und bereitet uns auf das Evangelium vor. Es ist auch Hilfe zum Leben. Wer sich innerhalb der Grenzen biblischer Ordnungen bewegt, darf damit rechnen, dass Gott ihn segnet. Es kommt in der Predigt deshalb auch darauf an, Mut zu Gottes guten Ordnungen zu machen. Das Evangelium setzt das Gebot ja nicht

---

[145] Siehe S. 151.

außer Kraft; im Gegenteil, es befreit zu einem Leben, das im Rahmen des göttlichen Willens geführt wird. So weist das Gebot den Weg zu einem gesegneten Leben und zeigt uns gleichzeitig, dass wir schuldig sind und nie anders als aus der Vergebung heraus leben können. Selbst bei edelsten Motiven und bestem Bemühen wird es uns nicht gelingen, Gott völlig zu lieben, seine Gebote vollkommen einzuhalten und Schuld absolut zu vermeiden. Es wird keinen Zeitpunkt in unserem Leben geben, an dem wir die Gnade Gottes nicht mehr brauchen.

Für die Verkündigung hat diese Spannung von Gesetz und Evangelium weitreichende Folgen. Wir müssen das Gesetz predigen, ohne es zu verharmlosen, es zur Moral verkommen zu lassen und ohne es aus seinem Bezug zu Gott zu lösen. Und wir müssen gleichzeitig die Vergeblichkeit aller eigenen Leistung und Anstrengung herausstellen und den Menschen ganz auf die Gnade Gottes weisen. Sicherlich müssen Sie Gesetz und Evangelium nicht notwendig immer in einer einzigen Predigt gleichermaßen betonen. Aber unsere Verkündigung muss dennoch immer beides mitdenken.

Achten Sie deshalb darauf, dass Sie Ihren Zuhörern nicht einfach Moral anhand biblischer Werte und Normen vorsetzen. Machen Sie immer deutlich, dass Gott uns mit seinen Ordnungen einen Weg zum Leben weist. Lassen Sie auf alle Fälle erkennen, dass die Frage der Einhaltung von biblischen Geboten letztlich eine Frage unserer Beziehung zu Gott ist. Stärken Sie deshalb nicht nur das Gebot, sondern stärken Sie vielmehr die Liebe zu Gott. Gott zu lieben und ihn gleichzeitig zu fürchten ist kein Widerspruch. Bei aller Liebe zu Gottes Ordnungen verlieren Sie nie aus den Augen, dass es ohne die Gnade nicht geht. Wir erhalten die Gnade nicht, weil wir unschuldig sind und sie deshalb verdient hätten, sondern wir erhalten sie, obwohl wir schuldig sind und sie nicht verdient haben. Vermischen Sie Gesetz und Evangelium in Ihrer Predigt nicht. Ansonsten machen Sie aus dem Gesetz ein Evangelium und aus dem Evangelium ein Gesetz. Im einen Fall wird das Gesetz verharmlost („Liebe Geschwister, wir wollen uns bemühen, dass wir ...") und im anderen Fall das Evangelium verhärtet („Nein, liebe Gemeinde, so leicht können wir uns das mit der Vergebung nicht machen ..."). Beides hätte verheerende Folgen.

„Das will ich probieren!" – Übungsaufgabe

Vielleicht haben Sie sich schon gewundert, dass ich Ihnen beim Abschnitt „Die formale Stimmigkeit der Predigt" keine Hausaufgabe verpasst habe. Keine Angst, ich hatte das nicht vergessen; ich wollte Ihnen nur eine kleine Verschnaufpause gönnen. Denn jetzt geht es an den großen Wurf: Sie haben sich alle exegetischen und homiletischen Voraussetzungen erarbeitet, um eine ansprechende Predigt zu Kol 1,21-23 auszuarbeiten. Sie haben über Ihre Zuhörer nachgedacht und passende Predigtziele ausgearbeitet. Die Einleitung steht. Die Gliederung steht. Sie wissen, wo und wie Sie den Bibeltext lesen wollen. Zu jedem Hauptpunkt haben Sie zumindest schon einmal eine Anwendung formuliert und eine dazu passende Illustration entwickelt. Auch der Schluss ist schon fertig. Was liegt da näher, als das Ganze jetzt noch abzurunden und ihm den letzten Schliff zu geben?! (1.) Gehen Sie den Bibeltext abschnittweise durch und filtern Sie diejenigen exegetischen Wahrheiten heraus, die Ihre Zuhörer unbedingt wissen müssen, um ihn besser zu verstehen. (2.) Bleiben Sie auf der Lauer nach treffenden Anwendungen und überlegen Sie, an welcher Stelle eine Illustration wichtig wäre. (3.) Schreiben Sie Ihren Predigtentwurf am besten wortwörtlich auf. Das hilft zur Präzision und Sie können anschließend besser überprüfen, was Ihnen gut gelungen ist und an was Sie noch feilen möchten.

Kol 1,21-23 enthält eine wunderbare Botschaft. Ihre Predigthörer sind wertvolle und von Gott geliebte Menschen. Und Sie dürfen sie herausfordern und ermutigen, die Versöhnung mit Gott zu erleben und darin zu leben!

Kapitel 6

Die Präsentation – der Vortrag der Predigt

Alles, was wir in diesem Buch bisher bedacht haben, spielte sich zu Hause im stillen Kämmerlein ab. Sie konnten hoffentlich ungestört Ihren Gedanken nachhängen und die Predigt Stück um Stück fertigstellen. Jetzt aber ist es so weit; nach dem nächsten Lied sind Sie an der Reihe. Unter dem Blick der Gemeinde schreiten Sie den weiten Weg zur Kanzel ganz alleine ab. Alle schauen Sie erwartungsvoll an. Sie sind gespannt auf Ihre ersten Worte. Nervös schlagen Sie Ihre Bibel auf und legen sich Ihr Konzept zurecht. Sie spüren, dass Sie jetzt in eine neue Dimension vorgestoßen sind: Sie müssen Ihre Predigt vortragen! Das stellt Sie vor völlig neue Herausforderungen. Damit Sie denen gewachsen sind und damit Sie Ihren guten Predigtentwurf nun auch lebendig an den Mann bzw. die Frau bringen, beschäftigen wir uns mit wichtigen Themen der Rhetorik.[146]

A. Der Platz der Rhetorik in der Verkündigung

Vielleicht haben Sie sich über diese Überschrift gewundert. Hat denn die Rhetorik überhaupt einen Platz in der Verkündigung? Steht sie nicht als menschliche „Kunst der Rede" im Widerspruch zum einfachen und vom Geist getriebenen Evangelium der Apostel? Gegenüber den redeverwöhnten Korinthern musste Paulus geradezu penetrant darauf bestehen, dass es ihm nicht auf rhetorische Meisterleistungen und ästhetischen Hochgenuss ankommt.[147] Das Evangelium ist erstaunlich leicht verständlich und mit einfachen Worten wunderbar zu erklären. Es lebt von der überführenden und lebensschaffenden Kraft des Heiligen Geistes und nicht von der Redegewandtheit seines begnadeten Predigers.

Viele allerdings, die vor Rhetorik in der Verkündigung warnen, sind selbst in hohem Maße mit ihr begabt und wenden sie mit großem Geschick ganz selbstverständlich an. Weshalb über Rhetorik reden, wenn man sie hat? Andere sind eher von der verkappten Angst getrieben, sie könnten hochgesteckten Erwartungen nicht gerecht werden. Weshalb über

---

146 Eine ausgezeichnete und auf die Bedürfnisse der Gemeinde zugeschnittene Beschäftigung mit vielen Einzelaspekten der Rhetorik bietet Eberhard Wagner mit seinem Buch „Rhetorik in der christlichen Gemeinde", Stuttgart, 1992.

147 Vgl. 1. Korinther 2,1.

Rhetorik reden, wenn sie einem einen unliebsamen Spiegel vor Augen hält und das Fürchten lehrt? Wenn wir allerdings den Begriff der Rhetorik nicht von vornherein negativ belasten und nicht zu eng fassen, beschreibt er ein sehr natürliches und ungekünsteltes Geschehen. Rhetorik vollzieht sich ständig. Sie ereignet sich immer und überall, wo Menschen miteinander in Kontakt treten. Ob der Teenager seinem Vater mehr Taschengeld abschwatzt, ob der Vater der Mutter schonend den Totalschaden des Neuwagens beichtet, oder ob die Tochter mit einem netten Studienkollegen flirtet – immer geht es darum, sein Anliegen so gut und annehmbar wie möglich zu verkaufen. Wir praktizieren tagtäglich die ausgefeiltesten Methoden der Rhetorik, aber wir reflektieren sie selten oder nie. Genau das aber sollten wir tun, wenn wir anderen die Frohe Botschaft nahebringen wollen. Auch Jesus hat sich offensichtlich viele Gedanken darüber gemacht, wie er die Herzen der Menschen erreichen kann. Er war ein hervorragender Redner, hat Bilder und Vergleiche gebraucht und darauf geachtet, dass seine Botschaft einprägsam und nachhaltig war. In Diskussionen mit Pharisäern und Schriftgelehrten überzeugte er durch seine Inhalte und die geschickte Art der Argumentation. Paulus konnte ebenfalls ausgezeichnet reden und argumentieren. Aber wie Jesus pflegte auch er damit keine Kunstform und schon gar keine Selbstbespiegelung.

Wenn wir uns jetzt mit einer ganzen Reihe rhetorischer Fragen beschäftigen, denken wir über Mittel und Wege nach, wie wir uns um der Botschaft und der Zuhörer willen optimal verständlich machen. Wir predigen, weil wir überzeugen wollen. Wenn wir aber überzeugen wollen, müssen wir auch überzeugend wirken. Was verhilft uns dazu? Was hindert? Um den Rahmen dieses Buches nicht zu sprengen, beschränke ich mich auf einige ausgewählte Aspekte der Rhetorik, die für Ihre Verkündigungspraxis unverzichtbar sind: das Predigtkonzept, die Anrede, den richtigen Gebrauch der Stimme, die Sprache, den Themenbereich der Gestik, Mimik und des Augenkontakts sowie den Umgang mit der Kanzel.

B. Das Predigtkonzept

Wer eine ganze Predigt ohne Konzept wohlbehalten ins Ziel bringen kann, hat eine stramme Leistung gezeigt. Den meisten ist das nicht gegeben. Selbst ein ausgezeichnetes Gedächtnis hilft wenig, wenn Nervosität und innere Anspannung den Redner in den Schwitzkasten genommen haben und er sich nicht locker und entspannt auf die Inhalte und sein Publikum konzentrieren kann. Die Zeiten derer, die eine zettelfreie und geistgeleitete Stegreifpredigt als höhere Form der Geistesleitung vertreten haben, sind vorbei. Zu viele dieser Predigten krankten erheblich an Struktur- und Konzeptlosigkeit und an einem äußerst mageren Inhalt. Was zu Väter Zeiten möglich und akzeptiert war, gelingt heute lange nicht mehr – man mag es bedauern und beweinen. Wer sich dem aufwendigen Prozess einer Predigtvorbereitung unterzieht, sollte die Ergebnisse seiner Arbeit schriftlich festhalten und sicherstellen, dass er auf der Kanzel die Ernte auch wirklich einfährt. Das Konzept ist deshalb keine Frage der geistlichen Vollmacht, sondern der Weisheit, der individuellen Gedächtnisleistung und der Kanzelpräsenz.

1. Chancen und Gefahren eines Predigtkonzepts

Ein gutes Predigtmanuskript hat so viele Vorzüge, dass Sie auf alle Fälle darin investieren sollten. Ich sehe vor allem drei Vorteile, aber auch drei mögliche Gefahren.

a. Das Konzept unterstützt das Gedächtnis und gibt Sicherheit

Besonders Predigtanfänger werden von der übergroßen Sorge geplagt, dass sie im Eifer des Gefechts wichtige Gedanken auslassen oder verdrehen oder dass ihnen sogar der Faden reißt und dass sie stecken bleiben. Ein gutes Konzept ist da wie ein Navigationssystem, dem man sich getrost anvertrauen kann. Weil Sie es selbst „programmiert" haben, sind Sie sogar sicher, dass es funktioniert und dass Sie nicht mitten im Tunnel aufgefordert werden zu wenden. Mit Konzept fahren Sie deshalb auf der Kanzel entspannter. Sie können sich auf die wirklich wichtigen Dinge konzentrieren, weil Ihr Gedächtnis entlastet ist und Sie bei Unsicherheiten jederzeit aufs Blatt schauen können.

b. Das Konzept zwingt zum sauberen Denken

Vielleicht sollten Sie schon einmal bei einem geselligen Abend aus dem Stegreif einen Begriff definieren: „Was ist ein Auto?" Mit unklaren, halbfertigen und teilfalschen Erklärungen können Sie schnell eine wirklich lächerliche Figur abgeben und die Stimmung kräftig anheizen. Natürlich wussten Sie, was ein Auto ist. Aber Sie hatten keine Zeit, es präzise zu durchdenken und wasserdicht zu formulieren. Ähnliches vollzieht sich beim Predigtvortrag. Er wird unpräzise, weil die Dinge doch noch nicht so gründlich durchdacht waren, wie wir glaubten. Das wörtlich ausgeschriebene Predigtkonzept – auch schon das Stichwortkonzept – zwingt uns, saubere Arbeit zu leisten und letzte Klarheit zu schaffen. Falls Sie Predigtanfänger sind, sollten Sie Ihre Predigten wortwörtlich aufschreiben. Sie werden bald merken, wie sehr Ihnen das in Ihrer Entwicklung weiterhilft. Falls Sie ein erfahrener Verkündiger sind, haben Sie schon Ihren eigenen Stil gefunden. Vielleicht genügt Ihnen ein Stichwortkonzept. Vielleicht wäre es aber auch für Sie eine gute Übung, sich gelegentlich mit einem wortwörtlichen Text herauszufordern und wieder neu Freude an noch präziseren Formulierungen zu gewinnen.

c. Das Konzept macht eine Predigt leichter wiederholbar

Manch eine Predigt ist so gut gelungen, dass Sie sie zu einem anderen Anlass noch einmal halten möchten. Dagegen spricht dann nichts, wenn Sie hinter dem Inhalt immer noch aus voller Überzeugung stehen, wenn der Text Ihnen neu zum Anliegen geworden ist und wenn Sie die Besonderheiten der neuen Predigtsituation berücksichtigen. Den guten Eindruck Ihrer ersten Predigt werden Sie aber nur dann wiederholen können, wenn Sie ein Konzept erstellt hatten, das sich auch nach längerem zeitlichen Abstand noch nachvollziehen lässt. Allzu Stichwortartiges könnte sich später als unverständliche Altlast erweisen. Ich hebe alle meine Manuskripte auf, auch wenn ich weiß, dass ich viele davon nie wieder so verwenden werde. Ich mache es wie ein Altwagenhändler. Ich schlachte die in die Jahre gekommenen Schätzchen aus: hier eine Anwendung und dort eine gute Illustration. Warum die mühsam erarbeiteten „Wertstoffe" ungenutzt in Ordnern schlummern lassen?[148]

d. Das Konzept verführt zur Schreibsprache

Und nun zu Risiken und Nebenwirkungen: Eine Rede ist eine Rede, und eine Schreibe ist eine Schreibe. Wer nicht über die außerordentliche Fähigkeit verfügt, sein Manuskript als lebendige Rede abzufassen, wird seine Zuhörer verlieren. Die Sprache klingt unnatürlich und gestelzt, die Stimmführung langweilig und spannungslos. Damit treiben Sie auch die gutwilligsten Gemeindeglieder in die innere Emigration.[149]

---

[148] Vgl. die Ausführungen zum Thema: „Einen alten Hirsch zum frischen Wasser führen" auf S. 34.
[149] Wie sich Rede- und Schreibsprache unterscheiden und wie Sie zu einer natürlichen Sprache finden, werden wir später besprechen (S. 237).

e. Das Konzept behindert die Kommunikation

Viel verhängnisvoller als eine unnatürliche Sprache ist es, wenn Sie mit Ihren Augen am Blatt hängen und die Gemeinde optisch verwaist zurücklassen. Das wirkt unpersönlich und distanziert. Ein Predigtmanuskript soll Kommunikation fördern und nicht verhindern. Wenn die Zuhörer den Eindruck bekommen, dass sie den in sich versunkenen Mann hinter dem Pult beim Lesen stören, ist etwas schiefgelaufen.[150]

f. Das Konzept raubt Spontaneität

Das Konzept ist ein Diener und kein Herr; es darf seinem Meister nicht die Freiheit rauben, auf aktuelle Ereignisse und spontane Gedanken einzugehen. Der Neuling fürchtet nichts mehr als die überraschende und ihn zur unvorbereiteten Reaktion zwingende Situation. Aber dafür müssen Sie als Verkündiger offen und fähig sein. Lernen Sie, Ihr Konzept zu verlassen, zu kürzen, umzustellen und zu aktualisieren, wenn es die spontane Situation erfordert. Deshalb müssen Sie noch lange nicht jeden Gedanken, der Ihnen durch den Kopf schießt, als Geistesleitung interpretieren und ihm unkontrolliert nachgehen. Wichtig ist, dass Sie flexibel bleiben.

2. Tipps zur Handhabung des Predigtkonzepts

Nach diesen grundsätzlichen Überlegungen zum Predigtkonzept möchte ich Ihnen einige Ratschläge geben, die sich in meiner Predigtpraxis bewährt haben:

- Format wählen
  So wenig Konzept wie möglich, aber so viel Konzept wie nötig. Das Format der Konzeptblätter sollten Sie recht klein halten. Aus der Bibel überquellende Papierbündel wirken unschön. Außerdem bietet manche Kanzelablage kaum für die Bibel Platz, geschweige denn für ein zusätzliches Konzept. Großformatige Ringbücher oder Aktenordner sollten Sie ebenfalls zu Hause lassen.

- Beschriften
  Beschriften Sie die Blätter nur einseitig und versehen Sie sie auf alle Fälle mit Seitenangaben. Sie müssen sich dann während der Predigt

---

150 Über den Blickkontakt mit der Gemeinde werden wir später sprechen (S. 256).

nicht mit der Frage herumschlagen, ob Sie das Blatt schon gewendet haben oder nicht. Gerät das Konzept einmal durcheinander, können Sie es anhand der Seitenzahl schnell wieder sortieren. Schreiben Sie ausreichend groß und gut leserlich, damit Sie auch bei schlechter Beleuchtung und niedriger Ablage alles noch gut erkennen können. Beschreiben Sie die Blätter großzügig, damit Sie den Text mit einem schnellen Blick erfassen können. Je unübersichtlicher die Seite wirkt, desto länger brauchen Sie, um die aktuelle Stelle zu finden.

- Markieren
  Heben Sie Motto und Gliederung, Kernsätze, Beispiele, Anwendungen usw. mit Einrückungen, Unterstreichungen, Farben, unterschiedliche Schriften oder Symbolen hervor. Tun Sie des Guten aber nicht zu viel; ein gesundes Mittelmaß ist richtig. Ein Tipp: Sie könnten sich für die drei EVA-Elemente je eine Farbe aussuchen: eine für exegetisch markante Aussagen, eine für Anwendungen und eine für Veranschaulichungen.

- Formulieren
  Knappe Stichsätze sind besser als Stichworte. Zum einen hilft Ihnen ein kurzer Satz schneller weiter als ein Stichwort, wenn Sie einmal ins Stocken geraten sein sollten. Zum andern lässt sich der Inhalt, den Sie an ein Stichwort knüpfen, zu einem späteren Zeitpunkt leichter reaktivieren. Wenn Sie sich von einem wörtlich ausgeschriebenen Konzept lösen wollen, können Sie Ihre Seiten in eine breite linke und eine schmale rechte Spalte teilen. In die breite tragen Sie die wortwörtliche Predigt ein, in die schmale übertragen Sie Stichworte. Sie halten die Predigt aus der Stichwortspalte; wenn Sie unsicher werden, springen Sie in den ausformulierten Text zurück.

- Einprägen
  Ein Konzept hilft Ihnen nur dann, wenn Sie es sich durch mehrmaliges Durchdenken und Durchlesen eingeprägt haben. Machen Sie es sich deshalb inhaltlich und optisch zum festen Besitz. Eigentlich könnten Sie jetzt beim Vortrag darauf verzichten; aber nehmen Sie es sicherheitshalber trotzdem mit!

- Blättern
  Wenden und lesen Sie möglichst unauffällig. Auch wenn Sie längere Zeit nicht auf das Konzept geschaut haben, sollten Sie immer mitblättern, um dann gegebenenfalls nicht in Verlegenheit zu kommen.

- Bibel nicht verdrängen
  Ersetzen Sie die Bibel nicht durch Ihr Konzept. Lesen Sie den Predigttext immer aus der Heiligen Schrift, um deutlich zu machen, dass die Gemeinde vor Gottes Wort steht. Schlagen Sie auch nach der Lesung die Bibel nicht zu, legen Sie sie nicht weg und ersetzen Sie sie nicht durch Ihr Konzept.

- Einpacken
  Räumen Sie Ihre Siebensachen nicht schon zusammen, während Sie noch die letzten Sätze sprechen. Konzentrieren Sie sich bis zum Schluss ganz auf die Zuhörer und Ihren Vortrag.

- Auswerten
  Nehmen Sie sich nach der Predigt Zeit zur Auswertung und vermerken Sie Ihre Beobachtungen, Korrekturen oder Ergänzungen auf dem Konzept oder auf dessen Rückseite. Diese Nachlese erzieht zur kritischen Selbstreflexion und hält wichtige Gedanken fest, falls Sie die Predigt noch einmal halten wollen.

- Archivieren
  Heben Sie Ihre Predigtkonzepte auf und ordnen Sie diese übersichtlich. Notieren Sie sich auf der Rückseite, wann und wo die Predigt gehalten wurde.

Zum Schluss noch Tipps zu zwei besonders heiklen Themen:

- Konzept in schweren Stunden
  In manchen Situationen wird das Predigtmanuskript zum Problem. Ein solcher Fall ist die Beerdigung bzw. die Ansprache am offenen Grab. Damit Sie nicht Bibel, Gesangbuch und lose Manuskriptblätter zusammenhalten müssen, empfiehlt sich ein DIN-A5-Ringbuch in dezenter Farbe. Der gesamte Gottesdienstverlauf einschließlich aller Lesungen, Gebete und der Predigt wird in Klarsichtfolien wind- und wasserfest versiegelt. Sie haben nur ein einziges Buch in der Hand, das Sie sicher mit sich führen können.

- Das Notebook auf der Kanzel
  Viele entwerfen Ihre Predigt am Computer. Da erscheint es nur logisch und sinnvoll, gar kein Papier für ein Konzept zu verschwenden, sondern gleich mit dem Notebook auf der Kanzel zu erscheinen. Vor einigen Jahren hätte das affig und angeberisch gewirkt. Heute wird es

nicht´nur für ein Referat, sondern auch zunehmend für die Predigt akzeptiert. Der Teufel steckt aber auch hier im Detail: Wenn die Kiste erst auf der Kanzel hochgefahren wird, wenn die Systemklänge nicht deaktiviert sind, wenn der Prediger vom aufgeklappten Display verdeckt wird, wenn er sein Gerät ängstlich vor dem Herunterrutschen schützt, wenn er ständig mit dem Mäuschen spielt, wenn er sich wegen kleiner Schriftgröße permanent über das Display beugt, wenn er ständig nachscrollen muss, wenn der Bildschirmschoner ihm unerwartet den Blick verdunkelt, wenn sich ein Programm zum Update meldet, wenn Windows plötzlich abstürzt, wenn der Akku seinen Geist aufgibt … Ich frage Sie: Warum in aller Welt wollen Sie das sich selbst und der Gemeinde antun?

„Das will ich probieren!" – Übungsaufgabe

Wenn Sie sich an die letzte Aufgabenstellung gemacht haben, müsste ein fertiges Predigtmanuskript zu Kol 1,21-23 auf Ihrem Schreibtisch liegen. Ich bin sicher, dass Sie vieles, was ich zum Umgang mit dem Konzept gesagt habe, intuitiv richtig gemacht haben. Vielleicht wollen Sie aber auch nachbessern. Welche Anregung fanden Sie hilfreich; an was wollen Sie noch arbeiten? Achten Sie beim nächsten Gottesdienstbesuch darauf, wie der Verkündiger mit seinem Manuskript umgeht. Was können Sie lernen, was würden Sie anders machen?

C. Die Anrede

Wenn der Verkündiger nicht gleich mit der Textlesung beginnt, stößt er schon bei den ersten Worten auf ein Problem: „Wie rede ich meine Zuhörer an? Mit ‚Du‘ oder mit ‚Sie‘, oder soll ich mich auf der Ebene eines allgemeinen ‚Wir‘ bewegen?" Tatsächlich ist das eine wichtige Frage, denn die Anredeform schafft Atmosphäre und setzt Signale.

Die Vorstellungen im Blick auf die richtige Anrede der Zuhörer gehen weit auseinander. Den einen ist das „Sie" zu förmlich und zu distanziert. Wenn man bedenkt, dass die Gemeinde aus „Brüdern und Schwestern im Herrn" besteht, läge es doch nahe, in der Predigt auf „per Du" zu gehen. Den anderen ist das „Du" zu vertraulich und zu anbiederisch. Die Höflichkeit gebietet ihnen, eine gesunde Distanz zu wahren. Wir haben es schließlich mit Erwachsenen zu tun. Außerdem wird das „Sie" Gästen besser gerecht, die bestimmt nicht gekommen sind, um sich vom Prediger gleich vereinnahmen zu lassen. Wer sich zwischen beiden Verfahrensweisen nicht entscheiden kann, flüchtet gerne in das kollektive „Wir" oder redet vorwiegend in der Ich-Form. Das klingt auf den ersten Blick sehr zeugnishaft, hinterlässt aber auf Dauer einen unangenehmen Eindruck von Egozentrik. Was also ist zu tun?

Um es gleich vorab zu sagen: Es gibt keine feste Regel. Jeder muss seinen eigenen Weg finden und sich auf die jeweilige Predigtsituation einstellen. Ich kann an dieser Stelle nur einige Grundsätze und allgemeine Verhaltensregeln geben.

1. Auf die Einstellung kommt es an

Wichtiger als die Form der Anrede ist die Einstellung, die Sie zu Ihren Hörern haben. Wenn Sie an ihnen aufrichtig interessiert und ihnen innerlich nahe sind, können Sie sich getrost ein „Sie" erlauben. Der warmherzige und werbende Ton Ihrer Verkündigung wird die Leute erreichen, auch wenn Sie die formal distanziertere Anredeform gewählt haben. Demgegenüber wird ein Redner, der die Gemeinde mit „Du" anspricht, trotzdem keine persönliche Atmosphäre erzeugen, wenn er belehrend und moralisierend spricht und es an der nötigen Distanz und Achtung fehlen lässt. Oft sind diejenigen, die die Gemeinde am offensivsten duzen, gerade diejenigen, die innerlich am weitesten von ihr entfernt sind. Steht allerdings ein einfühlsamer Mensch auf der Kanzel, wird ihm niemand ein vertrautes „Du" verübeln, weil man ihm seine liebevolle Art und seinen Respekt vor den Zuhörern abspürt.

2. Die örtlichen Gepflogenheiten

Im Blick auf die Anredeform gibt es unterschiedliche Traditionen. Mancherorts wird mir sofort das „Du" angeboten, „weil wir uns im Himmel sowieso alle duzen werden", wie mir theologisch begründend erklärt wird. In anderen Gemeinden spüre ich die gleiche Herzlichkeit, die sich aber in einem höflichen „Sie" ausdrückt. Für die eine Gemeinde wäre es sicherlich befremdlich, wenn der eigene Prediger sie in der Predigt „siezen" würde, während er wenige Minuten zuvor bei der Begrüßung an der Tür noch alle geduzt hat. Umgekehrt würde es genauso befremden, wenn ein allgemein gepflegtes „Sie" in der Verkündigung plötzlich in ein vertrauliches „Du" umgewandelt würde. Sie dürfen sich also in der Form der Anrede durchaus an den Gepflogenheiten Ihrer Gemeinde orientieren.

3. Wenn Gäste kommen

Anders sieht es aus, wenn zahlreiche Gäste im Gottesdienst sind, die Sie nicht kennen, oder wenn spezielle Gästegottesdienste durchgeführt werden. Hier müssen Sie auf das Distanz wahrende „Sie" setzen. Gäste wollen nicht gleich auf Tuchfühlung gehen, sondern sich zunächst ein eigenes Bild verschaffen. Dem sollten Sie auch in Ihrer Anrede Rechnung tragen. Wenn Sie dann aber doch einmal bewusst ein „Du" einsetzen wollen, wählen Sie diese besondere rhetorische Form, um dem Zuhörer Nähe zu zeigen: „Sie haben den Eindruck, dass niemand Sie liebt? Aber eines möchte ich Ihnen sagen: Gott liebt Sie auf alle Fälle. Er will gerade *Dir* ganz nahe sein." Seien Sie mit dem Wechsel auf das „Du" aber sparsam, sonst verliert diese „Waffe" ihre Wirkung. Sie können natürlich auch umgekehrt vom „Du" auf ein „Sie" umsteigen. Nehmen wir an, Sie haben bisher vorwiegend zur Gemeinde gesprochen und möchten sich nun an Menschen wenden, die keine Beziehung zum Glauben haben. Dann können Sie diese auch einmal direkt in der „Sie-Form" ansprechen. „Jesus lädt uns ein, ihm zu vertrauen. Aber vielleicht denkt jemand: ‚So weit bin ich noch gar nicht.' Dann mache ich *Ihnen* Mut ..."

4. Das kollektive „Wir"

In weiten Teilen der Predigt kann das kollektive „Wir" zum Einsatz kommen. Gerade wenn Sie allgemein Menschliches zum Ausdruck bringen oder Sachverhalte beschreiben, die uns alle angehen, ist ein „Wir" durchaus angebracht. Die Zuhörer merken, dass Sie nicht von oben herab predigen, sondern sich mit einbeziehen. „Ja, so sind wir. Wir haben Angst.

Aber Jesus sagt: ‚Ich habe die Welt überwunden.'" Wenn Sie gerne „per wir" predigen, sollten Sie sich nicht selbst betrügen. Sie sagen zwar „wir"; aber was der andere wirklich denkt und fühlt, kann etwas völlig anderes sein. Deshalb verleitet das „Wir" dazu, Leute zu vereinnahmen und Aussagen ungerechtfertigt zu pauschalisieren. Achten Sie also darauf, dass Sie den Einzelnen und seine Andersartigkeit nicht übersehen und übergehen.

5. Im Zweifelsfall „per Sie"

Wenn Sie in einer Gemeinde zu Gast sind oder wenn Sie sich in der Anredeform nicht sicher sind, sollten Sie lieber auf „Sie" gehen. Nehmen Sie sich auf keinen Fall selbstverständlich das Recht auf ein vertrauliches „Du" heraus. Das gilt besonders, wenn Sie noch jung sind und eine ältere Zuhörerschaft vor sich haben.

Die Frage nach der Anrede ist sicherlich auch eine Frage des Typs, des Alters und des allgemeinen Trends in unserer Gesellschaft. Das Empfinden für das Angemessene und Richtige wandelt sich. Einfühlsamkeit und Achtung voreinander sind deshalb besonders wichtig – gerade für Sie als Prediger. Wenn Sie die für sich und die Zuhörer passende Anredeform gefunden haben, sollten Sie diese auch einigermaßen konsequent durchhalten. Ein Mischmasch aus „du" und „Sie" und „wir" und „ich" wirkt sehr befremdlich und verunsichert Ihre Zuhörer, weil sie sich in ständig wechselnden Rollen wiederfinden und nicht wissen, ob Sie ihnen jetzt das Du anbieten oder ob Sie nicht vielleicht doch per Sie sein möchten.

„Das will ich probieren!" – Übungsaufgabe

(1.) Wie halten Sie es mit der Anrede? Sind Sie eher ein Du-Typ oder ein Sie-Typ? Gehen Sie gerne auf Nähe oder bleiben Sie lieber in sicherem Abstand? Mit welcher Form der Anrede fühlen Sie sich am wohlsten? (2.) Wie sind die Anrede-Gewohnheiten in Ihrer Gemeinde? Haben Sie schon einmal Reaktionen von Gästen bekommen? Wie reagieren die darauf? (3.) Schauen Sie sich Ihr Manuskript zu Kol 1,21-23 noch einmal an. Würden Sie im Blick auf die Anrede etwas ändern, nachdem Sie dieses Kapitel gelesen haben?

D. Der richtige Einsatz der Stimme

Was die Geige für den Violinisten, das ist die Stimme für den Redner. Sie
ist das Instrument, auf dem sich unsere Worte formen, das ihnen Wohl-
klang und Bedeutung gibt. Ohne sie sind wir nichts. Mit ihr können wir
die Welt bewegen. Keine noch so ausgefeilte Elektronik kommt an die
Vielfalt der Ausdrucksmöglichkeiten der Stimme heran. Sie kann donnern
wie ein Orkan und säuseln wie ein zarter Abendwind. Sie kann zerstören
und trösten zugleich. Sie kann Menschen fesseln und betören und sie
genauso abstoßen und verschrecken. Sie ist ein Spiegel unserer Seele und
verrät in feinsten Nuancen, was wir fühlen und denken und wie wir
meinen, was wir sagen. Wer ein solches Instrument besitzt, muss wissen,
wie es funktioniert, was es kann, wie man es einsetzt und wie man es
pflegt und fördert. In der Regel denken wir aber über unsere Stimme gar
nicht nach. Wir haben sie einfach und verwenden sie ganz selbstverständlich und intuitiv. Damit das nicht so bleibt und damit Sie Ihre Stimme auf
der Kanzel als mächtiges Instrument wirkungsvoll einsetzen lernen, be-
gebe ich mich mit Ihnen jetzt auf Entdeckungsreise.

1. Atmung

Die Stimme wird wie bei einem Mischpult von unterschiedlichen „Schie-
bereglern" gesteuert. Der erste ist unsere Atmung. Sie sorgt für frischen
Sauerstoff und reguliert die Luftströme, die an unseren Stimmbändern
vorbeistreichen und sie in Schwingung versetzen. Wenn wir einatmen,
weitet sich die Lunge und saugt die frische Luft durch Mund und Nase
ein; atmen wir aus, wird die verbrauchte Luft verdrängt und strömt nach
außen. Die Lunge selbst ist wie ein schlaffer Sack per Unterdruck zwischen Lungen- und Rippenfell aufgehängt und steuert die Atembewegung
nicht eigenständig. Dafür ist ein flacher Muskel zuständig, der Bauchraum
und Lungenraum voneinander trennt und der sich rhythmisch auf und ab
bewegt: Ich rede vom Zwerchfell. Wölbt es sich nach unten, weitet sich
die Lunge aus und wir atmen ein. Wölbt es sich nach oben, drückt es die
Lunge zusammen und wir atmen aus. Je kräftiger das Zwerchfell ist, desto
lockerer und entspannter lässt es sich sprechen. Damit Sie ein Bewusstsein
für diesen wichtigen Atemmuskel bekommen, können Sie ihn selbst erspüren. Stellen Sie sich gerade hin und halten Sie den Kopf senkrecht.
Legen Sie Zeige- und Mittelfinger auf den Solarplexus, also auf die Stelle
unter dem Brustbein, an dem die linken und rechten Rippenbögen zu-
sammentreffen, und husten Sie mehrmals richtig kräftig. Sie sollten jetzt

fühlen, wie Ihr Zwerchfell an Ihren Fingerspitzen „anklopft". Probieren Sie es ruhig so lange, bis Sie es spüren. Durch gezielte Übungen können Sie Ihr Zwerchfell trainieren, Ihre Atmung verbessern und Ihrer Stimme zu einem besseren Klang verhelfen. Eine entsprechende Anleitung finden Sie am Ende dieses Kapitels.

Atmung und Resonanz

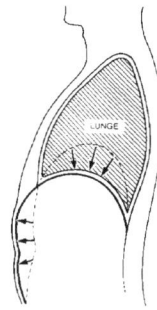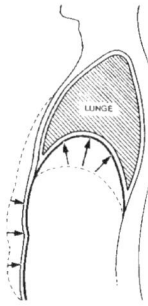

Einatmen   Ausatmen

Wie jeder Muskel neigt auch das Zwerchfell dazu, sich bei innerer Anspannung zu verkrampfen. Die Atmung wird flacher, wir werden kurzatmig und der natürliche Atemrhythmus kommt ins Stocken. Wenn wir vor lauter Nervosität beginnen zu hecheln, kann es uns sogar schwindelig werden; wir hyperventilieren und können nur hoffen, dass uns eine stabile Kanzel ausreichend Halt gibt und dass wir unser inneres Gleichgewicht schnell wiederfinden. Außerdem müssen wir wegen der flachen Atmung die nötige Luft zum Sprechen häufiger ergänzen. Unsere Sätze klingen „asthmatisch" und abgehackt und verlieren an Ausstrahlung und Kraft. Deshalb ist es wichtig, Nervosität und Anspannung möglichst früh zu überwinden, um locker und entspannt sprechen zu können. Beginnen Sie damit schon, während Sie auf Ihren Auftritt warten. Atmen Sie ganz bewusst und ganz normal – nicht zu schnell und nicht zu tief. Erspüren Sie, wie Ihr Puls sich beruhigt. Schreiten Sie würdevoll zur Kanzel, damit Sie auf dem Weg dorthin nicht außer Puste kommen. In der Ruhe liegt die Kraft. Beginnen Sie lebendig, aber ohne Hektik und ergänzen Sie die nötige Luft am Ende eines Satzes oder an einer Stelle, an der es inhaltlich passt. Wenn Sie entspannt sind, funktioniert diese „reflektorische Luftergänzung" ganz wie von selbst.

2. Resonanz

Damit Ihre Stimme angenehm rund und nicht etwa angestrengt und gezwängt wirkt, sollten Sie die Geheimnisse der Bauchatmung und die Bedeutung Ihrer Resonanzräume kennenlernen. Wir beginnen mit einem
kleinen Test. Stellen Sie sich aufrecht vor einen Spiegel, halten Sie den
Kopf gerade und den Mund halb geöffnet. Jetzt atmen Sie tief ein. Wenn
Sie beim Einatmen Ihre Schultern nach oben gezogen und sich lang gemacht haben, sind Sie vermutlich ein Hochatmer. Wenn sich dagegen Ihre
Bauchdecke nach vorne gewölbt hat und die unteren Rippenbögen nach
außen gingen, sind Sie vermutlich ein Tiefatmer. Hochatmer verschenken
etwa ein Drittel des Lungenvolumens und drücken mit ihrer Muskulatur
außerdem noch auf ihren Kehlkopf. Tiefatmer füllen ein größeres Lun-
genvolumen, sprechen entspannter und lockerer und kommen deshalb bei
ihren Hörern besser an. Tiefenatmung oder das sogenannte „gestützte
Sprechen" können Sie lernen. Eine entsprechende Übung finden Sie wieder am Ende des Kapitels.

Dass Tiefatmer eine entspanntere und rundere Stimme haben, hängt
auch damit zusammen, dass sie ihre Resonanzräume besser nutzen und die
Stimmbänder unverkrampfter einsetzen. Eine Gitarrensaite kommt erst
dadurch zum Klingen, dass sie ihre Schwingungen auf den hölzernen
Korpus überträgt und ihn zum Mitmachen anregt. Je größer der Korpus, je
ausgesuchter das Material, desto schöner der Klang. Ihre Stimme arbeitet
nach dem gleichen Prinzip. Brustkorb, Flanken, Rachenraum, Mundhöhle,
Stirn- und Kieferhöhlen – sie alle schwingen mit, wenn der Luftstrom Ihre
Stimmbänder in zarte Schwingungen versetzt. Wenn Sie wollen, können
Sie das selbst erfühlen. Stellen Sie sich wieder gerade hin, legen Sie die
Hand auf die Brust und sprechen Sie mit halb offenem Mund ein langes
und tiefes „oh". Merken Sie, wie alles vibriert?

Je kleiner Sie Ihre Resonanzräume machen, desto kärglicher und ge-
zwängter wirkt die Stimme. Deshalb sollten Sie auch im Mundraum Weite
walten lassen. Stellen Sie sich einfach vor, Sie müssten vor Ihrem Gau-
menzäpfchen Platz für einen Tischtennisball lassen. Sprechen Sie ein paar
Sätze mit dieser Vorstellung, und sprechen Sie einige weitere Sätze, wie
Sie es bisher gewohnt waren. Hören Sie den Unterschied?

Wer seine Resonanzräume nutzt, schont außerdem seine Stimme. Die
Stimmbänder oder Stimmlippen sind zwei Muskelstränge, die oben zu-
sammenlaufen und gleichsam ein Dreieck bilden. Strömt die Luft an ihnen
vorbei, werden sie in Schwingungen versetzt. Die unterschiedliche Ton-

höhe und Klangfarbe ergibt sich durch die unterschiedliche Anspannung der Stimmbänder und durch ihre Stellung zueinander. Wir sprechen von offenen oder geschlossenen Stimmlippen. Die Stimmbänder selbst sind viel zu klein, um große Lautstärke zu erzeugen. Die entsteht wie bei der Gitarre durch unsere mitvibrierenden Resonanzräume in Brust, Kehle und Kopf. Wenn Sie sie aber dennoch und dauerhaft überanstrengen, werden sie müde. Die Stimme klingt heiser, der Kehlkopf schmerzt und im schlimmsten Fall können kleinste Muskelfasern sogar reißen und als Knötchen Ihrer Stimme dauerhaft schaden. Wenn Sie sprechen, sollten Sie also im Kehlkopf möglichst entspannt und locker bleiben und die Stimme über die Bauchatmung stützen. Das gibt Ihnen den richtigen „Brustton" der Überzeugung und hält Ihre Stimmbänder auch bei einer längeren Predigt fit. Die richtige Spannung wirkt sich auch auf die Klangfarbe Ihrer Stimme aus. Wenn Sie Ihre Stimmbänder wie eine schlaffe Wäscheleine durchhängen lassen, wirken Sie als Redner langweilig und monoton. Spannen Sie sie dagegen zu kräftig an, wirken Sie verkrampft, drängerisch und wenig überzeugend. Halten Sie also die gesunde Mitte.

3. Artikulation

Wenn Sie Ihre Stimme wirkungsvoll einsetzen wollen, sollten Sie auch auf Ihre Aussprache achten, die Artikulation. Wer undeutlich redet oder sich etwas in den Bart hineinflüstert, wird nicht nur schlecht verstanden. Er wirkt auch unsicher, inkompetent und lieblos, weil er sich offensichtlich keine Mühe gibt. Die Gemeinde fühlt sich betrogen und ist frustriert.

Ursachen undeutlicher Aussprache sind Dialektlautung, Unsicherheit, fehlende Sprecherfahrung, ein angeborener oder anerlernter Sprachfehler oder Mundfaulheit. Die Einfärbung durch einen Dialekt muss kein wirkliches Sprechhindernis sein. Im Gegenteil, manche Redner werden dadurch erst richtig sympathisch. Zum Problem wird Dialekt erst dann, wenn Sie in heimatfremder Umgebung wie ein Fremdkörper wirken und Ihre Zuhörer Ihnen nicht oder nur schwer folgen können. Unsicherheit und fehlende Sprecherfahrung werden Sie mit zunehmender Kanzelerfahrung überwinden. Widerstehen Sie aber der Versuchung, sich aus der Affäre zu nuscheln. Sprechen Sie vom ersten Satz an klar und deutlich; Sie haben etwas zu sagen! Echte Sprachfehler sollen Sie von einem Logopäden behandeln lassen; vielleicht geht es sogar auf Rezept. Gegen Mundfaulheit ist aber auf alle Fälle ein Kraut gewachsen: Lernen Sie, Ihre Sprechwerkzeuge fleißig einzusetzen. Wie das geht, zeige ich Ihnen jetzt.

Deutliche Aussprache hängt vor allem davon ab, dass Sie „vorne" sprechen, d.h. Unterkiefer, Zunge und Lippen intensiv bewegen. Öffnen Sie
Ihren Mund und entlassen Sie Ihre Stimme in die Freiheit. Besonders die
Vokale werden sich darüber freuen. Wer seine Zähne nicht auseinander-
bekommt, ist wie ein Blechbläser, der seinen Trompetentrichter mit einem
Handtuch verstopft. Man kann den Ton noch hören, aber er klingt ge-
dämpft und unklar. Auch die Zunge muss sich kräftig bewegen, denn sie
erweitert oder verengt den Mundraum und formt dadurch die Klänge mit.
Die Lippen schließlich tragen ein Weiteres zur deutlichen Aussprache bei.
Besonders die Labiale (Lippenlaute wie p und b) werden von ihnen ge-
formt. Je intensiver Sie Kiefer, Zunge und Lippen einsetzen, desto klarer
und deutlicher wird Ihre Artikulation. Als praktische Übung stelle ich
Ihnen am Ende dieses Kapitels die sogenannte „Korkenübung" vor, der
Klassiker des Artikulationstrainings.[151]

Es kann sein, dass Sie sich unnatürlich und künstlich vorkommen,
wenn Sie an einer deutlichen Artikulation und einem bis in die Ecken
hinein betonten Hochdeutsch arbeiten. Aber auf der Kanzel muss es etwas
mehr sein. Bis Ihre Stimme die Distanz zum Hörer überwunden hat, hat
sie an Klarheit verloren. Daran ändert auch eine Verstärkeranlage nichts.
Was Ihnen zu viel erscheint, ist für die Hörer genau richtig. Vor allem
ältere und hörgeschädigte Menschen werden es Ihnen danken, wenn Sie
sich um eine deutliche Aussprache bemühen.

4. Tempo

Manche mögen's schnell. Sie können es auch gar nicht langsam, weil sie
zu den Schnellrednern gehören. Die Gemeinde wird von ihnen geradezu
„Tsunami-artig" überrollt. Während der eine Gedanke noch nicht richtig
ausgesprochen ist, rauschen schon drei weitere hinterher. Das Ende vom
Lied sind überforderte, niedergeredete und frustrierte Zuhörer, bei denen
nur wenige Gedanken hängen geblieben sind. Manche dagegen mögen's
bedächtig. Während sie innerlich noch um die richtige Tiefe ihrer
Formulierung ringen, stirbt die Gemeinde den langsamen Tod durch
Langeweile. Von vorne will einfach kein neues Gedankenfutter kommen.
Das Ende dieses Liedes sind unterforderte, gelangweilte, aber ebenfalls
frustrierte Zuhörer.

---

[151] Zahlreiche Tipps und Übungen zu einer guten Aussprache finden Sie bei Wolf-Dieter
Wiedemann in „Der ERF-Sprechtrainer" mit beigefügter Audio-CD, Wetzlar, 1997.

Das Sprechtempo als vierter Schieberegler der Stimme hat einen erheblichen Einfluss darauf, wie eine Rede empfunden und aufgenommen wird. Je nach Zusammensetzung der Zuhörerschaft, Situation und Charakter der Predigt müssen Sie ein angemessenes Grundtempo finden. Jüngere Leute sind allein schon durch ihren Medienkonsum auf höhere Taktfrequenzen eingestellt; ältere Menschen brauchen etwas länger, um die Gedanken zu erfassen und einzuprägen. Anlässlich einer Beerdigung werden Sie getragener sprechen als auf einer Hochzeit. Als flexibler Redner stellen Sie sich auf die unterschiedlichen Situationen ein. Sie werden das aber nur im Rahmen Ihrer Möglichkeiten tun können. Ihr eigenes Temperament wird sich immer wieder durchzusetzen versuchen. Versuchen Sie, sich selber richtig einzuschätzen, und überlassen Sie Ihre Redegeschwindigkeit nicht einfach dem Zufall.

Zu einer wirkungsvollen Stimmführung gehört auch der gezielt eingesetzte Tempowechsel. Erzählende Predigtpassagen mit sich dynamisch entwickelnden Handlungsabläufen erzwingen es geradezu, dass Sie die Redegeschwindigkeit erhöhen. Andererseits können Sie das Tempo bis zum Stillstand der Worte herunterfahren, wenn Sie Nachdenklichkeit und Betroffenheit hervorrufen wollen. Eine an der richtigen Stelle platzierte Redepause kann sich zum Höhepunkt der Predigt mausern. Eines sollten Sie aber auf keinen Fall tun: Das Tempo zum Allegro furioso steigern, um Ihren letzten Gliederungspunkt noch zeitlich aus dem Feuer zu reißen. Für einen Verkündiger gibt es kaum einen größeren Schmerz und ein tieferes Leiden, als sich von seinen so geliebten Gedanken zu trennen und einige von ihnen aus zeitlichen Gründen fahren zu lassen. Die Versuchung, diesem inneren Sterben durch Temposteigerung zu entsprechen, ist groß. Lernen Sie, ihr zu widerstehen!

5. Volumen

„Je vollmächtiger, desto lauter!" Leider wird dieser nicht vorhandene Zusammenhang zwischen Vollmacht und Phonstärke von manchen Rednern hergestellt. Die hohe und leise Stimme des Bruders X entfesselt sich zu einem wahren Orkan – vorausgesetzt, er hat die Kanzel bestiegen. Zu beobachten ist aber auch der gegenteilige Effekt: Die kräftige Stimme des selbstbewussten Geschäftsmanns versiegt auf der Kanzel zu einem leise vor sich hinplätschernden Rinnsal, von dem man fürchten muss, dass es jeden Moment im Erdreich versickert. Die Wirkung auf die Hörer ist zwar jedes Mal unterschiedlich, kommt im Endeffekt aber zum gleichen Ergebnis: Die Überlautstärke weckt Aggressionen und hinterlässt das Gefühl der Überforderung. Die Gemeinde beginnt, sich innerlich gegen den Redner zu wehren und seine Worte zu überhören. Die zu leise Stimme fordert dem Hörer zu viel Konzentration ab. Er ermüdet über dem angestrengten Hinhören. Er wird frustriert, weil er vieles nicht verstehen kann.

Die Wahrheit liegt auch hier wieder in der gesunden Mitte. Versuchen Sie, eine angemessene Grundlautstärke zu finden. Neigen Sie dazu, eher zu laut oder eher zu leise zu sprechen? Welche Zuhörer haben Sie vor sich? Wie ist die Raumakustik? Sprechen Sie sich mit dem Tontechniker ab und machen Sie eine Mikrofonprobe – aber bitte vor dem Gottesdienst und nicht als Predigteinleitung! Wenn ich sagte, dass die Wahrheit in der gesunden Mitte liegt, meine ich natürlich nicht das gleichförmige und langweilige Mittelmaß. Eine dynamisch geführte Stimme, die den Inhalt der Rede durch Variation der Lautstärke unterstreicht, wirkt lebendig und hält die Hörer länger bei der Sache. Nur, übertreiben dürfen Sie es nicht. Überzogener Lautstärkewechsel wirkt künstlich und pathetisch.

6. Ausdruck

Abschließend möchte ich Ihre Aufmerksamkeit noch auf einen weiteren wichtigen Schieberegler lenken. Es ist der Ausdruck, den wir in unsere Stimme legen und der unseren Worten erst die richtige Bedeutung gibt. „Der Ton macht die Musik", weiß ein altes Sprichwort zu vermelden. Es unterscheidet zwischen der reinen Sachinformation eines Satzes und der Gewichtung und Deutung dieser Aussage durch die Art und Weise, wie wir sie stimmlich gestalten. Sie können das einfache Sätzchen „Jesus liebt dich" freudig erregt, euphorisch, gelangweilt, beiläufig, skeptisch, distanziert, ironisch, betroffen und sicherlich noch in vielen anderen Varianten sprechen. Als Zuhörer sind wir geübt, die feinsten Nuancen herauszuhoren und eine Aussage über ihren rein logischen Sinn hinaus so zu verstehen, wie der Prediger sie wirklich gemeint hat. Wenn der Inhalt einer Aussage der Stimmführung widerspricht, sind wir sogar geneigt, dem Sprechausdruck mehr zu vertrauen als dem Gehalt der Worte. Auf diese Weise prüfen wir kritisch, ob unser Gegenüber aufrichtig ist und ob wir uns auf seine Aussagen einlassen wollen oder lieber nicht.

In einer kleinen Tabelle, die auch Tempo und Volumen noch einmal mit einbezieht, gebe ich Ihnen eine Übersicht, welche Aspekte der Stimmführung eine ausdrucksstarke Stimme kennzeichnen. Jedes der vier Sprechausdrucksmerkmale lässt sich in vier Einzelaspekte aufgliedern.

Die vier Sprechausdrucksmerkmale der Stimme	
Dynamische Merkmale	**Temporale Merkmale**
Lautstärke	Sprechtempo
Lautstärkewechsel	Tempowechsel
Intensität bzw. Spannung	Pausen
punktueller Lautstärkeakzent	punktueller Tempoakzent
Artikulatorische Merkmale	**Melodische Merkmale**
Deutlichkeit	Stimmlage bzw. Tonhöhe
Hochlautung – Dialektlautung	Melodiebewegung
Spannung der Stimme	Stimmklang
punktueller Deutlichkeitsakzent	punktueller melodischer Akzent

Nehmen wir uns das oben aufgeführte Sätzchen noch einmal vor: „Jesus liebt dich." Sie können diese Worte anhand der vier genannten Sprechausdrucksmerkmale beliebig variieren. (1.) Im Blick auf die Dynamik können Sie es laut herausschreien oder leise flüstern oder auch nur eines der Worte herausheben: „*Jesus* liebt dich." (2.) Im Blick auf das Tempo können Sie das Sätzchen zügig oder lang gezogen sprechen oder hinter „Jesus liebt ..." eine lange erwartungsweckende Pause machen: „ – dich!" (3.) Im Blick auf die Artikulation können Sie die Worte vernuscheln oder jedes Wort einzeln zelebrieren. (4.) Und hinsichtlich der Sprachmelodie können Sie die Jesusliebe monoton vor sich hinsagen oder sie förmlich bejubeln und besingen. Drei Worte, aber erstaunlich viele Variationen. Wenn Sie lebendig und wirkungsvoll sprechen wollen, sollten Sie ein möglichst weites Spektrum an stimmlichen Ausdrucksformen beherrschen und diese gezielt einsetzen. Vielleicht müssen Sie gar nicht viel üben, weil Ihnen das alles irgendwie in die Wiege gelegt worden ist. Wenn dem so ist, sollten Sie nicht übertreiben. Vielleicht müssen Sie aber auch hart an sich arbeiten, damit Sie aus Ihrer flachen und monotonen Stimmführung herauskommen. Dann fangen Sie am besten gleich damit an.

Damit Sie sich selbst einschätzen können, sollten Sie sich eine Aufnahme von einer Ihrer Predigten anhören. Tun Sie es nur, wenn Sie mental gut drauf sind; sie brauchen starke Nerven. Fangen Sie an, Kindern Geschichten zu erzählen oder steigen Sie am besten gleich in die Kinderarbeit ein. Lesen Sie sich Texte laut vor. Das hilft Ihnen, Ihre Stimme bewusst einzusetzen. Üben Sie Ihr Predigtkonzept laut ein und markieren Sie sich Stellen, an denen Sie besondere stimmliche Akzente setzen wollen. Vermeiden Sie aber alles, was theatralisch und pathetisch wirkt; das macht Sie unglaubwürdig. Und falls Sie sich einen unnatürlichen Kanzelton angewöhnt haben, gewöhnen Sie sich ihn schnell wieder ab. Der normale Ausdruck Ihrer Stimme wird von allen Anwesenden am angenehmsten empfunden! Die Stimme ist ein ungeheueres Instrument! Wird sie richtig eingesetzt, werden Ihnen die Zuhörer gerne folgen und Ihnen an den Lippen hängen. Zum Abschluss die versprochenen Übungen.

„Das will ich probieren!" – Übungsaufgabe

Trainieren Sie Ihr Zwerchfell.

Stellen Sie sich gerade und entspannt hin und legen Sie Zeige- und Mittelfinger auf Ihren Solarplexus. Holen Sie tief Luft, so als ob Sie lachen oder husten wollten. Und dann tun Sie genau das: Lachen oder husten, wie Sie wollen. Wichtig ist, dass Sie ruckartig ausatmen, damit sich die Muskulatur des Zwerchfells anstrengen muss. Erspüren Sie mit Ihrer Hand, wie es an Ihre Bauchdecke pocht. Wiederholen Sie die Übung acht bis zehn Mal.

Finden Sie Ihren Grundton.

Am lockersten und natürlichsten sprechen Sie, wenn Sie Ihre Stimmlage um Ihren individuellen Grundton herumführen. Den finden Sie am besten, wenn Sie sich „einzählen". Setzen Sie sich entspannt und gerade auf einen Stuhl, atmen Sie mehrfach ein und aus und zählen Sie gleichmäßig und immer mit derselben Lautstärke und demselben Tonfall von eins bis zehn. Achten Sie darauf, dass Ihr Kehlkopf ganz entspannt bleibt und dass Ihre Stimmbänder ganz locker anschwingen. Zählen Sie nun noch ein zweites, drittes und viertes Mal und dehnen Sie die Zahlen bei jeder der vier Runden etwas länger, am besten bei den Vokalen: Eeeiiins, zweeeiii, dreeeeiii … Erspüren Sie, wie sich Ihre Stimme auf einen tiefen Grundton einschwingt. Wenn Sie diesen halten und um ihn herum weitersprechen, klingt Ihre Stimme rund und angenehm.

Üben Sie gestütztes Sprechen.

Stellen Sie sich wieder gerade und entspannt hin, legen Sie Ihre Hände links und rechts unter den Rippenbogen und atmen Sie tief in den Bauch hinein. Versuchen Sie Ihre Hände nach außen wegzuatmen. Halten Sie die Spannung im Bauchraum und sprechen Sie einen Satz. Wenn Sie Luft ergänzen müssen, lassen Sie Ihr Zwerchfall bei halb geöffnetem Mund nach unten schnellen. Ihre Lunge füllt sich sofort mit neuer Luft; die Bauchdecke wölbt sich nach vorne. Halten Sie diese Spannung und sprechen Sie weiter.

Arbeiten Sie an einer deutlichen Artikulation.

Nehmen Sie einen Flaschenkorken und halten Sie ihn an seinem vorderen Ende mit den Schneidezähnen fest. Zum deutlichen Sprechen bleiben Ihnen jetzt nur noch die Zunge und die Lippen, die Sie umso stärker einsetzen müssen, weil der Kiefer durch den Korken gleichsam arretiert ist. Sprechen Sie nun einige Sätze. Nehmen Sie den Korken heraus, und reden Sie ohne ihn weiter. Hören Sie, wie deutlich Sie plötzlich artikulieren können? Wiederholen Sie die Übung mehrfach und achten Sie auf den kleinen, aber feinen Unterschied.[152]

---

[152] Weitere Übungen finden Sie bei Wolf-Dieter Wiedemann in „Der ERF-Sprechtrainer" mit beigefügter Audio-CD, Wetzlar, 1997.

E. Verkündigung und Sprache

Nachdem wir uns mit der instrumentalen Seite des Sprechens beschäftigt haben, wenden wir uns jetzt der materialen Seite zu, der Sprache. Sie ist wesentlicher Träger der Inhalte und der Stoff, aus dem die Fakten, aber auch die Gefühle sind. Wer sachlich klar und gleichzeitig lebendig sprechen kann, wird die Zuhörer gewinnen und mit auf seine Reise nehmen.

Sprache ist etwas sehr Persönliches. Jeder hat seinen eigenen Stil. Das Kleinkind imitiert die Sprach- und Redegewohnheiten seiner Eltern. Damit übernimmt es zugleich auch deren Eigenheiten und lokale Färbungen. Mit zunehmendem Alter formt sich die Sprache durch Umwelteinflüsse wie Schule, Spielkameraden und die Massenmedien weiter aus. Die übernommene Sprache wird zur eigenen Sprache verfestigt und Ausdruck einer ganz persönlichen Individualität. Auch Duden und Grammatik spiegeln nur die allgemein anerkannten Normen gelebter Sprache wider. Aber sie lassen Spielräume für das, was wir als angemessen und richtig empfinden. Darüber hinaus beherrschen wir unterschiedliche Sprachstile und wenden sie je nach Situation und Umfeld zu unseren Gunsten an. Manchmal allerdings gelingt uns das auch nicht. Wir sind sprachlos, es fehlen uns die Worte, wir vergreifen uns im Ausdruck und reden aneinander vorbei. Sprache ist spannend wie ein Abenteuer. Sie kann Sie zu fantastischen Höhen führen und Sie genauso in tiefe Abgründe stürzen. Wenn Sie auf die Kanzel steigen, haben Sie die Herausforderung Sprache angenommen. Sie trauen sich zu, die richtigen Worte zu finden. Und Sie gehen das Risiko ein, sich um Kopf und Kragen zu reden. Damit Sie auf dieses Abenteuer gut vorbereitet sind, möchte ich Sie auf die zehn wichtigsten Problemzonen der Sprache hinweisen und Ihnen zeigen, wie Sie zu einer lebendigen Sprechweise finden.

1. Problemzone: Fehlerhaftes Deutsch

Dass es um die deutsche Sprache nicht zum Besten steht, hat sich herumgesprochen. Wem fällt der kleine Unterschied zwischen „wegen dir" und „deinetwegen" noch wirklich auf? „Der Dativ ist dem Genetiv sein Tod", so lautet deshalb der Titel eines Bestsellers, der seine Leser erbarmungslos in die Abgründe fehlerhafter deutscher Sprache hineinblicken lässt.[153]

---

[153] Bastian Sick, *Der Dativ ist dem Genitiv sein Tod – Ein Wegweiser durch den Irrgarten der deutschen Sprache*, Kiepenheuer und Witsch, Köln, 2004.

Nun haben Sie als Prediger wahrlich nicht die Aufgabe, die reine deutsche Sprache wieder auf den Schild zu heben. Aber Sie sollten Ihre Zuhörer auch nicht durch verbale Fehlgriffe vom Inhalt der Predigt ablenken. Ein Petrus, *der wo* in ein Schiff stieg, oder Missionare, die endlich die *Visume* erhalten haben, ermutigen die Gemeinde zu sprachwissenschaftlichen Gedankenspaziergängen. Wer fehlerhaft spricht, verliert an Glaubwürdigkeit. Er gilt als weniger gebildet und als inkompetent – ein Urteil, das sicherlich keiner über sich gefällt wissen möchte. Die Gemeinde will zu ihrem Prediger stehen und sich nicht für ihn entschuldigen müssen. Gutes Deutsch lernen Sie übrigens, wenn Sie gutes Deutsch lesen und hören.

2. Problemzone: Sterile Schreibe

Eine Schreibe ist eine Schreibe, und eine Rede ist eine Rede. Wenn Sie Ihr Predigtmanuskript als literarischen Text verfassen, wird es wahrscheinlich seine Wirkung auf der Kanzel verfehlen. Er wirkt künstlich und steril, weil ihm wesentliche Elemente einer dynamisch und spontan vorgetragenen Rede fehlen. Verzichten Sie deshalb auf sprachliche Perfektion. Gewinnen Sie stattdessen an Natürlichkeit und Nähe zur Alltagssprache Ihrer Hörer. Die wesentlichen Unterschiede zwischen Schreibe und Rede habe ich in einer Tabelle für Sie zusammengefasst.

Die Rede	Die Schreibe
kurze und gezielte Sätze	längere Sätze
einfache Satzkonstruktionen ohne Verschachtelungen	kompliziertere Sätze mit Nebensatzkonstruktionen
wenig Augenmerk auf Rhythmus und Klang	Beachtung von Rhythmus, Klang und Sprachmelodie
Satzaussagen meist am Anfang	Satzaussagen in längere Sätze integriert
Satzbrüche (Anakoluthe), Einschübe und Füllwörter	klare Satzkonstruktionen mit schlüssigen Formulierungen
direkte Rede	indirekte Rede und Konjunktiv
Wechsel der Zeitformen	konstante Zeitformen
Redundanz	keine Wiederholungen
bildhafte und anschauliche Ausdrucksweise	eher abstrakte und gehobene Sprache

Schon im Zusammenhang mit den Predigtillustrationen hatte ich Sie auf einen anschaulichen und bildhaften Redestil aufmerksam gemacht.[154] Erinnern Sie sich noch an das Beispiel des Eisbergs? Bis zu 80 Prozent der Wirkung eines Vortrags beruht darauf, dass Sie die „Unterwasserwelt" der Empfindungen und Gefühle Ihrer Zuhörer erreichen. Die sichtbare „Oberwasserwelt" der sachlichen Daten, Fakten und Zahlen dagegen kommt mit nur 20 Prozent deutlich schlechter weg. Ausmalungen, Vergleiche und Beispiele durchbrechen einen abstrakten und verkopften Redestil und dringen zu den Tiefenschichten vor. Aber sie tun das nur punktuell und an besonders wichtigen Stellen Ihrer Predigt. Wenn Sie davor langweilig und faktisch nüchtern gesprochen haben und nach Ihrem Predigtbeispiel in den gleichen Sprachstil zurückfallen, werden die Empfindungen Ihrer Zuhörer schnell wieder auf die alten niedrigen Temperaturwerte absinken. Das wäre doch schade, oder? Wichtig ist, dass Sie ganz grundsätzlich und durchgängig zu einer anschaulichen und bildhaften Redeweise finden. Besonders hilfreich sind kurze Vergleiche („Die Liebe Gottes ist wie ein Sonnenstrahl, der uns erhellt und wärmt.") und anschauliche Ausdrucksformen („Petrus brach in sich zusammen, als Jesus ihm zum dritten Mal die bohrende Frage stellte: ‚Hast du mich lieb?'"). Sprachlicher Monotonie können Sie mit Synonymen, d.h. wortverwandten Begriffen entgegenwirken. Sprechen Sie einmal von der „Bibel", dann von der „Heiligen Schrift" und ein anderes Mal von „Gottes Wort". Vermeiden Sie aber den Begriff „Text"; das ist kalte Exegetensprache und gehört nicht auf die Kanzel, auch wenn Sie ihn von dort schon tausendfach gehört haben. Urkomisch wirkt es übrigens, wenn Sie zwischen Schreib- und Redestil hin- und herspringen. Ohne zur Kanzel zu schauen, weiß jeder, wann Sie gerade ablesen und wann Sie frei sprechen. Entscheiden Sie sich für eine Variante und halten Sie diese konsequent durch.

3. Problemzone: Verbale Übertreibungen und Superlative

Wer das Evangelium von Jesus Christus verkündigt, hat wahrlich eine Spitzenbotschaft zu vermelden – die beste Nachricht aller Zeiten. Das ist so offensichtlich, dass ich mir erst gar keine Mühe gebe, Ihnen biblische Belege zur Beweisführung vorzulegen. Gottes Liebe, sein Heil und seine Segnungen sind einfach klasse; dazu dürfen wir unbefangen und fröhlich stehen.

---

[154] Vgl. S. 163.

In einer Zeit der Superlative erliegen aber manche der Versuchung, sich sprachlich und inhaltlich zu weit aus dem Fenster zu lehnen. Sie steigern die Frohe Botschaft zur allerfrohesten Botschaft, bieten das Super-extra-Spitzenklasse-Heil in Jesus an und locken mit den schillerndsten Versprechen: „Ab heute ist nur noch Segen angesagt." – „Mit Jesus führst du das wahnsinnigste Leben, das du dir nur vorstellen kannst." – „Du bist nie wieder allein, weil Jesus in dir lebt." Solche marktschreierischen Angebote bestechen auf den ersten Blick. Sie suggerieren Glaubensmut und Glaubenskraft. Sie können sich selbst und viele Ihrer Zuhörer damit in Stimmung bringen. In Wirklichkeit versteigen Sie sich in eine affektierte Kunstsprache und handeln auch theologisch mit ungedeckten Schecks. Signalworte einer solchen Kanzelsprache der Superlative sind: ganz und gar, total, völlig, vollkommen, nur noch, auf keinen Fall, nie wieder, einzigartig, überwältigend und viele andere mehr. Auch überzogene Sprachbilder, hochgejubelte Wortkombinationen und wohlklingende Worthülsen gehören zum Repertoire einer solchen übersteigerten Kanzelrede.

Dieser außer Kontrolle geratene sprachliche Überschwang aber rächt sich. Sie wirken merkwürdig abgehoben und unecht. Sie verlieren an Glaubwürdigkeit, weil die meisten ahnen, dass Sie nicht die Wirklichkeit beschreiben. Sie erwecken den Eindruck, als stünden Sie unter enormem Erfolgsdruck und als wollten Sie Ihren Zuhörern unbedingt etwas unter die Weste jubeln. Oder leiden Sie einfach nur an einem übersteigerten Geltungsbedürfnis? Reden Sie ehrlich und bleiben Sie theologisch sauber. Versprechen Sie nicht mehr, als Gott uns zusagt, und formulieren Sie das mit einladenden, aber glaubhaft natürlichen Worten.

4. Problemzone: Fremdwörter und Anglizismen

Fremdwortfetischismus und Anglizismusintegration sind in unserer Gesellschaft inzwischen so weit verbreitet, dass sie auch vor der Kanzel nicht haltmachen. Das ist umso erstaunlicher, als wir sie in unseren privaten Gesprächen deutlich weniger gebrauchen. Warum also auf der Kanzel? Wir wollen kompetent, gebildet und weltgewandt wirken und zeigen, dass wir auf der Höhe der Zeit sind. Manche unserer Zuhörer können wir mit einer solch hochgestochenen Rede beeindrucken. Wenn Sie uns nicht verstehen, werden sie geneigt sein, eher an ihrem eigenen Verstand zu zweifeln als an dem unseren. Da haben wir gerade noch einmal Glück gehabt. Auf viele aber wirken wir geradezu lächerlich und dumm. Dieser Eindruck verstärkt sich deutlich, wenn uns die hochgestochene Rede nicht fehlerfrei gelingt, wenn wir beispielsweise Fremdwörter und hebräische und griechische Begriffe des Alten und Neuen Testaments falsch betonen, verwechseln oder sachfremd einsetzen. Damit haben wir uns schnell als theologischen Möchtegern entlarvt.

Natürlich haben zahlreiche Fremdwörter und Anglizismen ihren festen Platz in unserer Sprache eingenommen. Sie sind so heimisch geworden, dass wir sie gar nicht mehr als Eindringlinge empfinden. Wir nutzen sie, um Wortwiederholungen zu vermeiden, und sprechen einmal von der Eingebung und ein anderes Mal von Inspiration. Wir versachlichen Inhalte, um uns etwas Abstand zu verschaffen; Psychiatrie klingt deutlich freundlicher als Irrenhaus. Oder wir haben einfach keinen treffenderen deutschen Ausdruck, um etwas auf den Punkt zu bringen. Fremdwörter, Anglizismen und theologische Fachbegriffe werden aber immer dann zum Problem, wenn sie nicht zum Allgemeingut gehören und von vielen nicht verstanden werden. Aber genau das wollen Sie: Sie möchten verstanden werden. Deshalb sollten Sie mit solchen Begriffen sehr sparsam umgehen und Ihr Publikum richtig einschätzen. Sprechen Sie lieber von der Dreieinigkeit als von der Trinität, vom ersten Buch Mose als vom Buch der Genesis, vom Heiligen Geist und nicht vom göttlichen Pneuma oder von Gemeindegründung anstelle des Church Planting. Wenn Sie es für wichtig erachten, können Sie Fremdwörter und Fachbegriffe auch einführen oder kurz umschreiben. „Diese Frage steht im Zusammenhang mit der Endzeit. Die Lehre von den Letzten Dingen nennen wir auch Eschatologie. Wir haben es also mit einer endzeitlichen, einer eschatologischen Frage zu tun." Suchen Sie immer den einfachsten Weg, um verstanden zu werden. Das ist auch der Weg zu den Köpfen und Herzen Ihrer Zuhörer.

5. Problemzone: Schachtelsätze und Infoflut

Um diesen einfachsten Weg geht es auch, wenn ich Ihnen die nächste Problemzone vorstelle. Ich spreche von komplizierten Schachtelsätzen und überbordenden Informationsfluten. Mancher Prediger ähnelt einem Schmetterlingsjäger. Er jagt seinen flatternden Gedanken hinterher und versucht, sie mit vielen Worten einzufangen. Diese Worte sprudeln nur so aus seinem Mund heraus. Er redet ohne Punkt und Komma, reiht seine Gedanken wie Perlen auf eine endlos lange Schnur. Er scheint es nicht einmal nötig zu haben, Luft zu holen. In komplizierten Satzkonstruktionen verschachtelt er seine Botschaft. Er verschachtelt sie im wahrsten Sinne des Wortes, denn seine Zuhörer verstehen immer weniger, was er ihnen sagen will. Sie sind von der Fülle seiner beredten Worte wie erschlagen.

Eine Botschaft können Sie auf zwei unterschiedliche Weisen verschachteln. Die erste Variante lebt von langen und komplizierten Sätzen: „Jesus gibt seinen Jüngern im Matthäusevangelium kurz vor seiner Himmelfahrt, die allerdings Matthäus selbst nicht erzählt, sondern nur Markus und Lukas, den Auftrag, in alle Welt zu gehen und alle Menschen zu Jüngern zu machen, sie zu taufen und zu lehren, was natürlich nur deshalb möglich ist, weil Jesus zuvor erklärt hat, dass ihm alle Gewalt im Himmel und auf Erden gegeben ist, und weil er am Schluss darauf hinweist, dass er bis zum Ende der Zeit bei seinen Jüngern bleiben wird." Die zweite Variante der Verschachtelung ist kompakt und wird von Substantiven und Adjektiven beherrscht: „In der nicht von Markus und Lukas aufgeführten matthäischen Sendungsperikope verordnet der mit göttlicher Vollmacht und Präsenz ausgestattete Christus dem von ihm berufenen Jüngerkreis die weltweite Missio Dei zum Zweck der Gewinnung neuer getaufter und im Glauben unterwiesener Jünger." Alles klar? Für die arme Gemeinde sicherlich nicht. Sie hat bei solchen verzweigten oder kompakten Sätzen schon lange abgeschaltet. Verständlich und einprägsam wird eine Aussage, wenn sie auf Anhieb sitzt. Verschachtelungen und Infoflut machen gerade das unmöglich. Deshalb einige kurze Ratschläge, wie Sie es richtig gut machen können: (1.) Stopfen Sie nicht zu viel in einen Satz hinein. Erinnern Sie sich an die alte Schulweisheit: Neuer Gedanke – neuer Satz. (2.) Formulieren Sie kurze und prägnante Sätze und gehen Sie sparsam mit Nebensätzen um. (3.) Setzen Sie auf Verben und nicht auf Substantive. Tätigkeitsworte wirken dynamisch und lebendig, Hauptwörter dagegen träge und statisch. Dies gilt besonders für „-ungungen" wie beispielsweise die oben erwähnte „Gewinnung" neuer Jünger. (4.) Vermeiden Sie verkomplizierende Reihen von Adjektiven: „Das wunderbare, Leben schaffende und froh machende Evangelium wird in der ganzen großen weiten Welt gepredigt, geglaubt und fröhlich gelebt." So bitte nicht.

6. Problemzone: Sprache Kanaans

Jede Branche hat ihre eigene Fachsprache – auch die Gemeinde. Das ist völlig natürlich, schier unumgänglich und für jeden einsichtig. Die Sprache des Glaubens braucht diese besondere Begrifflichkeit, um die ihr eigenen Gedanken und Konzepte angemessen ausdrücken zu können. Sie müssen deshalb auf der Kanzel nicht versuchen, sprachlich alles auszumerzen und zu transformieren, was irgendwie fromm und kirchlich klingt. Unbedingt achten sollten Sie allerdings darauf, dass Sie verstaubte Kirchensprache und frömmelndes Hochkanaanäisch möglichst hinter sich lassen. Gemeint sind veraltete Wörter und Wendungen (z.B. „glück-selig"), heute missverständliche Begriffe (z.B. „Streiter Gottes", die auch noch in einen geistlichen Krieg ziehen), an der Bibel angelehnte Sprach-bilder (z.B. „Damaskusstunde") und unüblicher Gebrauch von an sich zeitgemäßer Sprache (z.B. „Zeugnis geben"). Tragik und Tragikomik dieser veralteten Kirchensprache sind in zahlreichen Veröffentlichungen beschrieben worden, sodass ich mir an dieser Stelle weitere Ausmalungen ersparen kann.[155] Für viele Gemeindeglieder wirken wichtige biblische Inhalte wegen einer veralteten Kanzelsprache abgestanden und irrelevant. Außerdem bleibt die Gemeinde gegenüber Gästen sprachlos, weil sie vom Prediger nicht angeregt wird, in frischer Sprache über ihren Glauben zu reden. Gemeindeferne hingegen fühlen sich ausgegrenzt und in ihren Vor-urteilen bestärkt. Es lohnt sich also, wenn Sie das Kanaanäische aus Ihrem Sprachschatz verbannen und es durch zeitgemäße Sprache ersetzen.

7. Problemzone: Distanzierte Sprache

Wenn Sie die Herzen Ihrer Zuhörer erreichen wollen, müssen Sie persön-lich werden und Nähe zeigen. Genau davor aber haben viele Redner Angst. Sie wollen ihre Zuhörer lieber auf Distanz halten und aus einem unverfänglichen Abstand heraus zu ihnen sprechen. Ihr Motto: „Ich kom-me euch nicht zu nahe und ihr kommt mir nicht zu nahe. Ich bleibe hier oben und ihr bleibt da unten." Was sich in Kopf und Herz vollzieht, be-stimmt auch unsere Sprache. Sie klingt kühl und sachlich und geht so gar nicht auf die Menschen ein, die da erwartungsvoll auf ihren Stühlen sit-zen. Eine solche distanzierte Rede entlarvt sich schnell. Sie geht un-bekümmert über die Sprachgewohnheiten der Zuhörer hinweg. „Die sollen sich gefälligst auf mich einstellen." Sie liebt das unverbindliche „man" und „es": „Man könnte ...", „Es wäre nicht schlecht, wenn ...". Und sie dialogisiert und „flirtet" nicht; sie richtet sich nüchtern und sachlich an eine mehr oder weniger anonyme Masse.

Schon der alte Luther hat gewusst, wie wichtig es ist, dass Sie Ihren Hörern auch sprachlich nahekommen. Der Prediger muss „dem Volk aufs Maul schauen". Recht hat er! Bevor Sie Ihren Mund freudig auftun, müs-sen Sie zuerst Ihre Augen offenhalten. Wer viel redet, muss noch mehr hören! Wie also reden Ihre „Kunden"? Eher jugendlich salopp oder vor-

[155] Andreas Malessa, *Freudigkeit und Glaubensfrucht, Ein frommdeutsches Wörterbuch*, Oncken Verlag, Wuppertal, [4]1994.

nehm und gebildet? Würdig und gesetzt? Darf es auch humorvoll sein? Ist fromme Sprache wichtig oder zielen Sie auf Kirchenfremde ab, die kaum mehr wissen, wer Jesus ist? Sie müssen sicherlich nicht zum sprachlichen Chamäleon mutieren und sich allen Wünschen und Erwartungen anbiederisch unterwerfen. In einer Jacke, die Ihnen nicht passt, geben Sie keine gute Figur ab. Aber die Sprache des Herzens kommt dem entgegen, den es gewinnen will. Und gewinnen wollen Sie doch, oder?

Viele verwechseln sprachliche Nähe mit plumper Vertraulichkeit. Da haucht der Prediger ein einschmeichelndes „Du" über die Kanzelbrüstung. Oder er versteigt sich in einen inflationären Gebrauch des Wortes „persönlich": „Ich persönlich möchte gerade dich heute Abend ganz persönlich einladen, zu deinem persönlichen Herrn und Heiland zu kommen, der dich ganz persönlich so liebt, wie du persönlich bist." Manche signalisieren in geradezu rührender Weise ihr allumfassendstes und vollstes Verständnis: „Ich weiß genau, was Sie denken und wie es Ihnen dabei geht. Ich kann Sie sooo gut verstehen!" Oder Sie meinen, Ihren Hörern mit peinlichen Selbstenthüllungen ganz nahe gekommen zu sein. Glauben Sie mir, die meisten werden sich nicht bluffen lassen und sich ganz schnell in ihre innere Sicherheitszone zurückziehen.

Wer persönlich sprechen will, muss den Einzelnen in der Masse entdecken. Ihre Zuhörerschaft ist kein anonymes Etwas. Sie ist die Summe vieler wertvoller Einzelpersönlichkeiten. Schauen Sie sich diese Menschen an. Jeder von ihnen hat seine Sorgen und Ängste, Freuden und Hoffnungen mitgebracht. Jeder hat es verdient, dass Sie ihn achten und schätzen, ihn ernst nehmen, auf ihn eingehen, um ihn ringen, ihn ermutigen und ihm weiterhelfen. Predigen Sie diese Leute nicht an, sondern erzählen Sie und kommen Sie mit ihnen ins Gespräch. Wenn Sie aus diesem Blickwinkel heraus zu reden beginnen, werden Sie schnell merken, wie sich auch Ihre Sprache verändert. Aus sterilen theologischen Aussagen werden ermutigende Botschaften und aus einem distanzierten und unverbindlichen „man" und „es" wird ein persönliches und gewinnendes „du" und „ich".

8. Problemzone: Verwaschene Kernbotschaften

„Hast du verstanden, was er uns sagen wollte?" – „Ne, keine Ahnung. Ich weiß auch nicht, wovon der gerade spricht. Worauf will der eigentlich hinaus?" Ich hoffe nicht, dass sich ein solcher geflüsterter Dialog gerade während Ihrer Predigt entfesselt. Wenn doch, sollten wir gemeinsam über Problemzone Nummer 8 nachdenken: verwaschene Kernbotschaften.

Das Lebenselixier einer jeden Predigt sind klare Aussagen. Die Gemeinde soll etwas Handfestes mit nach Hause nehmen. Sie soll Entscheidungen treffen und möglichst anderen davon erzählen. Wer nicht auf den Punkt kommt und ständig um den heißen Brei herumredet, wird gerade das verhindern. Wie wichtig Kernbotschaften sind, haben wir uns bereits beim Thema „Predigtmotto und Predigtgliederung" vergegenwärtigt.[156] Diese zentralen Strukturelemente verdienen einen herausragenden Platz. Sie müssen durch ein selbstbewusstes Auftreten unterstrichen und durch Wiederholungen eingeprägt werden. Kernbotschaften beschränken sich allerdings nicht nur auf markante Gliederungssätze. Klare Aussagen sind für die ganze Predigt nötig. Kann ein Christ jetzt wieder verloren gehen, oder kann er es nicht? Wenn Sie selber keine klare Antwort gefunden haben, werden Sie sich winden und Ihre eigene Unsicherheit mit sprachlichen Nebelkerzen verhüllen müssen. „Also, es gibt da eine ganze Reihe von unterschiedlichen Auffassungen … Ja, was soll ich sagen? … Äh, das Zueinander von Heil und Unheil im Kontext des Miteinanders von Errettung und Verlorenheit führt zum Ineinander von … Aber es gibt natürlich auch Ausnahmen." Das alles klingt mehr wie das Hintereinander von ganz viel Durcheinander. Klare Kernbotschaften sind gerade dann wichtig, wenn es um handfeste Anwendungen geht. Drücken Sie Ermutigungen, Ermahnungen, Appelle und Verheißungen immer klar und eindeutig aus: „Gott lässt dich nicht fallen. Er bringt dich ans Ziel. Hör auf, dich selbst zu quälen, und glaube ihm endlich mehr als deinem eigenen Zweifel." Hier wird nichts verwaschen. Hier wird Klartext geredet.

9. Problemzone: Weichmacher

Ähnlich schädlich wie verwaschene Kernbotschaften sind sprachliche Weichmacher. Damit meine ich Wörter, die Ihre Sprache verweichlichen, relativieren und schlussendlich inkonsequent machen. Mit ihnen öffnen Sie Ihren Zuhörern tausend Hintertürchen. Sie müssen sich nicht wundern, wenn sie die Gelegenheit beim Schopf ergreifen und sich durch eines von ihnen heimlich aus dem Staub machen. Weichmacher gefährden Ihre Kompetenz. Sie verlieren an Überzeugungskraft. Vielleicht werden Sie sogar im Blick auf Ihre Leiterschaft infrage gestellt. Ein ziemlich übles Szenario für jemanden, der überzeugen und führen möchte.

---

[156] Vgl. S. 122.

Zu den Weichmachern gehören Wörter wie „sollte", „wollte", „könnte", „würde", „möchte", „wäre", „vielleicht" und „eigentlich". Sie können diese Begriffe auch kombinieren: „Man sollte eigentlich mehr beten.", „Man könnte vielleicht sagen, dass Sünde schädlich ist.", „Es wäre nicht schlecht, wenn noch jemand mit uns beten würde." Ganz schlimm wird es, wenn Sie solche verweichlichenden Wortfolgen noch mit Entschuldigungen verknüpfen oder in Fragesätze kleiden. „Ich weiß, man darf das eigentlich nicht so undifferenziert sagen. Aber könnte es nicht vielleicht doch sein, dass Gott uns einen Missionsauftrag gegeben hat?" Natürlich können wir uns mit solchen weich gespülten Sätzen auch vorsichtig einem unbekannten Publikum nähern wollen. Oder wir wollen einfach nur höflich sein und unsere Meinung nicht allzu aufdringlich ins Schaufenster stellen. Warum aber sagen wir eigentlich nicht gerad heraus, was wir eigentlich doch irgendwie ein Stück weit gerne sagen würden? „Heiligung ist wichtig" statt „Eigentlich wäre Heiligung ganz wichtig." „Sie müssen Jesus Christus kennenlernen" statt „Vielleicht wäre es für sie ganz hilfreich, wenn sie Jesus Christus kennenlernen würden." Sie müssen sich nicht über eine fruchtlose Predigt beklagen, wenn Sie selbst den Zweifel säen. Sprechen Sie verbindlich und verbannen Sie Weichmacher konsequent aus Ihrem Sprachschatz. Zumindest würde ich Ihnen das gerne irgendwie so empfehlen wollen, wenn ich das einmal so sagen darf; aber natürlich können nur Sie allein wissen, ob Sie … Na ja, Sie wissen schon; es ist ja Ihre Entscheidung.

10. Problemzone: Bleibe du selbst!

Wie nötig es ist, dass Sie sich sprachlich auf Ihre Zuhörer einstellen und an Ihrem Redestil arbeiten, habe ich ausreichend betont. Es ist aber genauso wichtig, dass Sie auf der Kanzel Sie selbst bleiben. Ihre Sprache muss zu Ihrer Persönlichkeit passen und wiedererkennbar sein. Versuchen Sie deshalb nicht, jemand sein zu wollen, der Sie nicht sind, und eine Sprache zu sprechen, in die Sie nicht hineinpassen. Das wirkt unecht, aufgesetzt, affig und im schlimmsten Fall nur komisch. Die Mitglieder Ihrer eigenen Gemeinde kennen Sie sowieso und erwarten, dass Sie so reden, wie man das von Ihnen gewohnt ist. Und auch Fremde spüren, dass sich hier jemand aufgesetzt und gestelzt ausdrückt. Mit wachsender Erfahrung werden Sie übrigens Ihren eigenen und zu Ihrer Persönlichkeit passenden Redestil finden.

„Das will ich probieren!" – Übungsaufgabe

Ich hoffe, dass Sie Lust darauf bekommen haben, an Ihrer Kanzelsprache zu arbeiten. Hier einige praktische Tipps: (1.) Schreiben Sie das
Manuskript für Ihre nächste Predigt wörtlich aus; nur so können Sie
schon im Entwurf erkennen, ob es sprachlich stimmig ist. (2.) Lesen Sie
das Manuskript sich selbst oder einer anderen Person laut vor. Sie
werden erstaunt sein, wie viele Verbesserungen Ihnen oder Ihrem Probe-
zuhörer einfallen werden. (3.) Hören Sie Ihre Predigt zu Kol 1,21-23,
die Sie inzwischen gehalten haben, auf einem Tonband ab. Was gefällt
Ihnen an Ihrer Sprache; was würden Sie aus ein wenig Abstand ändern?

F. Gestik, Mimik, Blickkontakt

Während der Predigt bekommt die Gemeinde nicht nur etwas zu hören,
sondern auch etwas zu sehen. In den beiden letzten Kapiteln ging es um
das Hören; wir haben über Stimme und Sprache nachgedacht. Jetzt beschäftigen wir uns mit dem Sehen, also mit all den optischen Eindrücken,
die Sie auf der Kanzel hinterlassen. Dabei geht es nicht einfach um die
Farbe Ihrer Krawatte oder den richtigen Sitz Ihrer Frisur. Ihr ganzer Körper vom Scheitel bis zur Sohle spricht eine wortlose, aber trotzdem laute
und deutliche Sprache. Wenn Sie sich dessen bewusst sind, die Sprache
Ihres Körpers kennen und sie gezielt einsetzen, wird Ihre Predigt wesentlich gewinnen und die Herzen Ihrer Zuhörer für Ihre Botschaft öffnen.

1. Bedeutung und Wirkung der Körpersprache

Wie wichtig die Sprache unseres Körpers ist, wurde in den letzten Jahren
wieder neu entdeckt und gründlich erforscht. Dabei reden wir eigentlich
von der natürlichsten Sache der Welt. Unsere Sprache und unsere Motorik
sind miteinander verknüpft. Sie sind wie zwei Gleise, die parallel nebeneinander herlaufen. Wir reden nicht nur mit dem Mund, sondern auch mit
Händen und Füßen. Ob wir wild gestikulieren oder nur mit einem Muskel
zucken – wir reden immer doppelt. Selbst in Situationen, in denen Körpersprache keinen Sinn macht, beim Telefonieren beispielsweise, können

wir sie nicht einfach abschalten. Sie läuft wie selbstverständlich mit. Wer Sprache und Motorik trotzdem voneinander abkoppeln will, muss hart trainieren. Ein kurzer Lidschlag oder ein unkontrolliertes Fingertippen hat manchen Spieler schon viel Geld gekostet. Zum Pokerface ist keiner geboren. Wir alle setzen die Sprache unseres Körpers ein. Und wir achten auf die körperlichen Signale unseres Gegenübers und versuchen, sie zu deuten und unsere Schlüsse daraus zu ziehen.

Alles das vollzieht sich natürlich auch auf der Kanzel. Aber nicht immer verhalten wir uns geschickt. Unsicherheit und innere Anspannung führen dazu, dass viele „starr vor Angst" werden und in motorischen Winterschlaf verfallen. Andere lassen sich von ihrer Nervosität in unkontrollierte Hypermotorik treiben und wirken dadurch hektisch und verfahren. Wie intensiv diese Signale auf die Zuhörer wirken, wird von vielen glattweg unterschätzt. Die Gemeinde will aber weder eine Salzsäule noch einen Unruhegeist. Sie sucht einen Redner, dessen Körpersprache lebendig, stimmig und authentisch ist. Kurzum: Die Gemeinde sucht Sie! Nicht erschrecken; ich werde Ihnen eine ganze Reihe von praktischen Tipps und Ratschlägen geben. Bevor wir das gemeinsam angehen, stelle ich Ihnen noch die fünffache Bedeutung der Körpersprache vor.

a. Die Körpersprache interpretiert Worte

Wir glauben nur zu gerne, dass es ausschließlich auf unsere Worte ankommt. Das stimmt aber nur bedingt. Unsere Zuhörer wollen auch wissen, ob wir hinter dem stehen, was wir sagen, und wie wir es meinen. Um das herauszufinden, suchen Sie nach Indizien, die ihnen unsere Körpersprache gibt. „Schaut er uns in die Augen oder blickt er zur Decke? Strahlt er, wenn er von Freude redet, oder bleibt sein Gesicht bierernst?" Unsere Zuhörer gehen völlig richtig davon aus, dass die Sprache unseres Körpers direkter, ungefilterter und deshalb ehrlicher ist als unsere Worte. Deshalb glauben wir im Zweifelsfall unseren Augen mehr als unseren Ohren. Für Sie ist das eine große Herausforderung. Sagen Sie nur, was Sie wirklich meinen! Die Leute sehen (!), ob Sie hinter Ihren Aussagen stehen.

b. Die Körpersprache transportiert Gefühle

Ohne uns dessen immer bewusst zu sein, nutzen wir unsere Körpersprache, um unsere Gefühle auch optisch zu zeigen und damit auf andere zu übertragen. Wer sich freut, erzählt seine Geschichte und strahlt dabei bis über beide Ohren. Der andere hört und sieht – und strahlt mit. Das

Gefühl der Freude ist zusammen mit Botschaft und Geste der Freude übergesprungen. Es hat sich in Kopf und Herz des anderen eingenistet und gleichsam verdoppelt. Wir nennen das „Übertragung". Was im Alltag ganz selbstverständlich funktioniert, hat auch auf der Kanzel seinen Platz. Freude und Trauer, Liebe und Hass, Wut und Empörung – es gibt kein Gefühl, das Sie nicht mit der Sprache Ihres Körper sichtbar machen könnten. Lassen Sie die Gemeinde daher sehen, was Sie aufrichtig fühlen.

c. Die Körpersprache visualisiert Inhalte

Lieben Sie Pantomime? Ich jedenfalls bin begeistert zu sehen, wie ein begnadeter Künstler mir ganz ohne Worte Geschichten erzählt. Ich verstehe alles, was er sagt, obwohl er ausschließlich seinen Körper sprechen lässt. Stellen Sie sich vor, Sie müssten auf der Kanzel das Gleiche tun: predigen ohne Worte. Ich weiß nicht, wie es Ihnen geht; ich jedenfalls würde einem der peinlichsten Momente in meinem Leben entgegengehen. Deshalb überlasse ich die stumme Kunst denen, die sie wirklich verstehen. Ohne selber Pantomime zu sein, können Sie aber Ihre Aussagen trotzdem durch Zeichen und Gesten unterstreichen. Sie visualisieren mit Ihrer Körpersprache das, was Sie mit Worten sagen. Auf diese Weise reden Sie wieder doppelt. Und doppelt gemoppelt hält bekanntlich besser.

d. Die Körpersprache steigert Aufmerksamkeit und Konzentration

Unser Auge ist darauf trainiert, plötzliche Veränderungen in unserem Umfeld sofort wahrzunehmen. Alles, was sich bewegt, erhält unsere Aufmerksamkeit. Es könnte ja interessant oder vielleicht sogar bedrohlich sein. Tut sich optisch nichts oder nur wenig, lassen unser Interesse und unsere Konzentration schnell nach. Wir suchen nach neuen Reizen oder wir schalten ab. Genau das werden Ihre Hörer tun, wenn Sie ihren Augen keine Nahrung geben. Ein zur Salzsäule erstarrter Prediger ist so interessant wie das Testbild beim Fernseher. Wenn Sie eine aufmerksame Gemeinde haben wollen, müssen Sie ihr auch etwas für die Augen bieten.

e. Die Körpersprache motiviert den Redner.

Wer schüchtern ist und unsicher, verkrampft sich leicht und fällt in eine körperliche Winterstarre. Stocksteif und wie ein verängstigtes Kaninchen steht er vorne und wagt es nicht, auch nur mit der Wimper zu zucken. Aus diesem Käfig selbst gemachter Regungslosigkeit führt nur ein Weg heraus: Sie müssen sich bewegen und sich und anderen zeigen, dass Sie noch zu Regungen echten Lebens fähig sind. Heben Sie die Arme, gebrauchen Sie die Hände, wenden Sie sich Ihren Hörern auf der rechten und der linken Seite zu. Streifen Sie die unsichtbaren Fesseln ab, mit denen Sie an Ihren Marterpfahl gebunden waren. Durch diese Art der Selbstvergewisserung gewinnen Sie schnell an Sicherheit. Sie werden locker und entspannt – und die Gemeinde auch!

2. Die äußere Erscheinung

Bevor Sie auf der Kanzel angekommen sind, haben Sie schon deutliche Signale an die Gemeinde ausgesendet und einen ersten Eindruck hinterlassen. Es war die Kleidung und die Art und Weise, wie Sie sich nach vorne bewegt und auf der Kanzel eingerichtet haben. Das alles haben Ihre Zuhörer genau beobachtet und sich ihren Reim darauf gemacht. Das sollten Sie wissen und daraus sollten Sie Ihre Schlüsse ziehen.

a. Die Kleidung

Obwohl Sie Ihre Kleidung still am Leibe tragen, spricht sie lauter, als Sie denken. Der Kleidungsstil, die Farbzusammenstellung, die Art und Weise, wie Sie Ihre zweite Haut zu Markte tragen – alles das enthält Signale, die die Gemeinde unbewusst, vielleicht auch sehr bewusst, zur Kenntnis nimmt. Der jugendliche Sturm-und-Drang-Prediger zeigt seine progressive Grundhaltung, indem er die Kanzel mit Jeans und Hemd betritt. „Schaut her alle, die ihr modern und unkonventionell seid. Ich will euch repräsentieren!" Der andere dagegen kommt ganz gezielt mit Anzug und Krawatte. Er weiß die bürgerliche Mitte hinter sich und freut sich, dass die Senioren an gute alte Zeiten erinnert werden. Wie immer Sie also erscheinen, überlegen Sie sich gut, wen Sie vor sich haben und welche Signale Sie mit Ihrer Kleidung aussenden wollen. Ihre Kleidung soll weder zum Positiven noch zum Negativen ablenken. Sie darf nicht langweilig wirken; Ihre Zuhörer sollen Freude haben, Sie nett und adrett da vorne stehen zu sehen. Stellen Sie sich auf Ihre Zuhörer und die jeweilige Situation immer angemessen ein. Das lässt viel Spielraum für Ihren eigenen Geschmack und gibt der Kleidung ihren richtigen Stellenwert.

Noch zwei Tipps zum Schluss. (1.) Schauen Sie vor Ihrem großen Auftritt noch einmal in den Spiegel. Ein verknöpftes Jackett, eine schief hängende Krawatte, ein nach oben abstehender Hemdzipfel, eine ungekämmte Sturmfrisur – das alles kann die Aufmerksamkeit gewaltig in

Beschlag nehmen und die Gemeinde von Ihrer Predigt ablenken. (2.) Weil unser Auge immer den hellsten Punkt sucht, sollten Sie unter der Gürtellinie eher dunkel und oben eher hell gekleidet sein. Damit ziehen Sie die Blicke Ihrer Hörer automatisch in die richtige Richtung.

b. Die Körperhaltung

Wenn wir von einem aufrechten oder von einem vom Leid gebeugten Menschen reden, denken wir auch an seine äußere Erscheinung. Seine körperliche Haltung ist Spiegel seiner Seele und zeigt genau, wie er sich fühlt. Wie Sie sich fühlen, wenn Sie auf die Kanzel treten, erkennen Ihre Zuhörer ebenfalls recht schnell und ganz genau. Der schleichende Gang, das gesenkte Haupt, die eingezogenen Schultern, der verstohlene Blick nach unten, die angelegten Arme, die verkrampfte Haltung der Hände – das alles macht Sie klein und winzig und lässt vor allem gar nichts Gutes erwarten. Versuchen Sie es umgekehrt: Sie stürmen die Kanzel, Ihr Kopf ragt keck nach oben, Sie gehen kerzengerade, Sie machen Ihre Schultern breit, Ihr Blick ergreift Besitz von Raum und Kanzel und Ihre Arme halten Sie in beide Hüften gestützt – das alles macht Sie groß und mächtig und lässt auch dieses Mal nichts Gutes erwarten. Zur Schau getragene Selbstsicherheit und Siegerpose sind nämlich genauso unangenehm wie Unsicherheit und Angst. Die Gemeinde muss sich weder vor Ihnen schützen noch Sie erleiden müssen. Die Wahrheit liegt also mal wieder in der Mitte. Und sie beginnt – in Ihrem Kopf! Denken Sie an Ihren Auftrag: Sie sind Botschafter an Christi statt, nicht mehr, aber auch nicht weniger!

- Gehen Sie deshalb in normalem Schritttempo – nicht zu schnell und nicht zu langsam. Das wirkt sicher und souverän.
- Gehen Sie aufrecht und gerade und schauen Sie nicht verlegen nach unten. Sie müssen sich nicht heranschleichen. Richten Sie Ihre Augen klar und bestimmt auf *Ihre* Kanzel.
- Gehen Sie locker und entspannt und stellen Sie sich genau so hinter Ihr Rednerpult. Sie haben nichts zu fürchten und können alle Verkrampfung fallen lassen.
- Lassen Sie die Schultern nicht hängen, sondern halten Sie es mit der alten Soldatenregel: Kopf hoch und Brust raus.
- Bewegen Sie sich fließend und harmonisch. Ruckartige und hektische Bewegungsabläufe verraten Ihre Unsicherheit und stimmen Ihre Zuhörerschaft gereizt und nervös.

3. Gestik und Mimik

Wir unterscheiden zwischen einer großen und einer kleinen Gestik. Die große Gestik beschäftigt sich mit den Bewegungen des ganzen Körpers, die kleine mit denen des Oberkörpers und der Hände. Obwohl der Name anderes vermuten lässt, ist die kleine Gestik für Sie wichtiger als die große. In der Regel werden Sie nämlich hinter einer Kanzel stehen und erst ab Bauchnabelhöhe sichtbar sein.

a. Die große Gestik

Eben sagte ich schon, dass Sie sich ruhig zur Kanzel bewegen und sich dann ebenso ruhig auf der Kanzel einrichten sollten. Stehen Sie gerade, Ihren Hörern zugewandt und gleichmäßig auf beiden Beinen. Dieser aufrechte Stand ist anatomisch gesehen die beste Haltung, um entspannt zu atmen und die Resonanzräume optimal zu nutzen. Im Stehen lässt es sich einfach leichter sprechen.

Um ihre innere Unruhe abzubauen, lassen sich viele zu unkontrollierten Körperbewegungen verleiten. Die Wippmännchen schaukeln gerne auf den Fußspitzen und erwecken den durchaus frommen Eindruck, als wollten sie direkt in den Himmel abheben. Die Schaukelpferdchen geben sich irdischer; sie wiegen sich hin und her und erinnern die Gemeinde ungewollt an rheinischen Frohsinn. Falls Sie entdecken, dass Sie der einen oder anderen Variante frönen, sollten Sie sich dringend an die Arbeit machen und diese Quelle endloser optischer Unruhe beherzt verstopfen. Stehen Sie einfach ruhig auf beiden Beinen oder wechseln Sie den Stand vom einen auf das andere in nicht zu kurzen Intervallen.

Aus dieser Grundhaltung heraus können Sie Ihren ganzen Körper nun gezielt zu großer Gestik einsetzen. Treten Sie einen kleinen Schritt nach vorne und beugen Sie sich sogar etwas über die Kanzel, wenn Sie Ihren Zuhörern Nähe und Vertraulichkeit signalisieren möchten: „Da sitzen wir doch alle im gleichen Boot, nicht wahr?" Treten Sie einen Schritt zurück, wenn Sie auf Distanz gehen: „Nein, nein. Damit wollen wir nichts zu tun haben!" Sie können auch wunderbar einen Dialog darstellen und die Positionen der Gesprächspartner optisch einnehmen. Wenn Sie Jesus sprechen lassen, drehen oder stellen Sie sich ein kleines bisschen nach links. Wenn Sie Nikodemus zu Worte kommen lassen, treten Sie ein wenig nach rechts. Denken Sie daran: Immer fließend und gleitend bleiben und nicht überzeichnen. Pathetische Gesten wirken künstlich und erinnern an großes Theater.

b. Die kleine Gestik

Mit der kleinen Gestik lassen Sie Ihren ganzen Oberkörper sprechen: Die Neigung des Oberkörpers, die Haltung der Schultern, die Kopfhaltung und die Hände. Diese vier „Aggregate" sind so eng miteinander verbunden, dass Sie fast immer gleichzeitig tätig werden. Wer Skepsis zeigen möchte, lässt die Schultern hängen, zieht den Kopf ein, hebt die Hände leicht an und dreht die Handflächen fragend nach oben. Über den dazu passenden Gesichtsausdruck reden wir im nächsten Abschnitt. Wenn Sie denken, dass das alles ziemlich kompliziert wird, irren Sie sich. Sie können es bereits! Sie müssen sich dessen nur bewusst werden, Ihre kleine Gestik von innen her zulassen und sie an markanten Stellen gezielt einsetzen.

Besonders wichtig sind Ihre Hände. Während sie uns im Alltag unentbehrliche Dienste leisten, werden sie auf der Kanzel zum Problem. Wohin mit ihnen? Hinter den Rücken? In die Hosentasche? Auf dem Pult ablegen? Oder einfach schlaff herunterhängen lassen? Viele lassen sich dazu verleiten, mit ihren Händen zu spielen, kleinkariert vor ihrem Bauch damit herumzufummeln oder sinnlose Verlegenheitsbewegungen mit ihnen zu verrichten. Alles das haben Sie nicht nötig. Sie setzen Ihre Hände ganz gezielt für sinnvolle Gestik ein.

Dazu müssen Sie die drei Ebenen kennen, auf denen Sie Ihre Hände einsetzen können. Ebene 1 befindet sich unter der Gürtellinie. Alles, was Sie dort mit Ihren Händen anstellen, wirkt eher negativ. „Was fummelt der da ständig unter dem Pult herum? Was hat der zu verstecken?" Ebene 2 befindet sich in Bauchhöhe. Diese Zone wirkt neutral, vorausgesetzt, Sie spielen nicht ständig mit Ihrem Ehering oder drehen Däumchen. Ebene 3 befindet sich in Schulterhöhe und darüber. Dort wirken Sie sicher und souverän, weil Sie aus sich herausgehen und sich Raum verschaffen. Ebene 1 müssen Ihre Hände gänzlich meiden, auf Ebene 2 sind sie zu Hause und die Ebene 3 sollten sie möglichst oft erobern.

Mit Ihren Händen steht Ihnen eine breite Palette von Ausdrucksmöglichkeiten zur Verfügung. Die lassen sich in sechs unterschiedliche Kategorien einteilen. Die Hände zeigen …

- Gegenstände   z.B. die Erdkugel, die aufgeschlagene Bibel
- Zahlen   eins, zwei, drei, fünf und zehn
- Richtungen   z.B. der ausgestreckte Arm zum Himmel
- Symbole   z.B. der erhobene Zeigefinger
- Aktivitäten   z.B. geben und nehmen
- Gefühle   z.B. die Hand auf das Herz legen

Heute ist es übrigens kein Tabu mehr, wenn Sie eine Ihrer Hände für kurze (!) Zeit in der Hosentasche verschwinden lassen. Das wirkt lässig und souverän. Richtig zur Geltung kommt diese Geste allerdings nur, wenn Sie frei stehen und wenn man Sie in ganzer Körpergröße sehen kann. Gehen Sie Ihr Konzept doch einmal unter der Fragestellung durch, wo Sie welche sinnvolle Handbewegung oder Gestik machen könnten. Damit Sie Ihre guten Ideen nicht vergessen, machen Sie sich kleine Notizen an den Rand.

c. Die Mimik

Ein wichtiger Aspekt der Körpersprache ist der Gesichtsausdruck, die Mimik. Manchem Prediger sieht man das tiefe Ringen um den Text an seiner Nasenspitze an. Mit regungslosen Augen, heruntergezogenen Brauen und gesenkten Mundwinkeln verkündigt er die Botschaft der Freude. Ob ihm das jemand glaubt? Von den 26 Gesichtsmuskeln sind im Wesentlichen zehn für unsere Mimik verantwortlich: der Augenbrauenheber, der Augenlidsenker, der Augenlidheber, der Augenringmuskel, der Oberlippenheber, der große Jochbeinmuskel, der Mundringmuskel, der Mundwinkelherabzieher, der Unterlippenherabzieher und der Schmollmuskel. Unser Gesichtsausdruck wird durch das filigrane Zusammenspiel dieser sogenannten mimischen Muskulatur geformt. Mit ihr können wir kleinste Regungen zeigen oder umgekehrt an ihr die unterschwelligsten Stimmungen unseres Gegenübers wahrnehmen. Zusammen mit den Augen ist das Gesicht der Spiegel unserer Seele schlechthin.

Auch wenn viele Ihrer Zuhörer einige Meter von Ihnen entfernt sitzen, werden Sie dennoch in Ihrem Gesicht lesen können. Freude, Trauer, Resignation, Skepsis, Hoffnung – was immer sie wollen: Sie können es mimisch darstellen oder zumindest andeuten. Wenn Sie allerdings innerlich angespannt sind, verkrampft sich Ihre Gesichtsmuskulatur; Sie wirken wenig attraktiv. Sie müssen also wieder einmal ganz schnell locker werden, damit auch Ihre Mimik locker und geschmeidig wird. Sie können es auch mit einem kleinen Trick probieren. Während Sie noch vorne in der ersten Reihe sitzen, ziehen Sie Ihre Mundwinkel zu einem schönen Lächeln weit nach hinten – auch wenn Ihnen danach gar nicht zumute ist! Wenn Sie dieses Lächeln für 20 bis 30 Sekunden halten, werden Sie ein kleines Wunder erleben: Ihr erzwungenes Grinsen schlägt auf Ihr Gemüt zurück und verwandelt sich ganz unter der Hand per Autosuggestion zu einem echten Lächeln. Damit gehen Sie nach vorne und strahlen Ihre Hörer an. Die Blockade Ihrer Mimik weicht. Sie werden frei für einen lebendigen Gesichtsausdruck, der sich aus echten Gefühlen speist.

d. Die sieben wichtigsten Grundsätze zu Gestik und Mimik

Mit einer lebendigen Gestik und Mimik können Sie Ihre Predigtinhalte so richtig zur Entfaltung bringen. Damit Ihnen das perfekt gelingt, habe ich thesenartig noch einige wichtige Grundregeln für Sie parat.

- Gestik und Mimik beginnen im Kopf.
  Die Worte lösen die Bewegung aus, nicht umgekehrt. Konzentrieren Sie sich deshalb auf den Inhalt und bauen Sie Ihre Körpersprache von dort her auf.

- Gestik und Mimik gehen synchron.
  Hinkt die Körpersprache der Rede auch nur um einen Hauch hinterher, wirkt sie angelernt. Lassen Sie beides nicht auseinanderfallen, wenn Sie von jetzt an noch bewusster auf Gestik und Mimik achten.

- Gestik und Mimik sind stimmig.
  Zielloses Herumgefuchtele und Dauergrinsen machen noch keine gute Gestik und Mimik. Ihre Körperbewegung muss zum Inhalt passen, dann erst wirkt sie schlüssig.

- Gestik und Mimik sind vielfältig.
  Ein Repertoire von nur drei oder vier unterschiedlichen und sich wiederholenden Gesten ist zu klein. Je vielfältiger Ihre Ausdrucksformen sind, desto länger behalten Sie die Aufmerksamkeit Ihrer Zuhörer.

- Gestik und Mimik sind großzügig und eindeutig.
  Die Angst vor der eigenen Courage verführt zu kleinkarierten und halbherzigen Gesten. Gehen Sie mutig aus sich heraus und bringen Sie Ihre Bewegungen beherzt zu Ende. Auch die Leute in der letzten Reihe sollen noch etwas sehen.

- Gestik und Mimik sind angemessen.
  Übertriebene Gesten wirken unglaubwürdig und künstlich, hektische Hypermotorik im wahrsten Sinne des Wortes schwindelerregend. Zwischen Dosis und Überdosis liegt oft nur ein kleines Quäntchen. Wenn sich die Gemeinde bei Ihrem Vortrag an Apostelgeschichte 16,28 erinnert fühlt, haben Sie des Guten zu viel getan. Dort sagt Paulus zum Kerkermeister: „Tue dir nicht Übles, denn wir sind alle hier!"

- Gestik und Mimik passen zur Persönlichkeit.
  „In Gottes Garten blühen viele Blümelein." Weil es keinen genormten Prediger gibt, gibt es auch keine genormte Gestik. Lernen Sie dazu, aber bleiben Sie sich gleichzeitig auch selber treu.

Die alte Metzgerfrage „Darf es etwas mehr sein?" gilt im Blick auf Gestik und Mimik nicht für Damen. Ihr Publikum – zumal in der Gemeinde – erwartet stillschweigend, dass sie sich etwas dezenter geben als das männliche Geschlecht. Ob zu Recht oder zu Unrecht, mögen Sie entscheiden.

e. Unarten auf der Kanzel

„Jeder spinnt auf seine Weise." Dazu müssen wir beherzt stehen, auch wenn wir auf die Kanzel treten. Viele unserer kleinen Eigenarten und Unarten stören nicht. Sie geben uns eine persönliche Note und werden von der Gemeinde großzügig und gutwillig hingenommen. Es gibt aber auch Marotten, die einfach nur ablenken. So manche Brille muss im Laufe einer Predigt viele Meter von der Nase in die Hand und von der Hand auf die Nase hinter sich bringen. Die Gemeinde freut sich, wenn der Verkündiger sich dabei nicht ins Auge sticht. Andere überprüfen regelmäßig den Sitz ihrer Krawatte oder ihrer Sonntagshose, packen sich an die Nase, spielen mit Manuskript oder Mikrofon, schniefen oder zwinkern einfach mit dem linken Auge. Meistens handelt es sich um unbewusste Verlegenheitsbewegungen oder Selbstberührungsgesten, die innere Anspannung abbauen sollen. Treten sie zu häufig und in immer gleicher Form auf, sprechen wir von Tickverhalten. Der Fokus der Gemeinde richtet sich im Verlauf der Predigt mehr und mehr auf diese Merkwürdigkeiten. Sie wird abgelenkt, schaut weg oder – fängt an zu zählen: „... 89 ... 90 ... 91." Tickverhalten gibt es auch als sprachliche Variante. Spezifische Lieblingswörter, allgemeine Modewörter und Füllerwörter wie „gell", „wohl", „oder?", „und", „hm", „ja" und zahlreiche andere fallen wie Heuschrecken über die Zuhörer her.

Tickverhalten ist deshalb so heimtückisch, weil wir es selbst nicht bemerken. Sie brauchen barmherzige Mitmenschen, die Sie auf solche Unarten liebevoll aufmerksam machen. Oder Sie schauen sich wieder einmal in einem mental starken Moment die Videoaufnahme einer Ihrer Predigten an. Das hilft! Wenn Sie Ihre Marotten erst einmal wahrgenommen haben, ist schon viel gewonnen. Vielleicht hilft Ihnen auch Ihr eigener kleiner „Denkzettel" auf dem Pult oder das dezente Signal der Person, die Ihnen aus der letzten Reihe auf Ihren Wunsch hin den Rückfall optisch signalisiert.

4. Der Blickkontakt

Die Augen sind der Spiegel der Seele. Sie sagen uns mehr, als ein Blick auf das linke oder rechte Ohrläppchen uns jemals verraten könnte. Auch wenn die Leute einige Meter von uns entfernt sitzen, achten sie doch sehr genau darauf, wie wir schauen und wohin wir schauen. Sie ahnen intuitiv, dass sie sich von dort wichtige Informationen abholen können, um unsere Worte richtig einzuschätzen. Deshalb müssen Sie wissen, welche Rolle der Augenkontakt für Ihre Predigt spielt und wie Sie Ihre Ansprache dadurch wirksam unterstützen.

a. Die Bedeutung des Blickkontakts für die Verkündigung

Die positive Wirkung eines intensiven Augenkontakts lässt sich in drei Gesichtspunkten zusammenfassen.

- Der Blickkontakt zeigt Offenheit und schafft Beziehung
  Der flüchtige Blick ist der Anfang einer Begegnung. Er schlägt die Brücke zwischen zwei Individuen und legt die Grundlage für weitere Beziehungen. Genau das wollen Sie: Nähe zu Ihren Hörern aufbauen und ihnen zeigen, dass Sie für eine Begegnung mit ihnen offen sind. Wenn Sie diesen Blick verweigern, wirken Sie distanziert und reserviert. Damit rücken für Ihre Zuhörer nicht nur Sie selbst in weite Ferne, sondern mit Ihnen auch der Inhalt Ihrer Predigt. Ich bin sicher, dass Sie genau das Gegenteil davon wollen. Also: Schauen Sie hin!

- Der Blickkontakt zeigt Ehrlichkeit und Selbstvertrauen
  Wer nichts zu verbergen hat, kann dem anderen getrost ins Auge sehen. Genau das erwartet die Gemeinde von Ihnen. Sie will wissen, ob Sie hinter Ihren Aussagen stehen und ob Sie es ehrlich meinen. Ein verweigerter Augenkontakt und eine ausweichende Augenbewegung im falschen Moment verraten viel. Der feste Blick ist auch ein Ausdruck starken Willens und eines gesunden Selbstvertrauens. Wenn Sie sich optisch aus dem Staub machen, wirken Sie unentschlossen und weichlich. Ihre Aussage ist höchstens ein unverbindliches Angebot.

- Der Blickkontakt ermöglicht Reaktionen
  Die Predigt ist kein Monolog, sondern ein Dialog – allerdings mit ungleichen Mitteln. Sie sprechen mit Worten und Gesten, die Gemeinde antwortet allein mit Gesten. Es gibt nur einen Weg zu erfahren, was Ihre Zuhörer von Ihnen halten und was Sie Ihnen sagen wollen: Sie

müssen hinschauen – und dann entsprechend reagieren. Wenn alle müde in den Seilen hängen, wissen Sie, dass Sie entweder langweilig predigen oder die Zeit schon deutlich überzogen haben. Jetzt sollten Sie etwas tun. Wenn Ihre Zuhörer skeptisch schauen, können Sie jetzt noch einmal nachfassen und sich präzisieren. In der Kommunikationswissenschaft spricht man an dieser Stelle deshalb von der sogenannten „Präzisionsregel". Eine Predigt ohne Augenkontakt ist wie ein Blindflug; er kann ganz schnell an einer Steilwand enden.

b. Hilfen zu einem guten Blickkontakt

Wie so oft steckt der Teufel im Detail. Deshalb nenne ich Ihnen hier die zehn Grundregeln für guten Augenkontakt:

- Regel Nr. 1: Lösen Sie sich vom Konzept
  Ihr Manuskript ist nicht nur Freund, es ist zugleich auch Ihr größter Feind. Es fesselt Ihre Augen und raubt Ihnen den Blick fürs Publikum. Prägen Sie sich Ihre Blätter deshalb so gut ein, dass Sie nur gelegentlich hineinschauen müssen. Im Zweifelsfall ist intensiv hinschauen wichtiger als fehlerfrei sprechen.

- Regel Nr. 2: Beseitigen Sie optische Hindernisse
  Blumenschmuck, Dekorationsgegenstände und eine schlechte Kanzelposition können Ihnen ganz schön die Sicht versperren. Wenn es technisch und vor allem diplomatisch machbar ist, sollten Sie solche Hindernisse beiseitestellen und die Kanzel an einen günstigen Standort bringen lassen.

- Regel Nr. 3: Schauen Sie alle an
  Wie von Geisterhand kann sich Ihr Blick beständig in dieselbe Richtung gezogen fühlen. Die einen freuen sich über die unerwartet hohe Aufmerksamkeit, vorausgesetzt, Sie predigen nicht gerade über das Gericht. Die anderen fühlen sich ausgegrenzt. „Der schaut ja doch nicht zu mir rüber!" Verteilen Sie Ihre Aufmerksamkeit deshalb gerecht auf alle Ihre Zuhörer und wirken Sie erkannten Einseitigkeiten gezielt entgegen.

- Regel Nr. 4: Schauen Sie die Zuhörer in Augenhöhe an
  Alles andere wäre unnatürlich oder sogar unangenehm und peinlich. Die Krawattenvielfalt der Männer oder die Kleiderpracht der Damen können durchaus einen Blick wert sein. Aber lassen Sie sich dadurch nicht irritieren. Auf die Augen Ihrer Zuhörer kommt es an!

- Regel Nr. 5: Lassen Sie Ihren Blick langsam und ruhig schweifen
  Sie schauen geradeaus, dann nach rechts und langsam über die Mitte
  nach links und wieder zur Mitte zurück. Hektische, ruckartige oder
  rastlose Schwenkbewegungen mit Ihrem Kopf wirken merkwürdig
  und störend.

- Regel Nr. 6: Fixieren Sie niemanden
  Gelegentlich stechen einzelne Personen aus der Menge heraus. Ob sie
  besonders nett aussehen, konzentriert zuhören oder einem alten Bekannten ähneln – es kann viele Gründe geben, sie immer wieder ins
  Visier zu nehmen. Der eine oder andere lässt sich gerne auf ein solches Techtelmechtel ein. Vielen aber ist es oberpeinlich. Gehen Sie
  deshalb mit diesen Begegnungen der dritten Art sehr sorgfältig um
  und beobachten Sie, wie Ihr Gegenüber reagiert.

- Regel Nr. 7: Tanken Sie bei netten Leuten Sicherheit
  Unkonzentrierte, desinteressierte, skeptisch dreinblickende, unruhige
  oder sogar still vor sich dahindämmernde Zuhörer können einen ganz
  schön aus der Ruhe bringen. Schauen Sie deshalb lieber die Leute an,
  die Ihnen offensichtlich gut gewogen und ganz bei der Sache sind.
  Mancher soll dabei sogar schon seinen Partner fürs Leben gefunden
  haben!

- Regel Nr. 8: Sehen Sie den Einzelnen in der Masse
  Obwohl Sie alle anschauen und niemanden fixieren sollten, predigen
  Sie doch nicht vor einer anonymen Masse. Nehmen Sie Ihre Zuhörerschaft auch optisch als Summe vieler Einzelner wahr. Das schafft Nähe und gibt Ihrer Predigt eine persönliche Note.

- Regel Nr. 9: Lassen Sie den Blick nicht in toten Ecken ruhen
  Wenn Sie bemerken, dass Sie ins Leere starren oder Ihren Blick in
  tote Ecken lenken, sollten Sie ihn so schnell wie möglich wieder ein-
  fangen und in die Zuhörerschaft zurückholen. Tote Ecken sind tot. Sie
  aber predigen zu den Lebenden!

- Regel Nr. 10: Vergessen Sie die letzten Reihen nicht
  Falls Sie einmal in einem wirklich großen Saal predigen, schauen Sie
  am besten über die Köpfe aller Zuhörer bis in die letzte Reihe hinein.
  Das vermittelt dem gesamten Publikum das Gefühl, von Ihnen an-
  geschaut zu werden. Bewusst in die Tiefe des Saals zu blicken ist besonders wichtig, wenn Sie von Scheinwerfern geblendet werden und
  nur noch die ersten Reihen sehen.

„Das will ich probieren!" – Übungsaufgabe

„Spieglein, Spieglein an der Wand, wer gestikuliert am schönsten im ganzen Land?" Nein, Sie müssen nicht der Beste sein. Aber ich gehe davon aus, dass Sie Ihre Grenzen erweitern wollen. Ein großer Spiegel wird Ihnen dabei gute Dienste leisten, weil Sie sich davor selber testen und probieren können. (1.) Versuchen Sie mithilfe der kleinen Gestik (Oberkörper, Hände, Arme, Schulter, Kopf und Mimik) verschiedene Gefühle und Stimmungen auszudrücken. Hier einige Vorschläge: Freude, Ärger, Ratlosigkeit, Ironie, Hast, Sorgen, Wut, Entsetzen. Was fällt Ihnen sonst noch ein? (2.) Erinnern Sie sich an die drei Ebenen für die Hände? Unter der Gürtellinie, in Bauchhöhe und Schulterhöhe und darüber. Testen Sie jede Ebene und beurteilen Sie selbst, wie Sie wirken.

G. Kanzel und Rednerpult

Vielleicht wundern Sie sich, dass ich mit Ihnen über Kanzel und Rednerpult nachdenken möchte. Aber sie sind immerhin der „Ort des Geschehens". Wie der beschaffen ist, hat unmittelbare Wirkung darauf, wie Sie sich fühlen, wie Sie sich verhalten und wie Ihre Zuhörer Sie erleben.

1. Die Funktion der Kanzel

Die Kanzel erfüllt im Wesentlichen einen praktischen Zweck, auch wenn sie mancherorts kunstvoll gestaltet ist und auf die Gemeinde durchaus einen würdigen und repräsentativen Eindruck macht. Sie dient (1.) als Ablagefläche für Bibel und Konzept und eventuell auch für die Uhr. Mehr werden Sie in der Regel nicht mit nach vorne nehmen. (2.) Der Verkündiger kann sich während der Predigt gelegentlich an die Kanzel anlehnen oder sich auf sie stützen. Das sollten Sie allerdings sehr sparsam tun und nur dann, wenn Sie sich im Vorfeld von der Standfestigkeit des Objekts überzeugt haben. (3.) Die Kanzel verdeckt teilweise Verlegenheitsbewegungen und motorische Unruhe, die sich besonders in der Anfangsphase gerne einstellen. Falls Sie einmal mit schlotternden Knien vorne stehen, müssen Sie sich keine Sorgen machen, ob die Gemeinde Ihr kleines Geheimnis entdeckt. Außerdem werden die Leute optisch vor dem nervösen Herumgehampele mancher hypermotorischer Kanzelredner geschützt. Auch diesen Effekt sollte man nicht unterschätzen. (5.) Die letzte und für viele wichtigste Funktion der Kanzel besteht darin, dass sie das Gefühl einer relativen Geborgenheit und Sicherheit gibt. Der Prediger weiß sich von einer starken Mauer umschlossen und kann wie von einem sicheren Wehrturm aus auf das Volk hinunterschauen. Freies Stehen dagegen wirkt für die meisten verunsichernd, weil sie sich schutzlos fühlen. Die Distanz, die die Kanzel zwischen Zuhörer und Prediger schafft, kann sich also durchaus positiv für beide Seiten auswirken.

2. Die Merkmale einer guten Kanzel

Viele Kanzeln, die landauf und landab unsere Kirchen und Gemeindehäuser schmücken, sind optisch durchaus respektabel. Funktional gesehen sind sie aber oft ein Problem. Eine gute Kanzel sollte geräumig genug sein, um sich frei darin bewegen zu können und um ausreichend Gestik zuzulassen. In einem engen Käfig fühlt sich niemand wohl, und in einem Schraubstock kann sich Körpersprache kaum entfalten. Die Ablagefläche sollte leicht geneigt sein, damit die Augen in einem günstigen Winkel darauftreffen. Sie sollte mit einer Kante abschließen, die es verhindert, dass Bibel und Konzept nach unten rutschen. Sie sollte so groß sein, dass die Bibel und ein Konzept in DIN-A4-Größe nebeneinander Platz haben, damit der Verkündiger beides nicht ständig hin- und herräumen muss. Sie sollte gut ausgeleuchtet sein und sich vor allem auch in der Höhe dem Redner anpassen können. Ideal ist es, wenn sich die Ablagefläche in Höhe des Bauchnabels oder wenige Zentimeter darüber befindet. Das Mikrofon oder die Mikrofone dürfen nicht stören, genauso wenig wie Blumenschmuck ihn verdecken darf. Dass eine Kanzel stabil und ohne Tendenz zum Kippen gebaut sein sollte, versteht sich von selbst.

3. Der Kanzeltest

In der Praxis hat es sich bewährt, einen kleinen Kanzeltest durchzuführen, wenn Sie die örtlichen Gegebenheiten bei einem Predigtdienst nicht kennen. Wenn Sie rechtzeitig vor dem Gottesdienst kommen, können Sie Probestehen und die Besonderheiten Ihres baldigen Arbeitsplatzes kennenlernen. Ich schaue dabei immer auf folgende Dinge:

- Stimmt die Höhe der Ablagefläche? Wenn nein, kann ich sie verstellen und kann ich das jetzt tun und nicht erst am Anfang der Predigt?
- Habe ich ausreichend Platz für Bibel und Manuskript? Wenn nein, werde ich meine Konzeptblätter noch schnell in ein kleineres Format falten oder mich darauf einstellen, die Bibel zuschlagen zu müssen.
- Brauche ich die Kanzelbeleuchtung? Wenn ja, wo ist der Schalter?
- Ist die Kanzel aufgeräumt? Wenn nein, wo kann ich die vielen tausend Hinterlassenschaften meiner Vorgänger verstauen?
- Stören mich Mikrofone und/oder Blumenschmuck? Wenn ja, lasse ich sie in der Regel trotzdem unangetastet, um mir Ärger mit der Frau des Hausmeisters und dem Tontechniker zu ersparen.
- Gibt es auf dem Weg zur Kanzel Hindernisse wie Stufen, Kabel oder Blumenampeln? Wenn ja, gehe ich von meinem Platz aus den Weg zur Kanzel gedanklich durch, um Peinlichkeiten zu vermeiden.
- Kann ich von der Kanzel aus die ganze Gemeinde sehen? Wenn nein, muss ich mich auf diese Begrenzung wohl oder übel einstellen.

Dieser kleine Test lässt sich in einer Minute bewältigen. Dieser Zeitaufwand steht in keinem Verhältnis zu einem dreißigminütigen Dauerstress im Predigtvollzug, nur weil Sie einen Blick auf die Kanzel für unnötig gehalten hatten. Noch eins: Trinken Sie nicht aus jedem Wasserglas, das Sie unter der Kanzel finden; es könnte von vorvorletzter Woche sein!

4. Das freie Stehen

In manchen Situationen werden Sie auf eine Kanzel verzichten müssen. Sie werden frei stehen oder vielleicht auch nur einen stabileren Notenständer vor sich haben. Viele wollen auch erst gar nicht hinter einer Balustrade verschwinden. Sie suchen den direkten und unverstellten Kontakt zur Gemeinde und lassen die Kanzel zur Seite räumen. Gerade jüngere Leute halten das für ziemlich angesagt.

Dieses freie Stehen hat Nachteile, aber auch durchaus Vorteile. Zu den Vorteilen gehört, dass Ihnen kein Hindernis den Weg zu Ihren Zuhörern verbaut. Dadurch entsteht eine Atmosphäre größerer Nähe und Vertrautheit. Hier will sich keiner hinter einem Schutzwall verschanzen. Der Redner stellt sich den prüfenden Blicken der Gemeinde, weil er nichts zu verstecken hat, und er sucht den unmittelbaren Kontakt. Wer sich von der Kanzel löst, wirkt außerdem weniger statisch. Ein Schritt nach rechts oder nach links, vielleicht sogar ein paar Schritte in die eine oder andere Richtung, einer auf die Gemeinde zu – alles das wird leichter möglich und verhilft der Kanzelpräsenz zu mehr Dynamik und Lebendigkeit. Vielleicht probieren Sie es einmal; ich bin sicher, dass Sie die Möglichkeiten dieser ungewohnt neuen Situation bald schätzen werden.

Auf der anderen Seite dürfen Sie die berühmten Risiken und Nebenwirkungen nicht unterschätzen. Je nachdem ist die Kanzel auch ein symbolträchtiger Ort. Von dorther hat die Gemeinde jahrzehnte- oder gar jahrhundertelang das Wort empfangen. Und nun soll das alles nichts mehr gelten? Stattdessen schaut sie einem nervös hin- und hertrippelnden Möchtegern-Fernsehprediger zu, der mit seinem klobigen schwarzen Headset einem Flugzeugpiloten im Landeanflug ähnelt, beständig am Notenständer herumfummelt, die linke Hand in die Hosentasche vergräbt, mit der rechten Bibel und Konzept wild durch die Lüfte wirbelt, den Leuten in der ersten Reihe fast auf den Schoß springt und sich dabei offensichtlich fürchterlich hip vorkommt. Sie merken, worauf ich hinauswill? Das freie Stehen verlangt Ihnen ziemlich viel ab. Sie müssen Ihre Gestik disziplinieren, weil man Sie in voller Körpergröße sieht. Großzügige und geschmeidige Bewegungsabläufe sind wichtig, um nicht ruhelos zu wirken. Sie müssen Ihre beiden Hände freihaben. Wenn Sie sich im Raum bewegen wollen, brauchen Sie ein Funkmikrofon, das professionell und dezent aussieht und vorher genau justiert und eingestellt wurde. Wenn diese Eckdaten nicht stimmen, werden Sie schnell eine ulkige Figur abgeben, Ihre Zuhörer ablenken und weniger Inhalt rüberbringen, als wenn Sie den konventionellen Weg zur Kanzel beschritten hätten. Trotz dieser Einschränkungen hat das Predigen ohne Kanzel seinen Reiz. Es gibt Ihnen eine Freiheit und eine Nähe zur Gemeinde, die Sie hinter einem Pult kaum so erreichen werden.

„Das will ich probieren!" – Übungsaufgabe

(1.) Haben Sie sich über Ihren „heimischen Arbeitsplatz" schon einmal Gedanken gemacht? Was gefällt Ihnen an der Kanzel in Ihrer Gemeinde? Was stört Sie? Was ließe sich ohne viel Aufwand verändern, damit Sie eine optimale Situation vorfinden? (2.) Haben Sie es schon einmal ohne Kanzel gewagt? Prüfen Sie, was in Ihrem Umfeld möglich ist. Nutzen Sie eine gute Gelegenheit, um erste Erfahrungen zu machen.

H. Der Umgang mit Vortragsfehlern und Gefühlen

Weil auch Prediger nur Menschen sind, alle Formen von Pleiten, Pech und Pannen kennen und obendrein auch noch Gefühle zeigen, möchte ich abschließend auf ein selten behandeltes Thema zu sprechen kommen. Es geht um mögliche Vortragsfehler und Emotionen, die sich vor, während und nach der Predigt einstellen und Ihnen und der Gemeinde ganz schön zu schaffen machen können.

1. Der Umgang mit Vortragsfehlern

Zuerst möchte ich die häufigsten Vortragsfehler beschreiben und Strategien vorstellen, wie Sie sie vermeiden oder mit ihnen umgehen können.

a. Der Steckenbleiber

Die größte Angst des meist unerfahrenen Redners ist, dass er stecken bleiben könnte. Der berüchtigte rote Faden reißt und der gute Mann auf der Kanzel weiß nicht mehr weiter. Die Gedanken haben sich einfach festgefahren. In kribbeligen Situationen kann das selbst erfahrenen Rednern passieren. Ursachen für Steckenbleiber sind Unsicherheit, mangelnde Konzentration, schlechte Vorbereitung oder handfeste Störungen aus der Zuhörerschaft, die spontan verarbeitet werden müssen. Was also tun, wenn's brennt? Reagieren Sie mit einer klaren Fünf-Punkte-Strategie:

- Bleiben Sie ruhig
  Sie haben es nicht nötig, sich in die Situation hineinzusteigern. Stecken bleiben kann jeder, auch die ausgefuchstesten Profis. Denken Sie daran: *Sie* sind der Held; Ihre Zuhörer sind alle froh, dass sie nicht da vorne stehen müssen. Sie tun etwas, was wenige wagen!

- Gewinnen Sie Zeit
  Legen Sie eine kleine Denkpause ein; schauen Sie dabei tiefsinnig und nachdenklich nach links oben, als warteten Sie auf eine göttliche Inspiration. Wiederholen Sie Ihren letzten Satz oder Gedanken. Oder lesen Sie einfach die Verse Ihres Bibeltextes vor, die Sie gerade behandelt haben.

- Orientieren Sie sich im Konzept
  Gehen Sie mit Ihren Augen zu der Stelle zurück, an der Sie aus der Spur geraten sind. Wenn Sie ein ausgeschriebenes Konzept haben, können Sie einfach einige Sätze vorlesen. Eine kleine Wiederholung

stört die Gemeinde nicht. Falls Sie ein Stichwortkonzept verwenden und den Einstieg nicht finden, gehen Sie einfach zum nächsten Punkt.

- Ergreifen Sie die Flucht nach vorne
  Wenn Sie spontan und einigermaßen erfahren sind, können Sie auch die Flucht nach vorne wagen und die Gemeinde mit einem Lächeln auf den Lippen darüber informieren, dass Ihnen gerade der Faden gerissen ist. Vielleicht haben Sie eine nette Anekdote parat, die zum Thema „Steckenbleiben" passt. Wer eine peinliche Situation so souverän und locker meistert, wird immer punkten.

- Unterbrechen Sie die Predigt
  Wenn Sie sich völlig verrannt haben und beim besten Willen nicht mehr weiterwissen, lassen Sie die Gemeinde einen kurzen Chorus singen. Bitten Sie um einen Vorschlag, denn wahrscheinlich fällt Ihnen in dieser Situation nicht noch gerade ein geeignetes Lied ein. Während des Singens sammeln Sie sich neu und beginnen mit einer kurzen Auffrischung des letzten Gedankens.

Auf den ersten Blick sieht so ein Steckenbleiber nach einer ziemlichen Blamage aus. Ich habe allerdings noch keinen Fall erlebt, in dem die Gemeinde dem armen Tropf ernsthaft böse gewesen wäre. Auch Prediger sind Menschen und die Gemeinde barmherziger, als Sie denken.

b. Der Versprecher

Im Eifer des Gefechts kommt es immer wieder zu unbeabsichtigten Sprechfehlern. Manchmal bemerken wir sie, wenn sie gerade aus unserem Mund geschlüpft und nicht mehr rückholbar sind. Auf andere werden wir erst durch die Reaktion der Zuhörer aufmerksam. Ein plötzliches Lächeln, ein Zucken auf den Gesichtern oder gar ein lautes Lachen sind sichere Indizien dafür, dass wir etwas verbockt haben, was für allgemeine Heiterkeit oder für Verunsicherung gesorgt hat. Die meisten Versprecher betreffen Wortwahl, Satzstellung oder Grammatik oder hängen damit zusammen, dass unsere Gedanken schneller waren als der Mund. Was können Sie tun, wenn es denn also passiert ist?

- Die meisten Versprecher können Sie getrost übergehen. Reden Sie einfach weiter und tun Sie so, als sei nichts gewesen. Wenn Sie darauf eingehen oder sogar verunsichert nachfragen, lenken Sie die Aufmerksamkeit erst recht auf den peinlichen Zwischenfall. Kleine Versprecher sind schnell vergessen. Wenn Sie es für nötig halten, stellen Sie Ihre Aussage einfach durch eine wie selbstverständlich vorgetragene Wiederholung richtig. „Lot war Abrahams Bruder ... Ich meine natürlich: Lot war Abrahams Neffe ...“

- Gravierende Versprecher sollten Sie aufgreifen und klarstellen. Aus manchen lässt sich sogar noch Kapital schlagen. Sie können den Inhalt der Aussage, die Sie machen wollten, vom Versprecher her aufrollen und damit noch auf Ihr Predigtziel hinarbeiten. „Daraufhin verließ Jesus den Raum, ging zu den Pharisäern und verriet Judas. – Unsinn, natürlich war es umgekehrt: Judas verriet Jesus. Das ist es ja gerade: Jesus gibt niemanden auf. Er verrät keinen, im Gegenteil. Er starb für jeden – auch für Judas, der ihn verriet.“

c. Der Vergreifer

Im Eifer des Gefechts kann es zu unglücklichen Formulierungen, zu verunglückten humoristischen Einlagen oder zu misslungenen Illustrationen kommen. Diese Art von Vortragsfehlern ist meist gravierender als einfache Versprecher, weil die Gemeinde bei Ihnen eine Absicht erkennt und kein Versehen. Eine kernige Formulierung wie „Wer in die Mission geht, ist nur zu faul, sich in der Gemeinde zu bewähren“ lässt vermuten, dass Sie nicht differenziert denken können, dass Sie Vorurteile haben und dass Sie unbeherrscht reagieren. Eine lustige Geschichte mit einem schlüpfrigen Inhalt hinterlässt den Eindruck, dass Sie grundsätzlich Freude an Zweideutigkeiten haben. Und eine niveaulose Illustration, die hinten und vorne nicht passt, lässt erkennen, dass es Ihnen an Durchblick und Stil fehlt. Hoffentlich merken Sie schnell, dass Sie sich inhaltlich oder in der Wortwahl vergriffen haben. Je nachdem bleibt Ihnen oft nichts anderes übrig, als mit nachgeschobenen Erklärungen eine mehr oder weniger glaubhafte Schadensbegrenzung zu betreiben. Oder aber Sie predigen einfach weiter und achten sehr darauf, dass Sie nicht zum Wiederholungstäter werden. Die Gemeinde muss das Vertrauen, das Sie eben zu Ihnen verloren hat, erst wieder neu gewinnen. Es kann sein, dass Ihnen das trotz großer Anstrengungen bis zum Ende Ihrer Predigt nicht mehr gelingt.

d. Der Patzer in der Gestik

Auch im Bereich der Gestik kann es zu Ungeschicklichkeiten und zu Pannen kommen. Der Arm, der weit zur Gestik ausholt, schlägt hart auf dem Mikrofon auf und führt zu gewaltigem Getöse in der Lautsprecheranlage.

Der Blumenschmuck auf der Kanzelbrüstung wird stürmisch hinweg-
gefegt, oder die Bibel, die man unbeschwert in der linken Hand hin- und
herschwingt, stürzt plötzlich ab. Auch hier müssen Sie sehr schnell entscheiden, ob Sie über die peinliche Situation hinweggehen wollen oder ob
es sinnvoll ist, sie mit einer selbst belächelnden Bemerkung aufzugreifen.
Widerstehen Sie auf alle Fälle der Versuchung, andere für Ihr Miss-
geschick verantwortlich zu machen: „Wie kann man nur einen solchen
Blumenstrauß auf die Kanzel stellen!?" Die Hausmeisterfrau wird Ihnen
die freundliche Erwähnung ihrer Person danken und sich auf Ihre nächste
Predigt freuen!

2. Der Umgang mit Gefühlen

Als Prediger sind wir keine leblosen Maschinen, die einfach ihr Programm
abspulen und dabei innerlich unberührt bleiben. Wir sind und bleiben
Menschen. Wir haben Gefühle, wir zeigen Gefühle und wir sind für
Stimmungen von innen und außen empfänglich. Dabei nehmen wir diese
nicht einfach nur wahr. Sie wirken sich auch unmittelbar auf Inhalt und
Stil unseres Vortrags aus. Sie können uns ermutigen oder verunsichern,
beflügeln oder lähmen. Damit wir angemessen mit diesen unterschiedlichen Gefühlslagen umgehen, müssen wir sie kennen und wirkungsvolle
Strategien entwickeln.

a. Unsicherheit und Angst (Lampenfieber)

Für die meisten Menschen gibt es kaum eine beängstigendere Vorstellung
als die, alleine vor Menschen zu stehen und eine Rede halten zu müssen.
Das gefürchtete Lampenfieber schlägt zu. Allein schon der Gedanke daran
lässt ihren Puls nach oben schnellen, die Knie schlottern und den Angst-
schweiß von der Stirne rinnen. Je nach Persönlichkeit und Predigt-
erfahrung gibt es dafür ganz unterschiedliche Ursachen:

- Unsicherheit: „Ich weiß nicht, was die Leute von mir denken. Hof-
  fentlich geht alles gut."
- Unterlegenheitsgefühle: „Andere predigen besser als ich."
- Unerfahrenheit: „Das ist meine erste Predigt."
- Überforderung: „Ich kann die hohen Erwartungen der Gemeinde nicht
  erfüllen."
- Übertriebener Selbstanspruch: „Ich will meine Sache absolut perfekt
  machen und eine erstklassige Predigt hinlegen."

Angstgefühle und Lampenfieber zeigen viele unterschiedliche Symptome und geben sich bei jedem anders zu erkennen. Häufig sind: trockener Mund, unnatürliches Schwitzen, Schluckbeschwerden (Kloß im Hals), Druck in der Magengegend, Kurzatmigkeit, Flimmern vor den Augen, Schwindelgefühl, innere Unruhe, Verlegenheitsbewegungen oder sogar der Gedankenkollaps. Auch wenn ein bisschen Lampenfieber keinem schadet, wollen wir doch alle irgendwie die lästigen Symptome in den Griff bekommen. Und so geht es:

- Gehen Sie ausgeschlafen auf die Kanzel. Das gibt Ihnen Nervenkraft und macht Sie weniger anfällig für unliebsame Gefühle.
- Bereiten Sie sich gründlich vor. Ein gutes Gewissen ist auch für einen Redner ein sanftes Ruhekissen.
- Prägen Sie sich das Konzept gründlich ein. Was kann schiefgehen, wenn Sie alles schwarz auf weiß besitzen und sich in Ihrem Skript bestens auskennen?
- Atmen Sie ruhig und bewusst. Das senkt Ihren Puls und schenkt Ihrem Kopf die nötige Frische.
- Arbeiten Sie die ersten Sätze Ihrer Predigt besonders sorgfältig aus. Nach einem gelungenen Einstieg finden Sie schnell in den Redefluss hinein.
- Machen Sie sich selber Mut. Es kann eine Menge schiefgehen, aber es kann auch alles wunderbar werden. Warum nicht hier und heute? Sie schaffen das!
- Schauen Sie Menschen an, die Ihnen ermutigende Blicke zuwerfen. Es gibt mehr Leute, die es gut mit Ihnen meinen, als Sie denken.
- Verstehen Sie sich als Botschafter Christi und beten Sie. Nehmen Sie sich selbst nicht zu wichtig, weil es nicht um Sie geht, sondern um Ihren Herrn.
- Verzichten Sie auf jegliche Art von Rückversicherung: „Das ist meine erste Predigt. Ich hoffe, dass es gut geht." Sie müssen Ihren Zuhörern nicht alles verraten und ihre Erwartungshaltung nicht bis zum Gefrierpunkt senken.

Ein wenig Lampenfieber sollten Sie sich allerdings gönnen. Auf der körperlichen Seite sorgt der berühmte Adrenalin-Stoß für erhöhte Konzentrations- und Leistungsfähigkeit. Auf der geistlichen Seite bleiben Sie demütig und sind somit besser vor ungesunder Selbstsicherheit und Routine geschützt.

b. Überlegenheit und Macht

Mit zunehmender Erfahrung und sichtbarem Erfolg kann es sein, dass Unsicherheit und Angst Sie bald verlassen und sich dafür ganz andere Gefühle einstellen: „Hey, ich bin gut! Meine letzte Predigt ist super angekommen. Es ist toll, mit den Gefühlen der Leute zu spielen. Sie lachen, wenn sie lachen sollen; sie weinen, wenn Sie weinen sollen. Ich gewinne mehr und mehr Macht über sie." Solche Gefühle der Überlegenheit sind wesentlich gefährlicher als Unsicherheit und Angst. Woher kommen sie?

- Der Verkündiger hat eine lebendige Rhetorik, mit der er die Zuhörer fesseln und in den Bann schlagen kann. Er spielt mit ihnen. Dadurch gerät er in eine Art Euphorie, in der er sich selbst überschätzt.
- Der Verkündiger erlebt Erfolge (häufige Einladungen zu Predigtdiensten, Lob und Anerkennung), aus denen er seinen Wert ableitet und die er als Recht interpretiert, sich überlegen fühlen und die Gemeinde von der Kanzel aus dominieren zu dürfen.
- Gott schenkt wirkliche geistliche Frucht (z.B. Bekehrungen), die aber vom Verkündiger als Ergebnis eigener Fähigkeiten und Anstrengungen gewertet und auf das eigene Konto gebucht wird.
- Der Verkündiger und seine Redegabe schneiden im Vergleich mit anderen objektiv besser ab. Das macht ihn stolz, selbst wenn er im Vergleich mit wirklich guten Predigern deutlich hinten ansteht.
- Der Verkündiger ist von seiner Persönlichkeitsstruktur her dominant und extrovertiert. Diese Neigungen setzt er auf der Kanzel zwar für das Reich Gottes, aber auch geschickt zu seinem eigenen Vorteil ein.

Nicht wenige Prediger sind gescheitert, weil sie mit dem Gefühl der Macht und der vermeintlichen Überlegenheit nicht umgehen konnten. Selbst wenn man sich nicht zu den Spitzenverkündigern rechnet, lauern Stolz und Überheblichkeit vor der Tür. Wie können Sie damit umgehen?

- Denken Sie daran: Als Botschafter Christi haben Sie keine Autorität in sich selbst. Und die Kanzel ist kein Ort zur Selbstverwirklichung.
- Bitten Sie um Demut und richtige Selbsteinschätzung. „Keiner denke von sich höher, als ihm zu denken gebührt", ermahnt Paulus die Christen in Rom.[157]

---

[157] Römer 12,3

- Betrachten Sie Erfolge nicht als Ergebnis eigener Anstrengungen und Fähigkeiten, sondern als Gabe Gottes, auch wenn Sie hart gearbeitet haben.
- Verwechseln Sie gebannte Zuhörer, eine gute Atmosphäre und gruppendynamische Prozesse nicht mit geistlicher Frucht.
- Lassen Sie sich von einer Zuhörerschaft, die Ihnen an den Lippen hängt, nicht euphorisieren und aufputschen. Bleiben Sie nüchtern und Herr Ihrer Gefühle.
- Seien Sie dankbar für aufrichtige Lobesworte und kritisch gegenüber Schmeicheleien. Nehmen Sie Anerkennung als Ermutigung, weiter an sich zu arbeiten.
- Arbeiten Sie im Team und verstehen Sie sich als Teil des Ganzen. Das hält Sie offen für Korrektur und bewahrt Sie vor Alleingängen und Allmachtsgefühlen.

c. Unmut und Ärger

Nicht nur Angst- oder Machtgefühle können uns auf der Kanzel überwältigen; auch Wut oder Resignation gedeihen an diesem heiligen Ort ganz prächtig. Unmutsgefühle werden meistens dadurch ausgelöst, dass wir uns in unserem Vortrag gestört oder nicht ernst genommen fühlen. Die Toleranzgrenze für solche Störungen liegt bei jedem anders. Was den einen auf die Palme bringt, lässt den anderen nicht einmal mit der Wimper zucken. Wirklich ärgerlich sind weniger kleine Einzelstörungen, sondern die anhaltenden und immer wiederkehrenden Störfaktoren. Die häufigsten Ursachen für Ärger auf der Kanzel sind:

- ein zeitlich ausgeufertes Vorprogramm, sodass Sie schon mit Wut im Bauch auf die Kanzel steigen
- Personen, die zu spät kommen oder aufstehen und gehen
- Leute, die miteinander tuscheln oder sich optische Signale geben
- Zuhörer, die offensichtlich desinteressiert sind
- Lärm von Kindern, den Eltern ungeniert zulassen
- Geräusche von außen, die durch offene Türen und Fenster eindringen

Meistens können Sie die Quelle Ihres Ärgers nicht einfach und schnell beseitigen. Sie könnten versucht sein, mit deutlichen Worten von der Kanzel her für Abhilfe zu sorgen; aber wahrscheinlich werden Sie sich im Ton vergreifen und für eine ziemlich schlechte Atmosphäre sorgen. Verbale Entgleisungen wirken äußerst ungünstig und gefährden das Vertrauen, das die Gemeinde in Sie gesetzt hat. Was können Sie tun, wenn Sie nicht in der reinen Opferrolle verharren wollen?

- Lernen Sie, mit Störungen zu leben und innerlich ungehindert weiterzupredigen. Meistens ist das nur eine Frage der Konzentration.
- Beziehen Sie nicht jedes Geflüstere auf sich und lassen Sie sich nicht gleich verunsichern, wenn Leute sich gegenseitig anschauen oder zuzwinkern. In der Regel werden Sie nicht die Ursache für eine solche stille Kontaktaufnahme sein.
- Versuchen Sie, mit einem gezielten, aber freundlichen Blick in Richtung der Störung auf sich aufmerksam zu machen. In den meisten Fällen wirkt ein solcher Augenkontakt Wunder.
- Warten Sie lange, bis Sie sich zur Quelle der Störung äußern. Überlegen Sie gut, was und wie Sie es sagen. Bleiben Sie immer freundlich und einfühlsam, und werden Sie auf keinen Fall aggressiv oder verletzend! Wenn Sie sich äußern, klagen Sie nicht an, sondern bitten Sie um Hilfe: „Ich habe ein Problem. Ich kann mich ganz schlecht konzentrieren, wenn es so unruhig ist. Könnten Sie mir helfen und etwas leiser sein? Das wäre wirklich nett."

d. Enttäuschung und Resignation

Anstelle von Wut und Ärger kann uns auch das Gefühl der Resignation beschleichen. Wir haben den Eindruck, dass wir weit hinter dem zurückbleiben, was wir uns vorgenommen hatten. Auch die Gemeinde wirkt müde und desinteressiert; es will gar keine Atmosphäre aufkommen. Schnell steigen ungute Gedanken in uns auf: „Warum tue ich das hier eigentlich?" „Ich habe den Leuten sowieso nichts zu sagen." „Mein Einsatz lohnt sich nicht." Die aufkommende Resignation bremst unsere Konzentration und nimmt uns die Motivation. Wir schleppen die Botschaft noch über die Runden und sind froh, wenn wir endlich „Amen" sagen und die Kanzel verlassen können. Wie können Sie eine solche resignative Stimmung überwinden?

- Vergewissern Sie sich, dass die Ursache nicht in Ihnen selbst liegt. Falsche Erwartungen an die Gemeinde, mangelnde Vorbereitung, Müdigkeit und geistliche Kraftlosigkeit sind Faktoren, die Sie nicht den Zuhörern, sondern sich selbst aufs Konto buchen müssen.

- Bemühen Sie sich um eine inhaltlich und in der Darbietung lebendige Verkündigung, damit Sie das Interesse und die Konzentration der Zuhörer gewinnen bzw. gar nicht erst verlieren.
- Beurteilen Sie die innere Haltung Ihrer Zuhörer nicht unbedingt anhand ihres äußeren Erscheinungsbilds. Mancher desinteressiert und müde wirkende Zuhörer ist innerlich hellwach dabei. Und nicht jeder, der Ihnen bestätigend zulächelt, nimmt Ihnen die Botschaft auch wirklich ab.
- Seien Sie nicht enttäuscht, wenn Ihre Verkündigung nicht gleich sichtbare Zeichen geistlicher Frucht zeigt. Gott handelt oft im Verborgenen. Sie werden nicht immer sehen, was Gott aus Ihrer Predigt im Herzen einzelner Gemeindeglieder macht.

Wenn wir schon nach Gefühlen auf der Kanzel fragen, sollte die Dankbarkeit das vorherrschende sein – die Dankbarkeit dafür, dass Gott Sie mit einer wunderbaren Aufgabe betraut hat, und die Dankbarkeit für die Menschen, die Ihnen bereitwillig zuhören. Dafür lohnt es sich, auch das Risiko von Vortragsfehlern und Wechselbädern der Gefühle auf sich zu nehmen.

„Das will ich probieren!" – Übungsaufgabe

Packen Sie den Stier bei den Hörnern und blicken Sie Ihren Kanzelängsten mutig ins Angesicht. (1.) Schreiben Sie Ihre fünf größten Angstfaktoren in Form einer kleinen Liste auf. (2.) Bewerten Sie diese Ängste und sortieren Sie sie von gravierend bis weniger bedeutsam. (3.) Entwickeln Sie zu jeder Ihre ganz persönliche Gegenstrategie und beziehen Sie dabei die Anregungen ein, die ich Ihnen gegeben habe.

Kapitel 7

Sonderformen und kreative Ansätze

Bisher habe ich Ihnen alle Arbeitsschritte vorgestellt, die Sie „Vom Text zur Predigt" führen. Dabei ging es wesentlich um die sogenannte Auslegungspredigt, die einen biblischen Textabschnitt deutet und erklärt. Die Auslegungspredigt stellt die Standardsituation der Verkündigung dar. In der Praxis gibt es aber auch Fragestellungen und Zielsetzungen, denen Sie mit anderen Predigtformen besser gerecht werden können. An erster Stelle steht die Themenpredigt, die eine spezielle Fragestellung bespricht. Danach folgt die Lebensbildpredigt, die wiederum eine Sonderform der Themenpredigt ist. Und schließlich möchte ich Ihnen Anregungen zur Vorbereitung einer Andacht geben.[158]

Traditionelle Predigtformen sind heute unter Druck geraten. Die bunte Medienwelt verwöhnt mit immer neuen Ideen und Konzepten. Angesagt ist alles, was Langeweile vertreibt und originell und interessant daherkommt. Wen reißt da eine gute alte Drei-Punkte-Predigt noch vom Hocker? Wer missionarisch denkt, wünscht sich Predigtformen, die stärker auf die Denk- und Hörgewohnheiten vom Glauben entfremdeter Menschen abzielen. Was ist machbar? Was ist erlaubt? Erwartungen und Freudigkeit am Experimentieren sind besonders bei jungen Predigern groß und treiben gelegentlich auch seltsame Blüten. Einiges wird sich als Modetrend bald überleben. Anderes wird bleiben. Auf ein paar solcher Ansätze möchte ich in diesem Kapitel unter der Überschrift „Kreative Predigtformen" ebenfalls eingehen und sie zumindest kurz skizzieren.

A. Die Themenpredigt

Die Themenpredigt verfolgt im Gegensatz zur Textpredigt eine bestimmte Fragestellung, die nicht auf einen einzigen Textabschnitt der Heiligen Schrift beschränkt bleibt und die auch nicht anhand eines einzigen Texts dargestellt werden kann. Wenn Sie beispielsweise über die Frage „Kann ein Christ verloren gehen?" sprechen wollen, werden Sie unmöglich eine Auslegungspredigt über eine einzige Bibelstelle halten können. Der bibli-

---

[158] Auf die Kasualpredigt, also die Predigt zu besonderen Anlässen wie beispielsweise Taufe, Trauung oder Beerdigung, gehe ich hier nicht ein.

sche Befund ist so vielschichtig, dass Sie in Ihrer Botschaft auf sehr viele Einzelabschnitte zu sprechen kommen müssen, um eine fundierte Antwort geben zu können. Diese Aufgabe lässt sich am besten mit einer Themenpredigt lösen. Der grundlegende Predigtaufbau (Einleitung, Motto usw.) und die Aktualisierung durch Anwendungen und Illustrationen unterscheiden sich von der Textpredigt dabei grundsätzlich nicht. Man könnte auch hier sagen: Die Auslegungspredigt bleibt „die Mutter aller Dinge".

1. Möglichkeiten und Grenzen der Themenpredigt

Themenpredigten eignen sich besonders gut, um biblische Lehre systematisch und in größeren Zusammenhängen darzustellen. Außerdem können Sie Linien quer durch die Heilige Schrift verfolgen und dadurch die Einheit des Wortes Gottes deutlich machen. Themenpredigten müssen natürlich nicht immer durch die ganze Bibel führen, aber sie müssen immer den Gesamtkontext der Heiligen Schrift im Auge haben. Wenn Sie über „Armut und Reichtum in der Bibel" sprechen wollen, sollten Sie das also in Form einer Themenpredigt tun und dabei Altes und Neues Testament einbeziehen.

Die Themenpredigt liegt im Trend. Viele glauben, dass sie im Vergleich zur Auslegungspredigt weniger Arbeit macht. Sie raffen sich willkürlich ein paar Bibelstellen zusammen, stellen sie unter ein griffiges Motto und kleiden das Ganze in eine ansprechende homiletische Form. „Ich möchte heute über die Liebe Gottes sprechen. Dazu habe ich drei Gedanken." Was folgt, ist ein oberflächlicher Bibelstellenverschnitt ohne Kontextbezug und mit teils sehr subjektiven Deutungen. Mit einer sauberen theologischen Arbeit hat das wenig zu tun. Wenn Sie eine gute Themenpredigt ausarbeiten wollen, müssen Sie nicht weniger, sondern mehr Zeit ansetzen als für eine Auslegungspredigt. Wenn Sie Predigtanfänger sind, sollten Sie sich erst einmal Zeit lassen, um an Einzeltexten zu reifen. So gewinnen Sie Sicherheit und theologische Umsicht und damit eine solide Grundlage für solide Themenpredigten.

2. Die Ausarbeitung einer Themenpredigt

Im Folgenden möchte ich Ihnen die einzelnen Arbeitsschritte vorstellen, die auf dem Weg zu einer sorgfältig ausgearbeiteten Themenpredigt vor Ihnen liegen.

a. Den Rahmen abstecken

Zunächst müssen Sie den zeitlichen und inhaltlichen Rahmen abstecken, innerhalb dessen sich Ihre Predigt bewegen soll. Für eine normale Predigtlänge beispielsweise sollten Sie keine zu umfangreiche Fragestellung wählen. Es wird Ihnen kaum gelingen, in dreißig Minuten alles zu sagen, was zum Thema „Gebet in der Bibel" gehört. Überfrachten Sie Ihre Predigt nicht, sondern stecken Sie in diesem Fall die Grenzen enger. Sprechen Sie beispielsweise nur über das Gebetsleben Jesu. Damit haben Sie sich einen Rahmen geschaffen, den Sie wirklich ausfüllen können. Andernfalls werden Sie oberflächlich, oder Sie enttäuschen Ihre Hörer, weil Sie ihnen eingangs mehr versprochen haben, als Sie halten können.

b. Alle für das Thema relevanten Stellen sammeln

Der nächste Schritt wird mühsam. Sie müssen alle zum Thema gehörenden Bibelstellen finden und sammeln. Das ist ein starkes Stück Arbeit. Das ideale Hilfsmittel für diesen Arbeitsschritt ist die Konkordanz, eventuell auch eine Themenkonkordanz oder eine gute Bibelsoftware. Ähnlich wie bei einer Begriffsstudie berücksichtigen Sie Synonyme, verwandte Begriffe, Parallelstellen und Kettenangaben. Zum Thema „Das Gebetsleben Jesu" würden Sie unter „Gebet", „beten", „anbeten", „Augen aufheben", zum Vater „sprechen" usw. nachsehen und alle die Abschnitte in den Evangelien aufspüren, in denen Jesus selber betet oder über das Beten spricht.

c. Die Stellen im Kontext untersuchen

Nachdem Sie die zum Thema sprechenden Stellen gefunden haben, müssen Sie diese auf ihren Inhalt hin überprüfen. Dabei ist es wichtig, dass Sie jeden Text in seinem eigenen Kontext betrachten. Die kurzen Satzfragmente Ihrer Konkordanz sind nur ein grober Anhalt. Klarheit bekommen Sie erst, wenn Sie genauer hinsehen. Wenn Sie an dieser Stelle oberflächlich arbeiten, werden Sie nur Ihr eigenes theologisches Vorurteil bestätigen und zu Ergebnissen kommen, die von vornherein schon feststanden. Sie werden natürlich bald merken, dass viele Textstellen gleiche oder ähnliche Aussagen enthalten. Die Zahl der für die spätere Arbeit wirklich wichtigen Abschnitte wird durch diese Doppelungen stark reduziert. Schwierige Stellen sollten Sie nicht einfach übergehen, sondern sie mittels eines guten Kommentars „knacken".

d. Zu einer fundierten Gesamtschau finden

Während Sie die Textstellen im Einzelnen betrachten, formt sich in Ihnen eine Vorstellung über die gesamte Thematik. Sie nehmen mehr und mehr eine Vogelperspektive ein und überblicken gleichsam die vielgestaltige Landschaft. Sie wissen, wo und wie Jesus über das Gebet gesprochen hat, wie er betete und was der Inhalt seiner Gebete war. Sie wissen, wie er seinen Vater anredete und was er seine Jünger im Blick auf das Gebet lehrte. Sie haben Ihre Beobachtungen zwar noch nicht systematisch erfasst und strukturiert, aber Sie haben sich eine umfassende Vorstellung vom Gebetsleben unseres Herrn erarbeitet. Sie sehen den ganzen Berg an biblischem Material vor Augen und ahnen, was auf Sie und auf die Gemeinde zukommen wird. Genau auf diesen Überblick kommt es an.

e. Die Aussagen zu einer Systematik ordnen

Nun geht es darum, die vielen einzelnen Aspekte, die Sie in den Texten gefunden haben, zu strukturieren. Stellen Sie sich einfach vor, Sie müssten einen großen Haufen unterschiedlicher Knöpfe ordnen. Sie können nach Farbe sortieren, nach Größe, nach Anzahl der Löcher, nach Material oder Motiv. Es gibt ganz verschiedene Kriterien und gar nicht unbedingt die eine richtige Lösung. Wie immer Sie vorgehen, die Hauptsache ist, dass Sie am Ende Ordnung geschaffen haben und schnell finden, was Sie brauchen. Wenn Sie nun für die vielen gefundenen Einzelaspekte Ihres Themas eine passende Systematik erstellen, machen Sie im Prinzip nichts anderes als Knöpfe sortieren. Die dazu nötigen Kriterien finden Sie am besten, wenn Sie Fragen stellen. Wer wenig fragt, bekommt wenige Antworten. Wer viel fragt, bekommt viele Antworten. Überlegen Sie sich also, in welche Richtung Sie das Thema „ausspionieren" könnten.

- Wann und wie oft betet Jesus?
- Wie lange betet Jesus?
- An welchen Orten betet er?
- In welchen Situationen betet er?
- Welche Gebetshaltung nimmt er ein?
- Welche Gebetsanliegen formuliert er?
- Wie unterscheidet sich sein Gebet von dem seiner Zeitgenossen?
- Wo und wie ringt Jesus im Gebet?
- Was lehrt er seine Jünger über Gebet?
  usw.

Einige Fragen werden Sie vielleicht wieder verwerfen, weil Sie kaum Informationen dazu gefunden haben; andere werden Sie zusammenfassen können. Wenn Sie sich für jede Frage ein eigenes Blatt anlegen und die Bibelstellen mit jeweils einem kleinen Stichwort notieren, können Sie diese Blätter nachher wunderbar sortieren und daraus eine logische Gliederung erstellen. Sie werden übrigens bald bemerken, dass viele Bibeltexte gleich auf mehreren Ihrer Blätter auftauchen. Sie sind komplex und geben auf unterschiedliche Fragen hilfreiche Antworten. Die Systematik, die Sie sich auf diese Weise erarbeiten, ist übrigens die Grundlage für Ihre spätere Predigtgliederung. Die Struktur der Auslegungspredigt orientiert sich an der Textstruktur. Die Struktur der Themenpredigt ergibt sich aus der Systematisierung des biblischen Befundes.

f. Die Predigtgliederung erstellen

Nun werden Sie in der Regel Ihre schön gegliederte Stoffsammlung nicht eins zu eins in eine Predigtgliederung überführen können. Sie haben vermutlich so viel zusammengetragen, dass es gleich für eine ganze Predigtreihe reicht. Deshalb müssen Sie auswählen, kürzen und zusammenfassen, auch wenn das ziemlich schmerzt. Ihr Ziel ist es, eine praktikable und in sich schlüssige Predigtgliederung zu erstellen. Und die muss auch noch auf die Bedürfnisse Ihrer Zuhörer zugeschnitten sein! Achten Sie darauf, dass es bei diesem Umwandlungsprozess zu keinen Verzerrungen, Verwerfungen, Schieflagen oder unzulässigen Verkürzungen kommt. Wenn Sie sicher sind, über welche Aspekte Sie sprechen möchten, können Sie nun ein genau dazu passendes, griffiges Predigtmotto entwickeln. Auch die Unterpunkte werden wieder knackig formuliert, so wie Sie das schon von der Auslegungspredigt her kennen.

g. Repräsentative Belegstellen für die Predigt auswählen

Die Themenpredigt erwächst genauso aus dem Wort Gottes wie die Auslegungspredigt. Das scheint klar. Aber in der Praxis gibt es zwei Gefahrenpunkte. Zum einen können Sie Ihre Predigt mit tausend Bibelstellen so gründlich überfrachten, dass die Gemeinde restlos erschlagen wird und den Überblick verliert. Zum anderen können Sie so abgehoben über Ihr Thema sprechen, dass die Gemeinde den Bezug zur Bibel nicht erkennt und Ihre Predigt als „persönliche Meinung des Redners" abtut. Gegen beide Krankheiten ist ein wunderbares Kraut gewachsen: Wählen Sie zu jedem Ihrer Hauptgedanken eine oder zwei repräsentative Bibelstellen aus. Damit vermeiden Sie eine Bibelstellen-Sturmflut und sitzen mit Ihrem Predigtboot trotzdem nicht im Trockendock. Unter Umständen finden Sie so gute und passende Einzeltexte, dass Ihre Predigt einer Reihe von mehreren Kurz-Auslegungspredigten ähnelt. Auf weitere Belegstellen weisen Sie dann nur noch hin, oder Sie gehen nur mit wenigen Worten auf sie ein. Damit Sie sich das Ganze besser vorstellen können, ein Beispiel zu einer dogmatischen Fragestellung:

Thema: Heilsgewissheit ist möglich!

1. Gottes Wort zeigt Weg und Ziel.
   Text: Johannes 5,24: Das Wort zeigt den Weg zur Gewissheit: hören – glauben – haben

2. Gottes Geist macht uns gewiss.
   Text: Römer 8,16: Gottes Geist gibt Zeugnis unserem Geist.

3. Gottes Kraft hat uns verändert.
   Text: Galater 5,22: Der Heilige Geist wirkt in uns Frucht.

Wenn Sie den richtigen Aufbau für Ihre Themenpredigt gefunden haben, sind Ihnen alle weiteren Schritte bekannt. Anwendungen, Illustrationen, Überleitung usw. – hier gibt es keinerlei Unterschiede zur Auslegungspredigt. Einzig die Textlesung entfällt. Aber vielleicht beginnen Sie auch mit einer zentralen Bibelstelle, die Ihre Hörer in die Thematik einführt. Falls Sie denken, dass die Gemeinde eine Auslegungspredigt erwartet, können Sie ihr auch mit lieben Worten zu verstehen geben, dass Sie heute thematisch predigen. Jetzt kann sich jeder darauf einstellen.

Der Weg zu einer guten Themenpredigt ist also mühsam und lang. Sie können natürlich auch Abkürzungen gehen, wenn die Fragestellung sich dafür eignet. Biblische Begriffe werden beispielsweise in Begriffswörterbüchern oder in Bibellexika erklärt. Wenn Sie dort unter „Gebet" nachschlagen, finden Sie einen mehr oder weniger ausführlichen Artikel, der Ihnen wohlgegliedert einen fertigen Überblick zum Thema gibt. Das Thema Heilsgewissheit wird nicht dort, aber vielleicht in einem Buch zur Glaubenslehre angesprochen oder in einem Artikel einer christlichen Zeitschrift. Das Material für eine fertige Predigt liegt sozusagen vor Ihren Füßen. Lassen Sie aber nicht andere für sich denken, sondern denken Sie selbst. Verschaffen Sie sich anhand biblischer Texte ein eigenständiges Urteil. Wenn Sie auf der Kanzel fundiert und überzeugend wirken wollen, brauchen Sie mehr als einen Zusammenschnitt fremder Ansichten.

B. Die Lebensbildpredigt

Eine besondere Variante thematischer Predigt ist die Lebensbildpredigt. Sie beschäftigt sich mit einer biblischen Gestalt, deren Leben anschaulich beschrieben wird. Dabei werden vor allem typische Wesensmerkmale und Glaubenserfahrungen herausgearbeitet und auf die Zuhörer übertragen. Weil den Menschen der Bibel nichts Menschliches fremd ist, müssen wir sie nicht verklärend beschreiben. Sie sind Vorbilder im Guten wie auch im Schlechten.

1. Möglichkeiten und Grenzen der Lebensbildpredigt

Lebensbildpredigten sind in aller Regel lebendig und anschaulich. Sie gehen von erzählenden Texten aus und beschreiben das pralle Leben. Das weckt von vornherein Interesse und beflügelt unsere Fantasie. Wir beginnen, uns mit den beschriebenen Personen zu identifizieren oder auch vehement von ihnen zu distanzieren. Auf alle Fälle fordert ihr Leben zu einer eigenen Stellungnahme heraus. „Das hätte ich auch so gemacht." „Da hat man ihr Unrecht getan." „So weit hätte er nicht gehen dürfen." Lebensbildpredigten schlagen weite Brücken zu unserer Lebenspraxis. Das ist auch der Grund, warum viele Prediger so gerne zu ihnen greifen. Sie können erzählen und finden schnell zu praktischen und griffigen Anwendungen.

Auf der anderen Seite stehen wir mit der Lebensbildpredigt auch vor großen Herausforderungen. Jede Lebensgeschichte hat etwas Einmaliges, das sich in keinem anderen Leben genau so wiederholt. Was ist typisch menschlich und was gehört zu unseren gemeinsamen und zeitlosen Erfahrungen? Da ist der garstige Graben der Geschichte. Wir schauen auf Menschen, die in völlig anderen Lebensumständen lebten und deren Mentalität uns heute fremd geworden ist. Verstehen wir sie wirklich? Die Personen der Heiligen Schrift sind uns nah und fern zugleich.

2. Die Ausarbeitung einer Lebensbildpredigt

Wie bei der Themenpredigt müssen Sie zunächst wieder den zeitlichen und inhaltlichen Rahmen abstecken, innerhalb dessen Sie sich bewegen wollen. Über welche Person wollen Sie sprechen? Wie viel Zeit steht Ihnen zur Verfügung? Haben Sie genügend biblisches Material? Oder haben Sie gar zu viel? Wägen Sie diese Fragen sorgfältig ab, damit Sie nachher mit Ihrer Predigt nicht ins Gedränge kommen.

Anschließend sichten Sie wieder alle relevanten Stellen aus der Heiligen Schrift. Beachten Sie dabei, dass biblische Gestalten an ganz unterschiedlichen Stellen vorkommen können. Wenn Sie beispielsweise über Abraham sprechen, können Sie die zahlreichen neutestamentlichen Bezüge zu seinem Leben nicht außer Acht lassen. Alle Bibelstellen, die Sie gefunden haben, müssen Sie wieder in ihrem Kontext betrachten. Dabei müssen Sie besonders die zeitgeschichtlichen Fragestellungen gut im Auge behalten. Wenn Sie den historischen Kontext nicht ausreichend beachten, können Sie die Motive und Handlungen biblischer Personen falsch einschätzen und entsprechend schiefe Lehren daraus ziehen.

Im Vergleich zur Themenpredigt gibt es bei der Lebensbildpredigt einige Besonderheiten, auf die ich Sie hier hinweisen möchte:

a. Das Persönlichkeitsprofil herausarbeiten

Wenn Sie angemessen über eine biblische Person sprechen wollen, müssen Sie sie umfassend kennenlernen und eine Art Persönlichkeitsprofil herausarbeiten. Dazu stellen Sie wie bei der Themenpredigt am besten wieder eine Reihe von Fragen. Die passenden Antworten suchen Sie in den biblischen Texten:

- Welchen familiären Hintergrund hat die Person?
- Welchen Einfluss haben Erziehung, religiöse Prägung und Bildung?
- Welche Charakterzüge sind vorherrschend?
- Welche Entwicklung in der Persönlichkeit hat sich vollzogen?
- Wie sieht das Ehe- und Familienleben aus?
- Welche Menschen – Freunde oder Feinde – umgeben ihn?
- Wie gestaltet sich die Beziehung zu Gott?
- Kommt es zu Fehltritten oder Lebenskrisen, die prägend wirken?
- Wie handelt Gott mit der Person und wie geht sie darauf ein?
- Ist die Gestalt in irgendeiner Form Sinnbild und Typus auf Christus?

Nicht alle aufgeführten Fragen lassen sich zu jeder biblischen Person beantworten. Ergänzen Sie das, was Sie nicht finden, nicht frisch und frei aus Ihrer Fantasie: „Es steht zwar nicht in der Bibel, aber ich kann mir gut vorstellen, dass es eigentlich gar nicht anders gewesen sein kann. Er hat sich bestimmt gedacht ..." Biblische Lehre und verantwortbare Anwendungen brauchen eine sichere exegetische Basis. Mit wilden Spekulationen und gewagten Rekonstruktionen bewegen Sie sich auf dünnem Eis.

b. Das Typische herausarbeiten

Die Lebensbildpredigt ist mehr als die bloße Nacherzählung biblischer Geschichten auf Sonntagsschulniveau! Sie müssen verstehend und deutend nacherzählen und vor allem das Typische und für uns heute Wichtige herausfiltern und auf die Gemeinde übertragen. Was kennzeichnet einen Petrus? Wo ist er ausgesprochen nur er selbst? Wo finden wir uns wieder? Einmalig ist seine Berufung, Fels der Gemeinde zu sein. Nicht jeder muss wie Petrus seinen Beruf aufgeben, um Menschenfischer zu werden; aber viele taten es. Wir alle sollen glaubensmutig sein und jeder sollte sich diesbezüglich ein Vorbild an ihm nehmen. Gilt nicht – gilt bedingt – gilt unbedingt. Versuchen Sie dieses Einmalige vom für uns Typischen zu unterscheiden. Dann werden Ihre Anwendungen klar und verständlich und Ihre Übertragungen theologisch korrekt.

c. Das Lebensmotto bestimmen

In vielen Fällen gelingt es, für die betreffende Person eine Art Lebensmotto zu finden. Das wäre dann sozusagen die Gesamtüberschrift, unter die Sie dieses Leben stellen könnten. Natürlich ist es immer eine Verkürzung, einen Menschen aus einem einzigen Blickwinkel zu betrachten. Aber bei vielen Personen der Bibel gibt es trotzdem Charakteristika, die ihr Wesen und Wirken treffend beschreiben. Hier vier Beispiele:

- Abraham, der Glaubensvater
- Hiob, der Gott vertrauende Dulder
- Jeremia, der leidende Prophet wider Willen
- Timotheus, der treue Mitarbeiter

Wenn Sie ohne Drücken und Zwängen ein Lebensmotto finden können, haben Sie damit eine gute Grundlage für das spätere Predigtmotto gelegt.

d. Die Gliederung der Predigt erstellen

Die Predigtgliederung ergibt sich aus den verschiedenen Aspekten, die Sie zur Person gefunden haben. Sie können chronologisch vorgehen und eine biografische Gliederung erstellen. Sie beschreiben dann der Reihe nach die einzelnen Lebensphasen und zeigen, was wir jeweils daraus lernen können. Sie können auch thematisch vorgehen und Querschnitte durch das Leben einer Person ziehen. Im Blick auf den leidenden Propheten Jeremia könnten Sie sprechen über das Verhältnis Jeremias zu Gott, Jeremias

Umgang mit seinen Leiden, Jeremia als Prediger des nahen Gerichts, Jeremias Verhältnis zu den falschen Propheten usw. Wichtig ist, dass Ihre Gliederung in sich schlüssig ist und dass sie nicht aus zu vielen Punkten besteht. Sie können auf eine förmliche Gliederung auch ganz verzichten und Ihre Lebensbildpredigt als Erzählpredigt gestalten.[159]

e. Die Anwendungen finden

Im Blick auf die Anwendungen kommt es darauf an, dass Sie die wesentlichen Grunderfahrungen einer Person auf Ihre Zuhörer übertragen und dabei zwischen Einmaligem und Typischem unterscheiden. Darauf hatte ich Sie schon hingewiesen. Geben Sie sich Rechenschaft darüber, was Sie der Gemeinde als vorbildlich hinstellen wollen und was nicht. Achten Sie darauf, dass Sie biblische Personen nicht idealisieren. Sie bringen sie dadurch in eine so große Distanz zu Ihren Zuhörern, dass keiner mehr wagt, sich an ihnen ein Vorbild zu nehmen. Abraham als Glaubensheld ist eben deshalb so ermutigend für uns, weil auch er versagte und Niederlagen erlebte. Wenn Sie einen unschlagbaren Filmhelden aus ihm machen, wird dieser Abraham uns im Alltag wenig weiterhelfen.

3. Gestaltungsmöglichkeiten der Lebensbildpredigt

Es gibt viele Variationen zu dem einen Thema „Lebensbildpredigt". Einige Möglichkeiten habe ich Ihnen hier aufgelistet:

- Sie halten mehrere Predigten über eine Person (z.B. Mose, Paulus ...).
- Sie erarbeiten eine einzige Predigt über das gesamte biblische Material zu einer Person (z.B. Markus).
- Sie predigen über einen bestimmten Lebensabschnitt (z.B. David in der Zeit seiner Flucht vor Saul).
- Sie predigen über einen besonderen Aspekt, der sich durch mehrere Lebensphasen verfolgen lässt (z.B. Anfechtung bei Abraham).
- Sie stellen in einer Predigt mehrere kurze Lebensbilder unter einem bestimmten Gesichtspunkt nebeneinander (z.B. Beter in der Bibel: Mose, Elia ...).
- Sie stellen zwei oder mehrere Gestalten in einer Predigt gegenüber und zeigen die Unterschiede auf (z.B. Petrus und Judas).

---

[159] Siehe S. 289.

Ähnlich wie bei der Themenpredigt können Sie auch für eine Lebensbild-predigt auf die gute Vorarbeit anderer zurückgreifen. Personenkonkor-danzen, Bibellexika oder Lexika zu biblischen Gestalten helfen Ihnen, sich schnell zu orientieren und wichtige Eckdaten zusammenzutragen. Die vielen Bücher, die biblische Gestalten ausführlicher beschreiben, geben ebenfalls eine Menge von Anregungen.

C. Die Andacht

Im Gemeindealltag gibt es eine Reihe von Anlässen, bei denen Sie keine ausgewachsene Predigt, sondern eher eine kurze Andacht halten sollen. Ob es sich um den Einstieg in eine Sitzung handelt, die Einleitung in eine Gebetsstunde oder einen anderen Anlass – immer geht es um einen kurzen Input. Weil die Andacht als homiletische Variante der Predigt recht häufig vorkommt, möchte ich sie nicht stiefmütterlich behandeln und Ihnen auch dazu einige Tipps und Ratschläge geben.

1. Wesen und Zielsetzung der Andacht

Die Andacht ist ihrem Wesen nach eine kurze Form der Ansprache, die auf die innere Sammlung der Zuhörer ausgerichtet ist. Sie will ...

- auf Gott ausrichten,
- zur Anbetung führen,
- geistliche Wegweisung vermitteln,
- zum und im Glauben ermutigen,
- einen biblischen Denkanstoß geben,
- auf eine besondere Situation einstimmen.

Viele tun sich mit der Andacht schwer. Sie sind es gewohnt, lange zu predigen, und können sich nicht kurz fassen. Außerdem haben sie den Anspruch, gründlich und ausführlich sein zu müssen. Was für die Predigt Sinn macht, bläht die Andacht unnötig auf. Sie verliert ihren spezifischen Charakter und wird zur Pseudopredigt am falschen Ort. Haben Sie auch schon einmal darunter gelitten, dass die Gemeindesitzung zwar mit einer „kurzen" Andacht beginnen sollte, dass Sie aber in der ersten halben Stun-de nichts anderes als eine ausführliche Sonntagspredigt zu hören be-kamen? Eine Predigt ist eine Predigt und eine Andacht ist eine Andacht. Wo liegen die Unterschiede?

Die Predigt	Die Andacht
Die Predigt behandelt in der Regel einen längeren Text oder ein größeres Thema.	Die Andacht geht gewöhnlich nur auf einige wenige Verse oder einen kurzen Gedanken ein.
Die Predigt legt einen Bibeltext möglichst gründlich aus.	Die Andacht wählt Einzelaspekte aus und lässt andere Inhalte weg.
Die Predigt ist nicht kürzer als 15 bis 20 Minuten.	Die Andacht dauert kaum länger als fünf bis zehn Minuten.
In der Predigt wird der ganze Text ausgelegt.	In der Andacht wird ein kurzer Gedanke knapp entfaltet.
Die Predigt benötigt ihrer Länge wegen eine erkennbare Gliederung.	Die Andacht benötigt ihrer Kürze wegen keine ausgeprägte Gliederung.
Die Predigt ist stärker lehrmäßig ausgerichtet.	Die Andacht hat eher einen erbaulichen Charakter.
In der Predigt wird langsam auf eine persönliche Zuspitzung hingearbeitet.	Die Andacht kommt der Kürze wegen relativ schnell zur Anwendung.
Die Predigt lässt sich mit einer Mahlzeit vergleichen.	Die Andacht ist eher vergleichbar mit einem Schnellimbiss.

2. Praktische Schritte zur fertigen Andacht

Keine Sorge. Sie müssen jetzt nicht völlig umlernen und vergessen, was Sie bisher zum Thema „Predigt" gelernt haben. Das Meiste kennen Sie bereits. Deshalb kann ich mich gleich auf die Besonderheiten stürzen.

a. Den passenden Text auswählen

Wählen Sie ein kurzes Bibelwort. Lange Textpassagen verführen zu ausgedehnten Predigtergüssen und passen nicht zu einer kurzen Andacht. Der Bibeltext sollte unmittelbar und ohne langatmige Vorbemerkungen und Erläuterungen zum Ziel führen. Er muss grundsätzlich zum Charakter des Anlasses und zum speziellen Hörerkreis passen. Je genauer Sie die konkrete Situation vor Augen haben, desto präziser können Sie Text oder Thema wählen. Um sich die mühsame Suche zu ersparen, greifen viele gerne zu den Texten der Herrnhuter Losungen oder lassen sich von einem der zahlreichen Andachtsbücher inspirieren. Auch der gute alte Abreißkalender regt den einen oder anderen zu einem kurzen geistlichen Wort an und liefert vielleicht sogar noch eine schöne Geschichte gratis dazu.

b. Den Text auslegen

Wie die Predigt braucht auch die kleine Schwester „Andacht" eine saubere Exegese! Das ist schnell vergessen, weil es ja „nur" um eine Minipredigt geht. Ein paar kernige Worte lassen sich zu jedem Text finden; und eine kleine passende Anwendung liegt auch schon irgendwo parat. Lassen Sie sich aber nicht dazu verführen, mit Ihrem Bibelwort ganz auf die Schnelle fertig zu werden. Je weniger Zeit Sie haben, desto präziser und sauberer muss Ihre Auslegung sein. Die Gefahr, einen Text aus dem Zusammenhang zu reißen und ihm kontextfremde Gedanken als Kuckuckseier zu unterschieben, ist gerade bei der Andacht groß. Eine Andacht ist kurz, aber sie macht keinen kurzen Prozess mit dem Text!

c. Die Kernbotschaft bestimmen

Die Andacht will einen Denkanstoß geben. Deshalb entfaltet sie in der Regel nur einen einzigen Gedanken. In der Auslegungspredigt haben Sie ihn aus dem Textthema gewonnen. Jetzt dürfen Sie einmal herzhaft dort hingreifen, wo Sie wollen. Sie können sogar einen Nebengedanken zum Hauptgedanken erheben und einen Bibeltext aus einer völlig ungewohnten Perspektive in ein neues Licht stellen. „‚Ihr seid das Salz der Erde‘, sagt Jesus. Ich möchte heute mit euch nur über diesen einen Gedanken nachdenken: ‚Ihr seid!‘ Ist das nicht erstaunlich? Wir *sind* das Salz der Erde!" Natürlich sollten Sie trotz dieser neu gewonnenen Freiheit nicht zu einer Sprungbrett-Predigt abheben und den Textzusammenhang verfälschen. Das wäre sachlich falsch und kein guter Stil.

Falls Sie für Ihre Andacht wirklich nur eine einzige Kernaussage herausgeschält haben, dann predigen Sie diesen vom Anfang bis zum Schluss unverschnörkelt und geradlinig durch: *Ein* interessanter Einstieg – *ein* exegetischer Gedanke – *eine* griffige Anwendung – *eine* kurze Veranschaulichung – *ein* knapper Schlussgedanke. Mehr an Inhalt und mehr an Struktur brauchen Sie nicht. Vielleicht möchten Sie aber trotzdem einige kurze Teilaspekte anführen. Dann müssen Sie jetzt wieder entscheiden, welche das sind, und Sie müssen sie in eine gegliederte Form bringen: „Zu diesem ‚Ihr seid‘ möchte ich drei kurze Anregungen geben."

d. Anwendungen und Illustrationen suchen

Weil die Andacht ihrem Wesen nach eine kurze Hinführung zur inneren Sammlung ist, trägt sie starke Züge einer seelsorgerlich-einfühlsamen Rede. Legen Sie Ihre Anwendungen deshalb in Richtung auf Lob, Dank und Anbetung aus. Wenn Sie mehr das Leben der Zuhörer vor Augen haben, geben Sie kurze Impulse zum geistlichen Leben. Achten Sie darauf, dass Ihre Übertragungen klar, präzise und griffig sind. Sie haben keine Zeit für lange Erläuterungen und komplizierte abstrakte Ableitungen. Je lebensnäher Ihre Aussagen sind, desto größer ist die Chance, dass sie Ihren Hörern weiterhelfen. Dasselbe gilt auch für die Illustrationen. An denen dürfen Sie auf keinen Fall sparen. Im Gegenteil, je kürzer die Andacht, desto wichtiger ist die Verpackung. Suchen Sie nach starken Beispielen und verankern Sie damit Ihren kurzen Denkanstoß fest in Kopf und Herz Ihrer Zuhörer.

e. Die zündende Idee entdecken

Nach allem, was ich bisher über das Predigen gesagt habe, muss ich Sie jetzt kräftig schocken. Wenn ich eine Andacht vorbereite, suche ich in vielen Fällen gar nicht zuerst nach einem passenden Bibelwort. Ich suche nach einer zündenden Idee, einem faszinierenden Aufhänger, einer Geschichte oder Illustration, die mich fesselt und begeistert. Dann erst mache ich mich auf die Suche nach einem genau zu diesem Gedanken passenden Text. Auf einem Kalender las ich folgenden Spruch: „Wenn man Sie anklagen würde, ein Christ zu sein – würde man genügend Beweise finden, um Sie verurteilen zu können?" Ein solcher Satz hat so viel Sprengkraft, dass es sich lohnt, nach einem passenden Bibelwort zu suchen und eine herausfordernde Andacht daraus zu machen. Gerade wenn Sie nicht aus Zeitgründen einfach schnell zum Losungstext greifen müssen, können solche kreativen Aufhänger die Geburtsstunde einer vollmächtigen Kurzansprache werden. Halten Sie deshalb Augen und Ohren offen; lassen Sie Ihre Kreativität spielen und suchen Sie nach der einen guten Idee, an der Sie Ihre ganze Andacht festmachen können.

f. Variationen zum Thema

Andacht ist nicht gleich Andacht. Es gibt sie gleich in vielen Variationen. Bisher bin ich von einer Textandacht ausgegangen. Ich möchte Ihnen aber noch ein paar andere Vorschläge machen, die weniger häufig vorkommen, aber gerade deshalb eine interessante Abwechslung sein können.

Die Bildmeditation	geht von einem Foto, Poster, Kunstdruck oder Dia aus und führt anhand dessen zu einem biblischen Gedanken oder Text. Das Bild begleitet die ganze Andacht und dient nicht nur als Einstieg.
Die Gegenstandsandacht	geht von einem mitgebrachten Gegenstand aus und führt anhand dessen zu einem biblischen Gedanken oder Text.
Die Liedandacht	führt anhand ausgesuchter und zu einer thematischen Linie zusammengestellter Lieder und Strophen zur Besinnung vor Gott. Erläuterungen zu Liedtexten, Bibeltexte und Gebete runden die Andacht ab.
Die liturgische Andacht	entfaltet einen Leitgedanken durch verschiedene gelesene Bibelworte, Liedverse, Meditationstexte und gebundene Gebetsformulierungen und führt in die Stille und in die Anbetung Gottes.

Über Bilder und Gegenstände haben wir schon im Zusammenhang mit visuellen Illustrationen gesprochen.[160] Um eine Liedandacht oder vor allem eine liturgische Andacht gestalten zu können, brauchen Sie sicherlich etwas mehr Zeit in der Vorbereitung und der Durchführung als bei den anderen Formen. Sie müssen nicht nur über die eigentliche Kurzansprache nachdenken, sondern den gesamten Rahmen mit einbeziehen und um den Kerngedanken der Andacht herum gestalten. Der Sinn für die Schönheit und Würde einer durchdachten Liturgie ist vielen heute abhandengekommen. Es lohnt sich aber, diesen Schatz der Glaubensväter wiederzuentdecken und in zeitgemäßer Form neu zu beleben.

---

[160] Vgl. S. 170.

D. Kreative Predigtformen

Natürlich dürfen und sollen Sie in jeder Predigt kreativ sein. Die Überschrift „Kreative Predigtformen" soll gerade nicht den Eindruck erwecken, als ob alles, was Sie bisher über die Predigt gehört hätten, einfach nur altbacken, fantasielos und langweilig war! Sie sollten auch die Standardformen der Predigt inhaltlich und rhetorisch abwechslungsreich und interessant gestalten. Gott ist nicht langweilig, sein Wort ist nicht langweilig, sein Heil ist alles andere als langweilig – und Ihre Predigt ist es auch nicht. Aber es gibt Gewöhnungseffekte, die Sie mit einer etwas anderen Predigtform aufbrechen können. Es gibt Sondersituationen, in denen Sie sich eine Portion Extramühe geben. Und es gibt Predigthörer, die Sie erst mit frischen Ideen gewinnen müssen, weil sie keinerlei Erwartung an eine Predigt haben und weil es ihnen an Übung fehlt, längere Zeit konzentriert zuzuhören. Wenn immer Sie daran denken, mit alternativen Predigtformen zu experimentieren, sollten Sie ein paar wichtige Grundsatzentscheidungen getroffen haben:

- Verkündigen Sie Gottes Wort
  Wenn die Heilige Schrift durch die Form der Predigt in den Hintergrund gedrängt wird und Abwechslung um der Abwechslung willen betrieben wird, haben Sie theologische Schieflage. Geisterfüllte Verkündigung ist nur dort zu erwarten, wo sie auf der Heiligen Schrift aufbaut.
- Übertreiben Sie es nicht
  Wenn die Gemeinde jeden Sonntag fürchten muss, durch einen noch nie da gewesenen Gottesdienst gescheucht zu werden, verliert sie schnell die Lust an Ihrer Experimentierfreudigkeit. Überzogene Kreativität verschleißt sich, wird selber zur Routine und reißt keinen mehr vom Hocker.
- Bleiben Sie sauber
  Die alte Jesuitenmoral „Der Zweck heiligt die Mittel" gilt nicht für die christliche Verkündigung. Wer sich während seiner Predigt Stück für Stück entblättert, bis ihm schließlich nur die Unterwäsche geblieben ist, wird der Gemeinde lange in Erinnerung bleiben. Ob man die geilen Blicke aber durch diese tatsächlich gehaltene „Striptease-Predigt" gezielt provozieren darf, um die Sünden überwindende Heilsbotschaft von Christus zu bezeugen, scheint mir nicht einmal eine Frage wert zu sein.

Kreative Predigtformen sind immer nur eine wohldosierte Ergänzung für eine auch sonst lebendige und von Herzen kommende Gemeindeverkündigung. Richtig eingesetzt schaffen sie Abwechslung, wecken Neugierde und Aufmerksamkeit und verfestigen einen biblischen Gedanken durch die ungewohnte Art und Weise seiner Darbietung.

1. Die kreativ unterbrochene Predigt

Dass eine Predigt an einem Stück gehalten wird und erst mit dem „Amen" endet, ist normal – aber es ist kein Gesetz der Meder und Perser. Gezielt gesetzte Zäsuren lockern eine längere Ansprache auf, schaffen neue Konzentration und geben Ihren Zuhörern Zeit, die vermittelten Inhalte sacken zu lassen und zu überdenken. Solche kreativen Einschnitte können Sie ganz unterschiedlich gestalten.

- Lieder oder Liedverse unterbrechen die Predigt. Sie sind sorgfältig ausgesucht und fassen den Inhalt des vorausgegangenen Predigtteils zusammen. Natürlich können Sie auch instrumentale Zwischenstücke einsetzen.
- Gebundene Lesetexte wie Meditationen oder Gedichte schließen einen Predigtgedanken markant ab.
- Videosequenzen oder kurze Spielszenen bereiten den nächsten Predigtabschnitt vor und wirken wie eine kleine Kurzeinleitung zum nächsten Punkt.
- Ein geplanter Störenfried, der in den Reihen gut platziert wird, stellt lautstark eine Zwischenfrage und erklärt, dass er ganz und gar nicht einverstanden ist. Der Prediger geht auf ihn ein und lüftet später das Geheimnis, um keine bleibende Verstimmung unter der Gemeinde zu riskieren.

Falls Sie sich zu einer solchen kreativen Zäsur entscheiden, sollten Sie das höchstens an ein oder zwei Stellen tun. Die Zwischenstücke dürfen nicht zu lange sein, damit sie keine Löcher in die Gesamtargumentation Ihrer Predigt reißen. Sie müssen vor allem sehr gut geplant sein, damit keine tödlichen Kunstpausen entstehen. Unterbrüche dürfen nie den Spannungsbogen der Predigt zerstören, sie sollen ihn im Gegenteil ja gerade aufrechterhalten und stützen!

2. Die Erzählpredigt

Natürlich enthält jede Verkündigung erzählerische Elemente. Aber eine sogenannte narrative Predigt ist von der ganzen Anlage her ausschließlich im Erzählstil gehalten. Sie möchte einen Text nicht „von außen" analytisch deuten, sondern gleichsam „von innen" her deutend mit Leben erfüllen. Verwechseln Sie die Erzählpredigt deshalb auf keinen Fall mit einer bloßen Nacherzählung. Die meisten Gottesdienstbesucher kennen die biblischen Geschichten von ihrer Kindheit her und werden durch eine schlechte Variante nicht sonderlich erbaut.

Die narrative Predigt erzählt so, dass Hintergründe, Zusammenhänge, Motive und Auswirkungen erkennbar werden, auf die die Zuhörer von alleine vermutlich nicht gekommen wären. Auch die Anwendungen fallen nicht aus diesem erzählerischen Rahmen heraus. Das Leben der Gemeinde wird klammheimlich mit eingeflochten. „,Wenn alle dich verlassen, ich werde dich nicht verlassen', sprudelt es lautstark aus Petrus heraus. Gut gemeint und schlecht gemacht. Große Klappe und nichts dahinter. So kennen wir ihn, *so kenne ich mich*. Dabei hat es Petrus doch so gut gemeint."

Um diese erläuternde und verstehende Nacherzählung nicht zu unterbrechen, können Sie auf ein Predigtmotto oder eine Predigtgliederung ganz verzichten. Der Predigtaufbau ergibt sich aus dem Fluss der Erzählung. Handlungseinheiten, Orte, auftretende Personen, chronologische Reihenfolge – sie alle bestimmen die Struktur Ihrer Botschaft, ohne dass sie sich aufdringlich in den Vordergrund spielen. Wichtig sind kurze und prägnante Merksätze, die die Kernbotschaften gebündelt und auf den Punkt formuliert in den Erzählstrang einbringen. „Mit einer Frage quält sich Petrus herum. ‚Habe ich bei Jesus noch eine Chance?' Er hat eine Chance. Denn: *Jesus liebt Versager!*"

Die narrative Predigt lebt von der Kunst des Erzählens.[161] Dazu können Sie ganz unterschiedliche Techniken einsetzen. Sie können von Anfang an erzählen. Sie können aber auch in der Mitte ansetzen oder vom Ende her beginnen. Zachäus ist ein völlig veränderter Mensch. Seine Freunde er-

---

[161] Eine hilfreiche Einführung in die Kunst des Erzählens finden Sie bei Eberhard Dieterich, *Erzählen aus Leidenschaft – Wie lerne ich, biblische Geschichten packend und frei zu erzählen?*, Verlag Junge Gemeinde, 2008. Auch wenn das Buch für die Kinderarbeit verfasst wurde, sind die Erzähltechniken vor Erwachsenen grundsätzlich sehr ähnlich.

kennen ihn nicht wieder. Wie kommt das? Was ist vorgefallen? Um die
Spannung zu steigern und die Zuhörer mit in die Geschichte hineinzu-
nehmen, erzählen Sie am besten in der Gegenwartsform, dem Präsens
(„Zachäus klettert auf den Baum."). Halten Sie diesen Stil durch und
wechseln Sie nicht unkontrolliert die Zeiten. Normalerweise erzählen Sie
in der dritten Person („Er klettert."). Direkte Rede durchbricht diese Regel, schafft Abwechslung und gibt Ihrer Rede noch mehr Lebendigkeit.

Zu einem ansprechenden Erzählstil gehören auch eine bildreiche Sprache, eine lebendige Stimmführung und eine gute Gestik und Mimik.[162]
Alles das muss zusammenwirken, um in sich schlüssig zu sein. Achten Sie
unbedingt darauf, dass Sie nicht niedlich oder pathetisch wirken. Es macht
einen gewaltigen Unterschied, ob Sie die Zachäusgeschichte in der
Sonntagsschule oder vor Erwachsenen zum Besten geben! Damit Ihre
Predigt auch wirklich gelingt, sollten Sie sie vorher einmal zur Probe
sprechen. Wenn Sie wissen, dass Sie nicht zu den geborenen Rede-
künstlern und den Geschichtenerzählern gehören, testen Sie sich in einer
unverfänglichen Situation und nicht gleich vor der versammelten Gemeinde. Wenn Sie denken, dass Ihnen eine Erzählpredigt Vorbereitungszeit spart, haben Sie sich allerdings geirrt. Eine schlechte Nacherzählung
ist wirklich schnell zusammengeschustert; in eine gute narrative Predigt
müssen Sie einiges investieren.

3. Das Predigtschauspiel

Sie sind schauspielerisch begabt? Dann können Sie den narrativen Predigtstil noch ein Stück weitertreiben. Während eines Teils der Predigt
oder sogar während der ganzen Predigt schlüpfen Sie in die Rolle einer
meist biblischen Person. Die im Text beschriebenen Ereignisse schildern
Sie in einem regelrechten Monolog. Sie können dabei die Rolle der
Hauptperson einnehmen, die Situation aus einer Nebenrolle heraus beschreiben oder nacheinander gleich mehrere Personen der Geschichte
auftreten lassen. Die berichten dann jeweils aus ihrer speziellen Perspektive. Solche szenischen Elemente können Sie auch in eine „ganz normale"
Predigt einbauen. Sie sprechen über die tragische Gestalt des Judas und
unterbrechen Ihre Ausführungen durch kleine nachgestellte Kurzmono-
loge des Judas. Darin berichten Sie beispielsweise, was Ihre Motive für
den Verrat an Jesus waren: „Ich wollte Jesus doch nur zwingen, endlich

---

[162] Vgl. „Die Illustrationen", S. 163 und „Gestik und Mimik", S. 246.

Farbe zu bekennen. Mir ging es doch gar nicht um das Geld. Bis heute hängen mir das alle an. Das ist unfair! ..." Nach einem solchen Minimonolog analysieren Sie die Behauptungen des Judas und geben eine biblische Antwort. Um Ihren Rollenwechsel für alle augenfällig zu machen, können Sie sich beispielsweise mit einem Handgriff den bunten Schal umlegen, den Sie hinter der Kanzel bereitgelegt hatten. Wenn Sie die Rolle des Judas verlassen, legen Sie auch den Schal wieder ab. Falls Sie die ganze Predigt als Schauspiel anlegen, können Sie natürlich auch von Anfang an in einem passenden Kostüm erscheinen.

Dass Sie für ein solches Predigtschauspiel ziemlich fit auf der Bühne sein müssen, ist Ihnen sicherlich schon bewusst geworden. Um einen authentischen David hinzubekommen, der anhand seines Bußpsalms[163] über seinen Ehebruch und die Gnade Gottes monologisiert, müssen Sie fast Drehbuchautor und Schauspieler in einer Person sein. Wenn Sie es gut machen, wird die Gemeinde noch Jahre später davon sprechen; wenn Sie es schlecht machen auch!

4. Die Dialogpredigt

Die Dialogpredigt ist eine noch junge Form der Verkündigung. Sie wurde entwickelt, um den starren Vortragsstil der Predigt aufzubrechen. Zwei Personen teilen sich die Kanzel. Sie spielen sich die Bälle gegenseitig zu und entwickeln den Text und seine Aussage vor der Gemeinde. Die kommt damit in die Rolle eines Zuschauers, der ein Zwiegespräch beobachtet und daraus seine Schlüsse zieht.

Langweilig wird eine Dialogpredigt, wenn die Rollen der beiden Prediger allzu starr festgeschrieben sind: Der eine stellt Fragen, der andere antwortet; der eine ist penetrant ungläubig, der andere glaubt zweifelsfrei und tadellos. Richtig interessant wird es, wenn beide einen Text oder ein Thema miteinander entwickeln: A: „Judas wollte Jesus zwingen, sich als Messias erkennen zu geben? So habe ich das noch nie gesehen. Ich war immer der Ansicht, dass es ihm ausschließlich um das Geld ging. Johannes sagt doch, dass Judas ein Dieb war und die Kasse hatte. Hier, Johannes 12 Vers 6." B: „Das stimmt schon, aber hätte Judas nicht viel mehr rausschlagen können als lumpige dreißig Silbergroschen?" A: „Na ja, das war wohl der Standardpreis für Denunzianten. Aber vielleicht ging es ihm wirklich nicht nur um Geld. Vielleicht war er auch enttäuscht ..."

---

163 Psalm 32

Damit eine Dialogpredigt inhaltlich sitzt und nicht zur losen Plauderstunde zweier Spontis verkommt, müssen die Texte gründlich ausgearbeitet werden. Das kostet viel Mühe und entsprechend viel Zeit. Der fertige Dialog muss dann auch als wirklicher Dialog vorgetragen werden. Eine mit monotoner oder künstlicher Stimme präsentierte Wechsellesung ohne tatsächliche dynamische Gesprächsatmosphäre wirkt ziemlich öde.

5. Die interaktive Predigt

Wie der Name schon sagt, sucht die interaktive Predigt den Dialog mit den Zuhörern. Der Prediger wird ihr Gesprächspartner und nimmt die zustimmenden oder ablehnenden Gedanken seiner Gemeinde ernst und geht flexibel und spontan auf sie ein. Sie können Ihren Hörern eine Ausgangsfrage stellen, deren Reaktionen sammeln und anschließend anhand eines Bibeltextes besprechen: „Sie stehen an der Kasse. Jemand drängelt sich einfach vor. Wie reagieren Sie als Christ? Hat jemand von ihnen einen Vorschlag?" Vielleicht kommen zwei oder drei Lösungsansätze. Die gehen Sie nun durch und beziehen dabei die Zuhörer immer wieder ein. Sie können die Zuhörer auch auswählen lassen, in welcher Reihenfolge Sie Ihre Predigtgedanken vorlegen wollen: „Ich habe eine gute und eine schlechte Nachricht für Sie. Welche möchten Sie zuerst hören?" Oder Sie lassen die Gemeinde für wenige Minuten miteinander an einer Problemstellung arbeiten. Sie sammeln die Ergebnisse und geben dann eine Zusammenfassung mit der von Ihnen vertretenen Sicht, die Sie an biblischen Texten festmachen.

Die interaktive Predigt verlangt Ihnen viel ab. Sie müssen in Ihrem Bibeltext oder Thema so zu Hause sein, dass Sie spontan auch alle Randthemen mit übersehen und auf sie eingehen können. Sie müssen für ehrliche Prozesse offen sein und dürfen den Zuhörern keine Scheinfragen stellen oder ihnen den Eindruck geben, dass sie im Geheimen doch manipuliert werden. Sie müssen Gegenargumente stehen lassen können und dürfen Andersdenkende nicht einfach plattbügeln. Und Sie müssen den nötigen Rahmen und das passende Umfeld vor sich haben. Die interaktive Predigt wird gerne in der evangelistischen Verkündigung eingesetzt, wenn die Zuhörerschaft in aufgelockerten Tischgruppen sitzt und eine überschaubare Größe nicht übersteigt. Wenn Sie den Eindruck haben, dass Sie mit einer solchen komplexen Situation gut zurechtkommen, starten Sie doch einmal einen Versuch.

6. Die Liedpredigt

Nikolaus Ludwig von Zinzendorf (1700-1760), der Vater der Herrnhuter Brüdergemeine, dichtete zahlreiche Lieder. Um sie der Gemeinde bekannt zu machen, führte er besondere Gottesdienste ein, in denen neue Lieder gelernt und erklärt wurden. Diese Form der sogenannten Liedpredigt lässt sich bis ins Jahr 1569 zurückverfolgen, wo Cyriakus Spangenberg einen Band mit 39 „Gesangbuch-Predigten" herausgab. Im Mittelpunkt der Liedpredigt stehen der Text, der Autor, die Entstehungsgeschichte, der Komponist und vielleicht auch die Melodie des Liedes. Die Kurzform der Liedpredigt ist die oben angesprochene Liedandacht.

Weil die Gemeinde das Wort „Predigt" völlig zu Recht mit einem Bibeltext in Verbindung bringt, sollten Sie Ihre Liedinterpretation möglichst mit der Heiligen Schrift verknüpfen. Psalmengesänge oder andere vertonte Bibelworte eignen sich diesbezüglich am besten. Beziehungen zu biblischen Texten lassen sich ebenfalls mit jedem anderen geistlichen Lied herstellen. Sie müssen aber auch nicht dem Zwang unterliegen, auf alle Fälle Bibelworte zitieren zu müssen. Die theologische Verankerung dagegen muss stimmen; und es ist wichtig, dass Sie der Gemeinde sagen, was Sie heute ausnahmsweise auf der Kanzel anders machen als sonst.

Welches Lied Sie sich für Ihre Predigt vornehmen, hängt (1.) ab von seinem allgemeinen Inhalt („Geh aus, mein Herz": Freude an der Schöpfung), (2.) von einem passenden Anlass im Kirchenjahr („O Haupt voll Blut und Wunden": Karfreitag), (3.) von einem besonderen Jahrestag des Dichters (z.B. „Befiehl du deine Wege": 400-Jahr-Feier des Geburtsjahrs von Paul Gerhardt) oder (4.) von den Musikgewohnheiten der Zuhörer. Manche Lieder sind inhaltlich so dicht, dass Sie eine ganze Theologie daraus ableiten und eine Themenpredigt mit ihnen gestalten können. Andere sind dagegen inhaltlich so flach, dass sie sich überhaupt nicht eignen.

Die Liedpredigt bezieht in der Regel auch den gottesdienstlichen Rahmen mit ein. Instrumentalisten oder der Chor können das Lied vortragen. Die Gemeinde kann es vor, während oder nach der Predigt singen. Sie haben einen großen Gestaltungsspielraum.[164]

---

164 Hilfreich sind folgende Bücher: Christian Möller, *Ich singe Dir mit Herz und Mund. Liedauslegungen, Liedmeditationen, Liedpredigten. Ein Arbeitsbuch zum Evangelischen Gesangbuch*, Calwer Verlag, Stuttgart, 1997. Zur Entstehung einzelner Lieder s. Wolfgang Heiner, *Bekannte Lieder – wie sie entstanden*, Hänssler Verlag, Stuttgart-Holzgerlingen, 2006.

7. Die Bildmeditation

Einen Bibeltext oder ein biblisches Thema können Sie eventuell auch
anhand eines Bildes entfalten. Das wäre dann mehr als eine Illustration in
der Einleitung oder innerhalb der Predigt. Gemeinsam mit der Gemeinde
entdecken Sie beispielsweise ein Kunstgemälde mit biblischem Bezug.
Die bildlichen Aussagen verknüpfen Sie mit Bibeltexten und zeigen, was
und wie der Künstler uns seine Botschaft vor Augen malen wollte. Mit
den berühmten Bildtafeln des Isenheimer Altars haben Sie Stoff für mehr
als eine Predigt. Eine Bildmeditation werden Sie sicherlich nur dann wählen, wenn Sie einigermaßen kunstinteressiert sind und sich auch hin-
reichend mit der Interpretation von Bildern beschäftigt haben.

Ein Wort zur Ermutigung

Wenn ich am Ende eines homiletischen Gemeindeseminars in die Augen meiner Zuhörer schaue, begegnet mir ein seltsam ambivalenter Blick. Er liegt irgendwo im Niemandsland zwischen Dankbarkeit und stiller Verzweiflung. „Ich habe eine Menge gelernt und viele Anregungen bekommen. Aber wie soll ich das alles in die Praxis umsetzen? Woher nehme ich die Zeit, mich so gründlich vorzubereiten und die vielen Einzelschritte bis zur fertigen Predigt zu gehen? Ist Predigen wirklich soviel Methodik? Sollten wir nicht doch einfach auf den Geist Gottes vertrauen, der durch unbeholfene Rede in der Geschichte tausendfach gewirkt hat?" Ich könnte mir vorstellen, dass viele, die bis zu dieser Stelle durchgehalten haben, ähnlich denken. Deshalb möchte ich Ihnen zum Abschluss ein paar ermutigende Wort mit auf den Weg geben.

1. Beginnen Sie mit kleinen Schritten

Sicherlich wird sich jeder selbst überfordern, der gleich zum nächsten Predigtanlass versucht, alle aufgezeigten Einzelschritte nachzuvollziehen. So viel Zeit wird niemand haben. Wer zu viel auf einmal will, überfordert sich. Er wird frustriert und wirft enttäuscht alles von sich, was er sich vorgenommen hatte. Beginnen Sie deshalb mit kleinen, überschaubaren Schritten. Vielleicht arbeiten Sie beim nächsten Mal an einer ansprechenden Einleitung und einem motivierenden Schluss. Bei einer anderen Gelegenheit bemühen Sie sich um ein griffiges Motto usw. Wer Teilziele formuliert, übt sich an einer konkreten Stelle und macht dort seine eigenen Erfahrungen. Darauf kommt es letztlich an. An welcher Stelle Sie beginnen, liegt ganz bei Ihnen. Nur, beginnen sollten Sie.

2. Übung macht den Meister

Alles, was neu und fremd ist, kostet viel Energie. Denken Sie nur daran, wie anstrengend die ersten Fahrstunden für die Führerscheinprüfung waren. Jeder Handgriff musste ganz bewusst ausgeführt und mit anderen koordiniert werden: Kupplung treten, schalten, Kupplung kommen lassen, Gas geben, Blinker setzen – und alles gleichzeitig. Heute sitzen Sie am Steuer und vollziehen die meisten technischen Abläufe völlig unbewusst. Sie fahren entspannt und sicher und denken nicht mehr an die zaghaften Anfänge Ihres Autofahrerdaseins. Die exegetischen und methodischen Schritte der Predigtvorbereitung brauchen ebenfalls Übung und sind anfänglich mit vielen Unsicherheiten verbunden. Sie werden aber merken, wie Sie auf die Dauer an Erfahrung und Sicherheit gewinnen. Sie werden schneller und finden Abkürzungen, mit denen Sie eine gründliche Arbeit effektiver erledigen können. Übung macht den Meister.

3. Bleiben Sie korrekturbereit und arbeiten Sie an sich weiter

Trotz aller Erfahrung, die Sie sammeln, und trotz des eigenen Stils, den Sie auf Dauer entwickeln werden, sollten Sie an sich weiterarbeiten und die Gabe, die Gott Ihnen gegeben hat, entfalten.[165] Gerade wenn Ihnen die Dinge gut von der Hand gehen und die Gemeinde Ihnen das auch spiegelt, ist es wichtig, für Korrektur und Selbstkorrektur offen zu bleiben. Beschäftigen Sie sich deshalb weiter mit homiletischen Themen. Lesen Sie noch einmal ein Kapitel aus diesem Buch oder nehmen Sie sich für einzelne Predigten vor, sie etwas gründlicher auszuarbeiten als sonst. Hören Sie gelegentlich eine Tonbandaufzeichnung einer Ihrer letzten Predigten und werten Sie diese selbstkritisch aus. Sie sollten auch für Korrektur von außen offen sein. Nicht jede Kritik an Ihrer Predigt ist berechtigt. Keiner kann es allen recht machen. Aber vielleicht steckt doch ein Körnchen Wahrheit in dem, was man Ihnen sagt. Für die meisten ist es eine große Hürde, einen Prediger zu hinterfragen und mit ihm darüber zu sprechen. Wenn jemand auf Sie zukommt, sollten Sie ihn nicht vorschnell als kritiksüchtig und undankbar abtun. Es ist besser, wenn man Sie auf Probleme aufmerksam macht, als Sie still auflaufen zu lassen und Ihre Verkündigung zu meiden. Sie können Korrektur von außen auch selbst anregen, indem Sie Gemeindeglieder, denen Sie ein Urteil zutrauen, um Rückmeldung bitten. Einige Gemeinden haben ein Predigtnachgespräch eingeplant, an dem sich alle beteiligen können. Hier erfahren Sie unmittelbar, was Sie gut gemacht haben und was besser werden könnte. Wichtig ist, dass Sie Korrektur als Chance verstehen.

4. Sehen Sie die Predigtvorbereitung als geistliche Herausforderung

Wenn ich in diesem Buch auch vorwiegend über Methodik geschrieben habe, so ist die Predigt doch im Kern ein geistliches Geschehen. Vollmacht und Geistesfülle erreichen Sie niemals durch homiletische Methoden und rhetorische Stilmittel! Eine zusammengeschusterte, unbeholfene

---

[165]   Vgl. 2. Timotheus 1,6.

Predigt, die von Herzen kommt, kann mehr bewirken als ein rhetorisches Meisterwerk, das als Kunstobjekt dargeboten wird. Bei allem Eifer, die vielen Ratschläge dieses Buchs in die Tat umzusetzen, vergessen Sie nie die andere und noch wichtigere Ebene der Vorbereitung: die geistliche Auseinandersetzung mit dem Wort und das Ringen im Gebet um eine geisterfüllte Predigt.

5. Haben Sie Mut zur Unvollkommenheit.

Es gibt nichts, was man nicht noch besser machen könnte. Es gibt keine vollkommene Predigt, und es gibt keinen vollkommenen Prediger. Es gibt auch kein vollkommenes Buch über das Predigen. Je mehr man sich mit der Thematik auseinandersetzt, desto bewusster wird einem diese Tatsache. Das ist das Heimtückische an der Sache. Nachdem Sie dieses Buch gelesen haben und sich fragen, ob und wie Sie alles umsetzen können, predigt neben Ihnen jemand frisch, frei und fröhlich in dem Wissen vor sich hin, seine Sache sehr gut zu machen. Das schmerzt und weckt Selbstzweifel. Ich denke aber, dass es sehr gefährlich ist, ohne die inneren Auseinandersetzungen und Kämpfe predigen zu wollen. Wer das Leiden an der eigenen Unvollkommenheit, das Ringen um den einzelnen Predigthörer und die Last der Predigtverantwortung umgehen will, ist nicht geeignet zum Verkündigungsdienst. Haben Sie den Mut, sich Ihre Unvollkommenheit und Abhängigkeit vom Herrn einzugestehen und treu den Dienst zu tun, zu dem Sie sich vom Herrn gerufen wissen.

Als Martin Lloyd-Jones einmal gefragt wurde, wie er als von Gott begnadeter Verkündiger die vielen unzureichenden Predigten anderer ertragen könne, hat er wie folgt geantwortet: „Ich bin bereit, einem Prediger alles nachzusehen, wenn er mir nur ein Gefühl und ein Bewusstsein für die Nähe Gottes vermittelt, wenn er mir Nahrung für meine hungrige Seele gibt, wenn ich den Eindruck habe, dass dieser Mann – so unvollkommen er und seine Predigt sein mögen – mich in die Nähe meines Herrn bringt, mir den Blick für die Majestät Gottes und die Liebe Christi und die Herrlichkeit des Evangeliums gibt." Ich hoffe nicht, dass Sie sich jetzt frustriert die Frage stellen, warum Sie sich eigentlich durch die fast dreihundert Seiten dieses Buches gekämpft haben. Ich hoffe vielmehr, dass Sie durch die mühsame Arbeit der Predigt hindurch das Ziel noch einmal ins Auge gefasst haben, nämlich hungrigen Seelen einen Blick für die Majestät Gottes, die Liebe Christi und die Herrlichkeit des Evangeliums zu geben. Darum zu ringen lohnt sich!

Anhang 1: Lösungen zu den Übungsaufgaben

Die Antworten, die ich hier auf die Übungsaufgaben gegeben habe, entsprechen meinem eigenen Verständnis des Texts und meinem Empfinden für die homiletische Umsetzung. Es mag gut sein, dass Sie an verschiedenen Stellen zu anderen Ergebnissen kommen. Ich habe damit kein Problem. Entscheidend ist, dass Sie Ihre Antworten im Bibeltext verankert haben und sie ausreichend begründen.

1. Skopus und gedanklichen „roten Faden" entdecken

Paulus beschreibt zunächst, dass die Kolosser einst unversöhnt und als Feinde Gottes gelebt haben (V. 21). Sie haben dann die Versöhnung erlangt, die Jesus durch seinen Tod erwirkt hat, und stehen nun heilig und untadelig und unsträflich vor Gott (V. 22). Wichtig ist es aber für die Kolosser, dass sie im Glauben fest gegründet bleiben und am Evangelium festhalten (V. 23). Der Skopus des Texts liegt in dem Gedanken, dass Gott durch den Tod Jesu seine Feinde mit sich versöhnt hat. Der Schlüsselbegriff des Abschnittes ist „Versöhnung".

2. Den Kontext erfassen

Der engere Kontext: Paulus bittet für die Gemeinde, dass sie zu einer vertieften Gotteserkenntnis findet (1,9-12). Sie soll vor allem die göttliche Errettung und Erlösung besser verstehen (1,13-14). Diese sind unverbrüchlich an Jesus Christus gebunden, der Bild Gottes, Erstgeborener, Haupt des Leibes und Anfang und Erstgeborener der neuen Schöpfung ist (1,15-18). Die Versöhnung geschieht allein durch Jesus, weil Gott völlig in ihm wohnt. Diese Versöhnung gilt vom Grundsatz her allen (1,19-20). In unserem Text (1,21-23) zeigt Paulus, dass auch die Kolosser in die Versöhnung Jesu mit eingeschlossen sind. Sie haben das Evangelium gehört und aufgenommen und sollen dabei bleiben. In den nachfolgenden Versen (1,24-29) beschreibt er, welchen Anteil er als Apostel am Versöhnungswerk Christi hat: Er verkündigt das Geheimnis der Gnade Gottes, leidet dafür und gründet Gemeinde Jesu an allen Orten.

Der weitere Kontext: Nachdem er für die Gemeinde gedankt und ein Bittgebet um geistliches Wachstum an Gott gerichtet hat (1,3-14), beschäftigt sich Paulus im weiteren Brief mit philosophischen und religiösen Spekulationen, die in Jesus nur eine Teiloffenbarung Gottes sehen wollen. In Jesus liegen aber *alle* Schätze der Weisheit und der Erkenntnis verborgen (2,3). Paulus warnt vor einer falschen Einschätzung Jesu (2,8-15) und befreit die Kolosser von irrigen Vorstellungen über die Praxis des Glaubens (2,16-20). Die Erlösung hat eine solche Tragweite, dass sie auf der einen Seite von falscher Frömmigkeit befreit, aber auch gleichzeitig zu einem veränderten Leben in der Nachfolge führt (2,21–3,4 und 3,5–4,6).

Unser Textabschnitt (1,21-23) gehört also in den Kontext der Auseinandersetzung mit falscher Lehre, die gnostischen und jüdisch-gesetzlichen Ursprung hat, und verdeutlicht den Kolossern, dass sie in Christus wirklich versöhnt sind, dass sie aber auch eine Verpflichtung haben, treu am Evangelium festzuhalten.

3. Die Textfindung

Zum Textvergleich habe ich drei verschiedene Übersetzungen herangezogen. Die beste Übersicht erhält man, wenn man die Abweichungen in eine Tabelle einträgt. Es werden nur die Unterschiede notiert. Es wäre zu aufwendig, den Text jeweils komplett abzuschreiben.

Vers	Revidierte Elberfelder	Luther	Menge
21	entfremdet und Feinde ... nach der Gesinnung	ihm fremd und feindlich gesinnt	gottentfremdet und feindlichen Sinnes
22	versöhnt *in dem* Leib seines Fleisches	versöhnt *mit* dem Leib seines Fleisches	in seinem *Fleischesleib* ... versöhnt
	um euch ... vor sich hinzustellen	auf dass er euch darstelle ... vor sein Angesicht	um euch ... vor ihm darzustellen
23	nicht abbringen lasst	nicht weicht	unerschütterlich beharrt
	von der Hoffnung des Evangeliums	von der Hoffnung des Evangeliums	von der Hoffnung, die in der Heilsbotschaft beschlossen liegt
	in der ganzen *Schöpfung* ... gepredigt	unter aller *Kreatur* ... gepredigt	in der ganzen *Schöpfung* ... verkündigt

Die aufgeführten Unterschiede sind schon eine Auswahl, weil es für den Zweck der Predigtvorbereitung unnötig wäre, genaueste philologische Studien über den Sprachgebrauch einzelner Übersetzungen zu erstellen. Alle oben aufgeführten Unterschiede lassen sich auf verschiedene Übersetzungsmöglichkeiten zurückführen. „Leib des Fleisches" wird von Hermann Menge zu „Fleischesleib" zusammengefasst. Die Formulierungen „nicht abbringen lassen", „nicht weichen", „unerschütterlich beharren" sind inhaltlich identisch. Der Begriff „Evangelium" wird von Menge mit „Heilsbotschaft" wiedergegeben. Eine Textvariante in den griechischen Manuskripten liegt auch hier nicht vor. Genauso verhält es sich mit dem Begriff „Schöpfung", der von Luther mit „Kreatur" übersetzt wird. Ein wirklich zusätzliches Wort finden wir allerdings in der Lutherversion zu V. 22: „darstellen ... vor sein *Angesicht*". Das Wort „Angesicht" fehlt in den beiden anderen Übersetzungen. Es könnte sich um eine Textvariante in griechischen Handschriften handeln; aber kein Kommentar weist auf eine solche Variante hin. Offensichtlich will die Lutherübersetzung das farblosere „*vor sich*" durch die bildhaftere Wendung „*vor sein Angesicht*" ersetzen. Ein wirklich bedeutender Unterschied im Vergleich zu den anderen Übersetzungen ist allerdings auch das nicht. Fazit: Die Unterschiede sind zahlenmäßig gering und inhaltlich unbedeutend. Sie lassen sich alle mit unterschiedlichen Übersetzungsspielräumen erklären.

4. Der synoptische Vergleich

Die Einbettung in den Kontext: Sowohl Matthäus als auch Lukas siedeln den Bericht gegen Anfang ihres Evangeliums an. Matthäus bettet ihn in eine Reihe von Wunderberichten ein, sodass die Frage, Jesus nachfolgen zu dürfen, wohl eher von der Begeisterung über die Taten Jesu motiviert sein dürfte. Lukas stellt den Abschnitt in den Zusammenhang der Nachfolge ganz allgemein. Ab 9,18 geht es um die Stellung der Jünger zu Jesus und in den Versen unmittelbar davor (9,51-56) um die Ablehnung Jesu durch die Samaritaner. An die Perikope schließt sich die Aussendung der Jünger an (10,1ff). Matthäus bringt die Aussagen Jesu in zeitlichen Zusammenhang mit einer Überquerung des Sees Genezareth. Dieser Hinweis fehlt bei Lukas. Wenn wir beide Texte parallel lesen, fallen folgende Unterschiede auf:

Matthäus 8,18-22	Lukas 9,57-62	Die Unterschiede
Als aber Jesus eine große Volksmenge um sich sah, befahl er, *an das jenseitige Ufer wegzufahren.* Und ein *Schriftgelehrter* kam heran und sprach zu ihm: Lehrer, ich will dir nachfolgen, wohin du auch gehst.	Es geschah aber, als sie auf dem Weg dahinzogen, sprach einer zu ihm: Ich will dir nachfolgen, wohin du auch gehst, Herr.	Matthäus nennt zusätzliche Informationen: • Jesus wollte der Volksmenge ausweichen. • Der erste Fragesteller wird als Schriftgelehrter näher gekennzeichnet. Er redet Jesus als „Lehrer" an.
Und Jesus spricht zu ihm: Die Füchse haben Höhlen und die Vögel des Himmels Nester, aber der Sohn des Menschen hat nicht, wo er das Haupt hinlege.	Und Jesus sprach zu ihm: Die Füchse haben Höhlen und die Vögel des Himmels Nester; aber der Sohn des Menschen hat nicht, wo er sein Haupt hinlege.	keine
Ein anderer aber *von seinen Jüngern* sprach zu ihm: Herr, erlaube mir, zuvor hinzugehen und meinen Vater zu begraben. Jesus aber sprach zu ihm: Folge mir nach, und lass die Toten ihre Toten begraben.	*Er sprach aber zu einem anderen*: Folge mir nach! Der aber sprach: Herr, erlaube mir, zuvor hinzugehen und meinen Vater zu begraben. Jesus aber sprach zu ihm: Lass die Toten ihre Toten begraben, *du aber geh hin und verkündige das Reich Gottes.*	Matthäus kennzeichnet den zweiten Fragesteller als einen aus dem weiteren Kreis der Nachfolger Jesu. Bei Matthäus ist der Jünger aktiv, bei Lukas stellt Jesus die Frage. Lukas nennt zusätzlich einen Verkündigungsauftrag.
	Er sprach aber zu einem anderen: Folge mir nach! Der aber sprach: Herr, erlaube mir, zuvor hinzugehen und meinen Vater zu begraben. Jesus aber sprach zu ihm: Lass die Toten ihre Toten begraben, *du aber geh hin und verkündige das Reich Gottes.*	Matthäus berichtet nur von zwei Fragestellern, Lukas nennt drei.

Was gewinnen wir mit dem Vergleich beider synoptischer Texte?

- Der jeweilige Kontext hilft uns, den Skopus des Texts besser zu verstehen. Der Kontext zeigt auch, dass die Absicht der beiden Erzählungen etwas unterschiedlich ist.
- Wir gewinnen Detailaussagen aus den Parallelberichten, die das Verständnis des Predigttexts vertiefen. So wird man bestimmt den Verkündigungsauftrag an den zweiten Fragesteller in einer Predigt mit erwähnen wollen, wenn man über den kürzeren Matthäustext spricht. Wer den Lukastext als Predigtgrundlage nimmt, wird sicherlich bemerken wollen, dass der erste Fragesteller, der in die Nachfolge Jesu eintreten wollte, sogar ein Schriftgelehrter war.

Beide Texte dürfen aber trotzdem nicht vermischt werden, sodass ihre Eigenart und ihre spezielle Einbindung in den Kontext verloren gehen.

5. Der historische Hintergrund

Die Einleitungsfragen: Weil Sie die Antworten zu den Einleitungsfragen in der genannten Literatur ausführlich nachgelesen haben, nenne ich an dieser Stelle nur Stichworte und zeige, welche Auswirkungen sich auf die Auslegung unseres Texts ergeben:

- Wer hat den Brief verfasst?
  Der Verfasser ist Paulus. Er hat die Gemeinde selbst nicht gegründet und die Kolosser auch noch nie gesehen (2,1). Aber als von Gott be auftragter „Diener der Gemeinde" (1,25) ist er auch für die Kolosser zuständig.

- Wem wurde der Brief geschrieben?
  Die Gemeinde in Kolossä bestand aus Heiden- und Judenchristen (vgl. 3,1ff). Sie stand genauso in der Auseinandersetzung mit der hellenistisch gebildeten Umwelt wie mit dem Judentum, das in Kleinasien stark verbreitet war. Die Gemeinde ist an sich gesund (1,3-8), aber gefährdet.

- Wo wurde der Brief verfasst?
  Paulus sitzt offensichtlich im Gefängnis (4,3.10.18). Ob er in Rom, Ephesus oder Cäsarea gefangen gehalten wird, ist eine viel diskutierte Frage. Entscheidend ist, dass er auch aus dem Gefängnis heraus um

die Kolosser ringt, dass er das Evangelium zurzeit selbst nicht verkündigen kann und dass er selbst treu und unverbrüchlich daran festhält (1,23). Er erwartet von den Kolossern nichts, was er nicht selbst zu tun bereit ist.

- Wann wurde der Brief verfasst?
Je nachdem wie man die Frage des Abfassungsorts beantwortet, kommt man auf eine Zeit zwischen dem Jahr 55 und 63/64 n. Chr. Die Abfassungszeit hat für die Auslegung unseres Texts höchstens Bedeutung, wenn man danach fragt, wie ausgeprägt die gnostische Irrlehre zur Zeit des Paulus war.

- Warum wurde der Brief geschrieben?
Epaphras war um die Gemeinde besorgt und suchte Paulus im Gefängnis auf, um von ihm Rat und Hilfe zu bekommen. Paulus stellt ihm ein gutes Zeugnis aus (1,7). Der Brief ist eine Reaktion auf die Anfrage des Epaphras.

- Wozu wurde der Brief geschrieben?
Paulus will der Gemeinde helfen, die Größe Jesu und das ganze Ausmaß der von ihm erwirkten Erlösung umfassend zu verstehen. Dann nämlich wird sie nicht mehr mit Lehren liebäugeln, die eine „Vollendung" des Glaubens durch religiöse Spekulationen und/oder Einhaltung von Gesetzen versprechen. Die Aussagen, die Paulus in 1,21-23 macht, müssen auf diesem Hintergrund verstanden werden.

Die Zeitgeschichte: Kolosser 1,21-23 enthält wenige zeitgeschichtliche Bezüge. Zu V. 23 könnte man fragen, wieweit die Verkündigung des Evangeliums damals schon fortgeschritten war. Eine Landkarte des Römischen Reichs oder eine Karte von den bisherigen Paulusreisen vermittelt hierzu Vorstellungen.

Die Religionsgeschichte: Im Text selbst sind wenige Bezüge zur Religionsgeschichte enthalten. Wir könnten aber den Religionen und religiösen Praktiken nachgehen, die die Kolosser einst vollzogen haben. Für das ganze Verständnis des Briefs wäre es wichtig, die jüdischen und gnostischen Hintergründe der die Gemeinde bedrohenden Irrlehre zu erforschen. Die finden sich vor allem in Kolosser 2,8 und 2,16-23. Zu dieser Thematik lesen Sie die entsprechenden Artikel in Zeitgeschichten und Bibellexika oder erarbeiten Sie sich das nötige Wissen anhand von Kommentaren.

6. Die literarische Form

Kolosser 1,21-23 gehört zur Gattung der ntl. Briefliteratur. Wir achten deshalb besonders auf die spezielle Situation, in die hinein Paulus seine Aussagen macht. Mit der Ausarbeitung des historischen Hintergrunds haben Sie den Rahmen für den Kolosserbrief ausreichend abgesteckt. Dass Paulus in diesen Versen natürlich nicht alles über Sünde, Versöhnung, unsere Stellung vor Gott und unsere Treue gegenüber dem Evangelium sagt, liegt daran, dass er es bei dieser Gelegenheit offensichtlich nicht für nötig hielt, ausführlicher zu werden. Anders schreibt er im parallelen Text in Epheser 2,1-3, wo er das Wesen der Sünde als Versklavung durch Mächte und Leidenschaften wesentlich detaillierter beschreibt. Für die Ausarbeitung der Predigt müssen Sie die im Text angesprochenen und oben erwähnten Themen dann gründlich verstanden haben. Dazu dienen vor allem die Begriffsstudie und die theologische Problemanalyse.

7. Die Textstruktur

Das folgende Satzschaubild macht die Abhängigkeit der einzelnen Gedanken sichtbar. Die Schlüsselverben habe ich kursiv gedruckt. Die wichtigen Bindeworte sind fett markiert. Die drei wesentlichen Gliederungseinheiten lassen wieder erahnen, dass die spätere Predigt vermutlich drei Schwerpunkte haben wird.

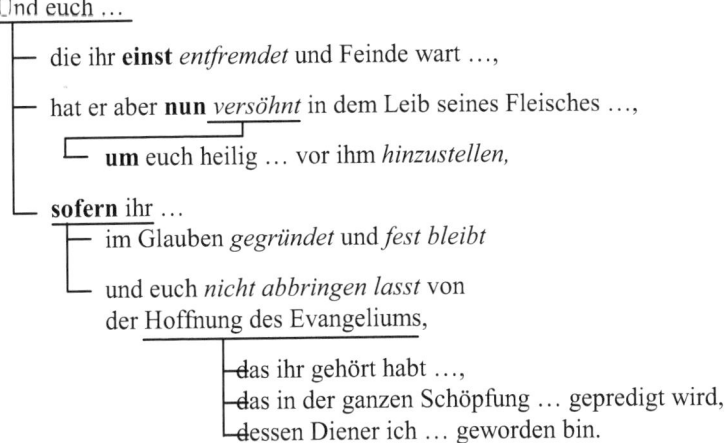

Und euch ...

— die ihr **einst** *entfremdet* und Feinde wart ...,

— hat er aber **nun** *versöhnt* in dem Leib seines Fleisches ...,

    um euch heilig ... vor ihm *hinzustellen,*

— **sofern** ihr ...

    — im Glauben *gegründet* und *fest bleibt*

    — und euch *nicht abbringen lasst* von der Hoffnung des Evangeliums,

        das ihr gehört habt ...,

        das in der ganzen Schöpfung ... gepredigt wird,

        dessen Diener ich ... geworden bin.

8. Die Begriffsstudie

Die in der Übungsaufgabe gestellten Fragen zeigen, wie Sie methodisch vorgehen können. Für eine gründliche Begriffsbestimmung müssten allerdings noch weitere und noch detailliertere Fragen gestellt werden. Zunächst zehn knappe Antworten auf die Übungsfragen:

1. In welchem Bibelteil kommt der Begriff am häufigsten vor?
    Antwort: Im Neuen Testament (3x im A.T. und 16x im N.T.)
2. Welcher Autor im Neuen Testament verwendet ihn am meisten?
    Antwort: Paulus
3. In welchem Zusammenhang wird das Wort „versöhnen" in der einzigen Evangelienstelle gebraucht?
    Antwort: In Mt 5,24 fordert Jesus Menschen auf, sich untereinander zu versöhnen.
4. Bei Paulus bezieht sich der Begriff „Versöhnung" an zwei Stellen nicht auf die Beziehung zu Gott. Welche Stellen sind das und um was geht es in ihnen?
    Antwort: In 1. Kor 7,11 geht es um Versöhnung zwischen Ehepartnern; in Eph 2,16 werden Juden und Heiden versöhnt.
5. Von wem geht in der Beziehung zu Gott die Versöhnung immer aus?
    Antwort: Die Initiative zur Versöhnung geht von Gott aus. Gott versöhnt die Menschen mit sich, nicht etwa umgekehrt, als ob der Mensch Gott mit sich versöhnen müsste (z.B. 2. Kor 5,19).
6. Durch welches „Mittel" ist nach Paulus Versöhnung überhaupt erst möglich?
    Antwort: Durch den stellvertretenden Tod Jesu Christi (Kol 1,22)
7. Warum muss nach den Aussagen des Paulus der Mensch versöhnt werden?
    Antwort: Weil er Feind Gottes ist (Kol 1,21)
8. Wie oft kommt der Begriff „Versöhnung/versöhnen" im Kolosserbrief vor? *Antwort*: Zwei Mal
9. Wer genau wird nach Kol 1,20 mit Gott versöhnt?
    Antwort: „Alles" [166]
10. Wie ist nach Kol 1,22 die Versöhnung zustande gekommen?
    Antwort: Durch den leiblichen Tod Jesu

---

[166] Hier ist in der Auslegung darauf zu achten, dass man aus dieser Stelle keine Allversöhnungslehre herleitet.

Zusammenfassung: Der Begriff „Versöhnung/versöhnen" kommt vorwiegend im Neuen Testament vor. Er wird fast ausschließlich von Paulus verwendet. An nur drei Stellen wird die Versöhnung mit zwischenmenschlichen Beziehungen in Verbindung gebracht (Mt 5,24; 1. Kor 7,11 und Eph 2,16). Ansonsten geht es immer um die Beziehung des Menschen zu Gott. Der Mensch ist von Gott entfremdet und Feind Gottes; Gott allerdings ist nicht der Feind des Menschen (Kol 1,20). Die Versöhnung geht nicht vom Sünder aus; er kann Gott nicht versöhnen. Sie ist die Tat Gottes (2. Kor 5,19), die grundsätzlich allen Menschen gilt (Kol 1,20). Die Grundlage der Versöhnung ist der Tod Jesu (Kol 1,22). Im Kolosserbrief wird der Begriff „Versöhnung/versöhnen" zwei Mal verwendet (Kol 1,20.22). In unserem Predigttext redet er von einer neuen Beziehung des von Gott entfremdeten und gottfeindlichen Menschen, die durch den Tod Jesu für alle, auch für die Kolosser, ermöglicht wurde.

Mit solchen Zusammenfassungen sichern Sie Ihre Ergebnisse und erarbeiten sich auf die Dauer Ihr eigenes Begriffswörterbuch. In einem der fremden Wörterbücher können Sie nun trotzdem nachschlagen und sehen, ob Sie mit Ihren Ergebnissen auf der richtigen Spur waren bzw. welche weiterführenden und vertiefenden Aspekte Sie noch entdecken.

9. Textthema und Textgliederung

Textthema: „Die Versöhnung der von Gott entfremdeten Kolosser geschieht durch Jesu Tod und führt zu einer neuen Gottesbeziehung, was ein treues Festhalten am Evangelium erforderlich macht."

Erläuterung: „Die Versöhnung Gottentfremdeter" sehe ich als Thema des Abschnitts an. Die Wendung „zu einer vollkommenen Gottesbeziehung" umschreibt, dass die Versöhnten „heilig und tadellos und unsträflich" vor Gott hingestellt worden sind. „Insofern" (V. 23) deute ich nicht als Bedingung des Heils („damit"), sondern als Beschreibung der inneren Folgerichtigkeit der erlangten Versöhnung.

Textgliederung zu Kolosser 1,21-23:

I. Die Kolosser waren einst von Gott entfremdet und Feinde Gottes.
(Notwendigkeit der Versöhnung)   1,21a-b
  A. Die Kolosser waren von Gott entfremdet.   21a
  B. Die Kolosser waren Feinde Gottes.   21b
    1. Ihre Gesinnung war gottfeindlich.   21b1
    2. Ihre Taten waren gottfeindlich.   21b2

II. Die Kolosser sind jetzt mit Gott versöhnt und in eine
    vollkommene Beziehung zu Gott gesetzt worden.
    (Tatsache/Mittel und Ziel der Versöhnung)   1,21c-22
    A.   Die Kolosser wurden durch den Tod Jesu versöhnt.   21c-22a
    B.   Die Kolosser wurden mit dem Ziel einer neuen
         Beziehung zu Gott versöhnt.   22b
         1. Sie wurden heilig dargestellt.   22b1
         2. Sie wurden tadellos dargestellt.   22b2
         3. Sie wurden unsträflich dargestellt.   22b3

III. Die Kolosser sollen als Antwort auf die Versöhnung am Glauben
     und an der Hoffnung des Evangeliums, das Paulus überall in der
     Welt verkündigt, unverbrüchlich festhalten.
     (Folgerung aus der Versöhnung)   1,23
     A.   Die Kolosser sollen im Glauben fest bleiben.   23a
     B.   Die Kolosser sollen am von Paulus in aller Welt
          verkündigten Evangelium festhalten.   23b
          1. Das Evangelium soll festgehalten werden.   23b1
          2. Das Evangelium wird überall verkündigt.   23b2
          3. Das Evangelium wird von Paulus verkündigt.   23b3

Erläuterung: Diese Gliederung mag manchem im Blick auf die Gesamtlänge des Texts zu ausführlich erscheinen. Aber um des Beispielcharak-
ters willen wollte ich etwas gründlicher gliedern. Ich habe den Text in drei
Hauptabschnitte eingeteilt: (1.) „Die Notwendigkeit der Versöhnung", (2.)
„Tatsache/Mittel und Ziel der Versöhnung" und (3.) „Folgerungen aus der
Versöhnung". Der zweite Punkt könnte auch in zwei eigene Hauptpunkte
aufgelöst werden, sodass eine Vierteilung entstünde. In vielen Fällen gibt
es nicht „die eine richtige" Gliederung, sondern mehrere Möglichkeiten,
den Text zu strukturieren.

10. Lösungen zur Meditation

Bei meiner Antwort habe ich einen Gemeindegottesdienst vor Augen. Die
Predigt richtet sich an Gläubige. Die Predigtziele werden auf den drei
Ebenen der Information, der Motivation und der Aktion formuliert. Die
Antworten sind noch sehr allgemein gefasst; besonders die Spalte
„Aktion" müsste auf eine ganz bestimmte Zuhörerschaft zugespitzt
werden. Aber als Anregung mögen die Antworten ausreichen.

Information: Die Hörer sollen wissen, dass ...	Motivation: Die Hörer sollen ...	Aktion: Die Hörer sollen...
1. ... sie früher Feinde Gottes waren.	... über ihren früheren Lebensstil nachdenken und keinesfalls wieder in die alten Lebensgewohnheiten zurückfallen wollen.	... Gott danken, dass er sie aus dem alten Leben herausgeholt hat, und ein Anliegen für die haben, die noch ohne Gott leben.
2. ... sie eine wunderbare und neue Beziehung zu Gott bekommen haben.	... neu staunen, wie gut es Gott mit ihnen meint, und sich entschließen, nichts zuzulassen, was ihre Gemeinschaft mit ihm gefährden könnte.	... Zweifel an ihrer Heilsgewissheit durch bewusstes Vertrauen auf Gottes Zusage in Kol 1,22 überwinden.
3. ... der Tod Jesu die Voraussetzung für eine neue Beziehung zu Gott ist.	... betroffen darüber werden, dass der Tod Jesu der Preis für ihre neue Beziehung zu Gott war, und alles vermeiden, was leichtfertig mit dem Tode Jesu spielt.	... eine alte Lebensgewohnheit, in die sie gerne zurückfallen und die sie sich „zugestehen", erkennen und in Angriff nehmen.
4. ... Treue im Glauben und gegenüber dem Evangelium unerlässlich sind.	... Jesus trotz aller Widerstände treu bleiben wollen und alles unterlassen, was das Vertrauen auf das Evangelium erschüttern könnte.	... Literatur zur Seite legen, die sie innerlich in Glaubensprobleme bringt. ... an der Arbeitsstelle zu Jesus stehen und ihren Glauben nicht aus Ängstlichkeit vor anderen verstecken.

11. Predigtmotto und Predigtgliederung zu Kolosser 1,21-23

Weil Thema und Gliederung auf die konkreten Zuhörer zugeschnitten sein
müssen und stark den persönlichen Vorstellungen des Verkündigers unterliegen, kann es keine „richtige" oder „falsche", sondern immer nur eine
„passende" oder „unpassende" oder eine „geschickte" oder „weniger geschickte" Lösung geben. In den seltensten Fällen sind ein Motto und eine
Predigtgliederung wirklich völlig falsch. Überdenken Sie meinen
Lösungsvorschlag, bei dem ich eine Predigt vor einer gestandenen Gemeinde vor Augen habe, und korrigieren Sie ihn nach Ihrem eigenen Empfinden.

Textthema	Mögliches Predigtthema
Die Versöhnung der von Gott ent-fremdeten Kolosser geschieht durch Jesu Tod und führt zu einer neuen Gottesbeziehung, was ein treues Festhalten am Evangelium erforder-lich macht.	Versöhnte halten Gott die Treue.
1. Die Kolosser waren einst von Gott entfremdet und Feinde Gottes. (1,21a-b)	1. Vergiss nicht, wer du warst.
2. Die Kolosser sind jetzt mit Gott versöhnt und in eine neue Beziehung zu Gott gesetzt worden. (1,21c-22)	2. Staune, wer du bist.
3. Die Kolosser sollen als Antwort auf die Versöhnung am Glauben und an der Hoffnung des Evangeliums, das Paulus überall in der Welt ver-kündigt, unverbrüchlich festhalten. (1,23)	3. Halte, was du hast.

Die drei Gliederungssätze sind homogen als Imperative formuliert, denen
jeweils ein kleiner Relativsatz angeschlossen ist. Sie sind kurz und könnten sogar noch auf die drei Verben „vergessen", bzw. „nicht vergessen",
„staunen" und „halten" reduziert werden.

Anhang 2: Literaturverzeichnis und Software[167]

Adams, Jay E.	Predigen, zielbewußt – anschaulich – überzeugend, Brunnen Verlag, Gießen/Basel, 1991, ABC-Team
Barga, James	Effektive Predigtvorbereitung, ICI, Asslar
Bauer, Walter	Neutestamentliches Wörterbuch, Walter de Gruyter, Berlin, [5]1971
Bohren, Rudolf	Predigtlehre, Christian Kaiser Verlag, München, [6]1993
CMV	Beispielsammlung 2.0, 5000 Illustrationen für Predigt und Bibelarbeit, Christlicher Missions-Verlag Bielefeld, 2005, CD-ROM
Dieterich, Eberhard	Erzählen aus Leidenschaft – Wie lerne ich, biblische Geschichten packend und frei zu erzählen?, Verlag Junge Gemeinde, 2008
Eickhoff, Klaus	Die Predigt beurteilen, R. Brockhaus Verlag, Wuppertal, 1998
Fee, Gordon D.	Effektives Bibelstudium, ICI, Asslar, [3]1998
Glashouwer, Willem	So entstand die Bibel, CLV, Bielefeld, 1992
Göttert, K.-H.	Einführung in die Rhetorik, Grundbegriffe – Geschichte Rezeption, UTB Taschenbuch 1599, München, [3]1998
Haacker, Klaus	Neutestamentliche Wissenschaft, Eine Einführung in Fragestellungen und Methoden, R. Brockhaus Verlag, Wuppertal, 1985
Härtner, A./Eschmann, H.	Predigen lernen – Ein Lehrbuch für die Praxis, Edition Ruprecht, [2]2008
Heiner, Wolfgang	Bekannte Lieder – wie sie entstanden, Hänssler Verlag, Stuttgart-Holzgerlingen, 2006
Hörster, Gerhard	Einleitung und Bibelkunde zum Neuen Testament, R. Brockhaus Verlag, Wuppertal, 1998

---

[167] Aufgeführt sind nicht nur die innerhalb dieses Buchs verwendeten Titel, sondern darüber hinaus auch weitere empfehlenswerte Bücher zu Homiletik und Rhetorik.

Hybels, Bill	Welt-bewegend predigen, Gottes Wort zeitgemäß kommunizieren, Projektion J, Aßlar, 2000
Krol, Bram	Von der Kunst, kommunikativ zu predigen, Emmelsbüll, 1997 (aus dem Niederländischen übersetzt)
Kühner, Axel	Das große Axel Kühner Textarchiv; Mehr als 1500 Beispielgeschichten mit biblischen Bezügen, Aussaat, 2005, CD-ROM aus der ELBIWIN-Reihe
Lerle, Ernst	Kontaktstark verkündigen, Grundzüge bibeltreuer Predigt, Hänssler Verlag, Stuttgart-Neuhausen, 1989
Lloyd-Jones, Martin	Die Predigt und der Prediger – Vortragsreihe über Predigtvorbereitung, 3L-Verlag, Friedberg, 2005
Malessa, Andreas	Freudigkeit und Glaubensfrucht, Ein frommdeutsches Wörterbuch, Oncken Verlag, Wuppertal, [4]1994
Mauerhofer, Armin	Jesus – Mitte jeder Predigt, Christozentrische Auslegungspredigt, Jota Publikationen, 2005
Melzer, Friso	Das Wort in den Wörtern – Die deutsche Sprache im Dienst der Christus-Nachfolge, TVG, Brunnen Verlag, Gießen/Basel, [3]1997
Möller, Christian	Ich singe Dir mit Herz und Mund. Liedauslegungen, Liedmeditationen, Liedpredigten. Ein Arbeitsbuch zum Evangelischen Gesangbuch, Calwer Verlag, Stuttgart, 1997
Pohl, Adolf	Anleitung zum Predigen, Jota Publikationen, Hammerbrücke, 2002
Ramm, Bernhard	Biblische Hermeneutik, ICI, Asslar
Reimer, Johannes	Leiten durch Verkündigung – Eine unentdeckte Dimension, Brunnen, Edition AcF, Gießen, 2004
Robinson, Haddon W.	Wasser auf dürres Land, Biblisch Predigen, Christliche Verlagsgesellschaft, Dillenburg, 1992
Ruhbach, Gerhard	Meditation im Gottesdienst, Vandenhoeck & Ruprecht, Göttingen, 1989

Schäfer, Heinz; Hrsg.	Beispiele für die Wahrheiten der Bibel, 4 Bde. und 1 Registerband (Bd. 1: Hört ein Gleichnis, 1977, 2. Auflage; Bd. 2: Mach ein Fenster dran, 1976, Bd. 3: In Bildern reden, 1987; Bd. 4: Wie in einem Spiegel, 1990; Registerband, 1990), Christliches Verlagshaus, Stuttgart
Sick, Bastian	Der Dativ ist dem Genitiv sein Tod – Ein Wegweiser durch den Irrgarten der deutschen Sprache, Kiepenheuer und Witsch, Köln 2004. Mittlerweile auch Folge 2 und 3
Sorg, Theo	Grundlinien biblischer Verkündigung, Brunnen Verlag, Gießen, 1984
Sorg, Theo	Berufung und Vollmacht, Neukirchner Verlag, Neukirchen-Vluyn, [2]1985
Spurgeon, Charles H.	Ratschläge für Prediger, R. Brockhaus Verlag, Wuppertal, 1979
Stadelmann, Helge	Grundlinien eines bibeltreuen Schriftverständnisses, R. Brockhaus Verlag, Wuppertal, 1985
Stadelmann, Helge	Schriftgemäß predigen, Plädoyer und Anleitung für die Auslegungspredigt, R. Brockhaus Verlag, Wuppertal, 1990; Titel der Neuauflage: Evangelikale Predigtlehre, 2005
Stadelmann, H.; Hrsg.	Epochen der Heilsgeschichte, R. Brockhaus Verlag, Wuppertal, 1984
Stott, John	I believe in Preaching, Hodder and Stoughton, London, [13]1991
Wagner, Eberhard	Rhetorik in der christlichen Gemeinde, Christliches Verlagshaus, Stuttgart, 1992
Wiedemann, Rolf-Dieter	Der ERF-Sprechtrainer, ERF Verlag, Wetzlar, 1997

Anhang 3: Literaturhinweise zur exegetischen Arbeit

Die folgende Literaturliste enthält eine kleine Auswahl an brauchbaren Hilfsmitteln für alle, die intensives Bibelstudium betreiben wollen. Sie orientiert sich nicht am Bedarf eines wissenschaftlich arbeitenden Exegeten, sondern nennt allgemein verständliche Titel, die die Kenntnis der biblischen Grundsprachen nicht voraussetzen. Die mit einem Karo versehenen Titel (♦) sind vergriffen, können aber eventuell über ein Antiquariat oder über das Internet bezogen werden.

1. Literatur zur Exegese
- Bibelauslegung praktisch – In zehn Schritten den Text verstehen, Helge Stadelmann/Thomas Richter, R. Brockhaus Verlag, 2006
- Effektives Bibelstudium, Gordon D. Fee, Douglas Stuart, Brunnen-Verlag und ICI, Gießen, 2005

2. Literatur zur Bibelübersetzung
- Handbuch Bibelübersetzungen – Von Luther bis zur Volxbibel, Kuschmierz, Monika und Rainer, R. Brockhaus Verlag, Witten, 2006

3. Evangeliensynopsen
- Luther Evangelien-Synopse, C. H. Peisker, Deutsche Bibelgesellschaft, Stuttgart, 2007, Neuauflage ^{4}1998
- Neue Zürcher Evangelien-Synopse, Hans Weder, TVZ Verlag, Zürich, 2001

4. Konkordanzen
- Große Konkordanz zur Elberfelder Bibel, R. Brockhaus Verlag, Wuppertal, ^{2}2003 (♦)
- Große Konkordanz zur Lutherbibel, Calwer Verlag, Stuttgart, 2001
- Begriffskonkordanz, 2 Bde, H. L. Wilmington, Dillenburger Verlag, 1999

5. Begriffswörterbücher
- Biblisches Wörterbuch, Jürgen Blunck, R. Brockhaus Verlag, Wuppertal, ^{6}1997
- Biblische Begriffskonkordanz, H. Langenberg, Verlag Ernst Franz, Metzingen, ^{9}2003 (♦)

- Neutestamentliches Wörterbuch, Ralf Luther, Verlag Ernst Franz, Metzingen, 2003 (♦)
- Biblische Begriffe, Friedrich Hauss, Hänssler, Stuttgart-Holzgerlingen, [12]2002 (♦)

6. Bibellexika und Bibelhilfen
- Das große Handbuch zur Bibel, R. Brockhaus Verlag, Wuppertal, 1999
- Das Große Bibellexikon, Hrsg. Helmut Burkhardt, R. Brockhaus Verlag und Brunnen-Verlag, Wuppertal-Gießen, 2004 (♦)
- Lexikon zur Bibel, begr. von Fritz Rienecker, neu hrsg. von Gerhard Maier, R. Brockhaus Verlag, Wuppertal, [2]2004
- Handbuch zur Bibel, David Alexander, R. Brockhaus Verlag, Wuppertal, [2]2003 (♦)
- Die Welt der Bibel, David Alexander, R. Brockhaus Verlag, Wuppertal, [2]1997 (♦)
- Jerusalemer Bibellexikon, Hrsg. Kurt Henning, Hänssler Verlag, Stuttgart-Neuhausen, [4]1998
- Ungers Großes Bibelhandbuch, M. Merill, F. Unger, CLV, Bielefeld, [3]2003

7. Kommentare
- Kommentar zur Bibel, Hrsg. Donald Guthrie und J. Alec Moyter, R. Brockhaus Verlag, Wuppertal, 2006
- Wuppertaler Studienbibel zum Alten Testament, Hrsg. Gerhard Maier, SCM R.Brockhaus im SCM-Verlag, Witten, 2008
- Das Alte Testament erklärt und ausgelegt, 3 Bde., Walvoord und Roy Zuck, Hänssler Verlag, Stuttgart-Neuhausen, [3]2003 (♦)
- Wuppertaler Studienbibel zum Neuen Testament, Hrsg. Fritz Rienecker, SCM R.Brockhaus im SCM-Verlag, Witten, 2008
- Edition C Bibelkommentar zum Neuen Testament, 11 Bde., Gerhard Maier, Hänssler Verlag, Stuttgart, 2007
- Erläuterungen zum Neuen Testament, 10 Bde., Adolf Schlatter, Calwer Verlag, Stuttgart, 1986
- Das Neue Testament erklärt und ausgelegt, 2 Bde., Walvoord und Roy Zuck, Hänssler Verlag, Stuttgart-Neuhausen, [3]2003 (♦)

8. Einleitungen zu den Büchern der Bibel
- Studienbuch Altes und Neues Testament, Bill T. Arnold und Bryan E. Beyer, R. Brockhaus Verlag, Wuppertal, 2005
- Einleitung und Bibelkunde zum Neuen Testament, Gerhard Hörster, R. Brockhaus Verlag, Wuppertal, ^{2}2006 (♦)
- Einleitung in die Schriften des Neuen Testaments, 2 Bde., Erich Mauerhofer, VTR, 2004
- Die Welt des Alten Testaments, Samuel J. Schultz, Francke, Marburg, ^{2}2003
- Einführung in die biblischen Bücher, Das Alte Testament, Fritz Grünzweig, Hänssler Verlag, Stuttgart-Neuhausen, 1991
- Die Welt des Neuen Testaments, M. C. Tenney, Francke, Marburg, ^{6}2005
- Einführung in die biblischen Bücher, Das Neue Testament, Fritz Grünzweig, Hänssler Verlag, Stuttgart-Neuhausen, 1992
- Apostel, Lehrer und Propheten, Bde. 1–3, Thomas Weißenborn, Francke, Marburg, 2004-2005

9. Die Umwelt der Bibel
- Basiswissen Neues Testament – Zeitgeschichte von Kyros bis Konstantin, F.F. Bruce, R. Brockhaus Verlag, Wuppertal, ^{2}1997 (♦)
- Die Welt des Alten Testaments, Samuel J. Schultz, Francke, Marburg, ^{2}2003
- Die Welt des Neuen Testaments, M. C. Tenney, Francke, Marburg, ^{6}2005
- Die Welt der Bibel, F. Alexander, R. Brockhaus Verlag, Wuppertal, ^{2}1997 (♦)

10. Bibelatlanten
- Herders Großer Bibelatlas, Hrsg. Othmar Keel, Max Küchler, Herder Verlag, Freiburg, 2007 (♦)
- Historisch-geografischer Atlas zur Bibel, Carl G. Rasmussen, Hänssler Verlag, Stuttgart-Neuhausen, ^{3}2002 (♦)
- Der große Atlas zur Welt der Bibel, Paul Lawrence, Brunnen-Verlag, Gießen, 2007
- Der neue PC Bibelatlas, SCM R.Brockhaus im SCM-Verlag, Witten, 2008
- Brunnen Bibelatlas, Tim Dowley, Brunnen Verlag, Gießen, 2004

Anhang 4: Personen- und Sachregister